Reinhard Leube

Auf des Messers Schneide

Wir spielen Risiko – 1952 bis 1960

Anderwelt Verlag

Reinhard Leube

Auf des Messers Schneide

Wir spielen Risiko – 1952 bis 1960

Der Geschichte neunter Teil

Impressum

Auf des Messers Schneide
Wir spielen Risiko – 1952 bis 1960

1. Auflage 2023

Anderwelt Verlag, München
Druck: CPI Books GmbH Printed in Germany

ISBN: 978-3-940321-39-8

Von einem, der die ersten acht Bände gelesen hat.

Dies ist der neunte Band einer aufregenden Reihe historischer Betrachtungen, die auf Tatsachen beruht. Es geht um die deutsche und europäische Geschichte der Neuzeit. Neuzeit? Nun, der vorliegende Band beleuchtet die Jahre von 1952 bis 1960. Was ist daran Neuzeit, könnte man sich fragen. Die Buchreihe setzt sogar zu den Lebzeiten Napoléons ein. An dieser Stelle stellt sich die Frage: In welchen Zeitfenstern denken wir, wenn es um die Vergangenheit, die Gegenwart und die Zukunft geht? Genügt es, in seiner eigenen Lebensspanne Erfahrungen zu sammeln, oder ist die Biografie viel zu subjektiv? Sollte man nicht wirklich mehr darüber erfahren, was andere Menschen an anderen Orten in verschiedenen Zusammenhängen erlebten?

Als historisch interessierter Mensch begeben Sie sich mit Leubes Bänden auf ein Abenteuer sondergleichen. Selbst für jene, die sich durch Carroll Quigleys *Hoffnung und Tragödie*, durch Gene Sharps *Von der Diktatur zur Demokratie*, Michael Grandts *Adolf Hitler – eine Korrektur, Der Krieg, der viele Väter hatte* von Gerd Schultze-Rhonhof, die kritische Edition *Hitler, Mein Kampf*, Caspar von Schrenck-Notzings *Charakterwäsche*, Thorsten Schultes *Fremdbestimmt* oder als weiteres von unzähligen Sachbüchern Zbigniew Brzezińskis *Die einzige Weltmacht: Amerikas Strategie der Vorherrschaft* durchgekämpft haben, bleibt die vorliegende Buchreihe ein besonderer Genuss, weil sie schmerzhaft nahe wie aus der Sicht von Zeitzeugen Geschehnisse betrachtet, dabei die vielschichtigen Schleier geheimer Diplomatie, Verrat und Patriotismus lüftet. Hat man diese Bücher gelesen, passiert etwas ganz Eigenartiges: Zerrbilder werden klarer, Mosaiksteine schärfen das Gesamtbild. Bisher Gelerntes, glaubhaft von Vertrauten vermittelte Geschichten können ihren Zauber verlieren und zu einer Ernüchterung führen, die nur mit einem schweren Kater nach einer illustren Sause zu vergleichen ist. Man spürt buchstäblich, wie im Hirn verankerte Denkbausteine umgestapelt oder gar unter Schmerzen ausgemerzt werden. Das Ergebnis ist das klare Erkennen von Zusammenhängen, das besser erklärt, warum bis hin zu dem blutigen Ringen in der Ukraine passiert, was passiert.

In dem Werk *England, die Deutschen, die Juden und das 20. Jahrhundert* bohrte schon Peter Haisenko an einem Jahrhunderte alten, immer hinter Schleiern gehaltenen Thema. Der Titel ist überaus brisant, heute wieder. Es lohnt, sich diesen Text als Einstieg in die Problematik zu Gemüte zu führen. Reinhard Leube setzt unabhängig davon mit seinen Büchern an Themen an, die seit dem Kriegsende tunlichst vermieden, verschwiegen, verbogen und politisch vergewaltigt wurden. Also, liebes Publikum, in welchen Zeitfenstern betrachteten Sie bisher, was in der Welt geschieht?

Wir können an der Stelle resümieren, dass zum Verständnis der Irrungen und Wirrungen in der Gegenwart ein Blick durch die Lupe in teils über 100 Jahre alte Dokumente notwendig ist. Herr Leube bietet Quellen aus Tagebüchern, zwischenstaatlichen Verträgen, Memoiren oder aus Zeitungen des letzten Jahrhunderts und lässt Erlebnisse aus früheren Zeiten wundersam für heute auferstehen. Die Entscheidung des Autors, stringent den Jahreszahlen zu folgen, innerhalb der Abschnitte chronologisch den Jahresläufen entsprechend, versetzt das interessierte Publikum in die Lage, sich zeitlich zu orientieren. Oft hilft diese Art der Geschichtsaufarbeitung, bestimmte Gesprächsfetzen aus Begegnungen mit Vorfahren zuzuordnen und das Erzählte mit dem wirklich Passierten zu vergleichen. Und dann passiert etwas Besonderes: Missverständnisse werden geradegerückt, viel zu spät bereut man unnötige Streitgespräche in der Jugend. Wir sind alle Kinder unserer Zeit. Das entbindet uns aber nicht davon, ein gesundes Maß an Zweifel oder wenigstens den Willen zum Hinterfragen zu trainieren. Und dafür sind die Bücher von Leube ein Fitnessklub für die Denkmuskeln.

Dem Autor gelingt es in einer nahezu traumwandlerischen Art und Weise einen Stil zu entwickeln, durch den man fast beiläufig echtes Basiswissen vermittelt bekommt. Nach der letzten Zeile bleiben immer noch ein dichtes Quellenverzeichnis und Verweise zur persönlichen Weitersuche.

Was das vorliegende Buch angeht, waren die 1950er Jahre bis in den Beginn der 60er für das geteilte Deutschland trotz unterschiedlicher Ideologieverwaltungen die offenkundig fruchtbarsten: Keiner wollte wieder Krieg, jeder wollte Wohlstand, eine glückliche Zukunft für Familien, Zugang zu Bildung und Arbeit. Die Drohungen der Kalten Krieger hielten uns einen Krieg vom Leib und die Menschen in ganz Europa fanden zu Lebenswillen, Fleiß und Lebenstüchtigkeit zurück. Das große Lebensglück schien zum Greifen nahe. Im Rhythmus der „modernen" Zeit begann die breite Masse der Deutschen die Übersicht zu verlieren – mit einer wichtigen Ausnahme: die alte Garde des Kreisauer Kreises. Lassen Sie sich überraschen, was in Deutschland möglich war und wie verschlungen und vermeintlich widersprüchlich Entscheidungen getroffen werden mussten, um den lauernden Aasgeiern aus England und den USA nicht tatsächlich ganz Deutschland zum Fraß vorzuwerfen. Nehmen Sie Anteil am Weg der Verhinderer der Wiederholung der Katastrophe nach Versailles. Mit diesem Buch wird unerbittlich deutlich, dass die heutigen Staatslenker in Berlin nicht mehr wissen, wie man Krieg vom deutschen Boden durch eine raffinierte Politik fernhalten kann.

Michael Schwede Berlin, 1. September 2023, Weltfriedenstag

Was Sie hier erwartet

1954

1955

1956

Zur Erklärung: Was die Sternchen* bedeuten

In meinem Bänden zu den Jahren unter Adolf Hitler habe ich auf einige Akteure immer mit einem Sternchen* aufmerksam gemacht. Damals ging es darum, auf ihre Haltung zu Missständen im Reich und ihre Handlungen hinzuweisen. Manche im Publikum werden sich die Augen gerieben haben, weil ihnen diese Politiker in den Nachkriegsjahren doch immer ganz anders angeboten worden waren. In diesem Band über die 1950er Jahre wird man vielen dieser Namen wiederbegegnen. Hier werden sie erneut mit meinem Sternchen* versehen, um zu zeigen, dass es diejenigen sind, die sich für die Teilung Deutschlands in zwei neue Staaten einsetzen. Dem Publikum wird mit der Zeit auffallen, dass man sie in der CDU, in der SPD, der FDP sowie in der CSU wiederfindet – und immer an den entscheidenden Schaltstellen der großen Politik. Ihre Gegenspieler finden Sie ebenfalls in allen Parteien. So wird nachvollziehbar, wie es möglich ist, die Teilung Deutschlands gegen den Willen und gegen die Interessen der Siegermächte durchzusetzen.

Wer wissen möchte, weshalb Deutschland heute so seltsam regiert wird, muss wissen, wer diese Bundesrepublik nach dem ruhmlosen Abgang des Führers in einen Abgrund regiert hatte – unabhängig davon, ob Sie die entsprechenden Herren und Damen eher als konservativ, liberal oder auch als links wahrgenommen haben. Das ist viel mehr als Geschichte. Es geht um die Menschen, die das übergroße Deutsche Reich zerlegt haben, weil sie in der Übergröße von der französischen Ostgrenze bis zu den Grenzen der Sowjetunion den eigentlichen Grund für die beiden Weltkriege sahen, egal, ob sie das nun richtig eingeschätzt haben oder auch nicht.

Im Laufe der Lektüre dieses Bandes wird ihnen auch einleuchten, warum es heute so ein riesiges Drama ist, wenn Leute auf den Punkt hinweisen, dass mit Deutschland nach dem Zweiten Weltkrieg kein Friedensvertrag geschlossen wurde. Aber durch die Existenz von zwei Deutschländern ist West-Deutschland die gesamtdeutsche Regierung erspart geblieben, die erneut ein Papier wie 1919 in Versailles hätte unterschreiben müssen. Was das für West-Deutschland bedeutet hätte, kann man an den 1920er Jahren wie auch am Leben in Unserer wunderbaren DDR unschwer erkennen.

Haben Sie den Mut, sich Ihres eigenen Verstandes zu bedienen.

Der Horror vor einem Friedensvertrag

Wenn man Bücher über die Zeit seit dem Kriegsende in die Hand nimmt, stößt man immer wieder auf den Gedanken, dass es in Bonn darum geht, die Unterzeichnung eines Friedensvertrages auf Biegen und Brechen zu verhindern. Erstaunen kann das nur diejenigen, die nach dem Abschluss des Friedensvertrages von Versailles nicht in Deutschland leben mussten. Wer heute 50 ist, weiß noch, welche Kopfstände die Eltern machten, um dem 12-jährigen Kind nach Versailles 1919 etwas zu essen auf den Tisch zu stellen, und das ist beileibe keinem Zufall zu verdanken.

Während die territorialen Regelungen auf mittelfristigen Ärger ausgelegt waren, gab es in dem Versailler Gebräu eine Komponente, die sehr rasch wirkte. 1921 wurden dann Reparationen festgesetzt, die das Reich weder praktisch noch theoretisch aufbringen konnte. Sie wurden nach einigem Hin und Her auf 132 Milliarden Goldmark festgesetzt, die in jährlichen Raten zu zahlen waren. Sie entsprachen etwa einem Viertel des Gesamtexports des Jahres 1921. Dieser Geschenksendung wurde das Rätsel beigefügt, wie man das aufbringen sollte, wenn das Deutsche Reich im selben Vertrag dazu verurteilt wurde, seine Goldreserven den Siegermächten zu übergeben, einen großen Teil der Erz- und Kohleförderung, der Zement-, Kalk- und Benzinproduktion, dazu Unmengen von Nutzvieh und Landwirtschaftsmaschinen sowie 150.000 Eisenbahnwaggons und Tausende Lokomotiven und Lastkraftwagen. Alle privaten Auslandsvermögen und eine große Zahl der Industriepatente wurden konfisziert. Jahre später ist noch eine Extra-Überraschung draufgesattelt worden, denn England hat dann auf Waren aus dem Reich eine 26-prozentige Importsteuer aufgeschlagen und Frankreich hat sich geweigert, deutsche Waren und Dienstleistungen überhaupt abzukaufen.[1] Süße Klugscheißer wie Guido Knopp (Baujahr 1948), die die Gnade der späten Geburt genießen, klettern jetzt schon auf den Bäumen herum und werden nicht mehr verstehen, warum die Menschen Hass auf den Versailler Schandfrieden hatten und Rattenfängern auf den Leim gingen, die ihnen damals das Blaue vom Himmel versprachen und dann alles noch viel schlimmer machten.

Keiner wird sich ernsthaft wundern, warum alle Parteien im Reichstag den sogenannten Friedensvertrag geschlossen abgelehnt haben, oder? Am Ende wurde der Vertrag mit militärischen Drohungen doch gültig. Die Schulden des Deutschen Reichs waren doppelt so groß wie das Einkommen und die Reparationen waren darauf ausgelegt, dass es finanziell kollabierte und große Investitionen aus dem Ausland benötigte, und den letzten Hieb gab den Leuten die darauffolgende Hyperinflation.[2]

1929 kam eine Weltwirtschaftskrise hinzu, in der Deutschland endgültig in die Grätsche ging und die irren Reparationen noch nicht einmal mehr mit geliehenem Geld bezahlen konnte. Als Konsequenz wurden dann die Reparationen Anfang der dreißiger Jahre ausgesetzt. Als unser Wunderheiler Hitler der 15. Reichskanzler binnen 14 Jahren wurde, hat London einerseits das Zwangsregime zum Geldabsaugen nicht wieder eingeführt, andererseits jedoch auf einmal absichtsvoll die Kredite aus dem Füllhorn gegossen, die unseren Demokraten vor ihm nicht gewährt worden waren.

Langer Rede kurzer Sinn: Wer in Deutschland Einblick hatte, der wusste, dass das Reich zu diesem Zeitpunkt alles in allem eine Nettozahlung von drei Milliarden Reichsmark geleistet hatte. Und wer 1943 noch nicht tot war und das Pech hatte, die Niederlage von Stalingrad am Radio geradezu *live* mitzuerleben, der wusste genau, dass zu den ausstehenden 129 Milliarden Goldmark eine hyperutopische Summe dazukommen muss, wenn so ein „Friedensvertrag“ noch einmal abgeschlossen wird. Aus diesen blutroten Jahren stammt die geniale Idee, die Nationalstaaten zumindest in West-Europa *peu à peu* abzuschaffen. Hitlers Kritiker vermuteten an der Stelle den Grund für ständige Kriege. 1957 ist man am Ziel oder besser gesagt am Anfang eines langen Weges zu einer Europäischen Union. Dort kann man dann eine Regelung finden, dass zum Beispiel jeder Staat nach der Anzahl seiner Einwohner weniger oder eben mehr einzahlt, sodass diese Summen, die andere Länder für ihren Wiederaufbau benötigen, ebenfalls *peu à peu* abgezahlt werden, ohne dass die deutsche Wirtschaft noch einmal in die Grätsche gehen muss und das Land im nächsten politischen Chaos versinkt. So schön war es dann doch nicht ausgegangen.

Die schlimmen Jahre gehen zu Ende

Witze haben einen unschlagbaren Vorteil: Sie ersetzen unzählige Dokus mit schwarz-weißen Bildern. Sehen Sie hier: Treffen sich nach dem Krieg zwei Deutsche, die die Straße kehren. Der eine, glücklich: „Ich habe diese Arbeit nur bekommen, weil ich im III. Reich kein Nazi gewesen bin." Der andere ist niedergeschlagen: „Und ich bin dazu verpflichtet worden, weil ich als ehemaliger Nazi keine andere Arbeit machen darf."[3]

Mit dem Rückgang der größten Not und dem Wiederaufleben der Presse ohne Dr. Joseph Goebbels kommen in West-Deutschland langsam auch die flotten Sprüche aus der Mode, die man sich unter der Hand erzählte. Dafür kommen kritische Worte jetzt eher einmal in eine Zeitschrift wie die hier vom 30. November 1947: „Was will der Maler damit ausdrücken, dass er die Bilder auf die Erde stellt?" – „Er will damit ausdrücken, dass es keine Nägel gibt!" Oder wie wäre es mit diesem Spruch aus demselben Unterhaltungsblatt: „Sie haben Zucker", stellt der Arzt fest. Darauf meint der geschäftstüchtige Patient: „Stimmt, Herr Doktor, 70 Reichsmark das Pfund. Wie viel brauchen Sie?" Naja, 1947 war auch noch vor der Reform der Währung in West-Deutschland. Oder der ist auch nicht ganz schlecht: „Gedenken Sie im Jahre 1948 noch zu leben und wenn ja – wovon?"[4]

Zu der Zeit fanden sich im Münchener Magazin noch solche halblustigen Karikaturen bezüglich der Probleme mit der täglichen Versorgung: „Hast du schon wieder gerauft, Du Haderlump?", sagt die Frau zu Ihrem lieben Gatten. Darauf er: „Nein, Liebling, ich war auf dem Wirtschaftsamt." Der folgende notwendige Hinweis kommt von einem Kellner in einer Gastwirtschaft: „Darf ich darauf aufmerksam machen, das Fleisch liegt neben der zweiten Kartoffel von links." Sonst hätte der Gast es ja womöglich noch übersehen und unbemerkt mit verschluckt.

Wahrscheinlich verstehen nur süchtige Raucher diese Anmerkung eines von zwei Rauchern, die auf einer Insel gestrandet sind. Am Ende mit den Nerven sagt er zu dem anderen: „Wenn uns nicht bald jemand auffischt, verfallen am Ende noch zu Hause unsere Raucherkarten." Und folgender Hinweis könnte gut und gern auch von einem Nichtraucher kommen, der mit anderen vor einer Herren-Toilette steht: „Ich fürchte, sie stehen hier mit Ihrer Raucherkarte wirklich völlig umsonst Schlange!“

Ein Norweger fragt einen Deutschen: „Wie lange dauert es, bis Deutschland wieder auf den Beinen ist?“ – „Zweiundfünfzig Jahre!“ – „Weshalb denn gerade so lange?“ – „Nun fünfzig Jahre werden wir besetzt sein und zwei Jahre werden wir schon brauchen, um alles wieder aufzubauen.“

Ein Spruch hatte sich aus den Kriegsjahren erhalten. Gespräch in einem Schützengraben: „Nach dem Kriege will ich eine Radtour durch Deutschland machen.“ – „Und was machst du dann nachmittags?“ In diesem Bewusstsein leben viele Leute schon seit mehreren Jahren und das wird die allmähliche Gewöhnung an eine dauerhafte Teilung gewiss erleichtern.

Nachdenklich stimmen natürlich diese Antworten: „In welcher Zone soll man sich am besten niederlassen?“ – „Das kommt darauf an, wer man ist. Ein Aristokrat geht am besten in die britische, ein Katholik in die französische, ein Geschäftsmann in die amerikanische, ein Intellektueller in die sowjetische Zone.“ – „Ja, und wo bleibt ein aufrechter Demokrat?“

Inspiriert durch ein paar alte Nazis, die schöne Posten in der Bundesrepublik ergattert haben, sagt eine Nutte im Frankfurter Bahnhofsviertel: „Es wär doch schön, auch nochmal als Jungfrau beginnen zu können.“

Eine Formulierung aus der Frankfurter Zeitung der späten 1930er Jahre kommt in der DDR nicht nur nicht aus der Mode, sondern wird wieder zu einem geflügelten Wort: Der Großvater fragt seinen Enkel: „Warum lernst du die Buchstaben?“ Darauf erklärt ihm sein Enkel: „Ich will die Zeitung lesen.“ Da erwidert der Großvater dem Enkel: „Wenn du groß bist, musst du ohnehin zwischen den Zeilen lesen.“

Schön ist dieses fröhliche Quiz: „Wie hießen die ersten Kommunisten?“ – „Adam und Eva.“ – „Wieso?“ – „Nun, sie hatten keine Kleider. Sie hatten keine Wohnung, wenig zu essen und bildeten sich dennoch ein, sie lebten im Paradies.“ Oder so: „Was heißt DDR?“ – „Der dämliche Rest.“ Es wird den Leuten in Mittel-Deutschland Jahr für Jahr immer klarer, dass diese Teilung im schlimmsten Fall zu ihren Lebzeiten nicht wieder aufgehoben wird. Aber wahr ist auf der anderen Seite: Die Hoffnung stirbt später als die Witze: „Welches Land ist das größte?" – „Die DDR." – „Wieso?" – „Seine Grenzen sind an der Oder-Neiße, seine Regierung ist in Moskau und seine Männer sind in Sibirien."

Während im Westen der Mangel Stück für Stück abnimmt, ist es östlich des Harzes wie früher: „Was ist der Unterschied zwischen Donner, Blitz und Butter?" – Den Donner kann man hören, den Blitz kann man sehen; aber von der Butter ist nichts zu hören und nichts zu sehen!" Woanders ist es genau so: „In der Sowjetunion gibt es nur Rote und Schwarze: Die Roten haben den Roten Platz, das rote Halstuch und die rote Fahne. Doch die Schwarzen haben den schwarzen Kaviar, den schwarzen Wolga und den Urlaubsplatz am Schwarzen Meer.

Da drängt sich doch eine Frage auf: „Was hat der Kommunismus von den Entwicklungsstufen der Menschheit übernommen?" – „Vom Urzustand – die Lebenshaltung; von der Antike – die Sklaverei; von der Feudalität – die Hierarchie (der Partei); vom Kapitalismus – die Ausbeutung; und vom Sozialismus – den Namen." Beinahe zwangsläufig kommt man so auf die Frage: „Wann haben wir die höchste Stufe des Kommunismus erreicht?" – „Wenn wir von allem genug haben!" Es ist so herrlich doppeldeutig. Man könnte auch sagen, wenn wir den Kanal endgültig gestrichen voll haben von der Theorie und die Erfolge in der Praxis erleben wollen.[5]

Ob sich dieses Gesellschaftsmodell in einem Gebiet von ungefähr 108.000 Quadratkilometern des Deutschen Reiches unter ideologisch Abgedrifteten am Ende durchsetzen kann, ist nicht sicher. Wenn es zumindest im Westen jetzt besser wird, hat das etwas damit zu tun, dass es seit dem Kriegsende gelungen ist, den Abschluss eines Friedensvertrages abzubiegen, und damit, dass mit dem Marshall-Plan sogar Geld in die Kassen kommt.

Kann Moskau die Bildung eines Westblocks abwenden?

Verschaffen wir uns erst einmal einen groben Überblick, wo die Einzelteile Deutschlands am Anfang der 1950er Jahre zu finden sind. Fangen wir mit jenem Viertel des Staatsgebietes an, das östlich von der Oder und im Süden der Görlitzer Neiße von der Mehrheit der Deutschen verlassen wurde.

Die Staatsführung der neuen DDR im Osten von Berlin hatte schon im Sommer 1950 mit dem Görlitzer Abkommen anerkannt, dass dieses Gebiet nun zur Volksrepublik Polen gehört. Eigentlich sollen dort diejenigen angesiedelt werden, die in den zwanziger Jahren die Ukraine und Weißrussland polonisieren sollten, und von den Sowjets in ihr Kernland zurückgeschickt worden sind. Aber die Menschen zögern und würden sich viel lieber in den Gebieten östlich der alten deutschen Grenze ansiedeln, weil es im Nebel bleibt, ob die Deutschen nicht doch eines Tages wieder zurückkommen könnten, womöglich sogar mit militärischer Unterstützung durch England und die U.S.A., die die Polen auch schon 1939 und 1944 hängen ließen. Wie lange werden die Menschen nun in den verlassenen deutschen Dörfern wie auf gepackten Koffern leben und lieber nicht in die Bausubstanz investieren? Ich könnte mir vorstellen, dass Ihnen das jetzt zu schnell ging. In diesem Fall empfehle ich, die Lesegeschwindigkeit deutlich zu senken und sich zuerst einmal in Ruhe die Landkarte auf der Vorderseite des Umschlages anzuschauen.

Im Westen sowie im Süden des alten Reiches, wo Engländer, Franzosen und Amerikaner ein Auge auf die Deutschen werfen, war im September 1949 eine „Bundesrepublik Deutschland“ gegründet worden. Zur Bundeshauptstadt wurde das Städtchen Bonn am Rhein in der Nähe von Köln.

In der mittleren Parzelle des alten Reichs war letzten Endes im Oktober des Jahres 1949 *Unsere* „Deutsche Demokratische Republik“ gegründet worden. Sie nutzt als Hauptstadt die stehengebliebenen Gebäude im Osten der Stadt Berlin. Dort spielt sich seit Jahren ein zähes Ringen um die Richtung in der Innen- und Außenpolitik ab. Politiker von bürgerlichen Parteien sowie Vertreter der Moskauer Führung versuchen, die demokratischen Spielregeln zu erhalten, damit die DDR mit der Bundesrepublik zum neuen Deutschland zusammengelegt werden kann, und Kräfte rund um den Altkommunisten Walter Ulbricht herum versuchen, die DDR, die dann erst ein Jahr nach ihrer Gründung in den osteuropäischen RGW darf, auf eine sozialistische Linie auszurichten. Abwechselnd müssen sie sich mit Stalin im Kreml und mit seinen Besatzungsoffizieren vor Ort in Berlin auseinandersetzen, denen sie immer neue Zeitfenster für eine gesamtdeutsche Lösung abzuhandeln haben. Das sind die Rahmenbedingungen, unter welchen die Volkskammer der DDR am 30. Januar 1951 an den Bundestag der „BRD" appelliert, nun gemeinsam einen „Gesamtdeutschen Konstituierenden Rat" einzuberufen. Unter anderen Voraussetzungen würde man wohl von einem symbolträchtigen Tag sprechen, doch wer verfiel ausgerechnet auf den x-ten Jahrestag der Machtübergabe an den Führer? Und obendrein unter dem Schlagwort „Deutsche an einen Tisch"? Aber höchstwahrscheinlich hat kein Mensch in Ost-Berlin darauf geachtet, welches Ereignis sich an diesem Tag jährt.[6]

Gedrängt durch die Führung in Moskau fordern sowohl DDR-Ministerpräsident Otto Grotewohl als auch die Volkskammer am 15. September 1951 den Bundestag erneut auf, in Beratungen über die Durchführung gesamtdeutscher freier Wahlen für eine Nationalversammlung und den Abschluss eines Friedensvertrages mit Deutschland einzuwilligen. Das begeistert. Die Antwort kommt allerdings relativ zeitnah. Am 27. September 1951 folgt eine Erklärung der Bundesregierung zur Wiederherstellung der deutschen Einheit. Bundeskanzler Adenauer spricht die Vorschläge vom 15. September an und kündigt die Vorlage für die Wahlordnung zu freien Wahlen an. Er benennt 14 Grundsätze für eine Wahlordnung zu gesamtdeutschen Wahlen und schlägt seinerseits noch vor, internationale Kontrollorgane zu bilden.[7] Wer dabei nicht an jene verlogenen Punkte von Woodrow Wilson nach dem I. Weltkrieg denkt, ist zu jung.

Otto Grotewohl erklärt die Mehrzahl der Vorschläge für annehmbar, so die Gewährleistung einer freien politischen Betätigung zur Vorbereitung der Wahl, die Gewährleistung des Wahlgeheimnisses und die Vorbereitung und Durchführung der Wahlen unter internationaler Kontrolle. In einem mit dem amtierenden Politischen Berater des Chefs der Sowjetischen Militäradministration in Deutschland Wladimir Semjonowitsch Semjonow abgesprochenen Brief an Bundespräsident Theodor Heuss präzisiert Präsident

Wilhelm Pieck weiter, dass die Regierung der DDR mit einer Überprüfung der Voraussetzungen für die Durchführung von freien Wahlen in allen Teilen Deutschlands einverstanden sei. Aber er besteht darauf, dass diese Prüfung durch eine aus Vertretern Ost- und Westdeutschlands zusammengesetzte Kommission unter Viermächtekontrolle durch Vertreter der Besatzungsmächte durchgeführt werden sollte. So soll erreicht werden, dass die Repräsentanten der Bundesrepublik dazu bewegt werden, nun gemeinsam mit der DDR bei den vier Mächten auf einen raschen Abschluss des Friedensvertrags zu drängen. Das ist ja wohl das Gegenteil von den Ideen Carl Friedrich Goerdelers aus der Zeit nach der Niederlage der Deutschen Wehrmacht in und um Stalingrad. Semjonow teilt den SED-Führern in Ost-Berlin am 1. November '51 mit, dass die Forderung nach einer Kontrolle der Wahlen durch die Vereinten Nationen, die Adenauer in seiner Regierungserklärung vom 27. September erhoben hatte, nicht hoffnungslos strittig sei. Ernst Lemmer als möglichen Verbündeten auf der westdeutschen Seite lässt er über dessen alten Parteifreund Georg Dertinger vertraulich wissen, Moskau wolle sich ohne Rücksicht auf die SED um die Wiedervereinigung bemühen. Ziel der Übung sei es, dass Deutschland neutralisiert werde. Das kann man sich ungefähr so vorstellen wie die Neutralisierung einer Überdosis Schwefelsäure. Deutschland soll nicht noch einmal und auch noch mit den Westmächten verbündet gegen die Sowjetunion Krieg führen können.[8]

Woher soll jemand in Moskau wissen, was die Führer in Bonn planen? Zumal einer schlimmere Reden über Deutschland hält als der andere. Dieser Band heißt letzten Endes nicht umsonst *Auf des Messers Schneide*. Fakt ist bloß, dass Bonn die gesamtdeutschen freien Wahlen schließlich wegen der Modalitäten untergehen lässt. Damit steht ein Zeitpunkt für den Abschluss eines Friedensvertrages und eine einvernehmliche Klärung der Frage nach den endgültigen Grenzen Gesamtdeutschlands auch weiter in den Sternen und am 22. November 1951 wird in Vorbereitung eines großen Vertrages der Westmächte mit der Bundesrepublik schon einmal ein Dachvertrag in Paris unterzeichnet. Von Pawel Sudoplatow aus der Chefetage des Innenministeriums in Moskau kann man erfahren, wie dieses Unterfangen im Kreml aufgefasst wird. Sein Kollege Semjon Ignatjew sagt zu ihm: „Die oberste Führung ist in größter Sorge über die bevorstehende Bildung eines

Blockes antibolschewistischer Nationen, dessen Vorsitz Kerenskij übernehmen wird. Diese Initiative amerikanischer Reaktionäre muss mit aller Entschiedenheit zerschlagen und die Führung des antibolschewistischen Blocks vernichtet werden, noch bevor sie ihre Tätigkeit in vollem Umfang aufnehmen kann."[9] So eine Gesprächsführung klingt nicht weniger angstgetrieben sowie kriminell als die entsprechenden *talks* unter den Kollegen bei dem US-amerikanischen Pendant CIA. Dass Alexander Fjodorowitsch Kerenskij letztlich keinem Verbrechen zum Opfer fällt, liegt daran, dass sich ukrainische Nationalisten und kroatische Emigranten im Westen weigern, einen Russen zum Leiter ihrer Organisation zu machen, und das obwohl oder auch gerade weil Alexander Kerenskij vor der Oktoberrevolution der Premierminister in Russland war.

Viel positiver klingt dieser Prozess der Vereinigung der Bundesrepublik mit den Westmächten aus dem Mund von Kanzler Konrad Adenauer. Am Rand der Verhandlungen im November 1951 in Paris meint er zum französischen Außenminister Robert Schuman, die Entscheidungen der Konferenz würden die Bundesrepublik zu einem sogar starken Faktor für Europas Sicherheit und auch zur großen Attraktion für die Sowjetzone machen. Sowjetrussland werde sehen, dass es ihm nicht gelingt, mit den Mitteln des Kalten Krieges die Integration „Deutschlands" in den Westen zu verhindern. Dies bedeute einen wesentlichen Schritt hin zu einer „Konsolidierung" der europäischen Verhältnisse.[10] Was den *Kalten Krieg* angeht, da kennen sich die Deutschen eben schon seit '45 aus. Die Idee zeigte, dass sich die vielen Menschen, mit denen Goerdeler im Kontakt war, verstanden haben, dass man Deutschland durch einen Kunstgriff aus der geografischen Mittellage in Europa herausbekommen muss. Wer östlich der Demarkationslinie zwischen Greifswald und Schmalkalden wohnt, hat einfach für den Rest seines Lebens Pech oder Glück, je nachdem, wie sich jemand mit dem holzschnittartigen System à la Walter Ulbricht anfreunden kann oder eben auch nicht.

Bleiben wir lieber beim gegenwärtigen Bundeskanzler Konrad Adenauer. Zum Zweck der Paraphierung eines Dachvertrages zu einem großen Vertrag „mit der westlichen Welt" spricht er in Paris auch mit dem Washingtoner Außenminister Dean Acheson. Er äußert „dankbare Befriedigung darüber, dass die Vereinigten Staaten mit so großer Zielstrebigkeit und Energie ihrer

Verantwortung auf dem Gebiet der Weltpolitik“, insbesondere in Europa, nachkämen. In dieser Hinsicht hatte sein „lieber General“, wie er Reinhard Gehlen nennt, vorzügliche Vorarbeit geleistet. Davon sagt er im *talk* mit Acheson selbstverständlich nichts. Kanzler Adenauer moniert, dieser feste Kurs werde allerdings nicht von allen alliierten Mächten in gleicher Weise verfolgt. Es gebe manche, die er als „wackelig“ bezeichnen möchte. Er sagt, ihm liege bei den Unterredungen mit den Außenministern der drei Westmächte in Paris daran festzustellen, ob irgendwelche Versuche vorlägen, Deutschland zu einem Objekt der Verständigung mit Sowjetrussland zu machen, „wie es hier und da in der öffentlichen Meinung befürchtet“ werde. Acheson antwortet ihm, wenn der Kanzler den einen oder anderen der Westalliierten als „wackelig“ bezeichne, so wäre vielleicht dieser Eindruck darauf zurückzuführen, dass die außerordentlichen finanziellen Lasten für die Verteidigung und die sich daraus entwickelnden Konsequenzen für die innere Produktion sowie den Lebensstandard bei diesen Völkern durchaus starke Reaktionen gegen die Aufrüstung ausgelöst hätten. Doch niemand wolle Deutschland zum Objekt einer Ost-West-Verständigung machen. Bei Adenauer ist ja alles klar, wie möchte der Amerikaner jedoch perspektivisch Deutschland aus dem Dunstkreis der Sowjetunion herauslösen ohne Gespräche mit Moskau? Auch die amerikanischen Steuerzahler müssten viel mehr für die Rüstung auf den Tisch legen, wenn es zu einem Wettrüsten mit den Sowjets käme. Dauert es wirklich bis 1957, bis die Amis einmal ihre ganze Strategie neu denken?[11]

Die beiden Herren sprechen eingehend über den Artikel VII des großen Vertrages, der eine Friedensregelung und die *Wiedervereinigung* dieser Republik mit allen deutschen Ländern bis hinüber nach Ostpreußen betrifft. Ginge es nicht um die Provinzen jenseits der Oder, wäre das nur eine Vereinigung der neugegründeten Staaten, weil diese beiden Staatsgebilde in dieser Form noch niemals in einem juristischen Verhältnis miteinander standen. Da wäre also nix mit *Wiedervereinigung*. Im Jahre 1951 wird ja auch kein Mensch im In- oder Ausland diesen Begriff anders verstehen können. Adenauer erläutert Acheson, dass seine Bundesregierung von den Alliierten erwarte, dass sie in Bezug auf diese Ländereien östlich der Oder-Neiße-Linie „keine Bindungen gegenüber Dritten“ eingingen. Das betrifft nach Adenauers Worten besonders Polen. Dieses Problem müsse eben der Friedensregelung vorbehalten bleiben. Schön, aber er hatte letztlich selbst geschrieben, dass es im Artikel VII um eine Friedensregelung geht??? Ein großer Vertrag soll es doch auch werden, über den sie hier sprechen. Aber ein Friedensvertrag darf es um Gottes willen nur nicht werden. So weit geht der Spaß dann auch wieder nicht. Somit hat Moskau den schwarzen Peter für die Sicherheit des polnischen Gebietsgewinnes in der Hand, denn wer, wenn nicht polnische und sowjetische Soldaten könnten jetzt eine Garantie dafür übernehmen, dass die Deutschen nicht doch zurückkommen?[12]

Bleiben wir an der Stelle bei dem standfesten Greis Adenauer inmitten von wackeligen europäischen Nachbarn. Bei Willy Brandt aus der SPD, der sich rührend, wenn auch vergeblich, um ein Ende des Kalten Krieges in der Welt bemüht, findet sich die nachfolgende Einschätzung des ersten Kanzlers nach 1945: „Adenauers Nachkriegs-Konsequenz zielte darauf, die Verhältnisse zu stabilisieren. Er fürchtete in diesen Jahren nichts mehr, als dass sich die Siegermächte einander wieder nähern könnten. Das sah ich anders. Er verneinte die Chance zur deutschen Einheit und nutzte die Vorteile Westeuropas für den westdeutschen Staat." Schön. „Dem ließ sich – in dem Maße, in dem die Voraussetzung ohne Alternative blieb – immer weniger widersprechen." Willy Brandt stellt ebenso fest, „der Alte" habe über weite Strecken anders geredet als gedacht.[13]

Dann wurde er natürlich nicht für jene Inhalte gewählt, die er nunmehr politisch realisiert. In dem Zusammenhang sagt Brandt auch: „Ob sich mit einem anderen – gesamtdeutschen – Ansatz mehr hätte erreichen lassen, bleibt eine offene Frage."[14] Ein aufstrebendes junges Polittalent – Franz Josef Strauß aus München – weiß um dieses Motiv bei Konrad Adenauer: „So reagierte er außerordentlich empfindlich, manchmal überempfindlich, geradezu gereizt, wo immer sich eine Verständigung oder Annäherung zwischen den USA und der Sowjetunion abzeichnete. Dann herrschte bei ihm Alarmstimmung." Der gerade 37-jährige Franz Strauß nennt die Panik „eine Art »Cauchemar von Potsdam«, eine tiefeingewurzelte Angst, dass sich die Sieger und ehemaligen Alliierten über Deutschland hinweg einigen könnten."[15] Es ist vielleicht notwendig, das französische Wort *cauchemar* zu erklären, weil nicht jeder so eine phantastische Bildung genossen hat wie

Strauß. Ein *cauchemar* ist ein Alptraum. Aber warum ist das denn so ein Alptraum? Dass Adenauer Angst haben müsste, dass die Amerikaner den Sowjets ein Stück der freien Welt überlassen würden, kann mit Sicherheit ausgeschlossen werden. Jetzt haben Sie drei Tipps frei: Wovor hat der alte Bundeskanzler Angst? Vor einer Vereinigung mit *unserer* DDR?

Drei Monate später, am 8. Februar '52, diskutiert der Bundestag in Bonn am Rhein über einen westdeutschen Verteidigungsbeitrag. Da ist die Demokratie offenbar noch in den Kinderschuhen, wenn Mitglieder des Parlaments erst zwei Jahre nach den ersten Vorstößen von Kanzler Adenauer in diese Richtung auch einmal ein paar Ansichten zu dieser Thematik austauschen dürfen. Es ist einerseits klar, dass die Mehrheit dem Projekt ihre Zustimmung gibt und die westdeutsche Beteiligung an der Europäischen Verteidigungsgemeinschaft EVG so absegnet. Klar ist andererseits ebenso, dass die Billigung dieser Außenpolitik gegen die Stimmen der Opposition erfolgt, weil es nach Kanzler Adenauers Überzeugung wichtig ist, dass sich die „immer vorhandene Opposition“[16] klar im Parlament selbst zeigt, statt außerhalb des Parlamentes in einer nicht kontrollierbaren Weise um sich zu greifen, wie er das in seiner Regierungserklärung vom September 1949 ausformuliert hatte. Um ein Argument dagegen ist die SPD auch diesmal nicht verlegen. Man greift da einfach ein Motiv auf, das die Wählerschaft noch aus Weimarer Zeiten kennt: Die Gleichberechtigung Deutschlands. Sie müsse erst erreicht werden, dann könne man über einen Wehrbeitrag nachdenken. Zuerst solle die Regierung über den Generalvertrag verhandeln und dann über den EVG-Vertrag. So wird letztlich auch verfahren.

Wenn wir schon bei diesem Thema sind, schauen wir uns gleich noch die Wochen vor dem 8. Februar 1952 an. Noch am 15. Dezember 1951 sprach sich der Bundespräsident Theodor Heuss gegen eine „deutsche“ Nationalarmee aus – und hielt das Thema damit am Köcheln. Welchen Sinn hat denn Kritik, wenn sie an der Politik nichts verändert? Am 9. Januar 1952 erklärte der *Sicherheitsbeauftragte* der Bundesregierung Theodor Blank offiziell, dass das deutsche Kontingent für eine westeuropäische Armee zwölf voll motorisierte Divisionen umfassen werde. Seit dem 16. Januar überprüfen die drei westlichen Alliierten nun schon die Möglichkeit einer Waffenproduktion in der Bundesrepublik. Am Tag darauf reicht die SPD eine Feststellungsklage beim absolut unabhängigen Bundesverfassungsgericht ein, um klären zu lassen, ob das anvisierte Wehrgesetz eventuell gegen das Grundgesetz verstößt. Am 20. Januar erklärte Theodor Blank im Rundfunk, eine „Auslese-Dienstpflicht“ müsse 300.000 bis 400.000 Mann auf die Beine bringen. All dies war über die Bühne gegangen, bevor der Bundestag am 8. Februar 1952 die Aussprache über einen *west*-deutschen Verteidigungsbeitrag führte. Schade, dass alles schon längst in Gang gesetzt ist, bevor das demokratisch gewählte Parlament auch noch seinen Senf dazu geben darf.[17]

Lästige Bedenkenträger

Die zweite Wiederbewaffnung Deutschlands innerhalb dreier Jahrzehnte fällt aber auch in keine günstige internationale Situation. Die Länder und Völker Europas wollen sich so kurz nach dem zweiten Massenschlachten im zwanzigsten Jahrhundert nicht schon wieder bewaffnen. In Westeuropa benennen Eltern die Töchterchen nach der sowjetischen Superwaffe des Weltkrieges Katjuscha – und kommunistische Parteien haben in Italien Zulauf wie in Frankreich. Ähnlich schlimm war die Stimmung ja auch hinter dem Atlantik, bevor die US-Amerikaner von den Deutschen instruiert worden waren, dass die Gefahr nunmehr – in der Sowjetunion lauere. Deutschland ist besetzt; das ist nach den unangenehmen Erfahrungen in zwei Kriegen ausreichend. Der *insider* Sebastian Haffner ist traurig und kritisiert, dass ein Land nach dem anderen aufgehört habe, der Wiederaufrüstung in der Wirtschaftspolitik Vorrang zu geben. Darüber hinaus werde die Wiederbewaffnung Deutschlands und Japans nicht in Angriff genommen. Doch das kann ihn nicht wirklich erstaunen. Von diesen beiden Ländern war der Zweite Weltkrieg ja letztendlich ausgegangen. Darüber hinaus ist er nicht glücklich darüber, dass die Pläne für ihre politische Eingliederung in das atlantische System nicht vorankommen. Doch dass Japan da nicht eingegliedert wird, liegt auch daran, dass sich Japan vom Atlantik aus an einem anderen Ende dieser Welt befindet. Und sogar in Westeuropa ist in seinen Augen das Ziel der „Gewährleistung echter Sicherheit" aufgegeben worden. Nun spreche man nicht mehr über die Friedensaussichten durch westliche Einheit und Stärke. Stattdessen versucht seiner Meinung nach jedes Land, sich in einer geteilten, unbefriedeten, unsicheren und inkohärenten Welt für möglichst lange Zeit so gut wie möglich einzurichten, und fast jedes Land habe angefangen zu hoffen, dass der jetzige Zustand der Welt so lange wie möglich stabil bleibe. Man muss gestört sein oder Wissen von *insidern* haben, um eine solche Hoffnung als ungewöhnlich zu empfinden. Zu dieser Zeit einer allgemeinen Unschlüssigkeit übernimmt der *schönste* Teil von Deutschland zum ersten Mal seit dem Spätsommer des Jahres 1939 wieder die Führung in Europa.[18]

1 Preparata (2011), S. 162
2 Ebd., S. 171
3 Die Witze finden Sie hier:
Zentner (1954), Teil II, S. 24f.
Brandt (2014), S. 36 und 84
Hirche (1964), S. 227f. und 230
4 Ebd.
5 Ebd.
6 RGW war der Rat für Gegenseitige Wirtschaftshilfe, im Westen Comecon genannt, der von den kommunistischen Staatsführungen Polens, Rumäniens, Bulgariens, Ungarns, der Tschechoslowakei und der Sowjetunion am 25. Januar 1949 als eine Antwort auf den US-amerikanischen Marshall-Plan gegründet wurde. Die DDR durfte erst am 29. September 1950, knapp ein Jahr nach ihrer Gründung beitreten.
Deutsches Historisches Museum (2022), Deutschland im Kalten Krieg [online]. Verfügbar unter
https://www.dhm.de/archiv/ausstellungen/ kalter_krieg/zeit/z1951.htm [28.05.2022]
Grau, Andreas & Würz, Markus: Rat für gegenseitige Wirtschaftshilfe. In: Lebendiges Museum Online, Stiftung Haus der Geschichte der Bundesrepublik Deutschland [online]. Verfügbar unter http://www.hdg.de/lemo/kapitel/geteiltes-deutschland-gruenderjahre/weg-nach-osten/rat-fuer-gegenseitige-wirtschaftshilfe.html [25.06.23]
7 Loth (1994), S. 176ff.
Deutsches Historisches Museum (2022), Deutschland im Kalten Krieg [online]. Verfügbar unter
https://www.dhm.de/archiv/ausstellungen/kalter_krieg/zeit/z1952.htm [28.05.2022]
8 Loth (1994), S. 177f.
9 Sudoplatow (2013), S. 405f.
10 Adenauer (1965), S. 515
11 Ebd. S. 513f.
12 Ebd., S. 514
13 Brandt (2014), S. 54
14 Ebd., S. 54
15 Strauß (1989), S. 203
16 Deutscher Bundestag (2022), Dokumente. Historische Debatten (1): Wiederbewaffnung [online]. Verfügbar unter https://www.bundestag.de/ dokumente/textarchiv/wiederbewaffnung-199536 [04.06.2022]
17 Zentner (1954), S. 135
18 Haffner (1997), S. 104

Wie groß ist Europa wirklich?

Am 1. März hält Bundeskanzler Adenauer eine Rede vor dem CDU-Tag in Heidelberg. Dort vertröstet er die Deutschen bezüglich der Hoffnung auf die Wiedervereinigung mit den Worten: „Erst stärker werden" und danach müsste es um die Neuordnung der Verhältnisse in Osteuropa gehen. Der letzte Versuch mit diesem Ansatz liegt jetzt gerade mal dreizehn Jahre zurück. Er war übrigens in letzter Instanz nicht von großen Erfolgen gekrönt, aber das nur als Denkanstoß. Vielleicht fällt Ihnen ein, wer bereits 1939 Ost-Europa neu ordnen wollte. Stimmen Sie mir zu bei der Vermutung, dass Adenauer das anders meint? Am 5. März 1952 sagt er auch in einer vom Rundfunk ausgestrahlten Rede, es gehe hier nicht bloß um die Ostzone. Vielmehr gehe es darum, ganz Osteuropa östlich des Eisernen Vorhangs zu befreien.[1] Sprüche in dieser Preislage liefern Jahr für Jahr Argumente für die Anwesenheit sowjetischer Truppen in Polen, der Tschechoslowakei und in der DDR. In den beiden zuerst genannten Ländern ist das gar keine Selbstverständlichkeit. Am anderen Ende kommt es den Chefs in Bonn zupass, dass es schon in den Jahren nach dem Ersten Weltkrieg Bestrebungen gab, die ewigen Konflikte der Nationalstaaten ein für allemal zu beseitigen. Dies wäre eine friedliche Alternative mit einem viel größeren Europa als Ziel und ohne eine militärische Blockbildung in West-Europa, die einen Verteidigungsblock in Ost-Europa geradezu herausfordert. Fällt Ihnen ein Grund ein, warum sich Moskau erneut aus dem Westen auf die Pelle rücken lassen sollte? Im echten Leben geht es nicht nur darum, wovor man selbst Angst hat.[2]

Einer der Verfechter des geeinten Europas ist Richard Nikolaus Graf von Coudenhove-Kalergi. Da er schon 1894 geboren war, hatte er den Weltkrieg von 1914 bis 1918 bereits sehr bewusst erlebt. Väterlicherseits war er der Sohn des österreichisch-ungarischen Geschäftsträgers in Japan und mütterlicherseits einer Japanerin aus einer Kaufmannsfamilie. In Bonn dreht sich einiges darum, die *Vereinigung West-Europas* als Teil der europäischen Vereinigung zu verkaufen, wie sie von Coudenhove-Kalergi angestrebt wird. Zu diesem Zweck wird auch der Karlspreis der

Stadt Aachen in die Welt gesetzt. Clever wie man ist, erhielt dieser verdienstvolle Mann 1950 dann auch den ersten dieser Preise, hat er doch schon 1923 die Publikation *Paneuropa* herausgebracht und dann 1925 die Paneuropa-Union gegründet. Während sich Gehlen, Adenauer und viele andere darum bemühen, die Beziehungen zwischen West-Europa und *America* auf der einen Seite und Ost-Europa auf der anderen Seite zu vergiften, gründete Coudenhove-Kalergi das Aktionskomitee für die „Vereinigten Staaten von Europa". Zum Geschäftsführer wurde der einstige Geheimdienstchef des *Office of Strategic Services (OSS)* William Joseph Donovan. Alleine diese kurzen Stichworte klären schon, dass in Bonn mit einigem Geschick gezirkelt werden muss, damit es nicht ganz so mächtig auffällt, dass man eben nur den Westen Europas vereinigen will und nicht alle Staaten Europas vom Atlantik bis zum Ural.

Die vier Molotov-Noten von 1952

Nachdem 1951 schon Vorverträge zu einem Generalvertrag mit Bonn in Paris unterschrieben worden waren, zieht sich für Moskau so langsam die Schlinge zu. Wird West-Deutschland jetzt ernstlich vertraglich von den Westmächten eingebunden in ein antisowjetisches Bündnis? Wird die Bundesrepublik sogar ein Teil der Nato? Was ist zu unternehmen, um die Bundesrepublik von einem antisowjetischen Pakt fernzuhalten? Nach dem jüngsten Vorstoß vom 30. November '50, als DDR-Ministerpräsident O. Grotewohl der Bundesregierung vorschlug, einen „Gesamtdeutschen Konstituierenden Rat" zu bilden, der gesamt-deutsche freie Wahlen für eine Nationalversammlung und danach den Abschluss eines Friedensvertrages sowie die Regierungsbildung vorbereiten soll, unternimmt der inzwischen gesundheitlich stark angegriffene Genosse Stalin im März 1952 einen weiteren Anlauf in diese Richtung.[3]

Der Moskauer Außenminister Molotov schickt den Regierungen Frankreichs, Großbritanniens und der Vereinigten Staaten von Amerika am 10. März eine diplomatische Note. Mit dem Verweis auf die Potsdamer Entmilitarisierungsmaßnahmen richtet Molotov seine Bitte an die drei anderen Alliierten des II. Weltkrieges, die Bewaffnung der Bundesrepublik zu verhindern und sie mit der DDR zu vereinigen. In Ost-Berlin wird es nicht einhellig begrüßt, dass ihnen der Kreml-Chef weiterhin die Spielwiese umpflügen will, doch was hat Stalin von der DDR, wenn die BRD ins westliche Bündnissystem integriert wird? Die Panzer, die vor einem Jahrzehnt durch seine Sowjetunion rollten, kamen aus dem Ruhrgebiet. Ausgeschlossen von der Kenntnis der großen Staatsgeheimnisse in der BRD kritisiert Willy Brandt: „In der Note vom 10. März 1952 – von Diplomaten nicht zutreffend und abschätzig Stalin-Noten genannt –, war vorgeschlagen worden, ein »neutrales« Deutschland zu errichten und »freie Wahlen« abzuhalten. Es ist verbürgt, dass Ulbricht meinte, diese Vorschläge hätten für ihn und sein Regime gefährlich werden können, glücklicherweise habe die andere Seite sie abgelehnt. Auf Ablehnung – und sei es nur, dass ausgelotet und abgeklopft würde, waren auch jene im Westen programmiert, die Bündnisfreiheit für Deutschland keinesfalls in Erwägung ziehen wollten.“[4] Bündnisfreiheit ist natürlich nicht vorgesehen. Dann hätten sich Gehlens Männer seit 1945 umsonst abgerackert, um *America* gegen den Russen scharfzumachen. Lediglich Uneingeweihte wie Brandt können das nicht verstehen. An dieser Stelle ist eine Unterbrechung wegen einer Sondermeldung erforderlich.

Ein Attentat auf Bundeskanzler Adenauer

Am Nachmittag des 27. März 1952 werden in München zwei Jungs von einem Herrn angesprochen und darum gebeten, ein Päckchen zur Post zu bringen. Doch die beiden Kinder wundern sich, warum ihnen dieser Herr, der doch gar keine Zeit hatte, folgt und offenbar sehen will, ob sie tun, wie ihnen geheißen. Sie beschließen, jenes Päckchen lieber bei der Polizei abzugeben. Das ist eine gute Idee, zumal auf dem Umschlag die seltsame Adresse steht: An dem Bundeskanzler, Dr. Konrad Adenauer, Bundeshaus, Bonn, alles in schönen Großbuchstaben und mit dem irrtümlich benutzten Dativ.[5]

Die Jungens berichten, dass ihnen ein Unbekannter ein Paket gegeben habe, das sie zur Leopold-Post in Schwabing bringen sollten. Sie hatten auch bemerkt, dass er eine auffallende Fingerverstümmelung hat. Weil kurz zuvor erst in Norddeutschland einige Bomben hochgegangen sind, lässt die Wache des Polizeipräsidiums den Sprengmeister Karl Reichert kommen, der das verdächtige Paket öffnet und einen Brockhaus findet. Dass da ein Sprengsatz eingebaut war, wird klar, als die Apparatur um 18:20 Uhr in die Luft fliegt. Reichert werden dabei die Unterarme abgerissen und wenige Stunden später stirbt er an seinen Verletzungen.

Noch in der folgenden Nacht schickt das Bundesinnenministerium Experten des Bundeskriminalamtes (BKA) nach München, darunter Josef Ochs als Leiter der Sonderkommission. Kriminaltechniker machen sich daran, die Bombe zu rekonstruieren, Hunderte von Hinweisen aus der

Bevölkerung gehen ein. Die Fahndung wird die bisher größte in der Geschichte der jungen Bundesrepublik. Warten wir ab, was die Ermittlung in der Sache ergibt und ob das in absehbarer Zeit in die Zeitung kommt.[6]

Zwei Ereignisse Anfang April 1952 deuten darauf hin, dass vermutlich jüdische Täter hinter dem Anschlag stehen. Bei der Sicherungsgruppe des Bundeskriminalamts (BKA) trifft der Hinweis eines westlichen Geheimdienstes ein, dass einer der Attentäter mit Namen Lutan auf dem Weg nach München einen Textilgroßhändler jüdischer Abstammung in Frankfurt besucht habe. Lutan stamme aus Kowel in Galizien und habe zahlreiche Decknamen. Daraufhin stellen Kriminalbeamte sowohl die Wohnung als auch die Firma dieses Unternehmers auf den Kopf. Doch er und seine Frau können die Vorhaltungen entkräften.[7]

Kurz darauf nimmt die französische Polizei fünf Israelis fest, die wahrscheinlich mit dem Anschlag in Verbindung stehen, unter ihnen Jakow Farshtej. Ein Informant, der mit der Untergrundorganisation Irgun kooperiert, weist darauf hin, dass Jakow Farshtej als Kopf der Attentäter in Frage komme. Vier Verdächtige werden schleunigst nach Israel abgeschoben, bevor die Deutschen Wind davon bekommen. Anders als in den Kriegsjahren wollen die Franzosen den Deutschen keine Amtshilfe leisten. Als seinerzeit Hitler der Juden habhaft werden wollte, um diese zu lynchen, sind französische Beamte den Auslieferungsbegehren noch preußisch korrekt nachgekommen. So nett sind sie zu dem Nazi-Opfer Adenauer zehn Jahre später nicht. Der fünfte Verdächtige sitzt noch in einem französischen Gefängnis – wegen Waffenbesitzes. Unverzüglich reist der Chef der Münchner Sonderkommission Josef Ochs nach Paris. Ein französischer Beamter bescheidet ihn knapp, dass es nichts mitzuteilen gebe. Auch eine Spur in München verläuft im Sand: Da kann ein Israeli mit hoher Wahrscheinlichkeit als Überbringer der Bombe identifiziert werden. Doch der Mann kann in der Stadt untertauchen – und setzt sich schließlich nach Israel ab. Da es das Beste ist, was Adenauer passieren kann, könnte man denken, man hätte ihn ziehen lassen.[8]

Wenige Tage später treffen dann bei Nachrichtenagenturen Bekennerschreiben einer Organisation Jüdischer Partisanen ein. Aus ihnen geht hervor, dass sie die Wiedergutmachungsverhandlungen zwischen dem Kleindeutschen Reich im Westen und Israel stören wollten, welche im März in Den Haag begannen. Es geht um Geld, da es nicht möglich ist, die ermordeten Menschen wieder ins Leben zurückzuholen. Für Israel, das erst am 14. Mai 1948 gegründet worden war, geht es darum, einem Staatsbankrott zu entrinnen. Deshalb soll das Geld direkt in die Staatskasse fließen. Aber Tausende von Israelis protestieren in Jerusalem gegen das *Blutgeld* aus Deutschland. Menachem Begin, der Gründer der national-konservativen Cheruth-Partei stachelt die Demonstranten in Israel mit den Worten auf: „Adenauer ist ein Mörder!" Damit trifft er den Nagel zwar nicht genau auf den Kopf, aber egal. Man könnte auch sagen, Adenauer wird ein Opfer des Bonner Spiels mit der Welt. Jetzt versuchen Anhänger der „Cheruth", der Nachfolgeorganisation der terroristischen Untergrundorganisation „Irgun", die Knesset, das israelische Parlament, zu stürmen. Begin setzt sich dafür ein, dass die Wiedergutmachungszahlungen direkt den Familien der Opfer zugutekommen, nicht jedoch der Staatskasse. So ist das bei Hitzköpfen: Sie denken die Sachen nicht zu Ende. Sollen die Familien Geld erhalten und ihr Staat ist pleite?[9]

Da sich bei der Ermittlung gezeigt hat, dass die Spuren zu einer Splittergruppe jener 1948 aufgelösten jüdischen Partisanen- und Untergrundorganisation „Irgun" führen, verfügt Adenauer, dass das Beweismaterial geheimzuhalten sei. Antisemitische Reaktionen in der Bevölkerung will er nicht provozieren. Wenig später werden die Ermittlungen endgültig eingestellt. Sonst müsste man womöglich einen Auslieferungsantrag an Israel stellen und Israelis den Prozess machen. So kurz nach dem Krieg und den Verbrechen der Judenverfolgung ist selbstverständlich keiner in Tel Aviv oder gar in Bonn an einer solchen Vorgehensweise mächtig interessiert. Der Premierminister von Israel David Ben-Gurion begrüßt diese Entscheidung und schweigt wie Adenauer.[10]

Das traurige Ende der Molotov-Noten

Kommen wir nach dieser Sondermeldung zurück zu der Molotov-Note. Am 25. März fordern die Westmächte als Antwort auf die Note aus dem Kreml „freie Wahlen" in Deutschland unter Kontrolle der UNO als Vorbedingung für Verhandlungen über einen Friedensvertrag, als hätte es eben diesen Vorschlag für freie Wahlen aus Ost-Berlin vom 15. September 1951 oder den Vorstoß dazu 1950 nicht gegeben. Sodann wird am 9. April eine zweite Note auf den Weg geschickt, in der erneut freie Wahlen angeboten werden. Kontrolliert werden sollen die Wahlen jedoch nicht von der UNO, sondern von den vier Mächten. Bei Bündnisfreiheit muss es laut der Note jedoch auf jeden Fall bleiben. Es werden dann noch zwei weitere Noten gewechselt und in Ost und West wird darüber diskutiert.[11]

In der *heftigen öffentlichen Auseinandersetzung* in der Bundesrepublik wird freilich tunlichst vermieden, die Frage nach der Anerkennung der deutschen Ostgrenze anzusprechen. Über jenes Schaulaufen der beiden führenden Köpfe der SPD und der CDU wird eines Tages der überkluge Prof. Heinrich August Winkler festhalten: „Schumacher, der Adenauer vergeblich zum Ausloten der sowjetischen Angebote drängte, hat diese Gefahr wohl kaum in ihrer ganzen Tragweite erkannt." Genau so ist es wohl: Dr. Kurt Schumacher versus Dr. Konrad Adenauer. Zwei Dumme ein Gedanke. Warum postuliert der kluge Mann denn dann überhaupt, dass er ihn gedrängt hätte? Und davon ganz abgesehen kann das ja auch keiner prüfen. Wollen Sie das hier vollständig? „Eine Wiedervereinigung in den Grenzen der vier Besatzungszonen hätte die meisten Deutschen im Frühjahr 1952, als Stalins Noten diese Möglichkeit einen Augenblick lang anzudeuten schienen, völlig unvorbereitet getroffen. Da weder Regierungsparteien noch sozialdemokratische Opposition ihre Anhänger auf den definitiven Verlust der Ostgebiete vorbereitet hatten, wäre ein dergestalt vereinigtes Deutschland mit der schweren Hypothek eines nationalen Irredentismus belastet gewesen und schon deswegen zu einem europäischen Krisenherd geworden. Schumacher, der Adenauer vergeblich zum Ausloten der sowjetischen Angebote drängte, hat diese

Gefahr wohl kaum in ihrer ganzen Tragweite erkannt."[12] Als ob es 1952 noch viele andere Themen gäbe, die akuter diskutiert würden. Nein, ein Dr. Kurt Schumacher kann von seinem Platz in der Opposition in Bonn aus in der „heftigen öffentlichen Auseinandersetzung" den Kanzler zum Ausloten der Moskauer Vorschläge drängen, weil es ohne Bewegung in der Grenzfrage keine Bewegung in der Außenpolitik der Alliierten gibt. Sehr wohl wäre es eine Option, wenn jemand laut erklären würde, dass die Alliierten die Vereinigung Deutschlands in den neuen Grenzen von 1945 anbieten würden. Darüber könnte man dann eine echte öffentliche Auseinandersetzung führen und wenn sich zu viele Leute dagegen aussprechen würden, könnte man immer noch den Rückzieher machen. Und davon abgesehen können wir bis 1958 oder 1968 oder 1978 oder bis 1988 warten, ob die jeweiligen Kanzler dann das Wahlvolk vorbereitet haben.

Gustav Heinemann, der für sich reklamiert, dass er wegen eines Alleinganges des Kanzlers bei der Schon-Wieder-Bewaffnung des Reiches aus der Regierung ausschied, gibt von sich: „Kaum wurde eine Möglichkeit sichtbar, mit der Sowjetunion wirklich weiterzukommen, da war auch schon der ganze Übermut, die ganze Hybris wieder im Spiel, es uns als Aufgabe zuzuschreiben, ganz Osteuropa neu zu ordnen."[13] Dieser höchst dramatische Ausspruch ist sowohl dazu geeignet, auf Konrad Adenauers Provokation aus seiner Rundfunkrede vom 5. März noch einmal speziell hinzuweisen, als auch dazu, die Leute wieder auf den Teppich herunter zu holen. Die von Heinemann verzweifelt bekämpfte Bundesregierung sieht offiziell in den Moskauer Vorschlägen bloß ein Störmanöver, um den Prozess der Westintegration der Bundesrepublik aufzuhalten. Die Gegenmeinung, für die sich prominente Politiker und Journalisten einsetzen, sieht da die vielleicht letzte Chance durch Verzicht auf Wiederbewaffnung und Militärbündnisse die *Wiedervereinigung* zu erreichen, heißt es. Aber auch wenn Texte in diesem Duktus noch tausendmal auf gutem Papier verbreitet werden, ist so nur die *Vereinigung* der beiden existierenden Staaten Bundesrepublik und DDR zu erreichen und nicht die *Wiedervereinigung*. Ein Wort noch zu Politikern und Journalisten. Witzig: Sie sind prominent, weil sie in den völlig unabhängigen Medien immer wieder eingespielt werden. Entsprechend fordern sie, die Ernsthaftigkeit des Moskauer Angebotes durch Verhandlungen zu prüfen – obwohl die prominenten Herrschaften wie Schumacher, Adenauer und Heinemann wissen, dass es unter diesen Umständen eben nichts wird. Weil es einfach zu schön ist, soll in diesem Zusammenhang ein Artikel Gustav Heinemanns im April 1952 für die guten Aachener Nachrichten erwähnt werden. Er steht unter der unschlagbar tödlichen Überschrift: „Adenauer treibt Achsenpolitik im Sinne Hitlers". Ein Laufbursche von Reinhard Gehlens „Org." informiert die Zentrale mit dem interessanten Satz: „Übernommen von der kommunistischen Täglichen Rundschau". Das ist dem verantwortlichen Redakteur ja vielleicht nicht aufgefallen.[14]

Hören wir auch den prominentesten Dissidenten der Bonner Republik. Das sagt Willy Brandt über den Kanzler Konrad Adenauer: „1952 hat er es nicht etwa versäumt, den sowjetischen Noten nachzugehen und die Chance angeblich freier Wahlen in Deutschland zu prüfen. Er hat dem gar nicht nachgehen wollen." Wie begründet er das? „Gegen die sowjetischen Noten vom Frühjahr 1952 hatte er nicht deswegen so heftig polemisiert, weil er ihre Ernsthaftigkeit ganz und gar in Zweifel zog, sondern weil er den Deutschen Bündnisunabhängigkeit nicht zutraute und ihr unter keinen Umständen einen Weg ebnen wollte. Dabei machte es ihm nichts aus, Ziele vorzuführen, die nicht zu erreichen waren und die zu erreichen nicht zu seinem politischen Fahrplan gehörte."[15] Am Ende des Tages, würden die Engländer sagen, wird diese Zitterparty während des Gerangels um die Molotov-Noten 1952 wohl als eine der schwersten Herausforderungen auf dem Weg zur Auflösung des Kontinentalblockes Deutschland in die Annalen Europas eingehen.

Jetzt und bestimmt noch viele Jahre wird man vorwärts und rückwärts buchstabieren, ob es sich bei den diplomatischen Noten aus dem Kreml um ein ernst gemeintes Angebot gehandelt habe oder eben auch nicht. Aber diese Debatte ist so überflüssig wie ein Kropf. Wie blamiert wären Stalin und sein Außenminister Molotov, wenn sich, *für sie vollkommen unerwartet*, Bonn zu den Westmächten gesellen und ihr Angebot wider

Erwarten wirklich für voll nehmen würde. Na, die würden aber Äuglein machen, wenn es auf einmal zu handfesten Verhandlungen käme! Was soll denn schiefgehen können? Man könnte auf das Angebot von freien Wahlen eingehen und im Notfall das Ergebnis anzweifeln. Überdies hat West-Deutschland mehr als dreimal so viele Wählerinnen und Wähler, wodurch die SED gar keine Chance hat. Davon abgesehen gibt es in der DDR fünf (!) Parteien, darunter eine CDU und – geliebt oder gehasst – Sympathisanten der SPD. Wenn man sich zudem vergegenwärtigt, dass schon viele Menschen seit 1945 Mittel-Deutschland oder jetzt die DDR verlassen haben, dann wird klar, dass die SED nicht zu viele Leute dazu bewegen wird, ihr Kreuz in dem Feld für ihre Partei zu machen.

Was diese fünf Parteien angeht, zu denen unter anderem die Nationaldemokratische Partei Deutschlands gehört, müsste angemerkt werden, dass sowohl die Sowjets aus dem Osten als auch der BND aus der BRD bei uns alles unter Kontrolle haben. Schon am 26. Februar 1948 gab die Sowjetische Militäradministration in Deutschland ihren Befehl Nr. 35 über die Auflösung der Entnazifizierungskommissionen in der sowjetischen Besatzungszone bekannt. Im Kreml hatte sich die Einsicht durchgesetzt, dass man die ehemaligen Mitglieder der NSDAP doch in dieser oder jener Form wieder am politischen Leben teilnehmen lassen muss, und so gründete man die NDPD. Hinter einer Zeitung verborgen, nahm der amtierende Politische Berater des Chefs der Sowjetischen Militäradministration in Deutschland Wladimir Semjonowitsch Semjonow am Gründungsparteitag der Nationaldemokratischen Partei Deutschlands (NDPD) in einer Bierkneipe teil. Zum Vorsitzenden dieser Partei wurde der frühere Rechtsanwalt Lothar Bolz gewählt, zu seinem Stellvertreter der ehemalige Wehrmachtsgeneral Vincenz Müller, der ein Korps in der Schlacht bei Minsk (im Kessel von Bobruisk) kommandiert und im Juni 1944 angesichts der hoffnungslosen Einkesselung den Befehl zur Kapitulation gegeben hatte. Und dieser Vincenz Müller* wiederum gibt seine Erkenntnisse aus diesem braunen Trupp an seinen Auftraggeber BND im bayerischen Pullach weiter. Alles klar?[16]

Man kann auch ohne Krieg erschossen werden

Im Westen bleibt es allerdings nicht bei den öffentlichen Schaugefechten. Im Gegenteil – es kommt zu einem ersten Todesopfer im Kampf gegen die Teilung Deutschlands. Während einer von der KPD veranstalteten „Jugendkarawane“ in Essen mit 30.000 Teilnehmern kommt es schon am 11. Mai 1952 zu schweren Auseinandersetzungen mit der Polizei, in deren Verlauf der einundzwanzigjährige Münchener Philipp Müller erschossen wird. Vierzehn Tage später findet im sächsischen Leipzig das IV. Parlament der Freien Deutschen Jugend (FDJ) statt und beschließt dort ein Manifest, in dem es heißt: „Wir müssen verhindern, dass dem Mord an Philipp Müller der Mord an Hunderttausend junger deutscher Patrioten folgt.“ Dabei bleibt unklar, wie man das von Leipzig aus verhindern möchte. Auf der Trauerfeier für den jungen Mann aus München spricht auch Max Reimann, der Vorsitzende der KPD. Es ist ein Traum, dass die kommunistische Trauergemeinde nichts davon weiß, dass sich der nette Herr Reimann besser als gedacht mit den Größen der Gegenseite versteht, mit Bundeskanzler Konrad Adenauer oder beispielsweise mit dem Bundespräsidenten Theodor Heuss.[17] Vielleicht erinnert man sich an die entsprechenden Passagen im Band *Kontinentaldrift*.

Der Deutschlandvertrag wird unterzeichnet

Am 26. Mai '52 sind die Hürden für Konrad Adenauers großen Vertrag mit dem Westen überwunden, der mit den Moskauer Noten verhindert werden sollte. Ursprünglich sollte er ja Generalvertrag heißen. Über die Namensänderung schreibt der *insider* Franz Josef Strauß: „Spötter auf deutscher Seite sprachen vom »Generalsvertrag«. Kritiker fürchteten, dass mit der Bezeichnung Generalvertrag Deutschland als Inhalt und Ziel der deutschen Politik untergehen oder zumindest vernachlässigt werden könnte. So trat an die Stelle des Wortes Generalvertrag der Begriff Deutschlandvertrag. Damit wurde eine politische Konzeption von weit höherem Rang umrissen, als dies bei Beginn der Verhandlungen der Fall gewesen war."[18] Wenn der Vertrag jedoch ursprünglich nicht so gedacht war, wird die Öffentlichkeit mit dem neuen Etikett hinter das Licht geführt, um das hier einmal festzuhalten. Da sich jetzt mit der Änderung des Titels der Inhalt dieses nicht absolut unbedeutenden Vertrages nicht ändert, ist eine Vereinigung auf gar keinen Fall das Ziel der Konzeption. *Quod erat demonstrandum.*

Unmittelbar vor der Unterzeichnung kommt es noch zur Debatte über die sogenannte „Bindungsklausel" des Vertrages, die vorsieht, dass auch ein wiedervereintes Deutschland an das westliche Verteidigungsbündnis gebunden bliebe. Dem Kanzler ist es klar, dass dies für die Sowjetunion eine unannehmbare Bestimmung ist, doch wegen der Diskussion in der Öffentlichkeit sieht er sich dann zu Nachverhandlungen mit den Alliierten veranlasst. Nach einem Schaulaufen auf der politischen Bühne wird diese Bindungsklausel dann natürlich doch ein Teil des Vertrages. Wenn das den Kreml vergrätzt, ist es umso besser. Was die Mehrheit der Leute vielleicht haben will und was sie ausdrücklich nicht will, spielt ohnehin keine Rolle im abgeschotteten Bonner Regierungsviertel.

Der Bonner *insider* Franz Josef Strauß liefert in diesem Zusammenhang die schriftliche Bestätigung dafür, dass die Hege und Pflege *unserer* DDR die notwendige Bedingung dafür ist, dass wenigstens die Bundesrepublik nicht so einen „Friedensvertrag" à la Versailles 1919 aufgebrummt kriegt. Ohne jenen anderen deutschen Staat gäbe es gar keine andere deutsche Regierung, durch die es die *gesamtdeutsche* nicht gibt: „Bei allen Beratungen über den Deutschlandvertrag war von vornherein klar, dass dies kein Friedensvertrag sein konnte und durfte. Ein Friedensvertrag hätte nur von einer gleichberechtigt am Verhandlungstisch sitzenden *gesamtdeutschen* Regierung geschlossen werden können." Franz Josef Strauß benennt an dieser Stelle auch eines der sicher herausragenden Motive in dieser Geschichte: „Hinzu kam eine weitere wichtige Überlegung, die ich persönlich schon in den Gesprächen mit Josef Müller unmittelbar nach dem Krieg entwickelt hatte und die auch Konrad Adenauer nicht aus dem Auge verlor. Wenn wir einen Friedensvertrag schließen, dann verlangt man von uns Reparationen. Da wir aber nicht bereit und nicht in der Lage sind, Reparationen zu zahlen, wollen wir auch keinen Friedensvertrag. Die höhere und die niedere Mathematik der Politik trafen hier zusammen – das Offenhalten der deutschen Frage und das Vermeiden gigantischer Reparationszahlungen."[19] An dieser Stelle soll ergänzt werden, dass sowohl Graf Stauffenbergs Forderungen an die Briten vor dem Attentat von 1944 als auch die von Goerdeler ein Jahr zuvor zeigen, dass Strauß persönlich höchstens mit Josef Müller besprochen hat, wie es jetzt praktisch weitergeht. Einen Stein der Weisen hat er demzufolge vermutlich nicht selbst entdeckt. Wenn er jedoch keine gesamtdeutsche Regierung wünscht, muss er jedwede Vereinigung hier verhindern. Aber das sage ich auch bloß aus dem Grunde, weil man sich sonst fragen kann, weshalb sie in allen Zeitungen immer seine scharfmacherischen Sprüche gegen den Bolschewismus aus den Bierzelten zu Erschlagzeilen machen und nie seine heimliche Unterstützung für Unsere Heimat, Die Deutsche Demokratische Republik großartig breittreten, und das schon jetzt in den dunkelsten Jahren des Kältesten Krieges seit es Kalte Kriege gibt.

Einen Tag danach, am 27. Mai, unterschreiben die Außenminister der sechs Montanunion-Staaten, also Frankreich, Belgien, die Niederlande, Luxemburg, Italien und die BRD im schönen Paris auch einen Vertrag über eine Europäische Verteidigungsgemeinschaft (EVG), der auf den französischen Pleven-Plan zurückgeht. Da hat es Bonn ja fast geschafft. Jetzt hängt alles davon ab, ob dieser Vertrag über die Europäische Verteidigungsgemeinschaft von der französischen Nationalversammlung akzeptiert wird. Sonst werden sowohl die Europäische Verteidigungsgemeinschaft als auch der Deutschlandvertrag Makulatur.

Bloß, um das in denselben Zusammenhang zu stellen – Bonn ignoriert nicht nur den Vorschlag Molotovs in Bezug auf „unsere" DDR. Auch die positive Reaktion des amerikanischen Hochkommissars John McCloy auf eine Anfrage des Regierenden Bürgermeisters in West-Berlin Ernst Reuter bleibt im Regen stehen, mit der erreicht werden soll, dass West-Berlin durch die Erklärung der Teilstadt zu einem Bundesland endlich sicher sein kann, dass es nicht über kurz oder lang mit der realsozialistischen DDR vereinigt werden kann. So erstaunt es nicht, dass man in Bonn nicht aufgenommen wird. Bei der Lektüre der Erinnerungen des Volkstribuns Willy Brandt finden Sie das dann so: „Als 1952 selbst der amerikanische Hochkommissar, John McCloy, Reuter zustimmte und die Anhebung des Status in ein Bundesland zu erwägen gab, fand er in Bonn kein Gehör." In der Öffentlichkeit wird aber immer der Eindruck erweckt, als ob die Zustände in Deutschland auf dem Mist der Alliierten wachsen würden.[20]

Hinreichendes Verständnis hat er nicht

Willy Brandt ist ja sowieso eine Marke für sich und haut immer wieder seltsame Erkenntnisse raus, die einzeln wie auch zusammengenommen zeigen, dass er partout nicht einsieht, dass andere politische Akteure um ihn herum nicht dusseliger sind als er selbst, sondern dass sie seine Zielvorstellung einfach bloß nicht teilen. Greifen wir uns wahllos einige der fragwürdigen Erkenntnisse heraus: „Franz Josef Strauß, eine der großen Begabungen aus der Nachkriegsgeneration, hat mancherlei dubiose Aktivitäten in Gang gesetzt oder geduldet. Sein Einfluss hätte weiter gereicht, wären ihm stärkere Sicherungen eingebaut gewesen." Um es hier einmal vorwegzunehmen, solange Strauß lebt, wird er die Teilung retten. „Nein ein Dutzendmensch war er ganz und gar nicht. Eher ein Motor mit zu schwacher Bremse. Eine seltsame Mischung von Herrscher und Rebell. Ein unruhiger Geist mit weiter Bandbreite zwischen schlimmem Vorurteil und bemerkenswertem Durchblick. Ohne ihn wäre die deutsche Politik langweiliger gewesen."[21] Und ohne die Beiträge des verständnisvollen Willy Brandt hätte Franz Josef Strauß weniger zu lachen gehabt.

Willy Brandts literarisches Erbe umfasst jedoch noch ganz andere Einschätzungen anderer Menschen, die Zweifel produzieren. Während er bei Strauß noch den Widerspruch zwischen bemerkenswertem Durchblick und schlimmem Vorurteil wahrnahm, konnte er bei dem Großvater der Füchse, Dr. Adenauer, schon gar keine intellektuellen Fähigkeiten mehr entdecken: „Er sprach noch weniger kompliziert, als er dachte. Und es haftete ihm eine außergewöhnliche Fähigkeit zur Vereinfachung an, so, wenn er beim beginnenden Streit um die Wiederbewaffnung und Westintegration seinen Zuhörern suggerierte, es gehe um die Wahl zwischen Ost und West: »Mit dem Osten wollen wir doch nicht gehen, meine Damen und Herren; zwischen den Stühlen können wir auch nicht sitzen, das wollen ja nicht einmal die Sozialdemokraten, also müssen wir mit dem Westen gehen!«"[22] Natürlich spricht Dr. Adenauer sehr vereinfacht, letztlich spricht er zu einem Volk, von dessen intellektueller Leistungsfähigkeit er durch gewisse noch frische Erfahrungen nicht mehr so ganz überzeugt ist. Aber es gibt außer Willy Brandt noch mehr Leute, die nicht glauben können, dass man Dummheit auch zweckdienlich schauspielern kann. Meine Nachbarin in Bautzen, Frau Kern, sagt oft: Einmal am Tag dumm stellen reicht für den Rest des Tages. Was Dr. Adenauers hochkomplexes Denken angeht, trifft Werner Weidenfeld ganz sicherlich eher ins Schwarze: „Und so war er wohl auch, der erste Bonner Bundeskanzler: distanziert und vertraut zugleich. Kein politischer Weggenosse wird von sich behaupten können, jene Distanz völlig überwunden zu haben; aber etliche werden mit Recht darauf verweisen können, von Adenauer ins Vertrauen gezogen worden zu sein. Vordergründig ein Mann von einfacher Denkungsart und einfacher Sprache, aber dennoch ein Mann des komplizierten, vielschichtigen Kalküls; vordergründig ein Mann einfacher, klarer Leitlinien, und dennoch erlebten die Historiker schon vielfältige Überraschungen bei der Auswertung der Quellen. Umwege des Denkens entsprachen seiner Mentalität; bei ausgefeilten taktischen Raffinessen fühlte er sich in seinem Element.“[23] Doch zurück zu Willy Brandts Wahrnehmung anderer Politiker. An einige würdigende Worte für seinen Parteivorsitzenden, Dr. Kurt Schumacher, der von Krieg und Terror gezeichnet sei, fügt er sein vernichtendes Urteil über die Voraussetzungen für Schumachers politische Tätigkeit an: „Hinreichendes Verständnis für Europa und von der Welt hatte er nicht.“[24] Dumm wie Stroh der Doktor.

Im Unterschied zu Brandt beklagt sich der Geheimdienstchef Reinhard Gehlen nicht über diesen Mann: „Dr. Schumachers überzeugende, klare Intelligenz eilte den vorgetragenen Gedanken oft voraus, so dass er mit erstaunlicher Sicherheit auch schwer verständliche nachrichtendienstliche Zusammenhänge sofort in der richtigen Weise einordnen konnte. Es ist eine Tragik, dass dieser Mann sein Leben beenden musste, ohne eine politische Rolle übernehmen zu können, die seiner Persönlichkeit und seiner Hingabe an das deutsche Volk entsprochen hätte.“[25] Es ist nicht schön, dass die Familie meines SPD-Opas Max Leube in Thüringen vom SPD-Chef im Westen nicht zum deutschen Volk gezählt wird.

Glauben Sie nur nicht, dass Gehlen solche warmen Worte der Würdigung auch für Jakob Kaiser oder für Thomas Dehler oder für die Regierenden Störenfriede in West-Berlin finden würde. Ganz bestimmt nicht. Aber es wäre keine schlechte Idee, wenn man Parteizentralen nach Jakob Kaiser, Thomas Dehler oder Willy Brandt benennen würde, wenn sie für aktuelle Politik längst keine Rolle mehr spielen. Darauf kommt kein Mensch, dass sie die Tempel ihrer Parteien nach abtrünnigen Dissidenten benennen.

Mag sein, dass sie in Bonn Abweichlern gegenüber charmant und relativ tolerant sind, solange sie wie Otto Normalverbraucher weit weg sind von den Schalthebeln der Außenpolitik und nachdem sie von der Macht lange vertrieben oder gestorben sind. Wenn sie jedoch kurzzeitig die Politik der Teilung behindern können, werden sie erbarmungslos – wenn auch ohne Anwendung körperlicher Gewalt – bekämpft. Es ist nicht alles schlecht in der Bundesrepublik. Wenn Sie das vielleicht noch einmal aus dem Mund von Brandt haben wollen, steht dem nichts im Wege: „Die späteren Eindrücke bleiben häufig die stärkeren, doch aus frühen Jahren lebt in mir der Eindruck fort, wir seien nicht schlecht miteinander ausgekommen. Ich war ein nicht sonderlich einflussreicher Abgeordneter im Auswärtigen Ausschuss, als er mir mancherlei Aufmerksamkeit widmete.“[26]

Das Lustige ist, dass Adenauer über jeden herzieht, dessen Vorstellungen ihm nicht schmecken. Das Traurige ist auf der anderen Seite jedoch, dass sich Brandt gebauchpinselt fühlt, während ihm Adenauer die natürlichen Bundesgenossen madig macht. Brandt aber glaubt, er erführe „Interna“. *Divide et impera* ist ein uraltes Erfolgsrezept und es wäre doch gelacht, wenn Adenauer es bei Stippvisiten in West-Berlin nicht bei Kandidaten wie Brandt benutzen würde: „Bei seinen Besuchen in der Stadt äußerte er sich freimütig und boshaft über seine Minister; so erfuhr ich mehr Interna, als seiner Partei lieb sein konnte. Von einem, der mit am Tisch saß und dessen deutschlandpolitisches Drängen ihm missfiel, meinte er, der sei, wie mir wohl geläufig, bei seiner letzten Rede in der Kongresshalle »schlicht besoffen« gewesen; in Bonn hatte er den Kabinettskollegen – Ernst Lemmer – zwingen lassen, das Quartier zu wechseln und aus der

Berlin-Vertretung auszuziehen. Begründung: »Wo er jetzt wohnt, verrät er den Sozis alles beim Kartenspielen.«"[27] Der alte Adenauer weiß, was in der Emigration keiner braucht: Waren einst Gestapo-Spitzel in der Nähe, trafen Leute im Widerstand ihre Absprachen auch beim Kartenspiel.

Dabei hat Brandt im Prinzip schon in groben Umrissen das Problem mit den künstlichen Wortgefechten rund um eine Vereinigung oder gar eine Wiedervereinigung in Deutschland (West) verstanden. Sehen Sie: „Den deutschen Westen brachte die Ver*un*einigung zwischen Ost und West in die Rolle eines Opfers und eines Profiteurs. Dass sich damit die Wiederherstellung staatlicher Einheit nicht gut auf einen Nenner bringen ließ, wurde als Problem verdrängt; es gab Dringlicheres."[28] Pfeiffer, Sie haben eine Sechs. Ihr Ansatz ist völlig richtig, doch Ihre Lösung ist völlig falsch.

Eines muss man ihm freilich lassen: Der Lösung des Rätsels ist er relativ nahegekommen. Brandt will sicherlich höllisch eloquent klingen, oder so, als ob er die spannendsten Interna über alle Welt *(tout le monde)* wüsste, doch am Ende des Tages *(at the end of the day)* kriegt er eben bloß seine Bilder nicht wirklich *(not really)* auf die Reihe. Naja, Markus Wolf bleibt am Ende auch auf russischen Kochrezepten hängen, damit man versteht, dass er noch viel mehr kann. In meinem nächsten Leben lerne ich dann auch mongolisch.

Vor allem kann sich der Emigrant nicht vorstellen, dass es den Zuhausegebliebenen unendlich peinlich ist, dass sie in diesem Regime nichts real dagegen unternehmen konnten, dass bis vor wenigen Jahren den Juden in Europa immer übler auf die Pelle gerückt wurde. Im Unterschied zum Meisterdetektiv Markus Wolf erfährt er, dass der Leiter der Ostabteilung des Auswärtigen Amtes Georg Ferdinand von Duckwitz* einer der Sterne in exclusiver Stellung war: „Dabei war »Ducky« der Besseren einer und sein Rat immer von Gewicht; während des Krieges hatte er Posten und Informationen (als Schifffahrtsreferent beim Reichsbevollmächtigten in Kopenhagen) genutzt, um dem Großteil der dänischen Juden die Flucht nach Schweden zu ermöglichen."[29] Es lohnt sich, darüber nachzudenken.

Wie geht das Leben in der DDR weiter?

Nachdem auch die neueste Moskauer Initiative an Bonn abgeplätschert ist, schwinden in der DDR allmählich alle Hoffnungen, dass man diese sozialistischen Experimente in Deutschland noch einmal loswird. Ganz besonders Unternehmer stehen unter einem starken Druck und wer es kann, versucht sich in den Westen abzusetzen. Doch das liegt weder im Interesse des Kremls noch der Führung in Ost-Berlin. Wenn erst einmal Pieck und Ulbricht mit ihren Leibwachen in der DDR allein sind, kriegt Moskau überhaupt nichts mehr aus Deutschland, und Sozialismus nur noch mit den Tieren des Waldes streben die führenden Kommunisten ja auch nicht an. Folgerichtig erlässt der Ministerrat der DDR jetzt die „Verordnung über Maßnahmen an der Demarkationslinie zwischen der Deutschen Demokratischen Republik und den westlichen Besatzungszonen Deutschlands". Damit wird das Ministerium für Staatssicherheit mit der Kontrolle und verstärkten Bewachung der Grenzen beauftragt, um, wie man das ausdrückt, „ein weiteres Eindringen von Diversanten, Spionen, Terroristen und Schädlingen" in die DDR zu verhindern.[30]

Danach beginnt die Einrichtung einer fünf Kilometer breiten Sperrzone entlang der Demarkationslinie zu West-Deutschland. In Berlin trennen Arbeiter der Ostberliner Postverwaltung die Fernsprechnetze zwischen den Teilen Berlins – sowie zwischen West-Berlin und der Sowjetischen Besatzungszone rundum.[31] Wer die Erklärung mit Diversanten und mit Terroristen, die Unheil bei uns und in Ost-Europa anrichten, für einen Vorwand hält, den man sich in Ost-Berlin aus den Fingern gesaugt hat, wird von Tim Weiner von der New York Times dereinst eines Besseren belehrt werden. Es gibt genug Personen, die versuchen, die Grenzlinien in Deutschland und Europa hier und da und dort zu überwinden – und Schaden hinter dem Eisernen Vorhang anzurichten. Darüber sind viele Menschen im Osten übrigens zu Recht verärgert. Diese Vorfälle dienen nunmehr als Erklärung für die Verhinderung der Fluchtbewegung über die grüne Grenze.

Unter denen, die nicht aus Mitteldeutschland/DDR fliehen, weil sie ansonsten zum Beispiel das eigene Haus gegen ein Flüchtlingslager oder eine einfache Wohnung irgendwo im Westen eintauschen müssten, hört man den ernüchternden Spruch: „Heil Pgs! – Pieck und Grotewohl." An diesen Worten kann man ablesen, dass manch einer von der führenden Partei nach 1933 und ihren *P*artei*g*enossen so wenig hält wie jetzt von der führenden Partei seit 1949.[32] Kein Wunder, dass daraus sowas über die lokale Parteizeitung wird: Ein „Verdienter Lehrer des Volkes" nimmt mit seinen Schülern die Steigerung der Eigenschaftswörter durch. „Wer kann mir nun in einem Satz zwei Eigenschaftswörter steigern?" Fritz meldet sich und sagt: „Die Tägliche Rundschau ist mir lieb und wert." – „Das ist ein gutes Beispiel", sagt der Lehrer. „Nun steigere weiter." Klein Fritzchen meint: „Die Tägliche Rundschau ist mir lieber und werter. Die Tägliche Rundschau ist mir am liebsten am Allerwertesten."[33]

Vom 27. bis zum 30. Mai wird das IV. Parlament der Freien Deutschen Jugend (FDJ) in Leipzig durchgeführt. Genosse Walter Ulbricht erklärt in seiner Ansprache, die Jugendlichen sollten das Waffenhandwerk erlernen, „um unser Vaterland mit der Waffe zu verteidigen". Deutlicher kann er es kaum noch sagen, was er von den Ideen des Kremls bezüglich Deutschlands hält – nichts bis überhaupt nichts. Wie lange lässt es sich der rote Zar noch gefallen, dass ihm die Möchtegerne in Berlin auf der Nase herumtanzen? Es findet folgerichtig auch ein Aufmarsch bewaffneter FDJ-Gruppen statt. Bilder dieser Art liefern denen im Westen die Argumente frei Haus, die belegen, dass sämtliche östliche Vorstöße zu einem Zusammenschluss der deutschen Länder in Ost und West nichts als Sirenenklänge sind, die zurück führen in eine Diktatur.[34]

Im Westen reagieren Mitglieder der *Kampfgruppe gegen Unmenschlichkeit (KgU)* darauf bei einer Plakataktion mit Worten wie „Friedenskämpfer?" – „Flintenweiber!" Na ja, ehrlich gesagt erinnert die Kleiderordnung der FDJ-Mitglieder beim Aufmarsch in Leipzig so übel an Aufmärsche der Hitler-Jugend vor 20 Jahren, dass man sich ganz unwillkürlich fragt, ob das wirklich keinem der Organisatoren auffällt und ob es keinem peinlich ist. Wer freilich linksdrehende Aminosäuren immer schon skeptisch betrachtet hat, der wird sich hier in seinen Vorbehalten lediglich bestätigt sehen. In den vermutlich vorbereiteten Beschlüssen vom 1. Juni des Jahres 1952 verpflichtet sich diese FDJ, „die deutsche Jugend zum Schutz unserer demokratischen Errungenschaften und zur Verteidigung der Heimat zu organisieren".[35] Hier beginnt der Versuch eines Teils der Führung der SED, Begriffe wie Vaterland und Heimat in neu festgelegten Grenzen in den Köpfen der Leute zu definieren.

Ist der Ruf erst ruiniert, lebt es sich ganz ungeniert. Und was den Bezug zu früher angeht, haben die Leute auch eine ausgesprochene Version bei der Hand: FDJ – Früher Deutsches Jungvolk. Walter Ulbricht fühlt sich inzwischen so sicher im Sattel, dass er auf der Zweiten Parteikonferenz der SED, die vom 9. bis zum 12. Juli '52 stattfindet, ein Referat hält, in dem die planmäßige Errichtung der Grundlagen des Sozialismus in der DDR angekündigt wird. Zähneknirschend muss Stalin das hinnehmen. Wenn es ganz schlimm kommt, schickt er Genossen Berija in die Spur.[36]

Schon in den ersten Nachkriegsjahren war den Sowjets aufgefallen, dass das politische Leben in ihrem Besatzungsgebiet in Deutschland ein unerwünschtes Eigenleben entwickelte. Davon zeugt beispielsweise diese Wahrnehmung Wladimir S. Semjonows, der die Vorgänge hier im Auge behält: „Bei diesem Aufschwung der demokratischen Entwicklung kam es jedoch auch zu gefährlichen Euphorien. Einige Hitzköpfe in der SED überschätzten die Bedeutung der bisherigen Reformen und gaben »die falsche Orientierung« heraus, in der Ostzone seien die Dinge bereits so weit gediehen, dass man zum Aufbau des Sozialismus übergehen könne. Ende Juni 1948 erschien in der Zeitung Neues Deutschland, dem Organ des ZK der SED, der Artikel »An der Wende«. Der Verfasser überschätzte offenbar Bedeutung und Tiefe der sozialökonomischen Veränderungen in der sowjetischen Besatzungszone und behauptete, diese könnten als Verhältnisse in einer »sozialistischen Gesellschaft des Fortschritts« charakterisiert werden." Also haben Chefkommunisten wie Walter Ulbricht einerseits Stalin mit freundlichen Worten Jahr für Jahr hingehalten und unterdessen in dem von seiner Armee bewachten Freigehege ihr eigenes Süppchen gekocht. Schade, dass das Volk draußen davon nichts erfährt.[37]

Aber kommen wir zurück zu Ulbrichts Parteikonferenz vom Juli 1952. Die Konferenz beschließt obendrein die Kollektivierung der Landwirtschaft „auf völlig freiwilliger Grundlage", die Bildung von Produktionsgenossenschaften des Handwerks, die Organisation bewaffneter Streitkräfte in der DDR und Änderungen der Verwaltungsstruktur der DDR „zur Stärkung der demokratischen Staatsmacht". Auf dieser Konferenz wird eine Verschärfung des Klassenkampfes für unvermeidlich erklärt. Gegen die Vasallenregierung in Bonn, die rechtssozialdemokratischen Führer und Gewerkschaftsführer wird zu einem nationalen Befreiungskampf aufgerufen. Die kämpferischen Parolen stehen im tendenziellen Widerspruch zu den Friedens- und Vereinigungs-Angeboten, die nicht erst seit den sowjetischen Deutschlandnoten vom vergangenen Jahr in dieser und jener Form von östlicher Seite unterbreitet werden. Bei der Konferenz wird auch die Aufteilung der alten Länder in 14 Bezirke und insgesamt 217 Kreise gefordert. Am 23. Juli wird das umgesetzt.[38]

Auf dem Lande spielt sich in der Zeit danach ein zähes Ringen zwischen alt und neu ab. Weil viele Leute ohne Wenn und Aber alles für Firlefanz halten, was sich die guten Kommunisten so ausgedacht haben, lehnen sie auch die Kollektivierung der Landwirtschaft ab. Besonders die alteingesessenen Bauern sind wohl überall dagegen. Die Bodenreform nach dem Krieg hat aber auch vielen Neubauern die Eröffnung einer eigenen Wirtschaft ermöglicht und für sie ist das Gesamtpaket der Kommunisten kein schlechtes Angebot. Natürlich gelten sie bei den ansässigen Bauern bloß als arme Schlucker und werden gemobbt. Aber der neue Staat gründet in Stadt und Land *M*aschinen- und *T*raktoren-*S*tationen, wodurch kostengünstig wichtige Landmaschinen „von den Kommunisten" zur Verfügung gestellt werden. Nach außen will ja niemand sein Interesse zugeben, aber in der Tiefe ihrer Seele entdecken die Bauern immer mehr gute Gründe, das neue Angebot dieser MTS anzunehmen, was zur Gründung weiterer Landwirtschaftlicher Produktionsgenossenschaften führt. Der Kampf um oder gegen die LPGs wird ein Glaubenskampf. In manch einem Dörfchen wird man lange am LPG-Typ I festhalten, weil jeder seins unter Kontrolle haben will. Jahre später geht man dann hier und da zu dem LPG-Typ II über. Unter anderem, weil einige der Neubauern und *Fremden* an Landwirtschaftsschulen studiert hatten. Neben den verbesserten Erträgen gibt es eine Neuerung, die niemand für möglich gehalten hat: Es gibt staatlich geregelten Urlaub, der natürlich außerhalb der Vegetations- und Erntezeit in Anspruch genommen wird. Jetzt gibt es regelmäßigen Lohn sowie Anteile vom erwirtschafteten Erfolg. Wolfgang Müller hat das ganze Auf und Ab im Oderland *live* miterlebt. Nachträglich wird sein Sohn Michael viele Jahre später hören, dass sich das Urteil der knorrigen alten Bauersleute, die den Hof an Tochter und Schwiegersohn übergeben hatten und im Altenteil leben, um ungefähr 180 Grad gedreht hat. Sie hatten es nicht geglaubt, dass man es auch so machen konnte, weil die Familien vor Ort seit den 1740er Jahren immer das ganze Jahr über hart arbeiten mussten. Über die Jahre wächst langsam die Erkenntnis, wenn sie das schon eher gewusst hätten, hätten sie das früher unterstützt. Man kann sich an den Fingern einer Hand ausrechnen, welche Diskussionen es für lange Jahre über die Kollektivierung der Landwirtschaft und die LPGs geben wird – und die Holzhammermethoden vieler Kommunisten tragen ihren Teil zu der beharrlichen Ablehnung ihrer Innovationen bei.

Ausgerüstet mit der Erfahrung der zwölf Jahre einer braunen Diktatur, gepaart mit den Erfahrungen einer aufziehenden grauen Diktatur sind sich die Leute darüber bewusst, dass sie sich höchstens selbst ins Knie schießen, wenn sie sich anschicken, an den Entscheidungen der neuen Chefs im guten alten Berlin herumzumäkeln. Folgerichtig greifen sie auf Sprüche zurück, die sie sich schon zu den Zeiten Adolf Hitlers unter der Hand zugeraunt haben. So geht es zum Beispiel dem Maß, mit dem sie ausdrücken, wie lange es dauert, um das Radio abzuschalten. Nachdem die alte Zeiteinheit *ein Goebb* aus dem Sprachgebrauch verschwunden ist, wurde hier längst eine neue eingeführt: „An die Stelle der Sekunde soll als neue sozialistische Zeiteinheit das *Ulb* treten."[39] Auch ein großartiger Redner wie Walter Ulbricht löst den Reflex aus, zum Radio zu gehen und es zeitnah auszuschalten. Wenn man hier frei wählen könnte, wäre man mit einer rasanten Geschwindigkeit wieder weg von jenen neumodischen Bezirken und Kreisen und zurück bei den traditionellen Ländern.

Genau so geht es folgendem Witz aus dem ersten Jahr nach der Machtergreifung des Führers 1933: Der Schulrat besucht eine Volksschule in Weimar. Ein Schüler deklamiert: „Unsre Katz hat Junge, sieben an der Zahl. Sechse sind im Westen, eines nicht normal!" Der Schulrat ist ganz entsetzt und sagt zu dem Jungen: „Das heißt doch: Sechs sind Kommunisten, eines ist neutral!" Der Schüler antwortet ihm: „Das hieß früher so, aber inzwischen sind den jungen Katzen die Augen aufgegangen!"[40]

Auch dieser Spruch war auf die NSDAP bezogen und wird in den letzten Jahren einfach umgemünzt: Staatsbürgerlicher Unterricht in der Schule. Der Lehrer fragt: „Welches ist die größte Partei?" – „Die SED", rufen die Kinder wie im Chor. „Und wie groß ist die SED?" fragt der Lehrer weiter. „Etwa ein Meter fünfzig", antwortet darauf ein Junge. „Aber wie kommst du denn darauf?" – „Ach, weil mein Vater ein Meter siebzig groß ist, und der sagt immer, die SED steht ihm bis zum Hals!"[41] Da geht es nicht um gut und böse, der Kern des Problems ist die anmaßende Besserwisserei.

Oder nehmen Sie diesen hier: „Wo gibt es die meisten Blasenkranken?" – „In der SED!" – „Wieso?" Und darauf folgt die altbekannte Antwort: „Die Genossen wollen austreten, aber sie haben Angst davor."[42] Im Westen ist es allerdings nur graduell besser. Dort tritt man jetzt in die CDU ein oder in die CSU, wenn man eine politische Karriere machen will, hier und dort sogar in die SPD, wenn sie lokal etwas zu melden hat. Das hat mit einem politischen Bekenntnis wiederum oftmals auch nur wenig zu tun.

So ähnlich gab es ja auch den: An der Zonengrenze treffen sich ein Westzonen- und ein Ostzonenhund. Der Westzonenhund fragt: „Warum willst du nach dem Westen? Hast du Hunger?" Meint der Ostzonenhund: „Ach, ein richtiger Hund wird auch in der Ostzone satt." Meint der Westzonenhund: „Aber was treibt dich denn zu uns?" Da erklärt ihm der Ostzonenhund: „Ich möchte einfach wieder nach Herzenslust bellen können, wann und wie ich will.“[43] Und damit kommen wir zurück von Kraft durch Spaß in der nächsten Diktatur zum Erbe des Staatsstreichs vom Juli 1944.

Ankunft in der neuen Heimat

Im August ‘52 tritt ein junger Kandidat für höhere Weihen in Bonn mit einem Koffer voller Badesachen den Weg in die Weltpolitik an. Im Jahr ‘46 begann er ein Studium der Rechtswissenschaft wie auch der Volkswirtschaft. Den zwanzigsten Geburtstag musste er noch im Elisabeth-Krankenhaus in Halle an der Saale „feiern“, wo er wegen Lungentuberkulose behandelt werden musste. Ende ‘47 konnte er endlich entlassen werden. Am 5. Oktober 1949 hat er das erste juristische Staatsexamen bestanden. Es ist ihm symbolisch wichtig, dass dies noch zwei Tage vor der Gründung der DDR geschah. Am 22. November ‘49 trat er im Alter von zweiundzwanzig Jahren seinen Dienst als Referendar beim Amtsgericht Halle an. Im Krankenhaus und beim Gericht lernte er die beiden Männer kennen, die seinem Leben die Zielorientierung gaben. Da war einerseits der Chefarzt der Inneren Abteilung Professor Walter Hülse – ein Überlebender des Staatsstreiches vom 20. Juli 1944 und ein Freund Carl Friedrich Goerdelers. Von ihm sagt Genscher gleich selbst, dass er für seine Entwicklung in den kommenden Jahren von zentraler Bedeutung ist; immer wieder habe er sich an sein Bett gesetzt und mit diesem jungen *studiosus* über Politik diskutiert. Andererseits lernte er Staatsanwalt Dr. Geißler kennen, der einst Mitglied der Zentrumspartei und bis 1933 Oberbürgermeister von Gleiwitz war. Von ihm hörte Genscher, der auf eine Veränderung der Verhältnisse in Mittel-Deutschland hoffte: „Adenauer will von uns im Osten nicht viel wissen.“ Durch Dr. Geißler bekam Hans-Dietrich nach eigenem Bekunden Zweifel, ob die Wiedervereinigung für Adenauer Herzenssache sei. Ist Dr. Geißler unter Umständen noch deutlicher geworden? Fakt ist nur, dass sich Genscher im Endeffekt auf die Socken macht, um einen Beitrag in Bonn zu leisten.[44]

Am 20. August 1952 ist es so weit. Getarnt als Urlaubsreisender trifft er sich mit zwei Freunden auf dem Hauptbahnhof von Halle an der Saale. Um bei den üblichen Kontrollen keinen Verdacht zu erregen, fahren sie in verschiedenen Waggons; außerdem löst er eine Karte bis Stralsund – also über Berlin hinaus. Der Koffer ist wie ein Ferienkoffer gepackt. Als der Zug in Berlin hält, steigt der junge Mann aus und fährt zielbewusst nach West-Berlin zu dem Büro des Untersuchungsausschusses freiheitlicher Juristen (UFJ), das 1949 von Juristen ins Leben gerufen worden ist, die aus dem Osten geflüchtet waren. Dort beschäftigen sie sich mit der Aufklärung von politischen Strafverfahren sowie dem Schicksal von willkürlich Verhafteten. Sie versuchen auch, Spuren von Menschen zu finden, die plötzlich verschwunden sind. Nüchtern betrachtet, hat sich im Vergleich mit den Zuständen der dreißiger Jahre in dieser Hinsicht nichts geändert. Aber vielleicht will mir jemand aus dem Publikum den Unterschied zwischen Leuten erklären, die verhaftet werden und ohne Prozess auf Nimmerwiedersehen verschwinden, und anderen, die fünf, zehn oder zwanzig Jahre später verhaftet werden und ohne Prozess auf Nimmerwiedersehen verschwinden. Genscher wird sich auf jeden Fall in seinem Lebensrückblick für die Leute auf der Straße über das Büro des UFJ nur wundern: „Zu meiner Überraschung war ich dort kein Unbekannter, ja, man kannte meine politische Haltung sehr genau." Ganz so überrascht wird er vielleicht doch nicht darüber gewesen sein. Es ist naheliegend, dass Professor Hülse oder Dr. Geißler diesen intelligenten jungen Mann in Berlin angemeldet hat und für eine politische Karriere in Bonn empfohlen. Nach diesen Worten steht jedoch fest, dass jemand den UFJ über Herrn Genscher informiert hat. Von West-Berlin geht es schnurstracks ab nach Bremen, wo er dann auch sein zweites juristisches Staatsexamen erwirbt.[45]

Damit ganz gewiss keine Fragen offenbleiben, ist interessant, wie der 18-jährige Soldat von Hitlers Tod erfuhr: „Dann erfolgte noch etwas, was für Wencks Denken und Haltung charakteristisch war: Sein Tagesbefehl aus Anlass des Todes von Hitler am 30. April. Zum Verständnis ist daran zu erinnern, dass nach dem 20. Juli 1944 anstelle des militärischen

Grußes der Hitler-Gruß auch für die Wehrmacht befohlen worden war. Diese Vorschrift, bisher nur für die Waffen-SS gültig, sollte die Wehrmacht demütigen. Wencks Tagesbefehl lautete nun etwa so: »Soldaten der 12. Armee! Der Führer ist tot. Von heute an wird die Ehrenbezeichnung wieder durch Anlegen der rechten Hand an die Kopfbedeckung erwiesen. Wenck, General der Panzertruppen.« Wie auffallend unterschieden sich Tonart und Inhalt dieser Worte von dem schwülstigen Tagesbefehl des Großadmirals Dönitz, den Hitler zu seinem Nachfolger als Staatsoberhaupt bestimmt hatte!" Hans-Dietrich Genscher musste also weder von Prof. Hülse noch von Dr. Geißler zur richtigen Weltsicht bekehrt werden.[46]

Zu Hause lässt Genscher die Menschen zurück, die sich mit ihren Witzen über die tägliche Mühsal hinweghelfen. Aber es wollen ja auch gar nicht alle weglaufen. Einerseits gibt es durchaus eine Menge Leute, die hoffen, dass es doch einmal aufwärts gehen muss. Sie kennen die Hymne: Auferstanden aus Ruinen und der Zukunft zugewandt, lass uns dir zum Guten dienen, Deutschland einig Vaterland! Naja und andererseits gibt es auch Leute, die sich sauwohl fühlen: Eine Kuh beschließt auszuwandern, weil sie es satt hat, immer bis zum Letzten ausgemolken zu werden. Sie trifft eine Ziege, die sich gern anschließt, denn sie möchte doch einmal wieder meckern dürfen. Gemeinsam begegnen sie alsdann einem fetten Schwein. „Willst du nicht mitkommen und mit uns auswandern?" fragen sie dieses Schwein. „Ach nein", erklärt das Schwein, „ich bleibe hier, ich habe noch nie so einen schönen Saustall gehabt."[47] Es ist ja auch nicht feierlich, wie sie im Osten sogar mit überzeugten Kommunisten umgehen, die denken, sie müssten nur den Mund aufmachen und gut gemeinte Verbesserungsvorschläge machen. Wenn man von bekloppten Besserwissern umgeben ist, konvergieren die Chancen ruhig betrachtet hart gegen null.

Es wäre jedoch gemein und ungerecht, wenn man nicht die vielen Leute würdigte, die sich im Rahmen des Nationalen Aufbauwerks (NAW) voller Enthusiasmus unentgeltlich zur gemeinnützigen Arbeit einfinden. Zuerst ging es vor einem Jahr noch um den Wiederaufbau der zerstörten Stadt

Berlin und der dortigen industriellen Basis, doch schon bald bauen Leute auch Kindergärten und was weiß ich noch alles, und das schon aus dem kühlen Grunde, weil es die benötigten Gebäude sonst wohl erst nach dem Sankt-Nimmerleinstag geben wird.

Walter Ulbrichts Erfolgsstory Aufbau West

So fleißig und entbehrungsreich sich sehr viele Menschen auch um den Wiederaufbau in Mittel-Deutschland bemühen, kann es bloß schleppend vorangehen, wo die nächsten intelligenzfernen Besserwisser vom Schlag Walter Ulbrichts die Macht an sich gerissen haben und von Jahr zu Jahr zunehmend die zarte Pflanze der Demokratie ersticken, die ausgerechnet von Stalins Roter Armee nach 1945 ermöglicht worden war. Wie schon in den 1930er Jahren wird wieder entsprechend dem Gutdünken schlichter Geister geplant und gemurxt – und wie zum Hohn ständig betont, all das geschehe auf der Grundlage einer wissenschaftlichen Weltanschauung.

Nutznießer der zunehmenden Unzufriedenheit in der DDR ist logischerweise der verhasste Staat der Klassenfeinde westlich des Harzes. Stellen wir die Uhr einfach einmal um ein halbes Jahrhundert vor und schauen dann auf das Werk Walter Ulbrichts und seinen Beitrag zum Ableben des sozialistischen Experiments in einem der bestentwickelten Staaten dieser Welt zurück. Für eine qualifizierte Einschätzung erhält nun der Volkswirt Uwe Müller das Wort, der das studiert hat, wovon unser Staatspräsident, der gelernte Tischler Wilhelm Pieck, und der Möbeltischler und Spitzenkommunist Walter Ulbricht, bedauerlicherweise keinen Plan haben.

Er spricht einst von den Ostdeutschen, ohne die der Aufstieg der Nachkriegsgesellschaft in der Bundesrepublik nach seiner Einschätzung kaum so überzeugend gelingen könnte. Was der einen Seite zuwächst, verliert die andere. In Deutschland wird der Reichtum nach 1945 praktisch umverteilt. Der Beginn des Aderlasses geht allerdings auf das Schuldkonto des amerikanischen Imperialismus. *„We take the brain"*, ließen die Amis in der Universitätsstadt Jena verlauten, nachdem sie diese am 13. April 1945 erobert hatten. Zeit blieb ihnen dafür allerdings wenig, denn nach der Übereinkunft der Siegermächte fiel Thüringen unter das Kommando der sowjetischen Besatzungsmacht. Kurz bevor die Truppen ihren Rückzug antraten, statteten sie zwei weltberühmten Konzernen einen Besuch ab. Bei Carl Zeiss und dem Glaswerk Schott & Genossen überreichten sie Listen mit den Namen von *very important persons*. Den Managern, den Ingenieuren und Konstrukteuren wurde ultimativ mitgeteilt, dass sie die Stadt Jena mit den abziehenden Truppen zu verlassen hätten. Im württembergischen Oberkochen und in Mainz bauten sie ihre Unternehmen einfach ein weiteres Mal auf. Die Kopien sollten rasch mehr glänzen als die Originale, was meines Wissens vor allem daran lag, dass die Patente in den Koffern der deutschen Spezialisten ihren Weg in den Westen antraten. Da sie bei Zeiss Jena damit die Rechte zum Verkauf der Originale auf dem Weltmarkt verloren hatten, konnten sie die Produkte fortan nur noch in Ost-Europa gegen rollende Rubel anbieten. Lauschen wir jedoch weiter dem Volkswirt Uwe Müller.[48]

Das Vorgehen der Amerikaner war glimpflich im Vergleich zu dem, was die schwer kriegsgeschädigten Sowjets mitgehen ließen. Sie rekrutierten schätzungsweise 3500 ostdeutsche Führungskräfte, die sie in die Sowjetunion verschleppten und in der Regel für mindestens fünf Jahre dienstverpflichteten. In die Operation „Ossakim“ einbezogen war noch einmal das Jenaer Glaswerk Schott & Genossen. Dessen Mitarbeiter mussten am Morgen des 22. Oktober 1946 binnen Stunden die Koffer packen. Mit den Beschäftigten wurde der gesamte Betrieb verlagert.[49]

Es dauerte jedoch gar nicht lange und die Leistungsträger flüchteten aus eigenem Antrieb aus dem Osten in den Westen und das ist kein Wunder. Während der sozialistische Aufbau (mit kräftigem *support* durch Kredite der *Bank of England*) in den 1930er Jahren noch zum Entstehen ganzer Stadtteile und Industrieanlagen führte, kommt der sozialistische Aufbau à la Walter Ulbricht nicht aus dem Knick. So folgen den führenden Spezialisten bald Arbeiter und Angestellte, Handwerker und Kleingewerbetreibende, Künstler und Intellektuelle. Ihr Ziel ist meist dasselbe: West-Deutschland und West-Berlin. Nur 46,2 Millionen Menschen lebten 1946 in den drei westlichen Besatzungszonen. Die Sowjetische Besatzungszone (SBZ) oder nun die DDR bluten aus und im Westen wird es langsam eng. Die Marktwirtschaft ermöglicht jedoch einen schnelleren Wohnungsbau.

Nach dem Zweiten Weltkrieg gab es in den drei westlichen Besatzungszonen den Marshallplan, ein Milliarden Dollar schweres Hilfsprogramm, mit dem der Wiederaufbau in Gang gesetzt werden konnte, nachdem die Staatsführung in Bonn ein Ende der Demontage von Industrieanlagen im Westen in den Nachkriegsjahren erreicht hatte. In der SBZ aber mussten die Arbeiter auch weiter eigenhändig die Fabriken zerlegen, ihre schönen Maschinen und Betriebseinrichtungen in Kisten verpacken, auf Güterwagen verladen und zusehen, wie das Produktionskapital seinen Weg in die Sowjetunion antrat. Doch darin liegt nicht die Hauptursache für das ökonomische West-Ost-Gefälle, das sich nach 1945 rasch herausbildete. Denn noch so große Verwüstungen können einer Volkswirtschaft keinen dauerhaften Schaden zufügen. Zum Beleg zitiert Uwe Müller den englischen Nationalökonom John Stuart Mill, der von 1806 bis 1873 lebte und arbeitete: „Wenn seine tätige Bevölkerung nicht ausgerottet wurde und nicht verhungert ist, dann werden die Menschen, mit der gleichen Tüchtigkeit und dem Wissen, das sie vorher besaßen, (...) nahezu alle Mittel in der Hand haben, um das frühere Quantum an Produktion zu erzeugen."

Die Einwohner auf dem Gebiet der SBZ/DDR aber kehren der Wurstelei Ulbrichts, die mit roher Gewalt durchgesetzt wird, seit Jahren millionenfach den Rücken. Die Kommunisten selbst schlagen die Grundlagen des Sozialismus in wilde Flucht. Noch im Jahre 1939 war die Region, aus der die DDR entstand, dem Westen weit überlegen. Die Industrieproduktion je Einwohner lag bei 725 Reichsmark. Im Westen waren es im Vergleich dazu nur 609 Reichsmark. Mittel-Deutschland war vor 1945 das ökonomische Kraftzentrum des Reiches und Sachsen war vor den sozialistischen Experimenten die Wiege der Industrialisierung Deutschlands.

Chemnitz galt wegen seiner vielen Fabriken als *Manchester on Continent*, in Dresden gab es unter anderem bedeutende Kamera- sowie Zigarettenfabriken. Leipzig war bis zum Beginn des II. Weltkrieges ein Zentrum des Welthandels. Hannover war im Jahre 1945 ein Trümmerfeld mit 217.000 Überlebenden in den Kellern. Die Messestadt Leipzig verzeichnete stolz das prozentual höchste Bevölkerungswachstum deutscher Großstädte im Zeitraum von 1850 bis 1939. Ein äußerst fruchtbares Zusammenspiel von Wirtschaft, Wissenschaft und Kultur hatte Leipzig und Sachsen zu einem bevorzugten Ziel für Einwanderer gemacht. Doch der nach 1945 ungehemmt einsetzende Elitenverlust verwüstete seine Industriereviere. Der Landstrich verlor das, was einst seinen Reichtum begründet hatte: Ein oft über Generationen hinweg erwachsenes Wissen, das ungebremst in den Teutoburger Wald übersiedelte. Der Dresdner Wirtschaftshistoriker Hermann Golle erläutert dazu: „Nie zuvor in der 200-jährigen Industriegeschichte Deutschlands, wahrscheinlich nie vorher in der Industriegeschichte der ganzen Welt, hat es einen so gewaltigen Technologietransfer gegeben, einen Transfer von Ost nach West.“

Es gibt viel zu viele Firmen, die vor dem Gutmenschen Walter Ulbricht in den Westen fliehen. Die führenden Arbeiter und Bauern werden staunen, wenn die ehemaligen Ausbeuter, die selbst nicht schon nach einem Achtstundentag ihr Feierabendbier trinken, auf einmal alle vor dem nächsten Sozialismus fliehen. Die Dresdner Bank schlug in Frankfurt am Main die Zelte auf. Die Auto-Union („Audi“) zog von Zwickau nach Ingolstadt um. BMW hat seine Fahrzeugfertigung aus der Wartburgstadt Eisenach zum größten Teil nach Bayern verlegt. Der Weltmarktführer Wella, der Haarkosmetik und Düfte in aller Herren Ländern verkauft und im sächsischen Rothenkirchen zu Hause war, verzog sich in Richtung Darmstadt. Knorr Bremse, der Ost-Berliner Bremssystem-Lieferant hat sich nach München abgesetzt. Ebenso Gisecke & Devrient, der größte Banknotendrucker der Welt. Leipzig wird mehr und mehr von der Drehscheibe des Welthandels zum Denkmal des größten Aderlasses in der Geschichte der Stadt seit der wenigstens noch erfolgreichen Völkerschlacht von 1813. Mit der Teilung des Reiches hat die Stadt Leipzig den Deutschen Fußball-Bund verloren, der sich in Frankfurt am Main niedergelassen hat. Auch in der Verlagsbranche sind die Einbußen unwiederbringlich. Nach Mannheim ging das Bibliographische Institut, nach Berlin und München ging F.A. Brockhaus, der Insel-Verlag sitzt nun in Frankfurt am Main und Reclam in Stuttgart.

Den Verlegern, Lektoren und Vertriebsspezialisten folgt die nachgelagerte Wertschöpfungskette in den Westen: Die polygraphische Industrie, die für Papierschnitt oder Buchbindung zuständig ist. Mit diesen Anbietern wiederum verschwinden Maschinenbaubetriebe oder werden leider vom technischen Fortschritt abgekoppelt. Schön ist auf jeden Fall anders. Das Leipziger Rauchwarengewerbe, das in seinen besten Zeiten ebenso viele Menschen beschäftigte wie die gesamte Industrie der Stadt, setzte sich in den Jahren nach 1945 vor allem in Richtung Frankfurt am Main ab. Der wirtschaftliche Schwerpunkt einer Duftstoff- und Aromaindustrie, deren wissenschaftliche Grundlagen in der sächsischen Metropole im 19. Jahrhundert entwickelt und mit einem Nobelpreis bedacht worden waren, ist ins westfälische Holzminden abgezischt. In Hannover etablierte man die größte Industriemesse der Welt: Sie wurde 1947 auf Befehl der britischen Besatzungsmacht gegründet und von Leipziger Messespezialisten zu dem Erfolg geführt, den sie seitdem hat. Dank des Potentials, das aus Mittel-Deutschland kam, sind der Bundesrepublik nach der „Stunde Null" vermutlich 360.000 Unternehmen und Gewerbe zugewachsen, von klugen Köpfen einmal ganz abgesehen, die aus den Gebieten hinter der Oder im Westen ankamen und Werte schufen.[50] Zieht man all das in Betracht, so scheint die Idee der Teilung Deutschlands, um es aus seiner misslichen Übergröße in der Mitte Europas zu befreien, gar nicht mehr ganz absurd. Dann hatte 1945 das Gebiet zwischen dem Harz und der Oder ja doch ein Potential zu bieten, auf dem man blühende Landschaften haben konnte, wenn es von Leuten wie den beiden gebildeten sowjetischen Gefangenen übernommen worden wäre, die der ebenso inhaftierte Konrad Adenauer 1944 auf dem Messegelände Köln-Deutz kennengelernt hatte und die ihn in seiner Hochachtung vor den großen Errungenschaften Russlands bestärkten. Vielleicht erinnern Sie sich an die Szene aus dem Band *Anfang und Ende*.

Facetten der deutschen Innenpolitik

Gerade so, als hätte die SED nicht vor kurzem Fakten geschaffen, die in Bonn lediglich auf eine offizielle Abfuhr hinauslaufen können, wählen die Abgeordneten der Volkskammer in Ost-Berlin am 5. September die Mitglieder einer Delegation, die dem Bundestag Vorschläge unterbreiten sollen, die sich auf zwei „für unser Volk entscheidende Fragen" beziehen. Erstens geht es hierbei um die Entsendung von Vertretern des Bundestages und der Volkskammer zur Teilnahme an einer Viermächtekonferenz, die die friedliche Regelung aller Deutschland betreffenden Fragen zum Ziel haben soll, und zweitens soll eine deutsche Prüfungskommission für freie gesamtdeutsche Wahlen gebildet werden – einschließlich des Beginns ihrer Tätigkeit. Die Auserwählten sind Hermann Matern, Otto Nuschke, Ernst Goldenbaum, Heinrich Homann wie auch Dr. Karl Harmann. Die Vorschläge der Volkskammer an den Bundestag nimmt Bundestagspräsident Dr. Hermann Ehlers am 19. September 1952 entgegen. Dann verliert sich ihre Spur im Nebel über dem Rhein.[51]

Andererseits gibt es nun ebenso den nächsten Hinweis darauf, dass mit Gehlens Mitarbeitern nicht alles wie im Drehbuch eines Filmes abläuft. Von den sogenannten Sicherheitslücken in der „Org." war bei mir schon einmal die Rede, wenn auch im vorangegangenen Band *Kontinentaldrift*, doch bislang äußerte keiner der zuständigen Amerikaner einen Verdacht darüber, dass Gehlen selbst eventuell sein doppeltes Spiel mit den Amis treiben könnte. Wenn es zum Beispiel um Heinz Felfe geht, fehlt immer die Überlegung, dass Gehlens Abwehrchef im Auftrag seines Bosses die CIA geleimt haben könnte. Es klingt nicht gut, wenn man später in den beruflichen Erinnerungen seines ehemaligen Kollegen Oscar Reile im Jahre 1990 und somit anderthalb Jahrzehnte vor Weiners Buch bereits zu lesen bekommt: Bereits im Winter 1952/53 legt jener Oscar Reile aus den Reihen der Organisation Gehlen nach eigenem Bekunden dem Chef zwei Verdachtsmeldungen gegen den in einer Außenstelle tätigen Heinz Felfe vor, in welchen er darauf hinweist, dass die Meldungen auf Feststellungen beruhten, die vom Verfassungsschutz in Düsseldorf getroffen waren. Mit diesen Meldungen befasst sich angeblich anschließend auftragsgemäß die Sicherheitsabteilung der „Org.“. In seiner Retrospektive erklärt der Schlapphut *entrüstet*: „Zu meinem und anderer Mitarbeiter Erstaunen wurde Felfe trotz der vorliegenden Verdachtsmeldungen in die Zentrale der »Org.« geholt und ausgerechnet der Abteilung Gegenspionage zugeteilt.“ Das trifft sich ja gut, wenn er zum Kontakt mit Geheimdienstleuten aus dem Osten per Dienstanweisung berechtigt wird, und es ist schön, dass Kollege Reile feststellen kann, dass Felfe schon bald das Vertrauen Gehlens gewinnt.[52] Also, wenn Sie mich fragen, das Vertrauen Gehlens genießt er nicht erst jetzt. Wir werden Heinz Felfe auf jeden Fall sorgfältig im Blick behalten. Er ist ja nicht der Bäcker aus dem Nachbardorf, sondern arbeitet an einem der neuralgischen Punkte in der abgetrennten Teilrepublik westlich des Harzes.

Zur Leitung eines Staates benötigt man Bildung

Der jetzige sowjetische Staatschef Stalin war schon in seiner Jugend für Bildung zu haben. Mit knapp zwanzig Jahren trat er in das orthodoxe Priesterseminar von Tiflis im heimatlichen Georgien ein und las längst nicht bloß religiöse Schriften, sondern befasste sich parallel dazu auch mit marxistischer Literatur. Seinem Bemühen um das Einholen alternativer Meinungen zur Verbesserung der Welt „verdankte" Stalin letzten Endes auch den Rauswurf aus dem Priesterseminar. Merke: Nutze für deine stromlinienförmige Bildung immer bloß die Blätter, die dir deine Schule in die Hände drückt. Sonst ist es mit der Bildung wie mit allem anderen: Allzuviel ist ungesund und schadet der schnellen Karriere. Am anderen Ende zeigt sein Lebensweg einerseits: Mit Geduld und Spucke fängt man eine Mucke, und andererseits: Intelligenz und Grausamkeit schließen sich keineswegs aus. Allerdings kann Intelligenz gepaart mit Grausamkeit sogar noch treffsicherer verletzen. Aber das muss ja wohl jeder selbst bei passender Gelegenheit am eigenen Leib erfahren.

Hörenswertes gibt der alt gewordene sowjetische Staatschef Stalin bei einem Gespräch von sich, das im Oktober 1952 zu Ehren des Deutschland-Experten Semjonow in Stalins „naher Datscha" in Kunzewo stattfindet. Die Bezeichnung verdankt sie dem Umstand, dass dieses schöne Haus noch im Moskauer Stadtgebiet liegt. Das Gespräch dauert in etwa vier Stunden. Die Mitglieder des Politbüros nehmen ebenfalls teil und der *Woschd*, also der Führer in Moskau nutzt es, um grundsätzliche Gedanken zur Führung einer Gesellschaft zu formulieren. Sie sollten den späteren Führern anderer Länder in Stein gemeißelt überreicht werden. Stalin erwartet Semjonow bereits an der Tür, drückt ihm fest die Hand und lässt den Deutschlandkenner am Esstisch in der Veranda zu seiner Rechten Platz nehmen. Jenes Gespräch leitet er mit der Bemerkung ein, er wisse, dass Semjonow ein Sohn eines Arbeiters, selbst allerdings kein Arbeiter sei. Darauf folgen denkwürdige Betrachtungen: „Wir haben im Politbüro keinen einzigen Arbeiter, wenn wir Chruschtschow nicht zählen, der behauptet, er habe einmal in einem Bergwerk gearbeitet, aber keiner weiß, wo und wann. Das ist normal und richtig. Um einen Staat zu leiten, braucht man Bildung, die Arbeiter nicht haben. Arbeiter sind gut, um das Alte zu zerstören. Etwas Neues aufbauen können nur Menschen, die über eine hohe Bildung und Qualifikation verfügen." Würde Genosse Stalin bloß laut quietschen, wenn er hören würde, dass andere führende Leute noch nicht einmal Arbeiter waren, bevor sie nach der Schule in die große Politik gingen, ja noch nicht einmal eine berufliche Ausbildung zu Ende gebracht haben?[53]

Den Deutschlandexperten Semjonow fragt er, wie sich die theoretische Arbeit in der SED entwickle, und wer sich in dieser Partei mit Ideologie befasse. Semjonow antwortet, bisher seien noch keine grundsätzlichen Arbeiten zu diesen Fragen entstanden. In der Führung sei gegenwärtig faktisch niemand, der sich mit Theorie befasse. Da erinnert man sich ja unwillkürlich daran, dass auch der Sicherheitsdienst unter Hitler 1939, also über sechs Jahre nach der Einführung des Nationalsozialismus im Deutschen Reich arg herumjammerte: „Die Zeit der Programme und der Konjunktur ist vorüber, aber die versprochenen Leistungen und grundsätzlichen Neuerungen sind bisher zum großen Teil ausgeblieben."[54] Es wird also weiterhin nach Gutdünken vor sich hin gewurstelt – doch den Leuten wird erzählt, man baue doch angeblich den Sozialismus auf einer wissenschaftlichen Grundlage auf.

Kommen wir jedoch zurück in das Jahr 1952. Stalin räumt ein, es gebe durchaus einige Theoretiker; sie seien aber fern vom praktischen Leben und könnten deshalb nichts Wesentliches zu der Weiterentwicklung der Theorie beitragen. Im weiteren Verlauf sagt der Kremlchef: „Leider ist der deutschen Arbeiterbewegung das frühere Interesse an der Theorie abhandengekommen. Wen könnte man als den Letzten der Mohikaner nennen? Vielleicht Paul Singer? Das ist sehr schade." Die SED habe im Grunde genommen seit den Zeiten von Friedrich Engels ihre führende Stellung in der internationalen Arbeiterbewegung und im Befreiungskampf verloren. Und gemäß seiner Dialektik von Kritik und Selbstkritik geht er auch hart mit seiner Sowjetunion um: „Auch bei uns ist es damit nicht zum Besten bestellt. Wir erläutern aktuelle Beschlüsse, die dann zur Weiterentwicklung der Theorie erklärt werden. Das sind aber ganz verschiedene Dinge. Man kann keine neue Gesellschaft aufbauen, ohne auch die Theorie voranzubringen. Das ist ein großes Minus, denn ohne Weiterentwicklung der Theorie macht man viele Fehler. Wir leben immer noch von Lenins Erbe, aber das Leben steht nicht auf der Stelle. Es erfordert viele neue Verallgemeinerungen und neue Wege in der Theorie. Sonst werden uns große Fehler und Irrtümer unterlaufen."[55]

Die Kritik Stalins ist unerbittlich: „Keiner aus der alten oder der neuen Intelligenz ist bisher Lenin bei der weiteren Ausarbeitung der Theorie vom Aufbau des Sozialismus wirklich zu Hilfe gekommen. Wir können nur hoffen, dass künftige Generationen diese Lücke schließen und große Theoretiker hervorbringen, die eng mit dem Leben der Gesellschaft verbunden sind, die die große Rolle der Arbeiterklasse und des Klassenkampfes verstehen. Wir können nur hoffen, bisher haben wir sie noch nicht." Das ist in der Zwischenzeit auch Deutschen in der schönen DDR aufgefallen. Dort heißt es jetzt: Ulbricht lässt sich die Haare schneiden, schläft aber darüber ein. Als er wieder aufwacht, sieht er entsetzt, dass ihm der Barbier seinen Bart abrasiert hat. „Mann, sind Sie wahnsinnig", schreit er, „dieser Bart war das Einzige, das in unserer Partei von dem, was uns an Lenin erinnerte, noch übriggeblieben war!"[56]

Schade, dass es nicht in die deutschen Zeitungen kommt, wie sehr Stalin und die Deutschen sich an *der* Stelle einig sind: In einer Landschule fragt der Verdiente Lehrer des Volkes die Kinder: „Was ist ein Trauerfall?" Die Kinder überlegen. Ein Kind meldet sich strahlend: „Wenn mein Taschengeld wegkommt." – „Nein", erklärt der Lehrer streng, „das ist ein Verlust. Was ist ein Trauerfall?" Ein zweites Kind meldet sich: „Wenn die Hühner unseren frischen Salat fressen." – „Nein", sagt der Lehrer streng, „das ist ein Schaden. Was ist ein Trauerfall?" Da fragt ein Mädchen nachdenklich: „Ist es vielleicht, wenn Ulbricht stirbt?" – „Ja", meint der Lehrer, „das ist ein Trauerfall, denn es ist kein Schaden und kein Verlust."[57]

Da nimmt es nicht wunder, dass die Leute daraus Sprüche machen, die sich dann so anhören: Ein Kriegsheimkehrer trifft einen alten Freund, der in der Zwischenzeit ein großer SED-Bonze geworden ist, und fragt, ob er ihm keine passende Stellung verschaffen könnte. Der schlägt ihm jovial auf die Schulter und sagt: „Das ist doch selbstverständlich, dass ich dir helfe, denn du warst immer ein guter Sozialist. Du kannst bei uns die Leitung einer Vereinigung volkseigener Betriebe übernehmen und dafür bekommst du 2500 Mark Gehalt!" Als der Heimkehrer einwendet, dass er dem Posten wahrscheinlich eher nicht gewachsen wäre, bietet ihm der SED-Funktionär die Stellung eines Betriebsleiters an mit dem Gehalt von 1500 Mark. Der Bittsteller entgegnet ihm: „Dafür habe ich noch zu wenig Erfahrung. Hast du keinen Verwaltungsposten für mich mit so etwa 500 Mark Gehalt?" Doch der SED-Mann wehrt ab: „Aber wo denkst du hin! Dafür brauchen wir doch Fachleute!"[58]

An dieser Stelle tut es not, ein Missverständnis aufzuklären, das in den frühen 1950er Jahren auftaucht. Ende der vierziger Jahre wurde Stalin recht schwer krank. Die Ärzte verordneten ihm Ruhe und ein Abschalten von der Arbeit. Sie forderten deshalb, er möge sich nicht weiter mit den komplizierten Fragen des Wirtschaftsaufbaus oder auch der Landesverteidigung herumschlagen und seine Belastung deutlich reduzieren. Sie fragten ihn, ob es Dinge gebe, mit denen er sich ablenken könnte. Nach einigem Schwanken sagte er, er interessiere sich für Sprachen und könne sich vielleicht mit Fragen der Sprachwissenschaft beschäftigen. So entstand sein Elaborat „Marxismus und Fragen der Sprachwissenschaft". Der siebzigjährige Stalin studierte sodann verschiedene Richtungen der Linguistik und kam zu dem Schluss, dass die offizielle sowjetische Linie in dieser Wissenschaft falsch sei. Jahrzehntelang hatte in dieser Sparte Professor Nikolai Marr den Ton angegeben. Nach dessen Konzeption waren alle Sprachen ein Produkt des Klassenkampfes. Stalin erläuterte in einigen Briefen, die später zu einem Essay zusammengefasst und in der Prawda veröffentlicht wurden, dass die Sprache das Ergebnis der gesamten Geschichte aller menschlichen Gemeinschaften sei. Sprache könne nicht länger als „Werkzeug der herrschenden Klasse" betrachtet werden, wie es Marr lehrte, sondern sie sei das gemeinsame Erbe aller Menschen. Stalin wies auf die Tatsache hin, dass noch keine große Revolution der Vergangenheit auch nur irgendeine Sprache verändert habe. Interessant ist, wie Stalins Krankentherapie ans Licht der Öffentlichkeit gezerrt wurde, was den Eindruck erwecken muss, der alte Mann hätte in dem Feld auch noch seinen Senf dazugeben wollen. Malenkow aus dem inneren Kreis in Moskau bringt jenen Text *Marxismus und Fragen der Sprachwissenschaft* als Artikel in die Parteizeitung Prawda. Daraufhin macht Stalin seinem Genossen Malenkow mit Worten wie *Lumpengesindel* und *Speichellecker* wütende Vorhaltungen: „Ihr wisst doch, dass ich an der Sprachwissenschaft gearbeitet habe, um mich auf Anraten der Ärzte abzulenken. Und ihr macht eine Affäre daraus – verbreitet, Stalin sei ein Sprachwissenschaftler!" Zumindest haben die Briefe zur Sprachwissenschaft zur Folge, dass anschließend wirkliche sowjetische Wissenschaftler Mut fassen, sich gegen Formeln von Engels und Lenin auszusprechen, die vom wirklichen Leben überholt worden sind. 1952 beginnt Stalin die realen Probleme der Wirtschaft der Sowjetunion zu studieren. Er schreibt die Arbeit „Ökonomische Probleme des Sozialismus in der UdSSR". Darin sagt er sich von Thesen los, die er ein halbes Jahrhundert lang selbst vertreten hat. Die Arbeit ist ganz gewiss kein seriöser Beitrag zur Wirtschaftswissenschaft, zeigt aber, dass er auch mit 73 Jahren noch in der Lage ist, seine Auffassungen zu verändern, wie sein Genosse W. S. Semjonow würdigend hervorhebt.[59]

Berlin, Berlin

Kommen wir nun zurück an die Gestade der Havel. In der Berlin-Frage denkt Konrad Adenauer bereits weit voraus, ganz im Gegensatz zu Willy Brandt, der kurzschrittig absichern möchte, dass die russischen Truppen nicht bald im Grunewald spazieren gehen können. Hören wir dazu also Willy Brandt: „Am Ende dieses Jahres war ich Berichterstatter des Auswärtigen Ausschusses über jene Verträge, die die Bundesrepublik in das westliche Bündnis einbeziehen sollten: den Generalvertrag und den über die EVG, jenes europäische Verteidigungsprojekt, das am französischen Einspruch scheitern sollte."[60]

Lassen wir Brandt weiter berichten, weil es keiner so schön wie er selbst kann: „Im Plenum sagte ich, Dezember 1952, voraus: Zur Wiedervereinigung komme man nur, wenn ein Ausgleich der Interessen zwischen den beteiligten Mächten gefunden werde. In der auswärtigen Politik sei mit Torschlusspanik nichts gewonnen. Es komme auf Zielstrebigkeit an und darauf, warten zu können. Ich befand, von dunklen Ahnungen befallen, Berlin werde nicht näher an den Bund herangeführt, sondern von ihm entfernt: »Das ist ein gefährlicher Weg, der uns alle in gefährliche Situationen bringen kann.« Ich war gegen die EVG, auch, weil sie, anders als die NATO, Berlin unberücksichtigt gelassen hätte."[61] Er hatte sich zuvor auch nicht präzise ausgedrückt. Das ist kein gefährlicher Weg, der uns alle in gefährliche Situationen bringen kann; das ist ein gefährlicher Weg, der West-Berlin in die DDR bringen soll. Übrigens benötigen auch seine Widersacher Zielstrebigkeit und Geduld. Aber gefreut hat er sich, dass in diesem Jahr „mit dem dritten Überleitungsgesetz die rechtliche Bindung an den Bund und an dessen finanzielle Verantwortung für Berlin festgeklopft worden" ist. Der Regierende Bürgermeister Ernst Reuter sowie er selbst seien jedoch der Meinung, „dass mehr drin gewesen wäre und man mit einer weiterreichenden Eingliederung Berlins in die Bundesrepublik ruhiger in die Zukunft" blicken könnte.[62] – Wenn das so gewollt wäre.

1 Habel & Kistler (1977), S. 83
2 Ebd.
3 Felfe (1989), S. 156 und 224f.
Sudoplatow (2013), S. 410f.
Der Autor schreibt: „In größter Erregung betrat ich [am 20. Februar 1953] Stalins Büro, doch als ich ihn sah, stellte ich verblüfft fest, dass ein müder, alter Mann vor mir saß. Stalin hatte sich gewaltig verändert. Sein Haar war dünner geworden; er hatte zwar schon immer ruhig und langsam gesprochen, doch nun sprach er nur noch mit Schwierigkeiten, und zwischen seinen Sätzen legte er längere Pausen ein. Sein Äußeres bestätigte Gerüchte über zwei Herzinfarkte, die er erlitten hatte, einen nach der Jalta-Konferenz, den anderen nach seinem siebzigsten Geburtstag im Jahre 1950."
4 Brandt (1989), S. 163
5 Erst viel später veröffentlicht Elieser Sudit in Israel ein hierzulande wenig beachtetes Buch über die Urheberschaft des Anschlags. Demnach war der Auftraggeber für insgesamt drei geplante Attentate auf Adenauer Menachem Begin, der Terrorist und Kommandant der Irgun. In Deutschland werden die Hintergründe erst 2003 publik, als der deutsche Journalist Henning Sietz über eine kleine Zeitungsnotiz aus dem Jahr 1952 stolpert und der Sache auf den Grund geht. Seine detaillierten Recherchen veröffentlicht er in dem Buch *Attentat auf Adenauer: Die geheime Geschichte eines politischen Anschlags*. Verfügbar unter Gorse, Christiane (2020), Das Attentat auf Konrad Adenauer.
Auf: Planet Wissen [online]. Verfügbar unter https://www.planet-wissen.de/geschichte/persoenlichkeiten/konrad_adenauer/pwiedasattentataufkonradadenauer100.html [06.06.2022]
So dauerte es über 50 Jahre, bis die Identität des Bombenbauers und die seines Auftraggebers in Deutschland bekannt wurden: Es war jener Elieser Sudit, der wegen Waffenbesitzes in Paris zu einer Gefängnisstrafe verurteilt worden war. Als Josef Ochs nach Paris reiste, war Sudit noch in Haft und hätte verhört werden können. Im Jahr 1994 veröffentlichte Elieser Sudit im Selbstverlag das Buch *Im Auftrag des Gewissens*, in dem er die Vorgeschichte des Anschlages beschrieb und den Drahtzieher des Attentats nannte: Menachem Begin, Chef der Cheruth-Partei und von 1977 bis 1983 Ministerpräsident Israels. Sudit hatte mit der Veröffentlichung gewartet, bis sein verehrter „Kommandant" im Jahr 1992 verstorben war. Über zehn Jahre blieb sein auf Hebräisch verfasstes Buch unbeachtet, bis jemand es aufstöberte und nach Deutschland schickte. Spiegel Geschichte (2007), Liebesgrüße für Adenauer [online]. Verfügbar unter
https://www.spiegel.de/geschichte/attentate-a-948561.html [06.06.2022]
6 Ebd.
7 Ebd.
8 Ebd.
Im März 1941 richtete das Regime in Vichy ein „General-Kommissariat zu jüdischen Fragen" (Commissariat Général aux Questions Juives) ein, welches antisemitische Propaganda und den Raub jüdischen Eigentums betrieb (auch in Frankreich wurden Formen der enteignungsgleichen Arisierung betrieben). Es erstellte Karteien zur Zählung der Juden im Vichy-Frankreich, was durch das „Zweite Statut" vom 2. Juni 1941 näher bestimmt wurde und die Administration der judenfeindlichen Politik unterstützte.

Das General-Kommissariat kooperierte mit der Gestapo und bereitete die Verschleppung französischer Juden in Vernichtungslager vor. Die Deportationen, die sich ab 1942 mit dem ersten Transport nach Auschwitz-Birkenau am 27. März intensivierten und nach der Rafle du Rafle du Vélodrome d'Hiver (Razzia in Paris) des 16. und 17. Juli 1942 auch Frauen und Kinder betrafen, wurden nach deutschem Befehl vor allem durch französische Polizei durchgeführt. Die französische Administration setzte skrupellos die judenfeindliche Gesetzgebung in Verwaltungshandeln um und lieferte die in französischen Lagern internierten ausländischen Juden aus. Sie trägt eine Mitschuld an der Ermordung zehntausender Juden im Rahmen des Holocaust. Nachzulesen unter der Adresse:
https://de.wikipedia.org/wiki/ Geschichte_der_Juden_in_Frankreich [12.06.2022]
Der entsprechende Quellenverweis lautet: Tal Bruttmann: Au bureau des affaires juives. L'administration française et l'application de la législation antisémite, La Découverte, 2006

9 Spiegel Geschichte (2007), Liebesgrüße für Adenauer [online]. Verfügbar unter https://www.spiegel.de/geschichte/attentate-a-948561.html [06.06.2022]

10 Ebd.

11 Gehlen (1971), S. 397

12 Winkler (1997), S. 105

13 Habel & Kistler (1977), S. 83

14 Schmidt-Eenboom (2004), S. 252f.

15 Brandt (1989), S. 45f.

16 Semjonow (1995), S. 256
Deutschland Archiv 1/1999, S. 81

17 Deutsches Historisches Museum (2022), Deutschland im Kalten Krieg [online]. Verfügbar unter https://www.dhm.de/archiv/ausstellungen/kalter_krieg/zeit/z1952.htm [06.06.2022]

18 Strauß (1989), S. 256

19 Ebd., S. 257

20 Brandt (1989), S. 24

21 Ebd., S. 292 ff.

22 Ebd., S. 40

23 Weidenfeld (1998), S. 375

24 Brandt (1989), S. 26

25 Gehlen (1971), S. 181

26 Brandt (1989), S. 41

27 Ebd.

28 Ebd., S. 16

29 Ebd., S. 34f.

30 Deutsches Historisches Museum (2022), Deutschland im Kalten Krieg [online]. Verfügbar unter https://www.dhm.de/archiv/ausstellungen/kalter_krieg/zeit/z1952.htm [13.06.2022]

31 Ebd.

32 Hirche (1964), S. 219

33 Ebd., S. 248f.

34 Deutsches Historisches Museum (2022), Deutschland im Kalten Krieg [online]. Verfügbar unter https://www.dhm.de/archiv/ausstellungen/kalter_krieg/zeit/z1952.htm [13.06.2022]
35 Deutsches Historisches Museum (2022), Deutschland im Kalten Krieg [online]. Verfügbar unter https://www.dhm.de/archiv/ausstellungen/kalter_krieg/zeit/z1952.htm [13.06.2022]
36 Hirche (1964), S. 233
Was Berija angeht, werden wir wohl oder übel noch bis 1953 warten müssen. Glauben Sie bloß nicht, dass ich hier womöglich Scherze mit einer viel zu ernsten Geschichte treibe.
37 Semjonow (1995), S. 261
38 Deutsches Historisches Museum (2022), Deutschland im Kalten Krieg [online]. Verfügbar unter https://www.dhm.de/archiv/ausstellungen/kalter_krieg/zeit/z1952.htm [13.06.2022]
39 Hirche (1964), S. 222
40 Ebd., S. 229
41 Ebd., S. 233
42 Ebd., S. 233f.
43 Ebd., S. 246f.
44 Genscher (1999), S. 60-65
45 Ebd.
46 Ebd., S. 47
47 Hirche (1964), S. 229
48 Müller, Uwe (2005), Das vertriebene Kapital. Wie die Ostdeutschen die Grundlage für den Wohlstand im Westen legten [online]. Verfügbar unter https://www.welt.de/print-welt/article556500/Das-vertriebene-Kapital.html [23.07.23]
Die Aussage über dieses Problem mit dem Absatz der Produkte auf dem Weltmarkt habe ich von meinem Vater, der damals in Jena studierte.
49 Siehe Endnote 48. Auch die folgenden Seiten stammen in der Substanz dem Artikel von Uwe Müller.
50 Ebd.
51 Deutsches Historisches Museum (2022), Deutschland im Kalten Krieg [online]. Verfügbar unter https://www.dhm.de/archiv/ausstellungen/kalter_krieg/zeit/z1952.htm [13.06.2022]
52 Reile (1990), S. 393f.
53 Semjonow (1995), S. 276f.
54 Ebd., S. 276f.
Boberach (Hg., 1984), Band 2, S. 250
55 Semjonow (1995), S. 277

---

56 Semjonow (1995), S. 278
Hirche (1964), S. 222
57 Ebd., S. 229
58 Hirche (1964), S. 236f.
59 Semjonow (1995), S. 283f.
60 Brandt (1989), S. 27
61 Ebd., S. 27
62 Ebd., S. 26

Neunzehn Millionen und es werden immer weniger

Dieser Effekt kann nicht so wirklich erstaunen. Doch wie reagieren sie in der Bundesrepublik eigentlich staatlicherseits in den ersten Jahren nach den beiden Staatsgründungen auf diejenigen, die Ulbrichts Herrschaftsbereich den Rücken zu kehren trachten? Die Politik, so wird einige Jahrzehnte später ein Autor für das Qualitätsmedium Frankfurter Allgemeine – Zeitung für Deutschland befinden, auf Landes- wie auf Bundesebene in Westdeutschland ist eher reagierend als vorausschauend. Deshalb sei sie lange wenig planmäßig. Behörden und Parlamentarier stellen sich nach seiner Recherche dieser Situation, namentlich als der Zustrom 1952/53 kräftig anschwillt, und sie reagieren je länger, desto mehr auf Forderungen der inzwischen von den DDR-Flüchtlingen gegründeten Interessenvereinigungen, aber sie tun es doch vielfach mit Bedenken. Zunächst ist die Eingliederung des betroffenen Personenkreises angesichts sonstiger Belastungen von Staat und Kommunen durch die Kriegsfolgen eine sehr schwierige und bloß ungern angenommene Aufgabe, erklärt er, und man gehe sogar so weit, „Flüchtlinge zurückzuschaffen", mit der Zeit würden dann gesamtdeutsche Befürchtungen eine Rolle spielen. Eine Entleerung der DDR wünsche man nicht und sinne darüber nach, wie die Abwanderung gestoppt oder zumindest gedrosselt werden könnte, vergeblich. Das lässt ja auch wieder tief blicken, es gab gesamtdeutsche Befürchtungen. Ei, ei, ei. Genau das ist ja der Witz an den superunabhängigen Medien in der Bundesrepublik. Was ich in meinen Büchern mühselig beweise, steht eigentlich immer hier und da und dort in einer Zeitung. Doch im Strudel der vorherrschenden Propaganda geht das einfach unter. Wie es der Zufall so will, kommt es just in diesem Moment wieder zu einem Zwischenfall, der die erwähnten politischen Entscheidungen durch die wirtschaftliche Komponente ergänzt. Ausgerechnet der Abteilungsleiter Gotthold Kraus im Institut für wirtschaftswissenschaftliche Forschung (IWF), dem zarten Pflänzchen des Auslandsspionagedienstes von Markus Wolf, setzt sich am 4. April '53 in den Westen ab. Da dies zu einer Naturkatastrophe führt, soll dieser heiklen Nummer ein Kapitel gewidmet werden.[1]

Die Vulkan-Affäre

Am 4. April 1953 setzt sich Gotthold Kraus als erster Überläufer aus dem Institut für wirtschaftswissenschaftliche Forschung (IWF) in die Bundesrepublik ab. Da es kurz vor Ostern geschieht, tappt Markus Wolf nun erst einmal tagelang im Dunkeln – und fällt aus allen Wolken, als der Bonner Vizekanzler Franz Blücher kurz nach Ostern auf einer Pressekonferenz unter dem Kennwort „Aktion Vulkan" bekanntgibt, es seien gerade fünfunddreißig ostdeutsche Agenten festgenommen worden. Wolf versteht sofort, dass die angegebene Anzahl „eine gigantische Übertreibung" sein müsse, weil aus Sicherheitsgründen nicht einmal leitenden Mitarbeitern seines Dienstes die Identität so vieler Agenten bekannt sei. Viel mehr ist ihm leider nicht sofort klar und wird auch im Laufe der Zeit nicht klarer. Markus Wolf bedauert die armen Geschöpfe, die so unschuldig verhaftet wurden, kommt aber selbst nach den Enthüllungen über die illegale wirtschaftliche Unterstützung der DDR nach dem Jahre 1990 nicht zur Vermutung, dass eine so unrealistische Zahl in Umlauf gebracht wird, um im Endeffekt diese peinliche Geschichte als eine Lappalie herunterspielen zu können. Was ist geschehen? Gotthold Kraus hat die in der DDR wie auch in der BRD gängige Propaganda vom *Kalten Krieg* für die Wahrheit und nichts als die Wahrheit gehalten und in diesem Wahn westliche Firmen *geoutet*, die schon mehr oder weniger lange an den illegalen Geschäften mit der DDR beteiligt sind. Nun gibt es in der Bundesrepublik nicht bloß Leute wie Adenauer, die das Beste *für Deutschland wollen*; es gibt eben auch Leute, die etwas *für Deutschland tun wollen*, so dass diese Angaben über Embargoverstöße bekannt werden. Jetzt ist guter Rat teuer; es muss reagiert werden. Auf Weisung des Vizekanzlers werden also massenweise westdeutsche Kaufleute verhaftet und Ermittlungsverfahren eingeleitet – wegen Spionageverdachts für das *Regime in Pankow*.[2]

In der Masse der Fälle stellt sich selbstverständlich die völlige Unschuld der meisten Verdächtigen heraus und die Vulkanasche der anderen wird „mit viel Mühe unter den Tisch gefegt". Schade, dass Wolf nicht versteht, dass östliche Hobby-Aufdecker im Westen gar nicht erwünscht sind.[3]

Kommunisten wollen in Ost-Berlin mitregieren

Im Frühjahr '53 macht sich der Chefredakteur der Parteizeitung Neues Deutschland Rudolf Herrnstadt beim Großen Meister Walter Ulbricht mit seinen Visionen für die Innenpolitik extrem unbeliebt. So will auch er auf den genossenschaftlichen Weg in der Landwirtschaft vorerst einmal verzichten. Das kann man in einer Diktatur denken, aber das kann man nicht in der Öffentlichkeit sagen, sonst wird man von den Herren über die richtige Meinung sogleich abgewatscht und verschwindet kühl im Nebel. Ein weiteres *feature* von Diktaturen ist, dass man selbst dies nicht laut sagen kann, wenn man nicht zur Unperson werden möchte. Dann heißt es, dass es nicht wahr sei, dass man nicht alles sagen könnte; man müsse eben nur aushalten, dass alle zugleich über einen herfallen. Dem Chefredakteur Herrnstadt fällt es dann auch zu spät auf, dass die Diktatur für alle gilt. Man darf nur so lange mitreden, wie man das von sich gibt, was gerade angesagt ist. Unklar bleibt, wer das festlegt.[4]

Vermutlich hat Wilhelm Zaisser früher bemerkt, woher der Wind weht. Er hat auch an die proklamierte kollektive Führung der Partei geglaubt und brachte dieses Thema schon im Frühjahr 1952 im Politbüro der SED zur Sprache. Wer will ihm als Minister für Staatssicherheit denn seinen Mund verbieten, mag er gedacht haben. Was Diktatur für die Meinungsfreiheit bedeutet, verstehen auch die Großen erst, wenn sie einmal etwas von sich geben, was im Moment gerade nicht *en vogue* ist. Einen Lichtblick gibt es freilich: Auch in Diktaturen gibt es Sonne und Meer, Freude und Unterhaltung. Der übergeschnappte Zaisser hat jedenfalls ein wenig übermütig moniert, dass Entscheidungen nicht mehr kollektiv getroffen würden, sondern der Kreis derjenigen, die Einfluss geltend machen, geschrumpft sei. 1949 hatte er selbst ebenso wenig protestiert, als 108.000 Quadratkilometer in Deutschland zu einem „zweiten deutschen Staat" erklärt wurden. Am Anfang glaubt die Masse der Revolutionäre ja immer, dass von Stund an nicht nur ein Herrscher das Sagen hat. Man sehe sich die Russische Revolution 1917 oder auch die Französische von 1789 an – und versteht die Welt schon deutlich besser.[5]

Moskau und Deutschland

Vergleiche von Aufzeichnungen aller relevanten Seiten im In- und Ausland zwischen dem Herbst 1952 und dem Sommer des Jahres 1953 legen nahe, dass für eine ganze Reihe führender Männer im Kreml das bereits seit einiger Zeit zu erwartende Ableben von Stalin mit der Hoffnung auf eine Änderung in der Deutschland-Politik verbunden ist. Oft fällt streng genommen nur noch der Name Berija, wenn es darum geht, die Linie des Genossen Stalin fortzuführen und Deutschland als ganzen Staat zu einem friedlichen Nachbarn der Sowjetunion umzuwandeln. Über seine Motive könnte man wohl nur spekulieren, aber das ist ein müßiges Unterfangen. Klar ist lediglich, dass Genosse Jossif Wissarjonowitsch Stalin, der sein Reich zwei Jahrzehnte lang dominierte, am 5. März 1953 seine Augen für immer schließt und mit allem Pomp aus dieser Welt verabschiedet wird. Die sterblichen Überreste werden wie früher bei den alten Ägyptern einbalsamiert und im Lenin-Mausoleum auf dem hauptstädtischen Roten Platz neben dem Gründer der Sowjetunion Wladimir Iljitsch Uljanow – alias Lenin – beigesetzt.

In der sowjetischen Hauptstadt wird natürlich aufmerksam registriert, wie sich die Lage in Deutschland entwickelt, und die Einschätzung der Stimmung der deutschen Bevölkerung ist in Moskau realistischer als in Ost-Berlin. Dort hat bei den Chefs der Gutmenschen das Wunschdenken Oberwasser. Im Frühjahr 1953 häufen sich die Warnungen, dass es in der DDR zu Unruhen kommen könnte, die die sowjetische Position auf dem Verhandlungsparkett beeinträchtigen können. In Gestalt des Diplomaten Wladimir Semjonow einerseits und des Chefs der Sowjetischen Kontrollkommission Wassili Tschuikow andererseits, der auch Oberkommandierender der Sowjetischen Streitkräfte in Deutschland ist, hat Moskau exzellente Kenner der Lage in Deutschland. Ihr Wahrnehmungsvermögen ist ungetrübt. Sie liefern ganz unbestechliche Fakten aus ihrem Bereich in Deutschland nach Moskau, doch sind ihre Schlussfolgerungen in der Konsequenz noch zu harmlos. Das ändert sich erst nach Stalins Tod am 5. März. Weil keiner in der Zentrale in Berlin-Karlshorst abzusehen vermag, welchen deutschlandpolitischen Kurs die Nachfolger Stalins einschlagen, werden nun alle gesicherten Lagemeldungen ohne ein schönendes Raster weitervermittelt. Die einzige Lösung, die den wohlmeinenden aber leider ungebildeten Betonköpfen am Ufer der Spree einfällt, ist der Aufbau von Sperranlagen zwischen dem sowjetischen Sektor in Groß-Berlin und den westlichen Sektoren der Stadt. Dem schieben die Sowjets im guten alten Moskau einen Riegel vor, weil ein geteiltes Deutschland nicht den Plänen an der Moskwa entspricht. Für den Kreml ist die Schließung der Grenzen „politisch unannehmbar und allzu einfach" und bringe „erhebliche technische Schwierigkeiten". Eine neue Politik hat sich zu diesem Zeitpunkt also noch nicht durchgesetzt. Schon seit Monaten waren die Ost-Berliner Hilfeersuchen an den Kreml bloß auf taube Ohren gestoßen, bis die Führung an der Spree am 18. April auf einmal die Zusage bekommt, dass nun die drückenden Reparationsverpflichtungen für Deutschland (Ost) abgemildert werden sollen. Daneben gibt es sogar eine Zusage zusätzlicher Lieferungen dringend benötigter Rohstoffe. Das sorgt jedoch bestenfalls für eine momentane Linderung der wirtschaftlichen Lage zwischen dem Erzgebirge und der Ostsee.[6]

Jubelgesänge in den Städten und Dörfern erwartet sicher keiner, wenn am 20. April 1953 eine Preiserhöhung für rationierte Lebensmittel angeordnet wird. Bei einer so heiklen Ankündigung, die nur zu Unmut unter den Leuten führen kann, könnte man aber auch etwas mehr Umsicht in der Wahl des Datums walten lassen. Vor zehn Jahren war an dem Tage noch der Führergeburtstag. Aber es ist ja nicht das erste Mal, dass man in Ost-Berlin für solche Nebensachen so wenig Sinn hat wie für größere Entscheidungen.[7]

Vor den Feierlichkeiten zum 1. Mai 1953 beauftragt der jetzige Stellvertretende Ministerpräsident Lawrenti Berija den altbekannten Geheimdienstmann Pawel Sudoplatow mit den Vorbereitungen streng geheimer Sondierungen, um die Durchführbarkeit der Vereinigung Deutschlands zu ermitteln. Berija kann bloß über den Nachrichtendienst gehen, da es keine diplomatischen Beziehungen mit West-Deutschland gibt. Er sagt dem Spezialisten, im Kreml sei man der Meinung, die Schaffung eines neutralen, vereinigten Deutschlands unter einer Koalitionsregierung sei der beste Weg, um die sowjetische Position in der Welt zu stärken. Das Land in der Mitte von Europa solle als ausgleichender Faktor zwischen amerikanischen und sowjetischen Interessen wirken. Dies werde zwar einige Konzessionen von Moskau erfordern, doch das Problem könnte man mittels einer Entschädigung für die Sowjetunion lösen. Wenn hier schon in den letzten acht Jahren kein Friedensvertrag zuwege gebracht wurde, soll nunmehr der Rückbau der Regierung von Ulbricht Geld zum Aufbau der Sowjetunion nach diesem Krieg in die Kasse spülen. Eines ist im Kreml klar: Ohne die Vereinigung Deutschlands wird die Sowjetunion sowohl Polen als auch die DDR auf die Dauer mit billigen Rohstoffen und mit Lebensmitteln erhalten müssen, bis die kollektivierte Landwirtschaft und Ulbrichts eigenwillige Wirtschaft Früchte tragen. Anstelle von Pawel Sudoplatow soll dann die Leiterin der deutschen Abteilung des Geheimdienstes Soja Rybkina nach Berlin und Wien reisen, um Sondierungen einzuleiten, die offizielle Gespräche nach sich ziehen sollen.[8]

Nach dem Tod Stalins erhofft man sich auch in London Bewegung in der deutschen Frage. Es sieht so aus, als ob sich der Innenminister Berija in dieser Frage behauptet. Vor dem Unterhaus spricht sich Premierminister Winston Churchill, 1945 verschwunden, 1951 jedoch wieder aufgetaucht, am 11. Mai für eine Gipfelkonferenz der Großmächte aus. Er räumt ein, dass eine Entspannung der Lage ohne die Befriedigung der sowjetischen Sicherheitsinteressen nicht möglich sein werde und bringt deshalb auch den Gedanken einer Neutralität Deutschlands als Thema für das Gipfeltreffen ins Gespräch. Der 77-jährige Konrad Adenauer zeigt seinerseits keinerlei Anzeichen von Altersschwäche; er begibt sich postwendend an die Themse, um dem alten Gauner in London seine Visionen wieder auszureden. Das begründet er ihm damit, dass es vor dem Inkrafttreten des Vertrages über die Europäische Verteidigungsgemeinschaft (EVG) keine Viermächteverhandlungen geben dürfe. Aber wozu braucht er denn eine EVG, wenn doch die Sicherheitsinteressen *aller* Interessierten ins Visier genommen werden? Im Unterschied zu Kanzler Dr. Adenauer nimmt die

Moskauer Parteizeitung Prawda am 23. Mai wohlwollend Stellung zu der Rede Churchills.[9] Es ist ja auch nicht so, als ob das Thema in Bonn unter den *hardlinern* nicht besprochen würde. Franz Josef Strauß aus der CSU lässt uns an den einschlägigen Überlegungen in Bonn teilhaben: „Nach dem Tode Stalins am 5. März 1953 scheint es im Kreml gewisse Irritationen gegeben zu haben. Für manche Beobachter im Westen sah es so aus, als ob man sich in Moskau doch mit dem Gedanken einer Wiedervereinigung Deutschlands angefreundet hätte."[10] Der Meister schafft es auch an dieser Stelle wieder, den Zweifel in der Stimme mitschwingen zu lassen. Wenn es doch nur nicht so vordergründig und aufdringlich käme.

Ein ähnliches Wischiwaschi im Duktus *Nichts Genaues weiß man nicht* hinterlässt auch der Moskauer *insider* Wladimir Semjonow, der vor Ort den Gang dieser Debatten mitbestimmt. Dabei wissen wir alle, wo Rauch ist, da ist normalerweise auch ein Feuer. Schon im Oktober 1952 habe in Moskau eine seltsam verunsicherte Atmosphäre geherrscht, die sich der gute Mann „bis heute noch nicht gänzlich erklären kann". Aber nach vier Jahrzehnten verblasst eben auch die Erinnerung. Weiter erklärt er, nach dem Tod Stalins habe sich die Position Berijas gestärkt. Im Frühjahr des Jahres 1953 seien er und Malenkow die mächtigsten Figuren in der sogenannten kollektiven Führung der Sowjetunion gewesen. Semjonow selbst sei nach Moskau berufen worden, um die Leitung der III. Europäischen Abteilung des Außenministeriums übertragen zu bekommen. In der Zeit sei in der neuen Staatsführung ein erbitterter Kampf entbrannt. Doch ein Kampf ist nur dann ein Kampf, wenn sich mindestens zwei Seiten scharf bekämpfen. Unter Stalin ging es um die Wiederherstellung Deutschlands als kooperativem Partner der Sowjetunion wie in den 1920er Jahren. Das geht auch aus Semjonows Darstellung klar hervor. Aber er kann es sich ja durchaus nicht gänzlich erklären, was dann passierte. Nach Stalins Tod wagen sich offensichtlich allmählich diejenigen aus der Deckung, die es nunmehr gern beim *status quo* von zwei Staaten in Deutschland belassen wollen. Semjonow zum Beispiel erklärt über sich selbst: „Ich war an der Entlarvung der Pläne Berijas beteiligt. Um seine persönliche Position zu stärken, andere Politiker aus der Führung zu verdrängen und seine Diktatur in der Sowjetunion zu errichten, wandte Berija verschiedene politische Tricks an, mit denen er sich ein liberales Image verschaffen wollte. Berijas Linie lief auf eine ganze Kette folgerichtiger Schritte hinaus, die die Kontinuität unserer Politik in der Deutschlandfrage unterbrochen hätten und darauf abzielten, die Sowjetunion schwer zu erschüttern sowie die DDR zu liquidieren." Nimmt man nur den letzten Satz allein und lässt alles weg, was zuvor gesagt, geschrieben und getan wurde, müsste man sich entscheiden, ob er bezüglich der Moskauer Deutschland-Politik zuvor gelogen hat oder ob er über die Auseinandersetzungen des Jahres 1953 lügt. Er sagt jedoch ausdrücklich, er sei an der Ausschaltung Berijas beteiligt. Mit dem letzten Satz schießt er sich folglich selbst ins Knie.[11]

In diesem Politpoker im Moskauer Machtzentrum spielen durchaus auch Entwicklungen an dem anderen Ende der Welt eine entscheidende Rolle. In Korea neigen sich die Kriegshandlungen einem Ende zu und es muss geklärt werden, wie sich das Verhältnis der Sowjetunion zu den USA in Zukunft gestalten soll. In westlicher Richtung spielt die Entwicklung in Deutschland eine wichtige Rolle. In diese Lage fällt das Ringen um die Nachfolge des Führers in Moskau. Keiner der denkbaren Anwärter auf den Thron hatte es vor dem Ableben Stalins gewagt, sich zu exponieren. Deshalb geht es jetzt für Berija, Molotov und Malenkow, Kaganowitsch Bulganin und Chruschtschow um alles oder nichts, allein schon, weil es in ihrer Logik ausgeschlossen ist, den Führerstaat abzuschaffen. Trotzdem wird in dem einsetzenden Tauziehen um die Macht jeder Hinweis auf die Ambitionen der Beteiligten vermieden. Stattdessen werden stets die anstehenden politischen Entscheidungen zum Gradmesser der so oft beschworenen „Kollektivität" erhoben. Wer sich nicht an die Spielregeln halten wollte, würde bestenfalls an die Peripherie der Macht geraten – im schlimmsten Fall wie eh und je gefoltert und umgebracht.[12]

Das Präsidium des ZK der KPdSU tagt in der zweiten Hälfte des Monats Mai 1953. Der Sekretär des ZK Nikita Chruschtschow erteilt Berija das Wort. Dieser holt ohne Eile, als sei er Herr im Hause, aus seiner Jackentasche ein Papier, setzt seine Brille auf und verliest seinen Entwurf zur

Deutschlandpolitik. Semjonow merkt, dass sich dieser grundlegend von seinem eigenen Entwurf unterscheidet. Um Lawrenti Berija hinters Licht zu führen, schlägt Chruschtschow vor, den Vorschlag anzunehmen. Der Außenminister Molotov gibt Semjonow insgeheim ein Zeichen, er möge schweigen. „Annehmen, annehmen", tönt es durch diesen Raum. Danach soll es dazu vorerst kein Gespräch darüber mit anderen geben.[13]

In Ost-Berlin sieht man sich von mehreren Seiten unter Druck. Auf der einen Seite geht es nicht schnell genug mit der Produktion voran, sodass es weiterhin massive Engpässe gibt, die in fast allen Bereichen zu spüren sind. Auf der anderen Seite sind weiter Lieferungen an die Sowjetunion zu leisten, ohne die die ökonomische Situation in der DDR zu verbessern wäre. In dem ganzen Dilemma wurde auf der 13. Tagung des ZK der SED Mitte Mai eine Erhöhung der Arbeitsnormen um zehn Prozent bis in den Juni empfohlen. Nun ja, wer schon nicht genug zu essen bekommt, kann wenigstens mehr arbeiten, und Lohnerhöhungen als Ausgleich stehen ja auch nicht zur Diskussion. So kommt es, wie es einfach kommen musste. Am 27. Mai kommt es in Industriebetrieben in der DDR zu Streiks gegen diese Ankündigung von Normerhöhungen. Sensibel wie ein Holzhammer beschließt der Ministerrat am 28. Mai des Jahres 1953 die Erhöhung der Arbeitsnormen um zehn Prozent. Ab Ende Mai gehen außer in manchen Industriebetrieben auch in einigen Bergwerken Arbeiter in den Streik.[14]

Die schärferen Lageberichte aus Mittel-Deutschland werden aufgrund ihrer Explosivität zum ersten Prüfstein im Mörderspiel des zeitweiligen Moskauer Sextetts. Das Fazit ist vernichtend eindeutig: Lässt man das, was die Führung an der Spree treibt, noch weiter gewähren, so ist diese DDR binnen kurzem bankrott. In einer Hinsicht sind sie sich im Kreml einig: Der marode Zustand ihres Besatzungsgebietes muss ganz schnell beendet werden. Etwa 100.000 Quadratkilometer bester europäischer Zentrumslage sind im Zustand ökonomischer Agonie kein Wertobjekt, ganz gleich wie das Terrain künftig politisch genutzt werden soll. Es ist richtig, dass die sowjetische Politik an der wirtschaftlichen Lage hier in Deutschland eine Hauptschuld trägt, aber das ist nur noch ein Hinweis darauf, dass Genosse Stalin keinen Separatstaat „DDR“ wünschte. Hastig wird also ein Sanierungskonzept entworfen und Neuerungen werden in die Wege geleitet. Ende Mai 1953 ruft Minister Molotov den Genossen Semjonow zu sich. Im Beisein seines Ersten Stellvertreters im Amte des Außenministers Andrej Gromyko informiert er Wladimir Semjonow über die Entscheidung, den Posten eines Hohen Kommissars in Deutschland einzurichten und ihn mit dieser Funktion zu betrauen. Semjonow würde sich am liebsten unter dem Tisch verkriechen. Außenminister Molotov und der Genosse Gromyko lachen laut auf, doch ihm selbst ist gar nicht nach Lachen zumute. Er wendet sich zwar gegen diese Bezeichnung, die ihm doch einen kolonialen Klang zu haben scheint; diese Einwände fegt der Minister allerdings mit einer sarkastischen Bemerkung vom Tisch.[15] Nichts deutet darauf hin, dass Semjonow weiß, dass die Westalliierten ihre Statthalter in West-Deutschland schon 1949 als Hohe Kommissare bezeichnet haben und gar nichts Koloniales an diesem Titel finden.

Zwischen Moskau und Ost-Berlin raucht es

Die Sowjetische Militäradministration in Deutschland und das Außenministerium treten mit Vorschlägen auf den Plan, die am 2. Juni 1953 in einen Beschluss des Ministerrates in Moskau münden. Er firmiert unter dem Namen „Über die Maßnahmen zur Gesundung der politischen Lage in der Deutschen Demokratischen Republik". Der SED-Führung wird auf diese Art eine Notoperation verordnet, die recht umfassend angelegt ist. Eine der entscheidenden Auflagen lautet, das Personalproblem zu lösen. Doch das will in Ost-Berlin niemand in den höheren Rängen der Staatsmacht als Problem ansehen. Bei näherer Betrachtung hat man in Moskau längst verstanden, dass sie in der Endkonsequenz keinen Einfluss auf die Entscheidungen der Gutmenschen an der Spree haben. Wenn man allerdings eine Auseinandersetzung zwischen der sowjetischen Besatzungsmacht und der Berliner Chefetage öffentlich austrüge, würde natürlich in der Bevölkerung klar, dass die Führer der deutschen Arbeiterklasse derselben schutzlos ausgeliefert sind. Letztlich wird in dem Beschluss vom 2. Juni nicht ins Detail gegangen, wer vielleicht in der Moskauer Lesart ein „Personalproblem" darstellt. Genosse Walter Ulbricht hält sich selbst auf keinen Fall für „das Problem". Ihm war es noch vor einem Vierteljahr bis zum 17. März 1953 gelungen, den aussichtsreichsten Kandidaten aus dem Feld zu schlagen, der eventuell auch der Nachfolger hätte werden können: Franz Dahlem wurde an diesem Tag aus dem Politbüro ausgeschlossen – und am 13. Mai wurde dem guten Mann im Zentralkomitee ebenfalls der Stuhl vor die Tür gesetzt. Die Unsicherheit im Moskauer Kreml zeigt sich auch darin, dass die für nötig gehaltenen Veränderungen nicht mit einem Termin versehen werden.[16]

Dass sich Moskau trotz allem unter Zeitdruck sieht, wird allein schon daraus ersichtlich, dass der Genosse Walter Ulbricht und der Ministerpräsident Otto Grotewohl ihre Vorladung nach Moskau schon erhalten haben, ehe die Tinte unter dem Beschluss vom 2. Juni trocken war. So kommt es, dass sie am 2. und 3. Juni schon Gewehr bei Fuß in Moskau strammstehen. Na schön, das ist übertrieben, denn eine Waffe dürfen die übereifrigen Akteure aus Deutschland nicht mit sich führen. In Moskau sind sie ja nicht lebensmüde. Staatspräsident Wilhelm Pieck, der auch eingeladen ist, wird als krank entschuldigt. Somit sitzen sich an diesen beiden Tagen die Genossen Berija, Bulganin, Chruschtschow, Kaganowitsch, Malenkow, Mikojan, Molotov, Semjonow und Gretschko, der gerade erst den Oberbefehl über die sowjetischen Truppen in Deutschland übertragen bekommen hat, und die lieben Gäste aus der DDR am Moskauer Beratungstisch gegenüber. Die Sowjets fordern die „rasche, kräftige, offene Korrektur, eine Wende in der Politik, die Wirkung auf ganz Deutschland zeigen“ soll. Das kann man nicht missverstehen, weil es sonst keine Wende wäre. Dann übergeben sie als Order das eben erstellte „Gesundungspapier“. Es ist eine katastrophale Bilanz der Politik der SED-Führung seit der 2. Parteikonferenz vor einem Jahr. Darin wird den Herrschern über die Arbeiter und Bauern dezidiert unter die Nasen gerieben, dass es unter der breiten Masse der Bevölkerung „eine ernste Unzufriedenheit“ gebe bezüglich politischer und wirtschaftlicher Maßnahmen in der DDR, was am deutlichsten in der massenhaften Flucht der Menschen nach West-Deutschland zum Ausdruck komme. Kann ja sein, dass sie das bislang noch nicht selbst bemerkt haben. Vom Januar 1951 bis April 1953 seien 447.000 Menschen nach West-Deutschland geflüchtet; allein während der ersten vier Monate des laufenden Jahres seien es 120.000 gewesen. Die Statistik der Sowjets beziffert den hyperaktiven Deutschen ihren zu verzeichnenden Schwund bis hin zu den etwa 8.000 Männern, die von der Kasernierten Volkspolizei abgehauen waren und im Westen Schutz vor den nächsten Heilsbringern in unserem Land suchten. Liegt es wirklich im deutschen Volkscharakter begründet, dass immer alles übertrieben werden muss? Unter den Geflüchteten sind ja sogar 2.718 Mitglieder und Kandidaten der Sozialistischen Einheitspartei und 2.610 Mitglieder der Freien Deutschen Jugend. Ganz große Klasse.[17]

Was unter solchen Verhältnissen wirklich blüht und gedeiht, sind Witze über die Zustände im Land. Nehmen Sie zum Beispiel den hier, der sich auf den Arbeiterpräsidenten Wilhelm Pieck bezieht: „Worin besteht der Unterschied zwischen der Zeit nach dem ersten Weltkrieg und der Zeit nach dem zweiten Weltkrieg?“ Und setzt fort: „Nach dem ersten Weltkrieg ging Wilhelm und die Deutschen blieben, nach dem zweiten Weltkrieg flüchteten die Deutschen und Wilhelm kam.“[18]

Mit dem Namen des Präsidenten verbindet auch dieser Witz den Mangel: Pieck trifft bei einem Spaziergang durch Ost-Berlin ein altes Mütterchen und fragt, wie es ihr denn so gehe. „Ach“, antwortet sie, „es wird immer schlechter, wir haben bald nichts mehr anzuziehen.“ – „Nun, nun“, sagt Pieck tröstend, „ganz so schlimm wird es wohl nicht sein, unser Aufbau wird schon eines Tages Abhilfe schaffen. Im Übrigen, liebes altes Mütterchen, haben sie in Afrika auch nichts anzuziehen und fühlen sich trotzdem wohl.“ Darauf bekommt er die Antwort: „Erstaunlich, wie lange sind denn dort schon die Kommunisten?“[19]

Es ist durchaus bemerkenswert, dass in dem Moskauer Papier auch die eigene Verantwortung nicht ausgespart wird. So wird als Hauptursache der entstandenen Lage anerkannt, dass der Kurs auf den beschleunigten Aufbau des Sozialismus in der DDR, den die Führer der SED eingeschlagen haben, vom Politbüro in Moskau gebilligt worden war. Es gehe nun einzig und allein um die Basis einer Massenbewegung für die Schaffung eines einheitlichen, demokratischen, friedliebenden und unabhängigen Deutschlands. Genosse Ulbricht ist damit wieder auf den Stand vom 10. März 1952 zurückgeworfen, als er die Bildung von landwirtschaftlichen Genossenschaften stoppen sollte und solche wieder aufzulösen hatte, die sich als lebensunfähig erwiesen haben. Im Westen würde man sie wohl als unrentabel bezeichnen. Auch die Repressionen gegen Unternehmer werden scharf kritisiert. Die Versorgung der Privatunternehmer und der Freischaffenden im Rahmen des Systems der Lebensmittelkarten müsse wieder hergestellt werden. Wundert sich jetzt noch jemand, warum die Leute alle aus der Zone des Irrsinns flüchten? Abgeurteilt wird sogar die gängige Gesinnungsjustiz in der DDR. Es ist fast schon ein Witz, dass die Kritik jetzt auch vom Großen Bruder aus Moskau kommt. Bürgerrechte seien zu gewährleisten und von harten Strafmaßnahmen, die durch Notwendigkeit nicht hervorgerufen werden, sei abzusehen. Diejenigen, die man zu Unrecht verurteilt hat, seien freizulassen. Es soll sogar die grobe Einmischung der Behörden in Angelegenheiten der Kirchen eingestellt werden und die Verfolgung der kirchlichen Jugendorganisation „Junge Gemeinde" unterbleiben.[20] Mit ihr hatten schon die Nazis ein Problem.

Das Moskauer Sextett hat klare Vorstellungen von der Wende. Es wird eine breite Entfaltung der politischen Arbeit unter allen Volksschichten bei entschiedener Ausrottung von Elementen nackter Administrierung eingefordert. *Wenn das das Volk wüsste! Dies ist die aktuellste Arbeitsanweisung für Ost-Berlin aus dem Kreml!* Es soll eine solche Lage hergestellt werden, in der die Regierungsmaßnahmen im Volk verstanden werden und unter der Bevölkerung selbst Unterstützung finden. Wenn sich die Überraschungen derartig häufen, ist es schwer, eine von ihnen als die Krönung zu bezeichnen. Aber jenes mächtige und hilflose Sextett in Moskau erkennt im Ernst an, dass der Unterhalt für die sowjetischen Truppen in Mittel-Deutschland und die Beanspruchung von Räumen der Bildungsanstalten, Krankenhäuser und Kulturstätten eine viel zu starke Belastung für das Land darstellt, und sagt Abhilfe zu. Auch der Hilfsbeschluss vom 18. April wird noch aufgestockt, insbesondere auf dem Gebiet der Lebensmittelversorgung. Malenkow sagt dazu, dass man nicht um sein Prestige fürchten dürfe – wenn man aber den Kurs nicht rechtzeitig korrigiere, komme eine Katastrophe.

Es könnte alles so schön werden, wenn die Freunde aus Ost-Berlin mitgedacht hätten und nicht ihre eingefressene Denkstruktur zu verteidigen versuchen würden. Der Dolmetscher Fred Oelßner erinnert sich später, man sei von der Notwendigkeit der Änderung innerlich noch nicht voll überzeugt gewesen, „am wenigsten Walter Ulbricht", und deshalb habe er „schüchtern widersprochen". An dieser Stelle reißt Berija der Geduldsfaden und es bleibt nicht beim moderaten Ton dieses Gesprächs. Nachdem man zuvor vermieden hatte, Ulbricht namentlich als das bewusste Problem im Personalkader zu benennen, schreit er ihn jetzt persönlich an. Der ehemalige Chef des sowjetischen Geheimdienstes plädiert dafür, nicht allein auf einen „forcierten Aufbau des Sozialismus" in der DDR, sondern auf diesen Aufbau überhaupt zu verzichten. Man brauche dieses System nicht. „Weil wir nur ein friedliches Deutschland brauchen. Aber ob es dort den Sozialismus gibt oder nicht, ist uns ganz gleich.“ So bleibt es bei Stalins Worten aus der Zeit des Großen Vaterländischen Krieges: „Die Hitler kommen und gehen, das deutsche Volk aber, der deutsche Staat – bleibt.“[21]

Wie erklärt sich andererseits beispielsweise der westdeutsche Publizist Sebastian Haffner diese Haltung in Moskau? „Die Enttäuschung über das fast völlige Ausbleiben deutschen kommunistischen Widerstandes gegen Hitlers Russlandzug wirkte lange nach. Stalins berühmter Ausspruch zu Churchill: »Der Kommunismus passt den Deutschen wie der Sattel der Kuh« erklärt im Grunde seine ganze Deutschlandpolitik nach 1945; und unter seinen Nachfolgern wurde es für die deutschen Kommunisten zunächst noch schlimmer.“ Meines Wissens waren diese Worte Stalins an den polnischen Politiker Stanisław Mikołajczyk gerichtet, doch weshalb soll er das nicht auch gegenüber anderen Gesprächspartnern verwendet haben? Was hat Haffner noch zu sagen? „Die deutschen Kommunisten haben nicht nur der deutschen Bevölkerung, sondern auch den Russen ihre Revolution aufdrängen, abringen und abzwingen, ja oft ablisten und abtrotzen müssen. Die Geduld, Zähigkeit und Seelenkraft, die Ulbricht und die Seinen zehn Jahre lang zwischen einer verbitterten Bevölkerung und einer misstrauischen und gleichgültigen Besatzungsmacht aufbringen mussten, um nicht zu verzagen, sind fast übermenschlich zu nennen; Adenauers gleichzeitige Leistung im Westen war damit verglichen reines Zuckerlecken.“[22] Erstaunlich, was man im Westen alles weiß. Mindestens genauso verblüffend ist, dass dieser Kenner der deutschen Szene sich gar nicht kritisch darüber äußert, dass Bonn diese ganz offensichtliche Kluft zwischen den Ambitionen in Ost-Berlin und jenen in Moskau nicht frech ausnutzt, um den Menschen in Mittel-Deutschland die erstrebenswerten Segnungen von Freiheit und Menschenrechten zu ermöglichen, wie man sie doch vom Bayerischen Wald bis nach Friesland genießt. Dafür erzählt man den Opfern im Westen, dass die Brüderchen und Schwesterchen im westlichen Teil Sibiriens fest im Griff des Kremls seien.

Aber kommen wir zurück nach Moskau. Berija erklärt völlig unverblümt, dass Ulbricht der Hauptverantwortliche für die Misere in der DDR sei. Unsere mächtigen und hilflosen Deutschen werden nach Hause geschickt, wo sie jetzt ihre Hausaufgaben zu erledigen haben. Was werden sie tun? Übrigens hat Ulbricht in den Ohren der Kreml-Chefs nicht „schüchtern widersprochen“, sondern hat sich heftig gegen die Demokratisierungspläne seiner lieben Genossen in Moskau gesträubt – ein kleiner Unterschied. Berija, Malenkow und Chruschtschow wollen ihn nun absetzen. Dem aufstrebenden Genossen Erich Honecker fährt der Schreck in die Knochen, als er erfährt, was sich zugetragen hat: „Inhalt der Gespräche war die Lage in der DDR. Im Verlaufe der Diskussion traten Malenkow und Berija sehr kritisch auf. Berija verstieg sich zu der Forderung, die DDR aufzugeben. Dies bestätigten nicht nur die Mitglieder der Delegation der SED, sondern auch Chruschtschow, der 1963 öffentlich erklärte, Berija habe die DDR als sozialistischen Staat liquidieren wollen und die Anweisung gegeben, auf die Zielstellung des umfassenden Aufbaus des Sozialismus zu verzichten.“[23] Dass er selbst zuvor aber auch eine rasche, offene Korrektur, eine Wende in der Politik wollte, sagt er nicht. Allein in dieser Unterschlagung der Wahrheit zeigt sich, dass es ihm peinlich und vollkommen klar ist, dass sich Moskau mit seiner Außenpolitik bei uns in Deutschland nie durchsetzen konnte.

Nach der Rückkehr vom schreienden Bruder am 4. Juni 1953 muss das Politbüro im Akkord tagen: Am 5., 6. und am 9. Juni laufen die Rotoren heiß – jetzt unter der Aufsicht des Hohen Kommissars der Sowjetunion in Deutschland Wladimir Semjonow. Seine Kontrollkommission war ja in Auswertung der Lage und in Vorbereitung der weiteren Deutschland-Politik am 27. Mai 1953 aufgelöst worden und der Titel an die Vertreter der Westmächte angepasst. Anfang Juni 1953 fliegen sie nach Ost-Berlin, wo sie über das ZK der SED die Maßnahmen des „Neuen Kurses“ durchsetzen sollen. Sie müssen sie auf den Sitzungen des Politbüros Punkt für Punkt durchkämpfen. Manche Veränderungen, die als Weisungen des Hohen Kommissars herausgehen, lösen in der Führung der SED und in den Parteiorganisationen einige Verwirrung aus.[24]

Der Minister für Staatssicherheit und Mitglied des Politbüros des ZK der SED Wilhelm Zaisser spricht sich nun seinerseits auf einer Sitzung dieses Gremiums für die „Liquidierung der DDR im Interesse der internationalen kommunistischen Bewegung“ aus. Leider konkretisiert er nicht, dass es um die Interessen des Kremls geht. Er stößt damit auf helle Empörung und kann froh sein, dass er im Moment noch Lawrenti Berija als Schutzheiligen hinter sich hat. Ohne Rücksicht auf Befindlichkeiten der Führer der Arbeiterklasse spitzt sich die politische Situation in der DDR weiter zu. Die seit März laufende Kampagne zur Einführung des Sparsamkeitsregimes hat Normerhöhungen, Lohnsenkungen, die Beseitigung einiger Vorteile für Arbeiter und Angestellte insbesondere in den Großbetrieben, z. B. für kinderreiche Familien, ermäßigte Bahnfahrkarten, Zuschläge für geleistete Dienstjahre und anderes mehr zur Folge. Die Losung „Gleicher Lohn für gleiche Arbeit“, auf die die Kommunisten seit Juni 1945 so stolz gewesen waren, scheint nun mit einem Mal unter den Bedingungen der DDR nicht mehr anwendbar und falsch zu sein, wie sich Moskaus Hoher Kommissar Semjonow beklagt. In Dresden hatten bisher viele Tausende Einwohner die ihnen zustehenden Briketts für den Winter bei Kohlenhändlern gekauft und mit eigenen Mitteln in ihre Keller geholt. Nun beschließt der Magistrat, das selbst in die Hand zu nehmen. Allerdings wird weder der Kohletransport richtig organisiert, noch kümmert man sich in der Politik um die Frage, was aus den privaten Kohlenhändlern werden soll. Wie lange wird es dauern, bis der Deckel vom Kochtopf fliegt?[25]

Die Hauptaufgabe der Verantwortlichen um Ulbricht besteht jetzt wieder im Hinhalten der Sowjets. So bitten sie deren neuen Statthalter in Berlin Semjonow um zwei Wochen Aufschub, um auf der Basis der Moskauer Entscheidung ihre eigene politische Linie zu entwerfen. Der Russe staunt über den historischen Optimismus seiner Gesprächspartner an der Spree und entgegnet, in zwei Wochen könnte ihr Staat bereits auf ein autonomes Gebiet in einem wiedervereinigten Deutschland reduziert sein. Am Ende des Tagungsmarathons steht der Beschluss des Politbüros der SED vom 9. Juni 1953. Doch erst mit dem zweiten Entwurf sind sie in Moskau zufrieden.[26]

Was zuvor wie eine flapsige Albernheit klang, es könne ja auch sein, dass sie in Ost-Berlin die brenzlige Stimmung bisher noch nicht selbst mitbekommen haben, wird in Ost-Berlin zu einer im Ernst verwendeten Worthülse. In schönster Hilflosigkeit sagt Ministerpräsident Otto Grotewohl in Auswertung der Moskau-Reise der Genossen, die „Schuld an den in letzter Zeit begangenen Fehlern trifft uns nicht allein". Man sei einfach nur falsch unterrichtet worden und könne nicht umhin, der bisherigen Sowjetischen Kontrollkommission Vorwürfe zu machen. Dabei hätte er nur einen seiner Unterunterstaatssekretäre für das Volkswohl in einen Berliner Bezirk schicken müssen, um zu erfahren, was sie dort von der Innen- und Wirtschaftspolitik in Pankow halten. Fred Oelßner reagiert nicht anders als Grotewohl und Ulbricht. Man muss zwar hier und dort eine Wende um 180 Grad vollführen ohne auszurutschen, doch Fehlerdiskussionen schließen diese drei Großmächte aus. Wo wir sind, ist vorn, und wenn wir hinten sind, ist hinten vorn. Das bringt sogar den immer beherrschten diplomatischen Routinier Wladimir S. Semjonow für einen Moment leicht aus der Fassung: „Wenn die SED nicht in der Lage ist, die Mentalität der werktätigen Bevölkerung zu verstehen und in geeigneter Form anzusprechen, dann müssen die bürgerlichen Parteien in stärkerem Maße eingeschaltet werden."[27]

Aus diesem Versuch, einer Fehlerdiskussion zu entgehen, erwächst ein entscheidender Fehler. Die erledigten Hausaufgaben, die sogar nachgebessert worden sind, werden als ein Beschluss des Politbüros der SED vom 9. Juni 1953 ausnahmsweise unkommentiert in die Zeitungen gesetzt, und es kommt, wie es einfach kommen muss: Die Durchschnittsbevölkerung liest diesen langen Sülz gar nicht durch und bekommt also gar nicht mit, dass in jenem Text der Kurs auf den beschleunigten Aufbau des Sozialismus in der DDR für beendet erklärt wird. Da es keinen Kommentar dazu gibt, erfahren noch nicht einmal mäßig Interessierte von dem Knaller. Am anderen Ende stehen die SED-Genossen genauso im Regen, die den Text durchaus gelesen haben und nun die Welt nicht mehr verstehen. Während sie sonst jedes Mal mit detaillierten Sprachregelungen zu anderen weniger bedeutsamen Festlegungen ausgestattet werden, sacken sie auf den Erkenntnisstand von Normalbürgern ab. In den nächsten beiden Tagen vermisst man auch weiter eine Rücknahme des zuvor ausgesprochenen Reizwortes „Normerhöhungen“. Nicht bloß auf der Ost-Berliner Paradebaustelle Stalinallee kommt es zu erbitterten Diskussionen mit Normenbeauftragten und sogar zu weiteren Arbeitsunterbrechungen. Am 14. und 16. Juni reagiert die Parteizeitung Neues Deutschland, wenn auch halbherzig, mit Erklärungen wie der, dass die gewünschten Normerhöhungen erst dann für eine sogenannte Brigade für verbindlich erklärt werden kann, wenn die Mitglieder einer Brigade „von der Bedeutung der Maßnahme für unseren Kampf“ um ein besseres Leben überzeugt wurden. Weshalb muss eine Gruppe von „Werktätigen“ denn eigentlich einen Namen wie ein militärischer Kampfverband bekommen? Aber in keinem Bereich sind Ideologen so kreativ wie bei der Erfindung von Wörtern und Abkürzungen, was man ja auch bereits bei den Vorgängern am Ruder der Macht studieren konnte. Es ist ein Verdienst des jüdischen Sprachwissenschaftlers Victor Klemperer, der nun in Dresden lebt, dass er die scharfsinnigen Beobachtungen zur Sprache des Dritten Reiches in dem Büchlein *LTI* 1947 im Ost-Berliner Aufbau Verlag veröffentlicht hatte. Es ist das Verdienst von intellektuellen Tieffliegern des revolutionären Millieus, dass sie einen um den anderen der zusammengetragenen Missklänge der national-sozialistischen Sprache in ihrem frischen Spielkasten dialektisch aufgehoben haben – aufheben im Sinne von erhalten und aufheben im Sinne von anheben. Wer das Vorgängerregime schon am Volksempfänger ertragen hat, fühlt sich davon gelangweilt und zugleich auf den Arm genommen, denn man fragt sich, ob anderen diese Parteisprache der Nazis nicht auf die Nerven ging.[28]

Das Neue Deutschland liefert in diesen Tagen gleich noch ein weiteres Beispiel für eine Sprache, die einfach keine positiven Gefühle auslösen will oder zumindest auch wieder nicht bei allen im Publikum. In Bezug auf rigidere Wege zur Erhöhung der Normen kommt der Autor auf die Formulierung: „Das Gefährlichste dabei ist, dass wir bei diktatorischer und administrativer Einführung von Maßnahmen unsere Werktätigen abstoßen, anstatt sie immer fester an uns zu binden.“ Erstens klingt die

Schöpfung „unsere Werktätigen“ wie auch „unsere Menschen“ derartig vereinnahmend, dass sie streng genommen nur von einem Adligen mit Untertanen stammen kann, und zweitens bekommt man kein schönes Kopfkino, wenn die Chefs versuchen, „ihre Werktätigen“ immer fester an sich zu binden. Davon abgesehen stimmt bei „immer fester“ noch nicht einmal die Tendenz. Immer fester wäre wie immer schöner oder immer besser, aber die Menschen laufen in Heerscharen vor den Machthabern in der DDR weg und das mit steigender Tendenz. Das ist die totale Wirklichkeitsverweigerung in Worte gegossen.[29] Wer bleibt, kann nur lachen.

Der Lehrer will den Kindern von Kaiser Nero erzählen. Damit die Kinder jedoch mitdenken, ergeht er sich zunächst in blumigen Schilderungen in dieser Weise: „Heute will ich mit euch über einen sehr grausamen Mann sprechen“, beginnt er seinen Unterricht. „Vielleicht wisst ihr schon, wen ich meine, wenn ich euch sage, dass er über ein Volk herrschte, das er ins Unglück stürzte. Seine Grausamkeit kannte gar keine Grenzen. Vor allem verfolgte er die Christen ...“ Da steht ein junger Pionier entrüstet auf und ruft mit bebender Stimme: „Herr Lehrer, wenn sie jetzt noch den Namen sagen, dann bringe ich Sie ins KZ!“[30]

Geschichte wird gemacht, es geht voran.

Der Bundestag fordert am 10. Juni 1953 eine Viermächtekonferenz über freie Wahlen in Deutschland, die Bildung einer freien gesamtdeutschen Regierung sowie den Abschluss eines Friedensvertrages. Doch von wem fordern es die Abgeordneten in Bonn am schönen Rhein eigentlich, wenn das zuvor schon mehrfach von Moskau und Ost-Berlin gefordert worden war? In Ost-Berlin beschließt am nächsten Tag der Ministerrat der DDR richtig offiziell die Durchführung des von Moskau erzwungenen „Neuen Kurses". Im Politbüro stellt sich Rudolf Herrnstadt vom Neuen Deutschland nach einer Auseinandersetzung mit dem sowjetischen Botschafter jetzt zusammen mit dem Minister für Staatssicherheit Wilhelm Zaisser gegen den Hartholzkommunisten Walter Ulbricht. Noch immer können sie sich der Unterstützung durch Lawrenti Berija in Moskau sicher sein. Rudolf Herrnstadt bringt am 14. Juni eine äußerst kritische Reportage unter dem Titel „Es wird Zeit, den Holzhammer beiseitezulegen" in das Neue Deutschland. Den Lesern wird offenkundig, dass die Erhöhung der Normen in ihrer Staatsführung nicht unumstritten ist. Herrnstadt wird Mitglied einer Kommission des Politbüros zur Ausarbeitung von Vorschlägen für Veränderungen organisatorischer Art. Dort kritisieren die Genossen Zaisser und er selbst den bürokratischen und diktatorischen Stiefel von Walter Ulbricht und Hermann Matern. Rudi Herrnstadt wird außerdem in einen Redaktionsausschuss des Politbüros berufen, der den Neuen Kurs bis zu einer neuen Tagung des Zentralkomitees in Formeln gießen soll. Der Botschafter der Sowjetunion Iwan Iljitschow bittet ihn, mit Zaisser im Bunde Walter Ulbricht aufzufordern, seinen Stuhl freizumachen. Die Instruktion gerät nach der Devise: *Und bist du nicht willig, so gebrauche ich Gewalt*: „Er ist doch ein verständiger Mann, er wird das verstehen. Na, und wenn er nicht verstehen will, dann berichten Sie uns und wir werden tätig werden."[31] Warten wir ab, wie lange die Genossen in Moskau noch Geduld mit ihm haben. Na ja, Hauptsache, es kommt in der Zwischenzeit nicht zu einer größeren Panne. Am 16. Juni billigt das ZK der SED den Neuen Kurs, an dem Herrnstadt unter dem Moskauer Druck mitformuliert hat: „Es geht darum, eine Deutsche Demokratische

Republik zu schaffen, die für ihren Wohlstand, ihre soziale Gerechtigkeit, ihre Rechtssicherheit, ihre zutiefst nationalen Wesenszüge und ihre freiheitliche Atmosphäre die Zustimmung aller ehrlichen Deutschen findet." Weiter heißt es da, die deutsche Einheit lasse sich nur auf diesem Wege wiederherstellen.[32]

Am 16. Juni veröffentlicht das Presseamt des Ministerrats der DDR beinahe aus heiterem Himmel den Beschluss, nach dem die Normerhöhung vom 28. Mai '53 aufgehoben sei. Ausgerechnet in der Zeitung des *Freien* Deutschen Gewerkschaftsbundes Tribüne findet man an demselben Tag einen Artikel, in dem die Normerhöhung sogar noch einmal bekräftigt wird. Es macht nichts, dass sich das beißt mit der Veröffentlichung des Ministerrates. Aber warum kommt der Artikel denn nicht in der Parteizeitung Neues Deutschland? Ganz einfach. Sein Chefredakteur Rudolf Herrnstadt wird von Walter Ulbricht so eingeschätzt, dass er sich dagegen wehren würde, also wird er ganz elementar übergangen. Wo würden wir denn da noch hinkommen, wenn jetzt auch schon die Kommunisten anfangen, sich in Papas Politik einzumischen?[33]

Um gerecht zu bleiben, sei hier auch Reinhard Gehlen zitiert, der erklärt, dass seine Organisation, die noch nicht einmal legal existieren darf, auch in der Bundesrepublik Texte in Medien aller Couleur im Falle des Falles *neutralisiert*: „Durch die von mir schon erwähnte Aufnahme erster Beziehungen zu Herausgebern und Chefredakteuren westdeutscher Zeitungen und Zeitschriften aller Parteirichtungen war es uns ferner gelungen, einige zunächst feindselige und der Ostpropaganda zugängliche Pressestimmen zu neutralisieren. In verschiedenen Gegendarstellungen konnten die wahren Zusammenhänge aufgezeigt und damit auch Organe gewarnt werden, die weiterhin geneigt sein mochten, Ost-Material unüberprüft zu übernehmen." Wenn das in der DDR so läuft, sprechen sie in der Bundesrepublik bei einer derartigen „Überprüfung" von Zensur. Gehlen erläutert noch, dass sein Vortrag *vor einem Ausschuss des Bundestages* „1953 eine erneute indirekte Anerkennung" seiner Tätigkeit darstelle.[34]

Am besten ist es natürlich, wenn die Medien gar nicht erst Faxen machen, sondern von sich aus das bringen, was im Moment gerade benötigt wird. Das ist andererseits auch nicht wirklich übermenschlich schwierig, wenn der Journalist Paul Sethe in einem Schreiben an Axel Springer feststellen kann, dass „die Pressefreiheit in Deutschland im Grunde eine Sache von 200 Leuten" sei.[35] Die paar Hanseln kann man problemlos koordinieren. Panik verbreitet z. B. wunschgemäß das Magazin Der Spiegel, das '53 ungefähr sechs Monate „Uran-Schieber" jagt, „die ihr kostbares Metall im Osten verhökern" wollen, als würden sie in *America* dafür nicht einen besseren Preis bekommen. Nur gut, dass die Schieber nicht auch gleich ein paar Atombomben für den eigenen Hausgebrauch planen.[36] Es wird nicht leicht sein, den Eindruck zu zerstreuen, dass diese *Enthüllung* nun gerade dieses Hamburger Magazins die Strategie in Bonn medial unterstützt. Nachdem man die Welt in Angst und Schrecken versetzt hat, wird jetzt weiter Öl in das Feuer gegossen. Behalten wir diese Truppenteile im Blick, um festzustellen, ob sie ihre Technik vermeintlicher Enthüllungen in Zukunft erneut zugunsten politischer Ziele in Bonn einsetzen.

Die Vertrauenskrise eskaliert

Mit aller Härte trifft die Normerhöhung das Politbüro, denn es muss am 16. Juni eine Dauersitzung abhalten. Immerhin brennt weiter die Luft. In kurzer Folge stellen sich Berliner Parteifunktionäre jetzt im Gebäude des Zentralkomitees der SED ein, melden eine weitere Zuspitzung der Lage und verlangen eine öffentliche Zurücknahme der Normerhöhungen. Der Genosse Ulbricht bestätigt am Nachmittag, dass dies inzwischen erfolgt sei. Da fallen einem ja wieder die widersprüchlichen Pressemitteilungen ein. Am Abend ist der Marathon aber längst nicht gelaufen – da sprechen die Genossen Grotewohl und Ulbricht auf einer Tagung des Parteiaktivs der Ost-Berliner SED. Jetzt räumen sie nun doch, wenn auch widerwillig, Fehler der Partei und der Führung ein und Grotewohl tut das in ungleich stärkerem Maße und merklich emotional bewegt. Walter Ulbricht, dieser sture Bock an seiner Seite, hat keine Gefühle oder kann sie ausgezeichnet verdrücken, denn sein politisches Schicksal steht auf der Kippe. Wenn es gelingt, den Unmut der Leute da draußen einzudämmen, so gibt es einen Schimmer Hoffnung, vorausgesetzt die Sowjets lassen ihn nicht im Stich. Diese Zitterpartie ist er ja schon lange gewöhnt. Zurück von dieser Veranstaltung geht es ab in eine Nachtsitzung, die bis in die Morgenstunden andauert und bei der die Überlebenschancen dieses Sturkopfes auf dem Thron weiter absinken. Der 41-jährige Erich Honecker wehklagt: „Alle fallen über Walter her. Er wird wohl unterliegen.“[37]

Bei einer Parteiaktivtagung der SED im Friedrichstadtpalast kommt es zu Zusammenstößen. Ein Teil der Anwesenden versucht Otto Grotewohls Rede zu unterbrechen. Dann zieht eine Gruppe der Teilnehmer aus dem Saal, schließt sich den um das Gebäude versammelten Einwohnern von Berlin an, darunter auch einige aus den Westsektoren, und beginnt eine Demonstration zur Straße Unter den Linden, die auch am Gebäude der sowjetischen Botschaft vorbeiführt. Die Sowjets beobachten sie aus den Fenstern. Auch in West-Berlin kommt es zu Demonstrationen.[38]

Die Vertreter sowjetischer Organe in der DDR und die lokalen deutschen Behörden bombardieren ihre Zentrale in Karlshorst und das ZK der SED förmlich mit immer neuen Hiobsbotschaften. Der Hohe Kommissar der Sowjets Wladimir S. Semjonow ruft den neuen Kommandeur der Gruppe der sowjetischen Truppen in Deutschland, also den Armeegeneral Andrej Gretschko zu sich und informiert ihn über die Lage. Die Soldaten sind im Moment gerade im Sommerlager und man beschließt, alle Einheiten jetzt in die Garnisonen zurückzubeordern. Moskau reagiert sofort. Im Kreml vertritt Chruschtschow die Ansicht, die auch andere Mitglieder des Politbüros teilen, der „Tag X" stehe bevor, und der Westen teste nach Stalins Tod, wie weit er gegenüber der Sowjetunion gehen kann. Die sowjetische Führung nimmt die Berichte sehr ernst. Man schlägt vor, Lawrenti Berija als Vertreter des Präsidiums des Zentralkomitees der KPdSU nach Berlin zu entsenden. Er lehnt dies freilich kategorisch ab. So entsendet man an seiner Stelle Marschall Wassili Sokolowski. Zuvor hat sich Armeegeneral Gretschko bereits entschieden, Panzer- und Artillerieeinheiten nach Ost-Berlin zu verlegen und an der Westgrenze der DDR Kampfflugzeuge aufsteigen zu lassen, damit drüben keiner auf dumme Gedanken kommt.[39]

In der Nacht zum 17. Juni 1953 wird Semjonow in Berlin vom Dröhnen der einfahrenden Panzer geweckt. Am Morgen besetzen die sowjetischen Truppen Ost-Berlin bis zum Brandenburger Tor. Wassili D. Sokolowski billigt die Maßnahme. Nun beginnen Tage und Nächte ununterbrochener Arbeit. Eben gerade, weil es um alles oder nichts geht, wagt der Genosse Ulbricht alles, indem er in aller Frühe um vier die Leitung übernimmt – keine Ahnung, wer das vorher getan hat. Vielleicht war Ulbricht ja auch ein paar Jahre im Urlaub. Ist er nicht seit Jahren der Kopp von's Janze, wie die Berliner sagen? Was *Er* für einen Sturm im Berliner Wasserglas hält, will er kurz und bündig von der Polizei niederschlagen lassen. Aber bald schon kommen die Berichte aus anderen Gegenden des Reiches der kommunistischen Deutschen und die hören sich böse an. Wissenswert ist, dass sich die Vorarbeiter des Sozialismus Wilhelm Pieck, Otto Grotewohl und Walter Ulbricht bei den Sowjets in Karlshorst verstecken.[40]

Meldungen über stürmische Demonstrationen und Zusammenstöße von Demonstranten und Polizei kommen aus Gera, Cottbus, Chemnitz, Halle, Leipzig, Dresden, Magdeburg und anderen Städten der DDR. Auf beiden Seiten gibt es Tote. Die Leidenschaften einer aufgebrachten Bevölkerung kochen über. Zu den schwersten Zusammenstößen kommt es in Gera, in Cottbus und in Halle an der Saale. Polizeireviere und Gebäude der SED werden gestürmt. Dabei kommen auch leichte Feuerwaffen zum Einsatz. Um 11 Uhr erhalten die Sowjets aus Moskau die Weisung, das Feuer auf die Aufrührer zu eröffnen, militärische Standgerichte einzurichten sowie zwölf Rädelsführer zu erschießen. Die Mitteilung über diese Exekutionen soll überall in Ost-Berlin ausgehängt werden. An dieser Stelle wird es für meine Begriffe unübersichtlich. Semjonow erklärt, dass Sokolowski und er selbst über außerordentliche Vollmachten verfügen und deshalb nicht nach der Weisung Moskaus handeln, sondern den Befehl geben, über die Köpfe der Demonstranten hinweg zu schießen. Wenig später erläutert er allerdings ebenso, er habe den Staatsanwalt der Gruppe der sowjetischen Truppen in Deutschland zu sich gerufen und ihm den Befehl übergeben. Dieser habe sich jedoch unter Berufung auf die Strafprozessordnung geweigert ihn auszuführen. Dann will Semjonow angeordnet haben, diesen Mann festzunehmen, um ihn per Flugzeug nach Moskau zu schicken, am Flugfeld in Berlin aber wieder freizulassen. Diese Darstellung überzeugt mich nicht, wenn er danach sagt, dessen Stellvertreter habe letztendlich den Befehl angesichts der extremen Situation ausgeführt. Dann war der gute Mann vielleicht wirklich gut zu dem einen Mann, hat die Aufrührer aber trotzdem erschießen lassen oder ließ über sie hinwegballern.[41]

Außer im Bezirk Kor-Mork-Stodt und in der Autonomen Gebirgsrepublik Suhl geht es hoch her. In Jena an der Saale stürmen die Demonstranten die Räume der Kreisleitung der SED und werfen die schönen Unterlagen aus dem Fenster hinunter auf den Bürgersteig. Es kommt jedoch auch zu fragwürdigen Aktionen. So wird der bedenkliche Versuch unternommen, die Universitätsbibliothek zu stürmen und die Bücher zu vernichten, was von Studenten verhindert wird. Einer von ihnen ist Wolfgang Leube, der in Jena Medizin studiert. Man weist die Eindringlinge darauf hin, dass in den Regalen nicht nur kommunistische Bücher einstauben, sondern dass hier auch alte und wertvolle Bücher stehen, die vielleicht nicht gerade auf den Müll gehörten. Wenn Sie bisher geglaubt haben, das Abfackeln alter und wertvoller Bücher zähle nur zu den Hobbys von Nazis, unterschätzen Sie den Hass gegen gedruckte Gedanken, die zeitweiligen eigenen Ideen zuwiderlaufen. Da sich die Lage weiter hochschaukelt, verkünden sie von sowjetischer Seite um 13 Uhr in Ost-Berlin den militärischen Ausnahmezustand. Der mächtige und hilflose weil verdammt uneinsichtige Walter Ulbricht wird das erste Opfer: Seine Befugnisse werden auf null herabgestuft, bis wieder Ruhe im Karton ist. Über 167 der 217 Kreise des Reiches der Guten verhängen die Sowjets das Kriegsrecht.[42] Damit reagieren sie genauso schnell und schmerzfrei wie 1948 auch die westlichen Alliierten. Als so viele Westdeutsche 1948 gegen den Hunger auf die Straße gingen, waren die Briten und die Amerikaner auch nicht zimperlich, und bei den Franzosen blieb es lediglich aus dem Grunde totenstill, weil der Militärgouverneur den Leuten mit knallharten Strafen gedroht hatte. Lesen Sie spaßeshalber einmal im Besatzungsstatut nach, was in der BRD bei Ärger vorgesehen ist. Da gibt es keinen Unterschied.[43]

Sokolowski ist ein überlegter und umsichtiger Militär und Staatsmann. Er ordnet an, die Lage genau zu beobachten und die Westgrenzen der DDR im Auge zu behalten. Es sind allerdings keinerlei große Truppenbewegungen auf der anderen Seite der Grenze festzustellen. Ohne extra in Moskau nachzufragen, hebt Sokolowski deshalb den Alarmzustand der Truppen an der Westgrenze wieder auf, befiehlt, keine Flugzeuge mehr aufsteigen zu lassen, unbeabsichtigte Zwischenfälle zu vermeiden sowie die Artillerie- und Panzereinheiten abzuziehen. Formal ist das sicherlich eine Verletzung der Weisungen aus der Zentrale. Doch Chruschtschow, Molotov und fast alle anderen Mitglieder der Führung glauben, an Ort und Stelle sei die Lage wohl besser einzuschätzen. Die Gefahr, dass sich aus diesen Ereignissen in Deutschland ein dritter Weltkrieg entwickeln kann, ist im Moment gebannt.[44]

Ist jetzt endlich Ruhe im Karton?

So überrascht die Einheitspartei von den Ereignissen ist, so sind es die Protestierenden im Hinblick darauf, wie hilflos die bis dahin allgegenwärtige Staatsmacht reagiert. In den Medien wird von einem erfolgten *faschistischen Putsch* schwadroniert und der liebe Genosse Ulbricht ist durchaus nicht bereit, den Forderungen der Demonstrierenden zu entsprechen, die skandieren: „Der Spitzbart muss weg!" Am Abend dieses 17. Juni hat die sowjetische Besatzungsmacht das Geschehen überall in ihren Händen. Dass sie eingeschaltet werden musste, hat damit zu tun, dass Walter Ulbricht aus den Reihen der Kasernierten Volkspolizei zu hören bekam: „Deutsche schießen nicht auf Deutsche!" Daraufhin blieb ihm nichts weiter übrig, als sich unter den Schutz derer zu flüchten, die er als Letzte in der Welt aus freien Stücken gefragt hätte. Kommunisten sind interessante Studienobjekte, das zeigt auch Berija. Er gab den Befehl, diesen Aufstand militärisch niederzuschlagen, und hält nichtsdestotrotz an der Idee der Vereinigung Deutschlands fest. Die Demonstration der Macht, so glaubt er, werde die Moskauer Aussichten auf einen Kompromiss mit den Westmächten sogar verbessern! Der gute Mann wollte den Westen der Illusion berauben, die sowjetische Herrschaft wäre mit einem Volksaufstand zu beenden, gerade so als ob die Unzufriedenheit in der Bevölkerung der DDR nur mit dem Westen zu tun hätte. Da ist über die Jahre jedoch viel Unmut auf dem eigenen Mist gewachsen.[45]

Das Einlenken der SED-Führung bei der Normenfrage in Verbindung mit dem militärischen Ausnahmezustand bewirkt, dass am 18. Juni die Lage auf den ersten Blick ruhig ist, abgesehen von einigen Orten, wo es auch an *dem* Tage auf den Straßen brodelt. Der RIAS Berlin trägt zwar einerseits zur Verbreitung der Demonstrationen bei, die amerikanische Besatzungsmacht sorgt jedoch andererseits dafür, dass die Geschichte nicht überbordet. Im Rückblick hatte sich der Einsatz der sowjetischen Panzer weitgehend auf Machtdemonstrationen beschränkt, doch es ist trotzdem zu 55 Todesfällen gekommen. Dass es viel mehr gewesen sein sollen, sagt, glaube ich, nur Sudoplatow. In Berlin wird der Ausnahmezustand am 11. Juli '53 aufgehoben. Was folgt, ist eine trügerische Ruhe, um die alle wissen. Jetzt muss dieser „Neue Kurs", der in dem Beschluss vom 9. Juni 1953 angekündigt worden ist, im täglichen Leben erfahrbar werden. Notwendig ist auch eine klare Aussage darüber, wie nun mit den Streikenden – und vor allem eben auch den Streikführern umgegangen wird. Das Streikrecht wird ja in der Verfassung der DDR garantiert, aber dann hatte im Staate von Arbeiter und Bauern eine „herrschende Klasse" gegen sich selbst gestreikt?! Viele Mitglieder der SED wollen wissen, wie sich die Führung der Partei denn eigentlich die schwere Vertrauenskrise zwischen ihr und dem Volk erklärt. Da sich die Chefetage jedoch zu einer ehrlichen Auseinandersetzung mit dieser Krise nicht durchringen kann, bleibt es bei dem permanenten Misstrauen zwischen „oben" und „unten". Das ist keine gute Grundlage für eine Demokratie jedweder Art. Wer den anderen diktiert, wohin sie zu gehen haben wollen, führt eine Diktatur.[46]

Der Ministerpräsident Otto Grotewohl (SED) findet im Neuen Deutschland durchaus klare Worte: „Wenn Massen von Arbeitern die Partei nicht verstehen, ist die Partei schuld, nicht die Arbeiter." Der Künstler Bertolt Brecht bringt jetzt das Gedicht *Die Lösung* zu Papier, das den Herren der Staatsführung ins Stammbuch schreibt: „Nach dem Aufstand des 17. Juni ließ der Sekretär des Schriftstellerverbands in der Stalinallee Flugblätter verteilen, auf denen zu lesen war, dass das Volk das Vertrauen der Regierung verscherzt habe und es nur durch verdoppelte Arbeit zurückerobern könne. Wäre es da nicht doch einfacher, die Regierung löste das Volk auf und wählte ein anderes?[47]

Im Nachhinein befasst sich Wladimir Semjonow mit einer Untersuchung der Ursachen, verhört festgenommene Putschisten, trifft entsprechende Maßnahmen, die die Situation normalisieren und die „von uns allen begangenen Fehler korrigieren" sollen. Für immer wird ihm sicherlich das Verhör eines neunzehnjährigen Arbeiters in Erinnerung bleiben, den er freizulassen verspricht, wenn er ihm ehrlich sagt, „worin wir geirrt haben und warum diese Kluft zwischen uns entstanden war."[48]

Bonn zieht unbeeindruckt seinen Stiefel durch

Wenden wir unseren Blick nun ab von Mittel-Deutschland, wo es durch eine wohlkonzertierte Aktion von Militärs und Politikern in Bonn über die vergangenen Jahre zum zielbewussten Aufbau der nächsten Diktatur in Mittel-Deutschland kommen konnte. Versuchen wir ein paar Akteure in West-Deutschland zu finden, die diese Entwicklung überhaupt ermöglicht haben. Es hat natürlich keinen Zweck, irgendeinen Hausmeister im Bundeskanzleramt zu befragen, ob er wohl Interna aus Gesprächen der großen Politiker aufgeschnappt habe. Andererseits möchte man jedoch auch nicht denken, dass einer der Großen in Bonn laut schmunzelt, wie man das Wahlvolk Woche für Woche an der Nase herumführt, um dem hehren Ziel der Zerlegung des Deutschen Reiches Schritt für Schritt ein kleines Stück näher zu kommen. Lassen wir also den 37-jährigen Franz Josef Strauß reden, der schon ein Jahrzehnt im politischen Gewühl ist, und immer so herrlich wissend grinst: „Der 17. Juni 1953 hat in gewisser Weise die tragische Spaltung der Deutschen noch einmal vertieft. Die Deutschen jenseits des Eisernen Vorhangs verloren ein weiteres Mal den Zweiten Weltkrieg, im Westen wurde die Politik Adenauers bestätigt und bestärkt. Der Volksaufstand vom Juni 1953 und seine Niederschlagung fielen mitten in den Bundestagswahlkampf. Wir sahen uns in unserer Argumentation gestützt. »Da seht ihr, wie notwendig und richtig unsere Politik ist und dass es zu dieser Politik keine Alternative gibt«, sagten wir zu den Wählern.“[49] Zur Nachnutzung empfohlen: Alternativlos.

Das klingt ja äußerst überzeugend – doch das war bloß der Anfang seines Psalms: „Ich selbst war im Wahlkampf mindestens zur Hälfte außerhalb Bayerns im Einsatz, und den Erfolg, den ich dabei erzielte, habe ich dann von Jahr zu Jahr noch gesteigert. Damals wurden Wahlkämpfe noch mit großer Begeisterung und Freude geführt.“ Das ist ja großartig, aber es ist nicht egal, wie sie das Kind in Bonn schaukeln. „Wie weit diese Begeisterung Redner und Zuhörer hinzureißen vermochte, erfuhr ich in jenen Jahren bei einer CDU-Veranstaltung in Hamburg. Es sollten sprechen Konrad Adenauer als erster, ich als zweiter, Sonderminister Robert Tillmanns als dritter und Heinrich von Brentano als letzter. Danach sollte die Musikkapelle das Deutschlandlied spielen. Adenauer spricht in seiner nüchternen Diktion zwanzig, fünfundzwanzig Minuten – rauschender Beifall!" Sodann ist Strauß an diesem Pult: „Dann komme ich mit einer emotional aufgeladenen Rede – Überblick über die Leistung der Union, Aufzeigen der sozialdemokratischen Irrtümer, Bekenntnis zu Deutschland, uns gehört die Zukunft! Ob dieser zündenden Schlussworte vergisst die Kapelle, dass nach mir noch zwei Redner kommen, und intoniert das Deutschlandlied – Einigkeit und Recht und Freiheit." Gut, und was nun? Strauß lacht bloß darüber, dass das den Kanzler nicht schockt: „Heinrich von Brentano springt aufgeregt von seinem Stuhl, fordert die Musiker auf, abzubrechen. Adenauer bleibt gelassen: »Lassen Sie doch, die sollen zweimal spielen!« Also haben die Musiker die Nationalhymne zu Ende gespielt. Anschließend sprach Robert Tillmanns, dann kam Heinrich von Brentano, und dann kam das Deutschlandlied zum zweiten Mal."[50]

Zu solcher ausgelassenen Fröhlichkeit, wie man sie bei Strauß vorfindet, kann dieser Aufstand hinterm Harz den etwas älteren Willy Brandt nicht hinreißen, vielleicht wegen der etwa 6.000 Verhafteten und der 55 Toten. Dafür hat er einen praktischen Vorschlag zur Hand, mit dem er freilich nicht extrem weit kommt: „Aus dem 17. Juni wurde im deutschen Westen ein ziemlich inhaltlos gebliebener »Tag der deutschen Einheit«. Vom zusätzlichen Feiertag wieder wegzukommen und den materiellen Ertrag einem guten nationalen Zweck zukommen zu lassen, scheiterte an einer Summierung kleinkarierter Einwände." Das wäre vorausschauend: Der Erlös eines Arbeitstages pro Jahr wird zinsgünstig angelegt, dann kann man die Vereinigung zu gegebener Zeit aus der Portokasse bezahlen und schenkt sich einen Solidaritätsbeitrag.[51]

Während sich Strauß vor Lachen ausschüttet, weint ein Reinhard Gehlen und stellt fest, dass das, was „unseren Landsleuten in Mitteldeutschland" passiert ist, „in unserem Lande" nicht die „nachhaltige Beachtung und andauernde Verurteilung" findet, die selbstverständlich wäre. Ach so?[52]

Den Journalisten Haffner bringt die Revolte ins Grübeln. Hören Sie nur, was er dazu zum Besten gibt: „Wir hatten uns durch die vernünftigsten Argumente davon überzeugt, dass eine der Rede- und Versammlungsfreiheit beraubte, atomisierte, kontrollierte, systematisch indoktrinierte, behütete und reglementierte Bevölkerung, überwacht von einer allgegenwärtigen Staatspolizei und eingeschüchtert durch den Terror eines skrupellosen Konzentrationslagerregimes, niemals eine erfolgreiche Revolution hervorbringen könnte. Wir wurden eines Besseren belehrt.“[53]

Da sitzen die Schlauberger also im Westen zusammen und stellen solche Betrachtungen an. Sie haben sich in ihre Illusion eingesponnen, dass es mit inländischer Polizeimacht und Soldaten aus der Sowjetunion nicht explodieren kann. Und wie lange soll das jetzt noch so weitergehen? Man ist sich viel zu sicher, dass es zu einer spontanen Erhebung des Volkes im klassischen Revolutionsstil von 1789 oder 1848 in Ost-Deutschland nicht kommen könnte. Nach jenem vollkommen überraschenden Aufstand von 1953 schreibt Sebastian Haffner: „Das ist genau das, was – so sagten wir uns – unter den Bedingungen einer modernen, totalitären Staatsgewalt nicht geschehen könne.“[54] Wie schön, und dann hat die harte Realität all dem Hoffen und Wünschen der Politiker und Redakteure einfach Salz in die Suppe gestreut. Was für ein Menschenbild haben diejenigen, die doch selbst unter einem Terrorregime gelebt haben, in den 1930er und 1940er Jahren entwickelt, dass sie jetzt einen Teil der Deutschen dauerhaft in so einem Staat weiterleben lassen wollen? Fangen Sie mir bloß nicht mit der Debatte über die Anzahl der Opfer an. Für Normalsterbliche geht es hier um die Atmosphäre des Schweigens und Duldens im täglichen Leben, die sich ganz bestimmt nicht von Diktatur zu Diktatur unterscheidet. Sobald man den Mund aufmacht, erlebt man hier wie da sein blaues Wunder.

Halten Sie das gegen die folgende Betrachtung des Historikers Heinrich August Winkler. Sie spricht Bände, da sie zeigt, dass es den überbordend klugen Menschen in den westdeutschen Elfenbeintürmen nicht um eine Verbesserung des Lebens in der D.D.R. geht, sondern um eine Zerlegung von Deutschland: „Postnational war die politische Praxis der Bundesrepublik schon unter ihrem ersten Kanzler. Adenauer ging es von Anfang an vorrangig darum, aus der Bundesrepublik so rasch wie möglich einen souveränen, unauflösbar mit dem Westen verbundenen Staat zu machen. Demgegenüber hatte alles andere, auch das Ziel der Wiedervereinigung, zurückzutreten. Schon um Mehrheiten zu gewinnen, musste Adenauer die Politik der Westintegration als den einzig erfolgversprechenden Weg zur »Einheit in Freiheit« darstellen. Aber ein strategisches Nahziel war die Wiedervereinigung für ihn nicht."[55] Das wird sich, um das an dieser Stelle schon einmal vorwegzunehmen, über die Jahrzehnte auch nicht ändern, sondern die Prognosen werden sich umgekehrt immer weiter in das nächste Jahrhundert verlagern – und auch bloß für diejenigen, die sich im Westen mit der *schönen neuen Welt* östlich des Harzes trotzdem nicht abfinden wollen und eine möglichst rasche Lösung für die deutsche Frage beharrlich auf ihrem Wunschzettel für Weihnachten behalten. Wie funktioniert eigentlich ein Staat, in dem solche Texte in Lehrbüchern für aufzuklärende Studenten aufkreuzen, in den Massenmedien jedoch keine Auswertung erleben? Auf den Titelseiten und nicht im Feuilleton!

Noch als Korrespondent des Londoner Blattes The Observer hört sich Sebastian Haffner in Bonn um: „Im Sommer [1953] und zu Beginn des Herbstes hatte ich nach den Reden Dr. Adenauers in London den Eindruck, dass er mehr als bisher dazu bereit sei, die deutsche Einheit als ein erreichbares kurzfristiges Ziel anzusehen und dafür einen bestimmten Preis zu zahlen." Weil London genau dies jetzt endlich einmal laut hören möchte. „Nachdem ich mit zahlreichen Beamten und Abgeordneten in Bonn gesprochen habe (mit dem Kanzler bin ich nicht zusammengekommen), bin ich zu dem Schluss gelangt, dass dieser Eindruck falsch war und dass die Regierung Adenauer, welche die deutsche Wiedervereinigung als ein fernes Ziel proklamiert, weiterhin einzig und allein auf die totale Eingliederung Westdeutschlands ins Atlantische System hinarbeitet. Diese schließt in absehbarer Zeit die deutsche Wiedervereinigung aus, es sei denn, Russland erleidet einen vollständigen Zusammenbruch und kapituliert bedingungslos. Die Gründe für diese Politik sind vielfältig, und ich möchte nicht so tun, als ob ich sie alle bis ins Letzte verstünde.

Ich kann nur bestimmte Beweggründe erwähnen, die in Gesprächen mit führenden Bonner Beamten und Abgeordneten wiederholt erkennbar wurden." Es ist demzufolge auch in Bezug auf London verlogen, wenn in den Medien der Eindruck erzeugt wird, das Ausland sei an der deutschen Teilung schuld. Etwas umständlich erklärt der Meister die Motive: „Zum einen war ein bestimmtes Unbehagen darüber vorhanden, dass Deutschland im Falle von Verhandlungen der vier Großmächte über den Frieden und die deutsche Wiedervereinigung auf die Position von 1945 zurückgeworfen werden könnte – dass Deutschland wieder zu einem Spielball der Sieger werden könnte, statt ein Partner politischer Entscheidungen zu sein, und dass eine Einigung auf seinem Rücken und auf seine Kosten herbeigeführt würde." Anschließend erweckt er wieder den Eindruck, als ob Hitlers Außen- und Militärpolitik auch ohne vielfältige Unterstützung aus England und Amerika realisierbar gewesen wäre: „Ein weiterer Beweggrund war ein geheimes Misstrauen der eigenen Landsleute (welches verständlich ist, wenn man die Erinnerungen an die Nazizeit bedenkt) – eine gewisse Furcht vor dem, was ein wiedervereinigtes Deutschland, das keinem größeren internationalen System angehören würde und auf sich selbst angewiesen wäre, im Schilde führen könnte."[56] Haffner redet auch nicht mit irgendwem: „Ein wichtiger Politiker sagte zu mir in fast flehendem Ton: »Geben Sie uns eine Chance – geben Sie uns die Zeit, zuerst ein richtiges westliches Land zu werden, zur Ruhe zu kommen und unseren Platz in der westlichen Welt zu finden. Werfen Sie uns nicht zurück auf die Position der Bismarckschen Tradition – sie war weder für uns noch für sonst jemanden gut!« Als ich die 18 Millionen Ostdeutschen erwähnte, welche die Rechnung für diese westdeutsche Idylle zu zahlen haben, blickte er mich wie jemand, der im Radio von einer Flutkatastrophe am anderen Ende der Welt hört, verlegen, mitleidig und zugleich etwas ungehalten an." Haffner meint, als er über dieses Gespräch nachdenkt, kommt ihm der Konflikt in den Sinn, der zwischen rheinischem Patriotismus und dem deutschen Patriotismus in Dr. Konrad Adenauers Denken existiert und dem gleichen Konflikt zwischen dem Preußen und dem Deutschen bei dem Ex-Reichskanzler Otto von Bismarck.[57]

Dramatik pur

Wer bis heute glaubt, dass die Sowjets mehr Einfluss auf die Truppenteile um Wilhelm Pieck und Walter Ulbricht hätten als die westlichen Alliierten auf die führenden Politiker in Bonn, wird heftigst enttäuscht. Seit zwei Wochen liegt ein banges Hoffen in Mittel-Deutschland in der Luft. Wie geht das Leben mit dem angekündigten *Neuen Kurs* weiter?

Herrnstadt und Zaisser setzen ihrerseits mit der Rückendeckung ihres Moskauer Genossen Lawrenti Berija das Werk einer Demontage Walter Ulbrichts munter fort. Der Stellvertretende Ministerpräsident Berija hat klare Vorstellungen davon, was er in Bezug auf den mächtigen Meister in der Hauptstadt der DDR am liebsten erreichen will, und wir können uns bestimmt erinnern, dass der sowjetische Botschafter klare Worte für den Fall des Falles gefunden hat: „Er ist doch ein verständiger Mann, er wird das verstehen. Na, und wenn er nicht verstehen will, dann berichten Sie uns und wir werden tätig werden.“[58] Dies soll auch keine leere Drohung bleiben. Lawrenti Berija entsendet Experten nach Ost-Berlin, um diesem wilden Treiben der deutschen Kommunisten ein Ende zu bereiten. Angelehnt an ein anderes Verbrechen, bei dem ungarische und tschechische Juden wie Rudolf Slánský 1952 angeklagt und hingerichtet wurden, will Berija auch unseren Möchte-gern-Chef in Berlin aus dem Feld schlagen.

Vor Ort in Berlin soll der Staatsstreich vom Minister für Staatssicherheit der DDR in die Wege geleitet werden, also von Wilhelm Zaisser, der auf die Moskauer Deutschland-Politik geeicht ist. Er soll bei uns den Weg für ein gesamtdeutsches Arrangement freischießen. Doch in Ost-Berlin weiß man sich energisch zu helfen. Als Kronzeuge bietet sich in dem Kontext der Genosse Erich Honecker an, der einundvierzig ist und der sich in den Führungskreisen Ost-Berlins wie ein Fisch im Wasser bewegt. Was weiß er vom Ringen zwischen Moskau und Berlin? „Zaisser selbst war so verbunden mit der sowjetischen Tscheka, dass wir 1953 große Wachsamkeit üben mussten nach dem Tode von Stalin. Wir haben auch eine Begegnung mit Zaisser unmöglich gemacht auf dem Flugplatz von Schönefeld.

Da kamen zwei Vertreter von Berija, die ihr Handwerk in der DDR ausüben wollten mit anderen, die schon in der DDR waren, und wir haben sie gleich zurückgeschickt.“[59] Es ist einfach nur zu schade, dass Jugendführer Honecker nicht genau datiert, wann sich dieses Spektakel auf dem neu eingerichteten Flugplatz in Schönefeld genau abgespielt hat.

Ein halbes Leben danach werden die Herren Reinhold Andert und Wolfgang Herzberg jenen zum Staats- und Parteichef gewordenen und 1989 entmachteten E. Honecker überrascht fragen: „Das konnten Sie, obwohl Zaisser doch Minister war?“ *Unser* Erich Honecker ist um eine Antwort wieder nicht verlegen: „Ja, das konnten wir. Wir haben ja Zaisser dann auch später abgesetzt.“ Es folgt die Nachfrage: „Was wollten die beiden Berija-Leute mit Zaisser?“ An dieser Stelle verheddert sich der Genosse Erich Honecker und ändert den Zeitpunkt: „Es ging, wie in Ungarn und in der ČSSR, um den Slánský-Prozess. Es ging dabei praktisch um die Person Walter Ulbrichts. Es bestand die Gefahr, dass, wie die anderen Generalsekretäre, auch Walter Ulbricht in diesen Prozess einbezogen werden sollte. Wir haben das zum Glück abgewehrt. Das war noch vor dem Tode Stalins.“[60] Vor dem Tod ist nicht nach dem Tod. Zuerst hat er bekundet, man habe große Wachsamkeit üben müssen nach dem Tode von Stalin. Doch auch seine weiteren Worte besagen, dass sich das 1953 abgespielt hat. Völlig fassungslos folgt die Frage: „Aber Walter Ulbricht kam doch aus Moskau.“ Woraufhin Genosse Erich Honecker souverän kontert: „Ja, schon, aber Slánský war auch in Moskau, und die Ungarn waren auch in Moskau.“ Diese Sensation rundet Honecker ab mit dem *statement*: „Es war für uns ja abzusehen, dass mit dem Erscheinen der Berija-Leute nun bei uns was passiert. Es waren immerhin die beiden stellvertretenden Minister für Staatssicherheit in der Sowjetunion. Und wir haben gesagt, bei uns nicht! Die wurden also zurückgeschickt.“[61] So viel also an dieser Stelle zur legendären Einheit und Geschlossenheit in den Führungen der kommunistischen und Arbeiterparteien im Osten. Erich Honecker ist mit dem Ergebnis der Operation auf jeden Fall zufrieden: „Zaisser wurde abgelöst durch Wollweber, und Walter Ulbricht blieb an der Macht.“[62]

Offenbar war es völlig berechtigt, 1945 zu vermuten, dass sich nach dem Weltkriege eine Gruppe von deutschen Kommunisten im Windschatten der Weltgeschichte den Lebenstraum vom Sozialismus auf heimatlichem Boden erfüllen wollte. Schon die Moskauer Noten des Jahres 1952 verdeutlichten, dass in Moskau weiterhin realistisch gesehen wird, dass es keinen stabilen Sozialismus im Osten Deutschlands geben kann. Auf die Art ist auch keine befriedigende Sicherheitslage für die Sowjetunion zu erreichen. Das muss ganz zwangsläufig zu noch mehr Nervosität in Ost-Berlin führen und natürlich zu politischen Spannungen mit Moskau.

In Ost-Berlin ist die Nachricht vom jähen Ende der Macht des Lawrenti Berija noch nicht angekommen, sodass hier noch die Hoffnung gedeiht. Am 26. Juni erarbeitet die Organisationskommission der SED wirklich ein neues Führungskonzept für die Partei. Nach dem Moskauer Vorbild soll es nun auch an der Spree nicht mehr den Generalsekretär als Kopf geben, sondern es soll fortan eine kollektive Führung geben. Genossen Ulbricht muss das nicht schmecken; er hat keine Wahl und erklärt sich auf Rudi Herrnstadts Antrag hin bereit, die Parteiführung abzugeben.[63] Am 29. Juni gibt es ein neues Signal in Richtung der Lockerung, als der Justizminister der DDR Max Fechner in einer öffentlichen Rede darauf hinweist, dass das Streikrecht in der Verfassung verbürgt ist, sowie die Freilassung der aus diesem Grund verhafteten Menschen verfügt. Aber Max Fechner war eben auch vor '33 ein Mitglied der Parteiführung der SPD gewesen. Damit macht er keine Punkte bei den Betonköpfen.[64]

In der Nacht vom 7. zum 8. Juli tagt das Politbüro der SED, deren Chef Walter Ulbricht durch die Unruhen erheblich unter Druck steht. Kann er sich überhaupt noch als Generalsekretär in diesem Amt halten? Im Laufe der langen Diskussion sprechen sich von den dreizehn Genossen im Saal lediglich Hermann Matern und Erich Honecker für sein Verbleiben aus. Werden sich diese zwei gegen die überwiegende Mehrheit der Mitglieder durchsetzen können? Zaisser spricht sich für eine kollektive Parteispitze unter Herrnstadt als 1. Sekretär aus. Dem Vorschlag stimmen Friedrich Ebert, Heinrich Rau und Elli Schmidt zu. Diese Frau formuliert die angestaute Verärgerung noch am deutlichsten: „Der ganze Geist, der in unserer Partei eingerissen ist, das Schnellfertige, das Unehrliche, das Wegspringen über die Menschen und ihre Sorgen, das Drohen und das Prahlen – das erst hat uns so weit gebracht, und daran, lieber Walter, hast du die meiste Schuld und das willst du nicht eingestehen, dass es ohnedem keinen 17. Juni gegeben hätte.“ Anton Ackermann spricht wohl manchen der Teilnehmer aus der Seele und sagt: „Lange Zeit habe ich geschwiegen, aus Disziplin, aus Hoffnung, aus Angst. Heute liegt das alles hinter mir.“ Der angezählte Generalsekretär weiß sich ja traditionell zu helfen und er wirft Zaisser und Herrnstadt Zauberbegriffe wie „Sozialdemokratismus“ und „Fraktionsbildung“ vor, die normalerweise jeden renitenten Fatzke aus dem Feld schlagen, macht jedoch letztlich einen Rückzieher und sagt auf einmal: „Na gut, wenn alle es so sehen, bitte, ich klebe nicht an dem Posten.“[65] Vielleicht sind die Anwesenden einfach nur zu überrascht, um rational zu denken, auf jeden Fall kommt es nicht zu einer wasserfesten schriftlichen Fixierung dieses Ergebnisses. Das ist dumm.

Am folgenden Tag fliegt Ulbricht erneut nach Moskau, doch dort erlebt er eine mächtige Überraschung. Er erfährt, dass der große Berija schon am 26. Juni verhaftet worden war, weiß freilich nicht, dass es um einen Machtkampf der Spitzenleute geht. Die anderen Anwärter für den Sitz an der Spitze haben Berija in einer Intrige aus dem Felde geräumt. Jetzt hat Nikita Sergejewitsch Chruschtschow gut lachen und ist der neue Sekretär des Zentralkomitees der Kommunistischen Partei und Georgi Malenkow ist der sowjetische Ministerpräsident geworden. Die beiden unterstützen auf einmal Walter Ulbricht. Ist das jetzt tatsächlich das Ende der Zitterpartie für den einstigen Tischlergesellen aus Leipzig?[66]

Ulbricht setzt sich auf jeden Fall mit gestärktem Rücken in den Flieger nach Berlin-Schönefeld. Nach seiner Ankunft spricht sich in Ost-Berlin am 9. Juli die Nachricht von der Verhaftung Berijas herum und löst die helle Panik unter den Putschisten gegen den Alleinherrscher aus. Jener stellt sich am 24. Juli 1953 vor das Plenum des Zentralkomitees *Seiner* SED und trägt einen Text vor, den er zuvor nicht mit dem Politbüro besprochen hat. Er macht aus dem Tag die Nacht. Nachdem man ihm vor knapp zwei Monaten in Moskau einen neuen Kurs abverlangt hat, stellt er jetzt gerade diesen Neuen Kurs als die Ursache des in seinem Duktus faschistischen Putsches Mitte Juni hin. Herrnstadt wirft er eine direkte Unterstützung der Streikenden vor und bastelt seinem Publikum einen Zusammenhang zwischen der „Herrnstadt-Zaisser-Fraktion" und dem Grunde für die Verhaftung von Berija. Seine „kapitulantenhafte Haltung" hätte „zur Restaurierung des Kapitalismus" führen müssen. Aber etwas anderes als die Wiederherstellung der Marktwirtschaft hat auch Stalin bis zu seinem Tod nicht gefordert, wenn man davon absieht, dass er im Vorjahr nicht bereits auf die Absichtserklärung zum „forcierten Aufbau des Sozialismus" mit einem Mordkommando reagiert hat. Im Bewusstsein, dass Berija, der plötzlich zum Schutzpatron von Menschenrechten und bürgerlichen Freiheiten avanciert war, in Moskau nichts mehr sagen kann, wagt keines der anderen Politbüro-Mitglieder zu protestieren.[67]

Glauben Sie jetzt bloß nicht, dass die Leute nicht auch daraus noch einen Witz hinbekommen würden: Zwei Seufzer schweben über die Sowjetzone. „Wer bist du?" fragt der eine. „Ich bin der Seufzer eines politischen Gefangenen in Bautzen", sagt der andere, „der schon fünf Jahre dort ist und nicht weiß, wann er wieder aus dem Zuchthaus herauskommen wird." Da seufzt der erste: „Dann sind wir ja fast Kollegen, denn ich bin der Seufzer eines hohen SED-Funktionärs in Pankow, der noch nicht weiß, wann er ins Zuchthaus kommt."[68]

Dass sich politische Witze in einer völlig anderen Preislage bewegen als Blondinenwitze, lässt sich auch hier zeigen: Eine Gruppe FDJler besucht die sowjetische Panzerkaserne in Eberswalde. Die Jungen und Mädchen dürfen auch die in Paradestellung aufgefahrenen und bekränzten Panzer bewundern. „Habt ihr das immer dran?" fragt neugierig ein Knirps und zeigt auf die bunten Girlanden am Stahlkoloss. Der sowjetische Leutnant schüttelt den Kopf. „Njet, das nur für Demonstration." Der Knirps zeigt auf die MG-Läufe: „Und ist das auch nur für Demonstration?" Wieder schüttelt der Leutnant den Kopf: „Njet, das ist gegen Demonstration!"[69]

Das Ende vom Lied

Nach dem Aufstand rechnen die *hardliner* in Ost-Berlin gnadenlos mit den Weicheiern in ihren eigenen Reihen ab. Max Fechner bezahlt bitter für die Freilassung derer, die im Juni gestreikt hatten. Am 16. Juli wird er abgesetzt und selbst verhaftet. Die Nachfolgerin im Amte des Justizministers wird das Flintenweib Hilde Benjamin. Der mächtige Minister für Staatssicherheit Wilhelm Zaisser, dem der Staatspräsident Wilhelm Pieck 1953 noch den Karl-Marx-Orden verliehen hat, wird Anfang 1954 aus der SED ausgeschlossen und verliert den Sitz in der Volkskammer. Seine Frau bleibt auch nicht Ministerin für Volksbildung. Der mächtige Chefredakteur von Neues Deutschland Rudolf Herrnstadt verliert seine Zeitung sowie seinen Sitz in Politbüro und Zentralkomitee und er fliegt 1954 auch im hohen Bogen aus der SED.[70] Den richtigen Riecher beim Poker um den weiteren Kurs hatte unter anderem Erich Honecker. Zur Auswertung der Vorgänge in Ost-Berlin merkt er dann später an: „Eben zu dieser Zeit, im Jahre 1953, verfolgte Herrnstadt mit Zaisser das Ziel, Walter Ulbricht zu stürzen, zu einem Zeitpunkt, wo die Partei eine feste Führung benötigte."[71] Genosse Honecker brauchte eine feste Führung. Das hat er dann nur verallgemeinert. Die Abgeschossenen haben noch in den Sommermonaten des Jahres 1953 die offizielle sowjetische Politik für Deutschland vertreten, die sich von den Vorstellungen der Politiker Adenauer und Honecker unterscheidet. Erhard Eppler aus der SPD im Bundestag gibt 1993 zu Protokoll, „im Jahr 1953 habe es Anzeichen gegeben, dass Berija die DDR und Ulbricht zur Disposition stellen wolle; womöglich habe der 17. Juni kurz darauf paradoxerweise die Folge gehabt, dass das SED-Regime stabilisiert worden sei."[72]

Diese Erinnerung eines Politikers aus dem inneren Zirkel der Macht in Bonn bei Köln ist nicht mehr und nicht weniger als ein weiterer Beleg für die parteienunabhängige Bonner Linie, den offensichtlich vorhandenen Ansatzpunkten zur Lösung der deutschen Frage in Richtung Vereinigung der vier Zonen auf keinen Fall nachzugehen. Tragikomisch wirkt es, wie Uneingeweihte aus West-Berlin um eine Änderung ringen. Über ein privates Gespräch mit dem Kanzler Konrad Adenauer berichtet der Volkstribun Willy Brandt: „Während er Reden hielt, dass Schlesien und Ostpreußen wieder deutsch würden, sagte er im vertraulichen Gespräch – August 1953 – über die Gebiete jenseits von Oder und Neiße: »Die sind weg«."[73] Wenn *er* weiter Reden hält, dass die „Wiedervereinigung" doch noch irgendwann zu erwarten sei, dann lügt er, und dass er keine Vereinigung von BRD und DDR will, machen seine fortgesetzten Reden in der Frage der *Wieder*vereinigung klar. Aber es ist schön, dass die CDU die zweite Bundestagswahl 1953 mit 45,2 % der abgegebenen Stimmen gewinnt und *Er* als Kanzler bestätigt wird. Die Gründe dafür dürften ja vielfältig sein, aber in der entscheidenden Frage wird sich die Mehrheit der Leute von Frankfurt an der Oder bis Frankfurt am Main einig sein; unter der Fuchtel des neuen deutschen Alleinherrschers Ulbricht sowie seiner Vollstreckerin Hilde Benjamin möchte man lieber nicht leben.

Von Werner Finck wissen wir ja, wo der Spaß aufhört, beginnt Humor – Ein Neunzigjähriger wird von einem Dresdener Gericht zu zwölf langen Monaten Gefängnis verurteilt, weil er Walter Ulbricht als einen Idioten bezeichnet hat. Der Angeklagte erhebt mit folgenden Argumenten gegen das hohe Strafmaß Einspruch: „Ich habe 1912 über Wilhelm II. und 1936 über Hitler dasselbe gesagt und immer nur einen Monat aufgebrummt erhalten." Der Richter antwortet dem guten Mann: „Angeklagter, für die Beleidigung erhalten Sie auch diesmal nur einen Monat, aber elf Monate dazu für den Verrat eines Staatsgeheimnisses."[74] Ich bin mir nur nicht so sicher, ob jemand auch dann noch Witze über die Zuchthäuser im Osten macht, wenn er eines davon einmal von innen kennengelernt hat. Doch derartige „Witze" sagen eben unendlich viel über die Zustände in einem Staat aus: In Bautzen werden drei politische Häftlinge in eine Zelle zusammengepfercht. Der eine fragt den neben ihm Sitzenden: „Warum bist du hier?" – „Ich war gegen X, als er noch mächtig war. Und warum bist du hier?" – „Ich war für X, als er schon ohnmächtig war." Nun fragen sie den dritten Mann: „Und du, warum bist du hier?" – „Ich bin X."[75]

Thomas Dehler wird vom Spieltisch gestoßen

Nach Jakob Kaiser aus der CDU wird jetzt nach der Bundestagswahl im Jahre 1953 der nächste wichtige Politiker von der politischen Bühne entfernt, der durchaus nicht einsehen will, dass in Deutschland keiner mit irgendjemandem östlich des Harzes vereinigt werden soll. Nach den vier Jahren bis 1953 geht es um Thomas Dehler. Er „war als Justizminister im ersten Kabinett ein kritikloser Bewunderer und blinder Parteigänger des Bundeskanzlers gewesen, betrachtete aber seit seiner Entfernung aus der Regierung (die er übrigens nicht Adenauer zu verdanken hatte, sondern seinen eigenen Parteifreunden Hermann Höpker-Aschoff und Theodor Heuss) den früher verehrten Adenauer immer mehr mit der Erbitterung eines menschlich tief Enttäuschten." Von Arnulf Baring erfährt man: „Er löste sich nicht von ihm, blieb festgekrallt; nie gewann er die gelassene Distanz, die jener besaß. Adenauer tat harmlos: Herr Dehler sei ihm ein Rätsel. Erst habe er ihn in alle Himmel gelobt, dann in die tiefste Hölle zu stampfen versucht. Gerade mit seinem freundlichen Gleichmut reizte er den empfindsamen, gefühlvollen Dehler bis aufs Blut. Immer wieder brachen Gift und Galle eines Getroffenen aus diesem vaterländischen, antiklerikalen Franken hervor. Mit patriotischer Verachtung konnte er über Konrad Adenauer und seine elende, katholisch-kleineuropäische CDU sprechen, die es an nationalen Leitbildern fehlen lasse."[76] Der große Arnulf Baring plaudert in seinem monumentalen Schinken so ungeniert aus dem Nähkästchen, als kämen als Publikum nur Leute in Betracht, die die Teilung dieses Landes ganz große Klasse finden. Schon die Wortwahl, Adenauer tat harmlos, und die Stichworte, Dehler sei ein vaterländischer und nicht für die Kirchen zu erwärmender Mann, sprechen Bände. Wenn wir uns die Szene in ein paar Jahrzehnten anschauen, werden wir sehen, dass es gerade die religiösen Gefühle vieler Menschen in Deutschland ins Herz getroffen hat, dass die losgelassenen Irren unter Hitler versuchten, das Volk ihres Gottes auszulöschen. Antiklerikal ist dann ganz schlecht.

Ein anderer von Dehlers Parteifreunden wird mit der Zeit Hans-Dietrich Genscher, der sich später durchaus daran erinnern kann, dass ein Dehler

„eher ein kämpferischer Nationalliberaler" war, weshalb er sich natürlich nicht auf seinem Ministersessel halten konnte. Das formuliert Genscher ganz deutlich: „Dehler stand Adenauers außenpolitischem Kurs kritisch gegenüber, weil er die Chancen der Wiedervereinigung schwinden sah. 1949 von Adenauer als Bundesjustizminister ins erste Kabinett berufen, hatte er sich vom glühenden Bewunderer zum leidenschaftlichen Gegner des Bundeskanzlers entwickelt." In der ersten Rolle konnte ihn Adenauer ja auch als Gallionsfigur vor sich hertragen, in der zweiten Rolle bereitete er nur noch Kopfschmerzen. Genscher geniert sich auch nicht, aus einem Brief zu zitieren, den Präsident Heuss schrieb: „Ich denke an Sie mit dem Gefühl großer Liebe, aber noch größerer Sorge und besonders sorgenvoll auch an Ihre Wirkung in das deutsche Schicksal." Also wenn Dehler nach diesem altväterlichen Brief nicht versteht, dass die Deutsche Frage durch die Staatsgründungen zu Bonn im September und zu Berlin im Oktober 1949 gelöst war, dann ist ihm wirklich nicht mehr zu helfen. Was Dehlers Wahrnehmung zu Dr. Adenauers eigenwilliger Politik angeht, steht dann 2006 die Formulierung im Spiegel: „Sein großer innenpolitischer Gegenspieler, der Freidemokrat Thomas Dehler, der ihn anfangs verehrte und später verbissen bekämpfte, beschrieb ihn als Egomanen, »der nur sich sieht, ein Mann, der sich nicht vorstellen kann, dass es irgendetwas oder gar diesen Staat ohne ihn geben könnte«. Vermutlich ahnte Dehler nicht, auf wie ironische Weise ihm die Geschichte einmal Recht geben würde." Als ob es des Zusatzes ernstlich noch bedürfte, schreibt jenes Blatt: „Was er damals beklagte, wird Adenauer heute rühmend nachgesagt: Ohne ihn hätte es diesen Staat tatsächlich nicht gegeben." Weniger rühmlich ist es, dass es 1953 ohne ihn auch die Zustände in unserer wundervollen D.D.R. nicht gäbe und keinen Kalten Krieg mit Opfern rund um den Erdball.[77]

Aber schön ist, was man in diesem Land alles in die Blätter bringen kann, ohne dass es zum Aufstand kommt. In der Darstellung des jugendlichen Talents Franz Josef Strauß liest sich die Geschichte so: „Thomas Dehler entwickelte damals, als Ergebnis einer neutralistischen und nationalistischen Grundtendenz, die nationale Seite der FDP, die in der Partei seither fast völlig verschwunden und nur noch in winzigen Resten vorhanden ist. Dass Dehler 1953 nicht mehr Justizminister wurde, hatte mit seinem deutschlandpolitischen Standpunkt allerdings überhaupt nichts zu tun. Ich weiß dies deshalb genau, weil ich als Vermittler tätig war, aber gescheitert bin. Dehler war ein glühender Verehrer Adenauers und seiner Außenpolitik, wenn auch mit einer kleinen nationalen Einschränkung." Genau, diese kleine Einschränkung bewirkt, dass er darüber Gift und Galle spuckt. Dann führt Meister Strauß aus München aus, wie der Abschuss vonstattenging, was allerdings gar nichts mit Thomas Dehlers deutschlandpolitischen Standpunkten zu tun haben soll: „In einen besonders heftigen Streit war Dehler wegen des EVG-Vertrages verwickelt. Am 10. Juni 1952 hatte Bundespräsident Heuss das Bundesverfassungsgericht um ein Rechtsgutachten über die Verfassungsmäßigkeit des Vertragswerks gebeten. In den folgenden Wochen und Monaten geriet das Bundesverfassungsgericht zusehends in die Strudel der Politik, was den Bundesjustizminister zu herber Kritik am höchsten deutschen Gericht veranlasste." Weiter erläutert er, der Vorsitzende des Ersten Senats habe nach der Bundestagswahl '53 den Bundeskanzler auf die Attacke Dehlers angesprochen. Wie Adenauer Franz J. Strauß erzählte, habe ihn Höpker-Aschoff darauf hingewiesen, dass es dem Vertrauensverhältnis zwischen Bundesverfassungsgericht und Bundesregierung schaden könnte, wenn Dehler im Amt bleibe. Dies würde womöglich auch das noch ausstehende Urteil über die Verträge negativ beeinflussen.[78] Als ich *noch* jünger und *noch* schöner war, hätte ich nicht gedacht, dass in einem Rechtsstaat ein Urteil eines hohen Gerichts von den persönlichen Querelen der Minister und Richter abhängen könnte. Wer wundert sich noch im vollsten Ernst, wenn Leute Demokratie auch nicht für das Gelbe vom Ei halten?

Hätte Strauß den Eindruck, seine Mitmenschen würden darüber nachdenken, was sie den lieben langen Tag so lesen, dann hätte er bestimmt nicht versucht, die folgende Geschichte aufzutischen: „Fritz Schäffer und ich, die Thomas Dehler offensichtlich besser kannten und richtiger einschätzten als andere, ahnten Schlimmes. Wir rechneten damit, dass Dehler, maßlos enttäuscht und entrüstet, dem Bundeskanzler, dessen Politik er stets glühend verfochten hatte, Undankbarkeit vorwerfen würde. Sollte Dehler nicht mehr Minister werden, musste dies zu einer schweren Belastung der Koalition führen. Schäffer und ich unternahmen deshalb bei Adenauer eine Demarche zugunsten Dehlers. Wenn wir, so der Bundeskanzler, Höpker-Aschoff dazu bringen könnten, seine Androhung eines ungünstigen Urteils für den Fall der Wiederberufung Dehlers zurückzunehmen, werde er Dehler im Kabinett behalten. Schäffer und ich sind daraufhin beim Bundespräsidenten vorstellig geworden." Er meint vermutlich, er sei bei dem Präsidenten des Bundesverfassungsgerichtes Hermann Höpker-Aschoff vorstellig geworden. Aber wer soll ihm denn abkaufen, dass er mit dem guten Mann zugunsten Dehlers gesprochen habe, wenn er in demselben Buch immer wieder deutlich macht, dass er sich als Münchener für außerbayerische Belange so stark interessiert wie für die Wasserstandsmeldungen am Jangtsekiang.[79]

Für wie dusselig muss jemand andere Leute halten, wenn er einerseits schreibt: „Dass Dehler 1953 nicht mehr Justizminister wurde, hatte mit seinem deutschlandpolitischen Standpunkt allerdings überhaupt nichts zu tun." Und wenn man die Seite umblättert, steht dort: „Was wir beide nicht wussten, war, dass [Bundespräsident Theodor] Heuss ein Gegner Dehlers war, dessen betont nationale Politik er ablehnte."[80] Das ist aber auch eine vernichtende Aussage über den Bundespräsidenten, wenn der eine nationale Politik ablehnt – zumal er den obersten Repräsentanten eines Staates gibt, der von mehr als der doppelten Größe seines eigenen Territoriums besessen ist. Dummheit schadet übrigens der Intelligenz.

Ja, schenken Sie mir ruhig reinen Wein ein. Thomas Dehler muss nicht in die Verbannung in einen sibirischen Gulag. Er geht ganz demokratisch bloß seines Ministerstuhls verlustig und hat in der großen Politik einfach nichts mehr zu melden. Stattdessen kann er jetzt überschüssige Energie in den Fraktionsvorsitz der FDP im parlamentarischen Zirkus im Bonner Bundestag verpulvern und im Extremfall auch noch Bundesvorsitzender der FDP werden. Aber warten Sie einmal ab, was über Nacht aus der FDP wird, wenn er auf den Dreh kommt, dass FDP-Minister konsequent aus der Regierung ausscheiden müssten. Demokraten sind sehr erfinderisch.

Warum will Bonn das Deutsche Reich zerlegen?

In den westdeutschen Massenmedien wird seit dem Kriegsende die Verschwörungstheorie warmgehalten, dass die Alliierten und mehr als alle anderen die Sowjets Deutschland wegen des Zweiten Weltkrieges hätten teilen wollen. Einer, der den Leuten „die fixe Idee von der ausländischen Verschwörung gegen Deutschland mit ihren Handlangern im Inland"[81] unterjubelt, ist der Münchener Politiker Franz Josef Strauß. Geht man bei den Handlangern mehr ins Detail, meint er ganz sicher keinen Vertreter der CSU oder CDU. Doch wen sonst könnte der Publizist Sebastian Haffner meinen, der 1953 die Leute draußen so beschallt: „Jene Staatsmänner im Osten und im Westen, die ihre Politik auf die dauerhafte Teilung Deutschlands gründen und davon ausgehen, dass die Deutschen die Spaltung bereitwillig hinnehmen, können im Augenblick zahlreiche Beweise für die Richtigkeit ihrer Auffassung anführen."[82] Den Beweis, dass es derartige Ambitionen an maßgeblichen Stellen im Ausland gibt, bleibt auch dieser Autor schuldig.

Für die Teilung Deutschlands ist es auch gar nicht erforderlich, dass die Alliierten so einen Plan für Deutschland haben, wenn der Publizist auch erklärt, dass Kanzler Dr. Konrad Adenauer, „warum das Wort scheuen? – einen neuen Rheinbund; ein westliches Deutschland ohne die ungeschickte Übergröße des Bismarckreichs, einen Staat von »europäischem Normalformat«, von derselben Größenordnung wie Frankreich, England und Italien, und mit ähnlicher innerer Verfassung wie diese" anstrebt.[83]

Jenes Motiv rangiert vermutlich an erster Stelle bei seinen Bemühungen um die Zerlegung Deutschlands, zumal es sich mit den nach der Niederlage der Wehrmacht in und um Stalingrad plötzlich aufgeblähten neuen Gebietsforderungen deckt, die der Kopf des zivilen Widerstandes Carl F. Goerdeler 1943 formuliert hat. Weiter heißt es bei Haffner: „einen Staat überdies, der nicht mehr wie das Deutsche Reich ständig nach zwei Richtungen blicken musste, sondern sich ein für allemal im Westen heimisch machte, der unter Verzicht auf Preußen und Sachsen die engstmögliche

Einheit mit Frankreich suchte und sich als Gliedstaat nicht eines deutschen, sondern eines werdenden westeuropäischen (»karolingischen«) Reichs fühlte." Es klingt gleich weniger dramatisch, wenn er die anderen Länder weglässt. Aber so wird natürlich die Mittellage in Europa beendet, die zwei grauenvolle Weltkriege mit sich gebracht hatte. „Man kann diese Konzeption natürlich ablehnen, und man kann bedauern, dass sie in den entscheidenden Jahren um 1950 über die deutsche Einheitskonzeption den Sieg davontrug. Was man nicht kann, ist so tun, als wäre das nicht geschehen." So weit also diese interessanten Grübeleien des Publizisten Haffner. Daraus resultiert natürlich die Frage, wie man das ohne Freude an einem sozialistischen Aufbau in Preußen und Sachsen, in Pommern, in Sachsen-Anhalt, in Thüringen, in Mecklenburg und in der Stadt Berlin erreichen will, in ganz Berlin selbstredend, damit nicht die vollen Ladentheken im Westen der Stadt tagtäglich die Freude am grauen Sozialismus im Osten der Stadt trüben können. Am anderen Ende stellt sich ebenfalls die Frage, ob durch die Zuordnung des Reiches zu einem Westblock und einem Ostblock einmal mehr als zwanzig Jahre Frieden bleibt in Europa. Würde es den Engländern und den Amerikanern gelingen, Deutschland wieder zu einem einzigen Staat zu machen, kämen sie womöglich zurück auf ihren Plan, militärisch an Russland heranzurücken und es dann doch noch mit der aufpolierten *Operation Unthinkable* plattzumachen.[84]

Die Bonner Staatsführung pflegt auf jeden Fall weiter sorgfältig die zarte Blume dieses Kalten Krieges. Nach Gesprächen mit Bonner Politikern im Jahr 1953 sieht Haffner in Bonn zwei Strömungen am Werke. Ein Trupp will dabei helfen, „den Kalten Krieg zu beenden, um die Teilung zu überwinden, die Deutschland nicht durch eigene Schuld erlitten hat, und die Konsequenzen seines verlorenen Krieges zu tragen. Andere vertreten die Ansicht, dass es im deutschen Interesse liege, auf die Wiedervereinigung zu verzichten und stattdessen den Kalten Krieg anzuheizen, um schließlich die Konsequenzen des eigenen, verlorenen Krieges zu annullieren." Der große politische Kampf in Deutschland werde in den nächsten vier Jahren zwischen diesen Lagern stattfinden.[85] Schreibt Haffner.

Insider in der Medienarbeit lassen immer wieder durchblicken, dass der Kanzler Konrad Adenauer zu der mächtigeren Gruppe gehört, die auf die Vereinigung verzichten möchte und lieber den Kalten Krieg anheizt. Bei John Dornberg findet sich diese rhetorische Zirkelei so: „Außerdem behauptet Bonn, die Teilung sei eine der Ursachen des kalten Krieges gewesen, jedoch nicht dessen Ergebnis. Daraus entstand die recht zweifelhafte Theorie, dass es vor einer deutschen Wiedervereinigung keine Entspannung in Mitteleuropa geben kann." Diese Maxime zwinge Bonn, sich in die Bemühungen um Entspannung einzuschalten, um sie abzuwürgen, wenn ich die letzten drei Worte hier einmal zur Klärung der Verhältnisse anfügen darf.[86] Kalter Krieg und Entspannung schließen sich logischerweise gegenseitig aus. Lesen Sie gegebenenfalls die Stelle noch einmal.

Dass die Bemühungen der Alliierten um Europa vergeblich bleiben, muss nicht wirklich erstaunen. Der Politikberater Werner Weidenfeld sagt den Interessierten: „Unzweifelhaft verstand Konrad Adenauer sich besonders auf das taktische Spiel im politischen Prozess." Bei ihm findet man eben auch eine Reihe von einschlägigen Stichworten über die vom Kanzler genutzten Techniken: „Die Antizipation der Interessen des Gegenübers, das Arrangement von Verhandlungspaketen, das Jonglieren mit unterschiedlichen Argumentationssträngen – alles das fällt immer wieder ins Auge, wenn man den Politiker Adenauer genauer verfolgt." Nicht selten, meint Weidenfeld, hätte der große Theoretiker steriler Machtpolitik Niccolò Machiavelli seine helle Freude an ihm gehabt. Weidenfeld bewundert den alten Mann in Bonn; dieser erscheint ihm „wie ein Schachmeister – seinem Gesprächspartner im Denken immer um zwei Züge voraus zu sein. Gepaart mit Geduld, war diese Überlegenheit gewiss ein Teil seines Erfolges."[87] Machiavelli war durchaus ein scharfsinniger Denker und die dialektische Einheit aus Mensch, Löwe und Fuchs bei Konrad Adenauer wurde unter dem Jahr 1947 bereits im Band *Kontinentaldrift* mit ihm in Verbindung gebracht.

Es ist nicht zu erwarten, dass extrem viele weitere Autoren jetzt freimütig wie Haffner über die wahren Motive der Neuen Menschen in Bonn reden, aber wenn die Neugeborenen von heute Mitte dreißig sind, werden sie in Bücherregalen die Erinnerungen eines „schwarzen Schafes" finden, dem sie es nun am wenigsten zugetraut hätten, dass er sich verdunkelt, um sie zu erleuchten. Die Rede ist von Franz Josef Strauß, von dem wir eingangs erfuhren, dass er hier „die fixe Idee von der ausländischen Verschwörung gegen Deutschland mit ihren Handlangern im Inland" verbreitet. Hören wir ihm einmal zu: „Adenauers Politik war pragmatisch und bewegte sich, was kein Gegensatz sein muss, im Rahmen einer großen Strategie. Pragmatismus war bei ihm nicht Opportunismus oder Grundsatzlosigkeit. Er wollte der deutschen Politik einen Weg in die Zukunft bahnen, der neue Fehlentwicklungen und Tragödien der deutschen Geschichte vermeiden sollte. Er war der Meinung, Preußen sei in seinem Machtdenken zu sehr auf militärische Kategorien ausgerichtet gewesen." Und nun? „Adenauer war ein leidenschaftlicher Feind des Militarismus. Er sah ein neues, ein anderes Deutschland, verankert in der Wertegemeinschaft des Westens, in enger Verbindung mit Frankreich und abgedeckt durch das Bündnis mit den Vereinigten Staaten von Amerika."[88]

Wie sieht also jetzt seine Lösung aus? „Das Umherirren der Deutschen zwischen West und Ost sollte beendet, die Illusion, die Deutschen könnten im Niemandsland eine selbstständige machtpolitische Rolle spielen, überwunden werden. Es sollte keinen Weg mehr in den Neutralismus geben, weder dem Wertebewusstsein nach noch hinsichtlich der außenpolitischen Orientierung." Selbst wenn man ihn nach den Leuten drüben fragte, hätte er eine Erwiderung: „Adenauers strategischer Pragmatismus war gemischt mit einem sehr kalten Realismus, der manchen als Zynismus erschien. Dabei handelte es sich tatsächlich um Realismus, um den bitteren Wirklichkeitssinn der Besiegten, die sich keine Irrtümer leisten konnten."[89] Wägen Sie das Für und Wider ruhig nach allen Seiten ab.

Als ginge alles von Adenauer aus, erklärt Strauß: „Adenauer hat in seinem Leben alle Höhen und Tiefen durchschritten, politisch wie persönlich. Er wurde zweimal Witwer, war selbst politisch Verfolgter, zeitweise auch eingesperrt. Auch wenn manche seiner Worte im Grund düster und zukunftsskeptisch waren, so waren sie doch nicht typisch für Adenauer, sondern beschrieben nur eine Seite seines Wesens." Die andere ist jedoch leider für die Öffentlichkeit nicht zugänglich. Franz Josef Strauß beendet die Aufklärung über die Beweggründe für Konrad Adenauers Politik mit der streitbaren Einsicht: „Zudem zeichnet es den Staatsmann aus, wenn er bei den Folgen seines Tuns und Lassens auch den schlimmsten Fall in seine Überlegungen einbezieht." Wenn man sich die Entwicklung in dem Gebiet zwischen Meiningen und der Insel Usedom seit 1945 anschaut, ist Adenauers Optimismus oder mangelnder Pessimismus überraschend. Es muss ihm auch intensiv egal sein, wie toll es die folgenden Generationen unter den Ost-Europäern finden, dass sie nach Hitlers Rassismus durch Gottes Gnaden Sozialismus bis zum Ende ihrer Tage geboten bekommen.

In Ost und West glauben vermutlich alle Beobachter, dass Bonn auf einer gemeinsamen Linie mit Washington, London und Paris liegen müsse. Bei unserem Chefaufklärer Markus Wolf in Berlin hört sich diese Fehlinterpretation so an: „Jetzt ging es nicht mehr nur um die Verwirklichung der Ziele, die wir uns bei Kriegsende gesetzt hatten. Eine neue Konfrontation war vorgezeichnet, der mühsam errungene Frieden zeigte erste Sprünge. Europa war gespalten, und die Trennlinie verlief mitten durch Deutschland. Adenauer setzte eindeutig auf die amerikanische Politik der Stärke und auf die von John Foster Dulles formulierte Strategie des *roll back* gegenüber dem Kommunismus."[90] So eindeutig ist das eben nicht, wenn man hin und wieder einen zweiten Blick in westdeutsche Medien wirft, und Markus Wolf gehört obendrein zu denjenigen, die es genau wissen, dass westdeutsche Industrielle – gegen den Willen der Amerikaner – den Aufbau einer eigenen Industrie in der DDR unterstützen. Der Meister ist natürlich schwer davon überzeugt, dass das auf seine besonders fähigen Arbeiter und Bauern zurückzuführen ist, die er als Agenten in die große weite Welt schickt, also in die Zentren West-Deutschlands.

Ein Mann hat es immer schon gewusst

Beim Parteikongress der Konservativen im englischen Margate hält der unnachahmliche Winston Churchill am 9. Oktober 1953 seine erste große Rede seit fünf Monaten. Da sagt jener Politiker, der 1945 seine *Operation Unthinkable* angesetzt und abgeblasen hatte, mit der er den II. Weltkrieg nach der deutschen Kapitulation gegen die mit dem Westen verbündete Sowjetunion weiterführen wollte: „Das Interesse Großbritanniens, Europas und der Atlantikallianz liegt nicht darin Russland gegen Deutschland oder Deutschland gegen Russland auszuspielen, sondern vielmehr darin, beiden das Bewusstsein zu vermitteln, dass sie trotz ihrer Probleme und Differenzen in Sicherheit nebeneinander leben können.“[91] Außerdem will er erklären: „Seit einem halben Jahrhundert erleben wir die furchtbarsten Geschehnisse, die die Menschheit je heimgesucht haben. Die gewaltige Mehrheit aller Völker, wo immer sie leben mögen, wünscht vor allem ihr tägliches Brot im Frieden zu verdienen. Die Aufgabe, Verhältnisse zu schaffen, unter denen sie dies tun können, sowie eine Aggression abzuschrecken, ist den Vereinten Nationen anvertraut. Unsere erste Aufgabe ist, diesem Weltinstrument loyal und treu zu helfen.“ Von einem Einsatz deutscher Soldaten bei *Unthinkable* spricht er 1953 nicht mehr, aber als Schutz für England sind sie gut: „Es ist jetzt fast vier Jahre her, seit ich sagte, dass Westeuropa gegen die Sowjetunion ohne deutsche Militärhilfe niemals verteidigt werden könnte. Zurzeit sind die Sowjetarmeen in Europa, selbst ohne ihre Satelliten, viermal so stark wie alle Westalliierten zusammen. Es wäre somit äußerst unklug, unsere Bestrebungen zum Aufbau einer Verteidigung des Westens zu schwächen.“ Seine Schlussfolgerung fällt dann auch eindeutig aus: „Jedenfalls unternehmen wir alles, was in unseren Kräften steht, um die Bildung einer europäischen Armee mit einem starken deutschen Kontingent zu fördern.“ Im Rahmen seiner Wandlung vom Saulus zum Paulus spricht er aus, dass auch die Russen Angst vor deutschen Soldaten haben: „Großbritanniens Aufgabe ist es, seinen wachsenden Einfluss sowohl in Deutschland als auch in Russland geltend zu machen, um beide Länder von der Angst, die sie voreinander empfinden, zu befreien.“[92] Suchen Sie das einmal in den Reden in Bonn.

1 Fenske, Hans (1994), Rezension des Buches Flucht und Zuwanderung aus der SBZ/DDR 1945/49 bis 1961 von Helge Heidemeyer. In: Frankfurter Allgemeine Zeitung vom 02.09.1994

2 Wolf (2003), S. 75
Felfe (1989), S. 220

3 Ebd.

4 Wolf (2003), S. 76
Podewin (1995), S. 251

5 Ebd., S. 252f. und 263

6 Ebd., S. 243f.
Harrison (2011), S. 370

7 Deutsches Historisches Museum (2022), Deutschland im Kalten Krieg [online]. Verfügbar unter https://www.dhm.de/archiv/ausstellungen/kalter_krieg/zeit/z1953.htm [28.05.2022]

8 Sudoplatow (2013), S. 454ff.

9 Deutsches Historisches Museum (2022), Deutschland im Kalten Krieg [online]. Verfügbar unter https://www.dhm.de/archiv/ausstellungen/kalter_krieg/zeit/z1953.htm [28.05.2022]

10 Strauß (1989), S. 188

11 Semjonow (1995), S. 276 und 290

12 Podewin (1995), S. 244f.

13 Semjonow (1995), S. 291

14 Deutsches Historisches Museum (2022), Deutschland im Kalten Krieg [online]. Verfügbar unter https://www.dhm.de/archiv/ausstellungen/kalter_krieg/zeit/z1953.htm [28.05.2022]

15 Podewin (1995), S. 245
Semjonow (1995), S. 291

16 Podewin (1995), S. 230, 245f. und 253

17 Ebd., S. 245f.
Sudoplatow (2013), S. 465
Loth (1994), S. 195

18 Hirche (1964), S. 219

19 Ebd., S. 221

20 Ebd., S. 247f.

21 Podewin (1995), S. 249
Baring, Arnulf (1993), Erich, ich sage dir offen, vergiss das nie. In: Frankfurter Allgemeine Zeitung vom 23.12.1993

Solche Überlegungen werden 1989 von dem sowjetischen Botschafter in Bonn Julij Kwizinskij bestätigt. Er wird aus dem Nähkästchen plaudern und berichten, dass der Botschafter der Sowjetunion in der DDR Wladimir Semjonow 1953 mit entsprechenden Instruktionen nach Berlin gesandt worden ist. Siehe: Frankfurter Allgemeine Zeitung am 25.03.93
Ausspruch Stalins am 23.02.1942

22 Haffner (1982), S. 119f.
23 Podewin (1995), S. 249
Andert & Herzberg (1990), S. 233
24 Podewin (1995), S. 250
Semjonow (1995), S. 291f.
Sudoplatow (2013), S. 456ff.
25 Semjonow (1995), S. 292
26 Podewin (1995), S. 250
Sudoplatow (2013), S. 456
27 Podewin (1995), S. 250f.
28 Ebd., S. 254
29 Ebd.
30 Hirche (1964), S. 222
31 Grün, Siegfried & Stern, Käthe (1953), Es wird Zeit, den Holzhammer beiseitezulegen. In: Neues Deutschland vom 14.06.1953
Stulz-Herrnstadt (1990), S. 140 und 206f.
Podewin (1995), S. 254
32 Loth (1994), S. 206
33 Podewin (1995), S. 255f.
34 Gehlen (1971), S. 205f.
35 Jürgs (1996), S. 166
Vgl. Sethe, Paul (1956). Zwischen Bonn und Moskau.
36 Greiwe (2003), S. 32
37 Podewin (1995), S. 256
Loth (1994), S. 206
38 Semjonow (1995), S. 294
39 Ebd., S. 294
40 Ebd., S. 294f.
Podewin (1995), S. 256f.
41 Semjonow (1995), S. 296f.
42 Ebd., S. 297
43 Podewin (1995), S. 257
Warweg, Florian (2022), Einseitige Gedenkkultur zum 17. Juni: Die vergessene Repression bei Streiks und Volksaufständen im Westen Deutschlands. Auf: Nachdenkseiten [online]. Verfügbar unter https://www.nachdenkseiten.de/?p=84774&fbclid=IwAR0ORs4kPJI_zMu-GhZpogd8e48_x9rSJapUolyBiuYSrccgT5qmIhfZnTM [19.06.2022]
44 Semjonow (1995), S. 295 und 297
45 Podewin (1995), S. 258ff.
Sudoplatow (2013), S. 457
Deutsches Historisches Museum (2022), Deutschland im Kalten Krieg [online]. Verfügbar unter https://www.dhm.de/archiv/ausstellungen/kalter_krieg/zeit/z1953.htm [28.05.2022].

46 Podewin (1995), S. 258ff.
RIAS war die Abkürzung für den Rundfunk im amerikanischen Sektor von Berlin. Sudoplatow spricht von Tausenden Toten. Ich war nicht dabei und kann es weder bestätigen noch dementieren.
47 Podewin, S. 262
Stavenhagen, Fritz (2022), Die Lösung von Bertholt Brecht. In: Gesprochene deutsche Lyrik [online]. Verfügbar unter https://www.deutschelyrik.de/die-loesung.html [07.08.22]
48 Semjonow (1995), S. 297
49 Strauß (1989), S. 206
50 Ebd., S. 207
51 Brandt (1989), S. 28
52 Gehlen (1971), S. 321
53 Haffner (1997), S. 125f.
54 Ebd., S. 125
55 Winkler (1997), S. 125
56 Haffner (1997), S. 164f.
Ich vermute, dass sich der Autor in seiner gedrechselten Schwurbelei verheddert hat. Er wollte wohl schreiben: ein geheimes Misstrauen den eigenen Landsleuten gegenüber ...
57 Ebd., S. 165f.
58 Stulz-Herrnstadt (1990), S. 140 und 206f.
59 Andert & Herzberg (1990), S. 231
60 Ebd., S. 231f.
61 Ebd., S. 232
62 Ebd.
63 Wikipedia (2023), Rudi Herrnstadt [online]. Verfügbar unter https://de.wikipedia.org/wiki/Rudolf_Herrnstadt [29.05.23]
64 Deutsches Historisches Museum (2022), Deutschland im Kalten Krieg [online]. Verfügbar unter https://www.dhm.de/archiv/ausstellungen/kalter_krieg/zeit/z1953.htm [28.05.2022]
65 Liebmann (2008), S. 353
Podewin (1995), S. 263f.
66 Sudoplatow (2013), S. 463
67 Stulz-Herrnstadt (1990), S. 140
68 Hirche (1964), S. 245
69 Ebd., S. 241
70 Deutsches Historisches Museum (2022), Deutschland im Kalten Krieg [online]. Verfügbar unter https://www.dhm.de/archiv/ausstellungen/kalter_krieg/zeit/z1953.htm [28.05.2022]
71 Andert & Herzberg (1990), S. 233
72 Leithäuser, Johannes (1993), Wem ist die Einheit zu verdanken? Anhörung zur Deutschlandpolitik. In: Frankfurter Allgemeine Zeitung am 04.11.1993, S. 5

73 Brandt (1989), S. 45f.
74 Hirche (1964), S. 223
75 Ebd. S. 241
76 Baring (1982), S. 35
77 Genscher (1999), S. 71ff.
Palmer, Hartmut (2006), „Im Anfang war Adenauer“.
Der Gründungskanzler war der Architekt der Republik. Alles, was später an- und umgebaut wurde, folgt bis heute seinem Grundriss. Der Rheinländer verankerte die Republik im Westen. Aber seine „Kanzlerdemokratie" trug Züge einer „Kanzlerdemokratur“.
In: Spiegel-Spezial 1/2006, S. 75
78 Strauß (1989), S. 255
79 Ebd., S. 255f.
80 Ebd., S. 256
81 Engelmann (1980), S. 154
82 Haffner (1997), S. 159
83 Ebd., S. 256
84 Ebd., S. 256 f.
85 Ebd., S. 168 f.
86 Dornberg (1968), S. 301
87 Weidenfeld (1998), S. 377
88 Strauß (1989), S. 130
89 Ebd., 130f.
90 Wolf (2003), S. 63f.
91 Zentner (1954), S. 133
92 Ebd.

Die Außenministerkonferenz von 1954

Am 7. Januar 1954 beschließt der Ministerrat der DDR, einen „Ausschuss für Deutsche Einheit“ zu bilden. Er soll „für alle mit der Vorbereitung der Wiedervereinigung Deutschlands und dem Abschluss eines Friedensvertrages zusammenhängenden Fragen“ zuständig sein. Egal, warum dieses Gremium gegründet wird, ob auf Wunsch der Moskauer Führung, als ein Signal an Bonn oder zur Beruhigung der Deutschen in der DDR, mit dem Ausschuss gibt es auf alle Fälle für Bonn Ansprechpartner, mit denen die denkbaren gesamtdeutschen Vorstellungen besprochen werden können. Bisher habe ich keinen Hinweis gefunden, dass von der Möglichkeit zum Austesten der Ernsthaftigkeit der Ost-Berliner Absichten auf irgendeine Art und Weise Gebrauch gemacht würde. Doch auf der anderen Seite ist sicher davon auszugehen, dass die Ost-Berliner Führung nicht im Traum gedenkt, ihr gerade in Szene gesetztes Pilotprojekt – nämlich den Aufbau eines sozialistischen Musterstaates auf deutschem Boden – abzublasen. Offenbar kollidieren da wieder offen ihre außenpolitischen Vorstellungen mit denen des „Großen Bruders“ in Moskau. Lässt man die Vorstellungen einer vermutlichen Mehrheit der Leute im Westen und im Osten einfach einmal weg, kann man von einer Interessenkonvergenz der Deutschen in dieser Frage ausgehen. So viel zur Demokratie nach dem Totalausfall der Diktatur Hitlers. Allerdings will ich auch sagen, dass es die Führer beider Staaten mit den Deutschen gut meinen. Bei Adenauers Biographie ist ja alles klar und bei den Führern im Osten darf gewiss davon ausgegangen werden, dass sie nicht gern mit jenem Land vereinigt werden wollen, in dem Richter aus alten Zeiten über Kommunisten zu Gericht sitzen.

Dass das halbe SED-Politbüro wegen des kapitulantenhaften Verhaltens nach dem Aufstand vom Sommer 1953 gefeuert wurde und Moskau nun außer Ulbricht kaum noch jemandem zu trauen scheint, verunsichert die mittlere Nomenklatura der DDR erheblich. Die Unsicherheit steigert sich kurz vor Beginn der Außenministerkonferenz gar zu Erscheinungen von Panik. Das SED-Politbüro verfügt am 24. Januar 1954, dem Tag des Eintreffens des Außenministers Molotov im zerstörten Berlin, totale Alarmbereitschaft. Das wird im Funktionärsapparat als Zeichen dafür gewertet, dass es offenbar auch zwischen der SED-DDR-Führung und der Zentrale in Moskau nur noch Misstrauen und daher auch keine Information oder Abstimmung über das Konzept für die Außenministerkonferenz gegeben habe und sogar mit schockartigen Überraschungen zu rechnen sei. Jetzt bei dieser Außenministerkonferenz schlägt die sowjetische Seite nach der breiten Darlegung des Zeitzeugen Fritz Schenk die Bildung einer provisorischen gesamtdeutschen Regierung durch Bundestag und Volkskammer und erst dann Wahlen vor, wobei sie die mit Bedingungen verknüpfe, die beim Westen, also in Bonn, Argwohn hervorriefen, Moskau meine es mit dem freien Charakter der Wahlen nicht ernst. Fritz Schenk erklärt, dass jener Argwohn begründet sei, und doziert weiter, andernfalls fordere der Kreml beziehungsweise stellvertretend der Außenminister Molotov einen neutralen Status für Gesamtdeutschland oder die Mitgliedschaft der zwei deutschen Staaten in einem System kollektiver Sicherheit.[1]

Das ist dann der erste sowjetische Vorschlag für ein europäisches System kollektiver Sicherheit seit den 1930er Jahren. 1938 war ebenso wenig in Europa eine Regierung dafür zu gewinnen und ab September '39 hat die Luft in Europa gebrannt. Ich kann es nur bedauern, dass mir der Experte Fritz Schenk trotz der Volljährigkeit durchaus keine Chancen einräumt, anhand eines guten Beispiels selbst zu verstehen, dass jene Bedingungen beim Westen einen begründeten Argwohn hervorrufen müssen. Es kann ja sein, dass die Wahlzettel in der sowjetischen Zone, beziehungsweise in der „D.D.R." – oder auch in allen vier Zonen mit kyrillischen Buchstaben bedruckt werden sollen, und man würde Ulbrichts SED wählen, egal wo man sein Kreuz macht. Das würde gewiss auch bei mir Argwohn wecken. Der Menschenkenner Sebastian Haffner schätzt die Stimmung in einem der Artikel für das Londoner Blatt Observer vom 13. Dezember 1953 folgendermaßen ein: „Natürlich legen beide Regierungen Lippenbekenntnisse zum Ziel der nationalen Einheit ab. Doch in Wirklichkeit handeln sie beide politisch so, als ob sie das Ende des Kalten Krieges und eine internationale Verständigung über die Wiedervereinigung Deutschlands eher fürchteten als herbeiwünschten, und beide tun alles, um die möglichst vollständige Integration ihrer jeweiligen Teile Deutschlands in das östliche bzw. das westliche System zu fördern, obwohl diese Politik nur die Kluft zwischen den beiden Hälften Deutschlands vertiefen, die Wiedervereinigung vertagen und die Spannungen erhöhen wird, die eines Tages zu einer unkontrollierten Explosion führen können." Die letzte unkontrollierte Explosion liegt gar nicht lange zurück. „Was die ostdeutsche Regierung betrifft, so sind die Gründe für dieses Verhalten relativ einfach zu verstehen. Selbst wenn man von den Übertreibungen der Propaganda im Kalten Krieg absieht, ist es offensichtlich, dass die ostdeutsche Regierung gegenwärtig erfolglos und sehr unpopulär ist." Und welche Chancen hätte die SED bei freien Wahlen? „Würde Deutschland heute wiedervereinigt werden, würde die ostdeutsche Regierung ohne Zweifel hinweggefegt werden, und viele ihrer Mitglieder könnten sich glücklich schätzen, vom Volkszorn verschont zu bleiben. Dies allein wäre für die ostdeutsche Regierung Grund genug, sich schutzsuchend an Russland zu klammern und alles für die Erhaltung des *status quo* zu tun."[2]

Damit würde sie sich nun ausgerechnet an das Land klammern, das 1954 erneut freie Wahlen anbietet. Mit den Jahren wird Sebastian Haffner zu einem der begnadetsten Autoren im Westen Deutschlands. Ihm gelingt es, Worte für das interessierte Publikum so ziemlich komplett von ihrem sachlichen Inhalt zu lösen und mit einem flinken Schneebesen zu einem hübschen Schaum zu verrühren: „Aber das ist nicht die ganze Wahrheit. Spricht man mit unparteiischen Deutschen, die die ostdeutsche Regierung und den dortigen Staat von innen kennen (insbesondere mit offiziellen Vertretern und Pastoren der deutschen evangelischen Kirche, der einzigen funktionierenden gesamtdeutschen Institution, die die Teilung des Landes in beiden Staaten erfolgreich ignoriert und Kontakte zu beiden Regierungen unterhält), so erfährt man bald, dass das ostdeutsche System alles andere als monolithisch ist. Einige seiner Führer sind fanatische Kommunisten, die die russische Staatsbürgerschaft angenommen hatten, Männer, deren russische und kommunistische Ergebenheit jedes patriotische Gefühl, das sie vielleicht einmal empfanden, völlig überschattet; sie selbst schwanken nicht, wenn die Frage lautete, ob ein Teil

Deutschlands dem russischen und kommunistischen System angehören – oder ob ein wiedervereinigtes Deutschland außerhalb dieses Systems existieren solle."[3]

Legen Sie einfach eine Pause ein, sammeln Sie einmal alles, was Sie erfahren haben, seit Sie dieses Buch aufgeschlagen haben, und lesen Sie dann diese Worte noch einmal. Haffner spielt mit Worten. Es wird auch nicht hinterfragt, warum sich die Katholische Kirche bereits 1945 selbst aufgeteilt hatte, bevor die Alliierten anfingen, sich gegenseitig zu beargwöhnen. Und vielleicht weiß er tatsächlich nicht, dass die Abgesandten der Evangelischen Kirchen in diesen Jahren anfangen, die in Ost-Berlin zwangsläufig benötigten Devisen zur Aufrechterhaltung ihres niedrigen Lebensstandards in Geldkoffern über die Grenze zu bringen. Außerdem rückt er wider besseres Wissen unverdrossen kommunistisch in die Nähe von russisch. Nirgends bleibt das Gebiet Deutschlands derartig deutsch wie in Mittel-Deutschland. Das wird Haffners Publikum merken, wenn es die Menschen in Mittel-Deutschland einmal kennenlernt.

Lassen wir Haffner den Rest der Leute analysieren: „Andere – vielleicht sogar die Mehrheit – sind keine Quislinge (oder sollten wir Pétains sagen?), sondern Patrioten, welche glauben, dass sie unter den unglücklichen Umständen das Beste für ihre Landsleute tun und sich in den letzten vier Jahren sehr bemüht haben, Russland zum Zugeständnis von Erleichterungen zu bewegen." Na, ist denn das nicht schön? „Diese Männer haben das Gefühl, dass sie in diesem Jahr zum ersten Mal einige wesentliche Erfolge erzielt haben: das Ende der Reparationen, die Restitution der beschlagnahmten Industriebetriebe, die Freilassung der Kriegsgefangenen und nicht zuletzt den Stopp der totalen Bolschewisierungspolitik von 1952 sowie die Erlaubnis, mit der Kirche und den Bauern Frieden zu schließen."[4] Es mag sein, dass die Reparationen abgemildert werden, sie werden jedoch noch sehr lange nach Belieben entnommen – ohne zu fixieren, wie viel man am Ende haben will und ohne zu beziffern, wie viel man sich in der Zwischenzeit schon mitgenommen hat.

Der Europäische Karlspreis der Stadt Aachen

Die Eingeweihten, wie Richard von Weizsäcker die bezeichnet, die wissen, was gespielt wird, küren seit 1950 jedes Jahr einen Europäer, der sich in ihren Augen ganz besonders um die Vereinigung West-Europas verdient gemacht hat, und verleihen ihm den *Europäischen Karlspreis der Stadt Aachen*. Die besondere symbolische Bedeutung liegt selbstverständlich wieder in der Geschichte dieser Stadt begründet. Der erste Preisträger ist Richard Nikolaus Graf Coudenhove-Kalergi gewesen und schon am 27. 5. 1954 krönen sie mit dem Preis den aktuellen Kanzler der Bundesrepublik Konrad Adenauer. Mal sehen, ob nicht auch der britische Kriegspremierminister Sir Winston Churchill und der Franzose Robert Schuman oder George C. Marshall, die sich um den Ab- bzw. Aufbau West-Deutschlands verdient gemacht haben, den Karls-Preis erhalten. Willy Brandt wird auf diese Ehrung vergeblich warten. Aber wir sind ja jetzt erst im Jahr 1954. Es ist ein kluger Schachzug, dass auch der andere SPD-Kanzler, Helmut Schmidt, den Preis nicht bekommt. Das würde ganz gewiss Nachfragen auslösen. Dafür bekommen ihn der Namensgeber der kältesten Doktrin des Kalten Krieges Walter Hallstein, und die außenpolitischen Experten Walter Scheel und Helmut Kohl. Walter Scheel wird der Außenminister über Willy Brandt und über Helmut Kohl zu reden, ist auch verfrüht.[5]

Gehen wir die Preisträger in Ruhe durch: Richard Nikolaus Graf Coudenhove-Kalergi, Hendrik Brugmans, Alcide de Gasperi, Jean Monnet, dann der Alte aus Rhöndorf Konrad Adenauer, Winston Churchill, Paul Henri Spaak, Robert Schuman, George C. Marshall, Joseph Bech, Walter Hallstein, Edward Heath, Antonio Segni, Jens Otto Krag, Joseph Luns, 1969 die Kommission der Europäischen Gemeinschaften, François Seydoux de Clausonne, Roy Jenkins, Don Salvador de Madariaga, Leo Tindemans, in '77 Walter Scheel, Konstantin Karamanlis, Emilio Colombo, Simone Veil, der König von Spanien Juan Carlos, Karl Carstens, das Volk Luxemburgs im Jahr 1986, Henry A. Kissinger, François Mitterrand und Helmut Kohl im Jahr 1988 und Frère Roger 1989. Warten wir ab, ob die Bäume Bonns in den Himmel wachsen werden.[6]

Das Kuratorium Unteilbares Deutschland

Ein Jahr nach dem Aufstand im Arbeiter-und-Bauernstaat DDR wird am 14. Juni '54 das Kuratorium *Unteilbares Deutschland* in Bonn am Rhein gegründet. Seine Aufgabe besteht nach der offiziellen Sprachregelung in der Förderung der Wiedervereinigung in Freiheit. Ich gehe doch gewiss recht in der Annahme, dass dieses Gremium unter *insidern* Unheilbares Deutschland heißt. Es liegt einfach zu nahe. Das Präsidium von „Unteilbares Deutschland" übernimmt der aus dem Bundestag ausgeschiedene Alterspräsident Paul Löbe, der bis zum 31. Juli 1932 Reichstagspräsident war, und jenes Amt verlor, als die NSDAP die stärkste Fraktion geworden war. 1933 kam er für ein halbes Jahr in „Schutzhaft" und 1944 nach dem bekanntesten Attentat auf Hitler wurde er wieder verhaftet. Aber das ist ja inzwischen schon längst jedem klar. Markus Wolf weiß über die geheimdienstlichen Kontakte zwischen Ost-Berlin und diesem neuen Gremium zu berichten: „Unsere amerikanische Quelle »Maler«, auf die ich in einem späteren Kapitel zurückkommen werde, und Wolfram von Hanstein, der seit Mitte der 50er Jahre für uns arbeitete, unterhielten wir Kontakte zu Ernst Lemmer, dem Minister für Gesamtdeutsche Fragen in dem Kabinett Adenauer. Da sowohl Lemmer als auch von Hanstein sich im Kuratorium Unteilbares Deutschland engagierten, war es für uns ein Leichtes, durch von Hanstein Lemmers Wissen abzuschöpfen." Das gälte es jetzt auszuwerten und zu verstehen. Doch er kann die Schnipsel nicht zuordnen: „Lemmer gehörte zu der Minderheit von Unionspolitikern, die im Widerstand gegen den Nationalsozialismus gewesen waren und nach der Kapitulation in die Politik gingen, um beim Aufbau eines demokratischen Deutschlands mitzuwirken."[7] Von wegen Minderheit. Ach Markus. Die Politiker, die in dem Kleindeutschen Reich entlang des Rheins etwas zu sagen haben, sind alle zusammen eine Minderheit in der Bevölkerung.

In dem Gremium ist auch der Antifaschist Herbert Wehner, für die SPD. „Wehner unterhält intensive Kontakte zu einzelnen Abgeordneten der Union und der FDP, und er arbeitet in deutschlandpolitischen Gremien wie dem Kuratorium Unteilbares Deutschland mit Nachdruck mit."[8] Wie darf ich mir denn praktisch die vielfältigen Aktivitäten der Mitglieder des Gremiums vorstellen, wenn der wissende Historiker Peter Bender zu den politische Maximen des knorrigen Sternchens aus Dresden feststellt, ihm gehe es weniger um Deutschland als um die Deutschen? Dass jemand in Dresden geboren ist, heißt alles und nichts. Der hat ja immer noch eigene Überzeugungen. Die vielen Bonner Akteure aus dem Osten sind ein Teil der Antwort auf die Frage, warum man in keinem der vier einst alliierten Staaten versteht, welches Stück sie in Bonn am Rhein aufführen. Gräfin Dönhoff musste aus Ostpreußen flüchten, andere aus Pommern oder aus Schlesien, darunter auch eine ganze Reihe von Prominenten. Wo wird sie noch etwas mit „Deutschland“ verbinden, nach allem, was passiert ist?

Über Herbert Wehner hat ein Peter Bender beispielsweise zu verkünden: „Deutschland im Sinne von Gebiet und Geschichte kommt bei ihm kaum vor; Deutschland als Mythos erschiene ihm absurd.“[9] Was sucht der gute Mann denn dann um Himmels willen in diesem Kuratorium *Unteilbares Deutschland*, wenn ihn das Land und seine Geschichte nicht sonderlich interessieren? Hat er denn nix gefunden, wofür er sich interessiert? Die vorgegaukelte Leidenschaft für die Wiederherstellung des Reiches in den Grenzen von '37 verhindert seit einem halben Jahrzehnt die Vereinigung der Bundesrepublik mit *Unserer* Republik. Es ist bemerkenswert, welche nationale Leidenschaft Schumachers SPD nach dem Krieg erfasst hat.

Auch Genscher (FDP) ist von Wehner sehr angetan: „Ein Mann von großer persönlicher Stärke, war Wehner im Gespräch beeindruckend, in der Debatte überzeugend, einer, der etwas durchsetzen konnte – mit Brutalität, dann wieder mit berechnender Leidenschaftlichkeit oder Liebenswürdigkeit, aber auch mit kalkulierten Temperamentsausbrüchen. Sein strategisches Denken war ausgeprägt, wurde indessen überinterpretiert. Wenn ihm unterstellt wurde, siebenmal »ums Haus gedacht« zu haben, hat er höchstens zweimal ums Haus gedacht. Sooft ich in wichtigen Dingen ein Gespräch mit ihm suchte, wurde es interessant. Nie habe ich ihn vergebens um einen Termin gebeten.“[10] Gut, zweimal ums Haus denken.

Verwirrspiele auf der Weltbühne am Rhein

Zweimal um das Haus denken, wäre auch für die Ausländer hilfreich, die erst nach langem Hängen und Würgen das Dritte Reich unter Hitler entschärfen konnten. England und die Sowjetunion standen beide kurz vor der Kapitulation und hätten sich ohne fremde Hilfe aus einem entfernten Land nicht gegen die Wehrmacht verteidigen können; Frankreich war zu einem Großteil geschluckt und alles in allem ausgeschaltet worden. Doch nach dem groß gefeierten Tag des Sieges stehen die Staatsmänner, hohen Militärs und Diplomaten vor einer Ruine, die ihre jeweiligen Pläne in die Zukunft verschiebt. Besonders die Amerikaner und Briten suchen fieberhaft nach Mutigen in der DDR und in Ost-Europa, die mit ihren Diensten im Ausland kooperieren, um dem aus dem Ruder gelaufenen kommunistischen Experiment Einhalt zu gebieten, nicht zuletzt mithilfe von Mittel- oder Kurzwellensendern für Osteuropa. Doch immer wieder werden ihre hoffnungsvollen Kandidaten von den Sicherheitsbehörden vor Ort ausgeschaltet. Vielleicht erinnern Sie sich, dass man schon im Winter 1952/53 einen Verdacht hegte, dass Gehlens Agent Heinz Felfe die Geheimdienste im Osten mit der Nase auf die Mutigen stupste. Doch anstatt Heinz Felfe sicherheitshalber aus dem Dienst zu entfernen, „delegierte" ihn Reinhard Gehlen in die Abteilung Gegenspionage. Von diesem Posten aus kann der gute Mann nunmehr von Amts wegen Kontakte in den Osten unterhalten.

Damit ist das Problem freilich noch nicht aus der Welt. Reinhard Gehlen braucht einen Sündenbock, mit dem er den Verdacht von Felfe ablenken kann. Bis dahin darf diese Darstellung als gesichert gelten. Verfolgen Sie nun meine These, wer für den Chef der Gegenspionage auf dem Altar der Bonner Gutmenschen geopfert wird. Durch die zeitliche Nähe des Krimis, der sich dann mitten in Deutschland abspielt, dürfte es sich um den nicht sonderlich geschätzten, weil von den Briten favorisierten Chef des Kölner Amtes für Verfassungsschutz Otto John handeln. Als Kronzeuge für seine Verteidigung sticht sein einstiger Chef bei dem Soldatensender Calais ins Auge, Sefton Delmer, der schon lange eine herausgehobene Bedeutung in der Deutschland-Politik des englischen Geheimdienstes innehat.

1954

Wieder ein Überläufer in den Osten?

Ein Krimi sondergleichen ereignet sich im Sommer 1954 im guten alten Berlin. Er lässt aufhorchen, denn er fällt in die Kategorie *XY Ungelöst*. In der Zukunft werden darüber ganz unterschiedliche Versionen in Umlauf gebracht werden, sodass es angebracht ist, erst einmal herauszuarbeiten, welcher Rahmen als ziemlich gesichert gelten darf. Setzen wir eingangs zusammen, was über diesen ominösen Vorfall geschrieben wurde – und beginnen wir mit der Darstellung, die Markus Wolf abliefert. Wer wird es denn besser wissen als der allwissende Geheimdienstchef? 🙃 Nachdem er stolz von seinen ersten *Erfolgen* berichtet hat, schreibt er: „Der spektakulärste Übertritt jener Jahre fand allerdings ohne unser Zutun statt, und der Überläufer war nicht für uns tätig gewesen, sondern im Gegenteil von Amts wegen dafür zuständig gewesen, unsere Quellen aufzuspüren und zu enttarnen. Am 20. Juli 1954 verschwand Dr. Otto John, der Präsident des Bundesamts für Verfassungsschutz, nach einer Gedenkveranstaltung zum zehnten Jahrestag des missglückten Attentats auf Hitler in West-Berlin.“[11] Er kam also von dieser Gedenkveranstaltung im Bendler-Block und seine nächste Station war dann wohl das Hotel, in dem er bei dem Aufenthalt in West-Berlin übernachten wollte.[12]

Was meint ein westlicher Autor? Bei Thomas Ramge fanden sich die kein bisschen tendenziösen Worte: „Otto John verhielt sich schon seit einigen Tagen sonderbar.“ Dann breitet er aus, wie sonderbar sich der Otto wohl seit einigen Tagen verhalten habe. Wer will das auch nach einem halben Jahrhundert noch widerlegen? Mich wundert es eigentlich nur, dass der kluge Autor glaubt, dass ihm einer seinen Stil abkauft: „Zurück im Hotel zog sich Johns Frau mit Kopfschmerzen in ihr Zimmer zurück. Auf Reisen wohnte das Ehepaar immer getrennt.“ Na schön, meinetwegen, doch was hat der gute Mann anschließend gemacht? „Auch John ging auf sein Zimmer und leerte dort seine Taschen.“ Dann zählt Thomas Ramge auf, was er aus seinen Taschen holte. Diese und die folgenden Angaben dürfte er aus den Gerichtsakten des Jahres 1956 haben: „Stattdessen steckte er 750 Mark in bar und einen gefälschten Personalausweis ein.“ Dann folgt eine Aussage, die von einem Chauffeur stammen kann: „Um 19.40 Uhr ließ er sich von einem Wagen, den das Hotel seinen Gästen zur Verfügung stellte, Richtung Kurfürstendamm fahren.“ Und was wollte er dort? „Vorgebliches Ziel: das Maison de France. Dort warteten zwei britische Geheimdienstoffiziere, mit denen sich John um zwanzig Uhr verabredet hatte. Im Maison de France tauchte John nie auf, sondern er spazierte in die nahe gelegene Uhlandstraße und besuchte einen alten Freund, den stadtbekannten Arzt und Lebemann Wolfgang »WoWo« Wohlgemuth. Der schenkte ihm eine Tasse Kaffee ein. So weit sind die Fakten unstrittig. Was dann genau geschah, blieb bis heute ungeklärt. Fest steht nur: Wohlgemuth verschwand mit John im Wagen über die Sektorengrenze nach Ostberlin.“ Über die Wortwahl *spazierte* soll ja wohl etwas wie Gedankenlosigkeit suggeriert werden. Zumindest hat der Autor dieses Wort nicht ohne Bedacht gewählt. Das ist ja auch typisch für Geheimdienstler, dass sie stets gedankenfrei sind und ausgerechnet an der Stelle fällt noch die Formulierung von einem Lebemann.[13]

Unter der Überschrift „Ent- oder verführt?“ gibt der Experte Ramge zwar wieder, wie Dr. Otto John den Vorgang selbst vor Gericht geschildert hat, erklärt das aber im selben Atemzug für unglaubhaft und setzt nach, beim Gerichtsprozess ca. zwei Jahre später habe er damit kein Gehör gefunden. Hören wir also diese Wiedergabe durch Ramge: „Am Abend des 20. Juli fuhr er zu Wohlgemuth, um ein Attest für die Witwe eines befreundeten Widerstandskämpfers abzuholen. Als er kurz auf die Toilette ging, schüttete der Arzt ihm ein Schlafmittel in den Kaffee. Wohlgemuth schlug vor, in seine Privatwohnung zu fahren. Im Auto verlor John das Bewusstsein. Als er wieder aufwachte, lag er auf einer Couch in einer Villa des KGB in Karlshorst. Er fragte, wo er sei.“ Das würde ich mich ja auch fragen, aber wie soll es dort weitergegangen sein? „Ein auffällig gut gekleideter Mann mit weißer Strähne im Haar antwortete: »Bei guten Freunden.« Da wurde John bewusst, wie hilflos er war. Durch die Tür im Nebenzimmer sah er eine Frau in einem weißen Arztkittel. Das Spritzenkommando. John entschloss sich, zum Schein zu kooperieren und auf eine Fluchtmöglichkeit zu warten. Dies schien ihm die einzige Möglichkeit, zwanzig Jahren Sibirien zu entgehen."[14] So weit also die Darstellung nach Otto John.

Wie äußert sich Markus Wolf darüber, was hier anschließend passiert ist? „John war eingeschlafen und erst in sowjetischem Gewahrsam erwacht. Vermutlich hatte Wohlgemuth seinem Freund ein Betäubungsmittel ins Glas praktiziert. In Karlshorst war der dortige Leiter Ewgeni Pitawranow überrascht, und so wurden Mitarbeiter aus Moskau angefordert, um die Situation zu klären. Leider sind die Akten zum Fall John zwar umfangreich, aber arm an Aussagen, und über den weiteren Verlauf der Entführung kann ich nur spekulieren." Das wissen wir zu verhindern. Aber eine Erinnerung Markus Wolfs sollte hier durchaus nicht unerwähnt bleiben: „Auffallend ist, dass mein Freund Wadim Kutschin vom KGB immer sehr einsilbig wurde, wenn ich ihn nach dem Fall John auszufragen begann, und wahrscheinlich scheint mir, dass niemand so recht Lust hat, sich zu der Wahrheit der ganzen Sache zu bekennen."[15]

Nichts Genaues weiß unser Wolf nicht: „Offenbar stand Wohlgemuth in Verbindung zum sowjetischen Geheimdienst", da fragt sich ja eigentlich nur noch, in wessen Auftrag, „und offenbar war er auf die abenteuerliche Idee gekommen, dort Eindruck zu schinden, indem er den obersten Verfassungsschützer als Beute anschleppte und den Sowjets in Karlshorst, dem militärischen Hauptquartier, überreichte." Da würde er im Westen jedoch nicht ohne Schrammen davonkommen. Wenn der Geheimdienstchef der DDR Markus Wolf aber weiß, dass der KGB-Mann Pitawranow erst Mitarbeiter aus Moskau anrief, um ein erstes Verhör durchführen zu lassen, dann hat Wohlgemuth dies auch nicht für den KGB durchgeführt. Wäre das geplant gewesen, hätten sich entsprechende Spezialisten längst in Ost-Berlin aufgehalten. Wolf ergänzt, dass Otto John mit jenem Herrn Kutschin nach der Ausschlachtung dieses Vorfalls durch die Medien der DDR auf eine längere Reise durch die Sowjetunion geschickt wurde, auch wenn von Verhören dort bei ihm keine Rede ist. Es sind schon ganz viele auf eine längere Reise durch die Sowjetunion geschickt worden und sind dann ganz lange nicht mehr nach Hause chauffiert worden.[16]

Um zu erfahren, wie der Text weiterging, fragen wir erneut den Experten Ramge: „Am Morgen des 21. Juli fand Wohlgemuths Sprechstundenhilfe zudem einen handschriftlichen Zettel ihres Chefs. Darauf teilte der Arzt mit, John habe im Osten Gespräche mit Kollegen geführt und sich entschlossen, nicht mehr in den Westen zurückzukehren. Auch Wohlgemuth wolle erst einmal im Osten bleiben, »bis sich die Lage geklärt hat«." Aus dieser Äußerung entnahm ich erst, dass *WoWo* den Zettel schrieb, bevor er sich mit dem schlummernden *OtJo* im Gepäck auf den Weg nach Ost-Berlin begeben hatte. Doch Sefton Delmer vom englischen Geheimdienst schreibt, dass Dr. Wohlgemuth später noch einmal in der Praxis gewesen sei und erst dann den Zettel hinterlegt habe.[17]

Was berichtet Wolf weiter? „Kaum hatte die Bundesregierung am Abend des 23. Juli erklärt, John könne »das Bundesgebiet nicht freiwillig verlassen« haben, übertrug der DDR-Rundfunk eine Ansprache Johns, in der dieser das Gegenteil versicherte." Nur eine Woche danach hielt er am 28. Juli noch so eine Ansprache auf Radio DDR und am 11. August wurde eine Pressekonferenz abgehalten, die man auf Zelluloid anschauen kann. Dort erklärte er freiwillig oder auch nicht: „Ich habe mich nach reiflicher Überlegung entschlossen, in die DDR zu gehen und hier zu bleiben, weil ich hier die besten Möglichkeiten sehe, für eine Wiedervereinigung und gegen die Bedrohung durch einen neuen Krieg tätig zu sein." Er erklärte, er sei politisch unabhängig, und beschuldigte die Bundesregierung, sich durch Dr. Adenauer als „Werkzeug der amerikanischen Politik in Europa" missbrauchen zu lassen, innenpolitisch alte Nazis zu schützen, ehemalige Widerstandskämpfer hingegen zu benachteiligen; als Beispiel führte er die Praxis des Amtes Blank und der Organisation Gehlen an, einstige SD- und SS-Chargen in führender Stellung zu beschäftigen.[18] Vielleicht kann man sich noch an die aufgewühlten Spitzelberichte der Altnazis erinnern, die Gehlen zur Überwachung der Bonner Sterne einsetzt. Als prominente Beispiele für die Anschuldigungen werden Bundesvertriebenenminister Theodor Oberländer, der schon am Hitler-Putsch von 1923 beteiligt war, und Reinhard Gehlen, der gefürchtete Boss der Organisation Gehlen und frühere Chef der „Abteilung Fremde Heere Ost" der Wehrmacht genannt.

Diese Stichworte klingen danach, dass sie ihm in Ost-Berlin in den Mund gelegt worden sind, sodass es mich nicht so erstaunt, dass Sefton Delmer es nicht anders sieht. Er monierte die Politik der Remilitarisierung und Westbindung des Kanzlers Adenauer, die das Ziel der deutschen Einheit gefährde. Bei den Vorwürfen, die John gegen die Bundesrepublik erhebt, ist nichts Neues dabei; es ist vielmehr die Summe jener Kritik, die es im Osten an der Bundesrepublik gibt, diesmal aber aus berufenem Munde, was den völlig berechtigten Vorwürfen noch mehr Glaubwürdigkeit verleihen soll. Dass das *Ziel der deutschen Einheit* zwar seinem Mund, aber nicht seinem Hirn entsprungen ist, lässt sich unter anderem daraus ableiten, dass sich sein ehemaliger Chef beim Soldatensender Calais Sefton Delmer nicht erinnern kann, dass sich Otto John dieses Themas jemals mit Inbrunst angenommen hätte. Dem entspricht ebenso die Wiedergabe Ramges: „Die berühmte Pressekonferenz studierte der KGB drei Wochen lang minutiös mit ihm ein. Die Erklärung las er dann bewusst teilnahmslos vor, um ein Zeichen zu geben. Bei den anschließenden Verhören in Russland gab John nur Banalitäten preis, von denen er wusste, dass die Russen sie ohnehin schon kannten.“[19] Der großartige Aufklärer Thomas Ramge erklärt sogar noch, dass genau dies der Linie entsprach, die der Verfassungsschutz Anfang der 1950er Jahre seinen Agenten für den Fall einer Entführung ausgegeben hatte: zum Schein kooperieren, wichtiges Wissen schützen und auf die Fluchtchance warten.[20]

Markus Wolf versucht sich ein Bild von den Motiven zu machen: „Dieser öffentliche Auftritt schlug in beiden Teilen Deutschlands wie die sprichwörtliche Bombe ein und stürzte den westdeutschen Verfassungsschutz in eine schwere Krise. Johns politische Vergangenheit ließ die Gründe, die er für seinen Übertritt vorbrachte, glaubwürdig erscheinen. Er hatte als ein überzeugter Gegner des NS-Regimes zu den Verschwörern gegen Hitler gehört und hatte im Auftrag Stauffenbergs versucht, Kontakte zu Eisenhower und Churchill herzustellen.“[21]

Hier sind zwei Anmerkungen angebracht. Erstens kann Wolf von Berlin aus nicht einschätzen, ob diese Aktion irgendwen im Westen in eine tiefe

Krise stürzte oder ob das inszeniert war. Wenn Sie an *das Genie Markus Wolf* glauben, lesen Sie seine Memoiren! Zweitens versuchte John, sich nachträglich seinen Reim darauf zu machen, warum London eigentlich auf keinen der unzähligen Versuche von Kriegsgegnern im Auswärtigen Amt einging, den Weltkrieg abzukürzen: „Heute vermutet er, dass seine Botschaften beim britischen Geheimdienst von Kim Philby, dem KGB-Maulwurf, abgefangen und unterdrückt wurden."[22] Aber die Botschaften der anderen deutschen Emissäre in London waren von der Regierung des englischen Weltreiches auch ganz banal ignoriert worden, damit sich die Kontinentaleuropäer noch möglichst lange abschlachten konnten – und die englischen Bomber hatten auch noch einiges vor auf dem Kontinent.

Die nächsten Sätze enden mit einer in Ost-Berlin gängigen Interpretation der Bonner Zustände: „Den tragischen Ausgang des Attentats am 20. Juli 1944 hatte er miterlebt und war über Madrid und Lissabon nach England geflüchtet, wo Sefton Delmer ihn mit Propagandasendungen betraute."[23] Er zählte also nicht zu den beklagenswerten Menschen, deren Namen auf den Wellen der Londoner BBC zwei Tage nach dem Staatsstreichversuch vom Juli 1944 publik gemacht worden waren und die deshalb aufgespürt und viehisch zu Tode gequält werden konnten. Er hatte ja Glück gehabt. „Bei den Nürnberger Prozessen hatte John gegen die Feldmarschälle von Brauchitsch, von Rundstedt und von Manstein ausgesagt. Eine diplomatische Karriere, wie sie ihm vorschwebt, scheitert am Korpsgeist der politisch eindeutig vorbelasteten Ribbentrop-Clique in der Bundesrepublik." Man kann Markus Wolf ganz sicher keinen Vorwurf daraus machen, dass er '54 noch auf die Propaganda und die Pseudo-Enthüllungen von westdeutschen Medien hereinfällt. Es stellt sich nur die Frage, ob er über die folgenden Jahrzehnte und besonders nach 1990 nicht etwas mehr zu den Biografien der Herren im Auswärtigen Amt nach dem unseligen Jahr '33 in Erfahrung bringen konnte. Bis zum Schluss war es den Nazis nicht gelungen, braune Vorstellungen in diesem Hause an Berlins Wilhelmstraße durchzupeitschen. Noch im Herbst 1944 beklagte der Gauleiter Bohle bei Heinrich Himmler, dass unter den 690 hohen Beamten des Auswärtigen Dienstes mehr als 600 noch nicht „den richtigen Glauben" hatten.[24] Und für eine Besserung im Sinne der Nazis blieb da auch nicht mehr viel Zeit. In die Partei eingetreten heißt in Diktaturen erst einmal ganz wenig. Wer könnte das vielleicht noch besser wissen als ein Mitglied der SED?

Bleiben wir hier bei Wolfs Erkenntnissen über John: „Dass er stattdessen zum Präsidenten der Verfassungsschutzbehörde ernannt wurde, die in der britischen Zone ihren Sitz hatte, passte Adenauer und dessen Staatssekretär Globke wiederum nicht. Besonders Globke hatte von Anfang an die Organisation Gehlen favorisiert, mit Sonderrechten versehen und unverhüllt protegiert, während er dem Bundesamt für Verfassungsschutz die kalte Schulter zeigte." Das kann aber auch nicht erstaunen, wenn der Chef der Organisation Gehlen im großen Theaterstück in Bonn die Regie führt und Otto John dem neuen Staat als Laus in den Pelz gesetzt wurde, aber auch ausgerechnet von den Engländern; die haben es ja bitter nötig. Dieser Umstand hatte übrigens schon drei Wochen vor der John-Affäre eine Rolle gespielt, aber dazu kommen wir noch.[25]

Die Abservierung Otto Johns ist bestens geeignet, um In- und Ausländer zu entschuldigen, die das abgekartete politische Spiel in Bonn nicht verstehen können. Natürlich vermuten Außenstehende zwei Lager, eines der Leute, die auch schon unter Hitler hohe Posten innehatten und eines von Gegnern der Herrschaft Hitlers. Wie soll man auf die Idee kommen, dass es noch einmal zwei Lager innerhalb des Widerstandes gab und gibt? Ein plastisches Beispiel liefert Adenauer, der den Dienst Otto Johns in einem Fall tatsächlich nutzte, als er „John eines Tages nach Rhöndorf bestellte – es war dies das einzige Mal – und ihn bat, gewisse Erkundigungen über Jakob Kaiser, den Minister für Gesamtdeutsche Fragen, und dessen Frau einzuziehen."[26] Hätte John Belastendes über Kaiser gefunden, dann wäre Adenauer diesen Deutschland-Freund endgültig losgewesen. Auf die Art hätte gerade er den einen Widerständler gegen den anderen ausgespielt.

Markus Wolf versteht alles: „Als ausgemachte Brüskierung musste John es empfinden, dass man ihm den vormaligen Vizepräsidenten der Organisation Gehlen in sein Amt gesetzt hatte, fraglos als Aufpasser. Vor dem

Hintergrund all dessen erschien ein Übertritt Johns in die DDR als nur zu verständlich. Aus Akten, die ich 1990 einsehen konnte, und aus dem, was John selbst mir bei mehreren Begegnungen 1992 und danach erzählt hat, lässt sich ersehen, dass John tatsächlich entführt wurde und dass die Staatssicherheit der DDR sich ähnlich ahnungslos wie er selbst mit dem unerwarteten Gast konfrontiert sahen, den ihr die Sowjets unversehens präsentierten.“[27]

Thomas Ramge bietet diese Auftritte Johns im Osten auch dar sowie die Reaktionen der unabhängigen westdeutschen Medien, die nun plötzlich entdecken, welchen Vaterlandsverrat der Verschwörer von 1944 bereits damals begangen hatte. So werden Parallelen zwischen der gegen Adolf Hitler gerichteten Widerstandstätigkeit und den Ost-Berliner Vorwürfen Otto Johns gegen die jungfräuliche Bundesrepublik mit *neuen Menschen* zu Bonn herausgearbeitet. Die ganze Bundesrepublik sei von der Aktion unglaublich erschüttert und meint damit wohl das Empörungsmanagement der vollkommen unabhängigen Medien. Aber wenn es hier schon um die westdeutschen Medien in den 1950er Jahren geht, warum spricht Christina von Hodenberg da von „Konsensjournalismus“[28]? Von Marion Gräfin Dönhoff wissen wir schon, dass viele Journalisten gegen das Nazi-Regime waren und darum nach dem Kriege Redaktionsstuben füllten für das beste Deutschland aller Zeiten. Sie sind es dann auch, die den Leuten im In- und Ausland das braune Bild von der jungen BRD unterjubeln.[29]

Auch zwei Wohnungen und ein Büro können John überraschenderweise nicht wirklich von allen Vorzügen des Sozialismus auf deutschem Boden überzeugen, so dass er auf Abhilfe sinnt. Am 12. Dezember 1955 verlässt er eine Veranstaltung der Humboldt-Universität, steigt in den Wagen des dänischen Journalisten Henrik Bonde-Henriksen und fährt mit diesem Retter durch das Brandenburger Tor nach West-Berlin. Dass es dem Otto John nicht so gut bei uns im Osten gefallen hat, dass er ernsthaft für den Rest seiner Jahre hier im Exil bleiben will, amüsiert den greisen Kanzler in Rhöndorf königlich. Über den Moment, in dem er erfährt, dass er aus der DDR nun wieder geflohen ist, sagt er später: „Ich habe lange nicht so gelacht, wie in diesem Augenblick." Seinem Lachen entnehme ich, dass der gute Mann sehr wohl von Bonn abgeschoben worden war, und dass man Vorsorge getroffen hat für den Fall, dass dieser arme Wicht zurückkommt – im festen Glauben, der KGB hätte ihn entführen lassen.[30]

Der Rechtsstaat tobt sich aus

Man kann auf keinen Fall sagen, dass es Otto Johns beste Idee im Leben war, ausgerechnet in die Bundesrepublik zu flüchten. In den Wäldern der sibirischen Taiga hätte er wirklich ausgiebiger „spazieren gehen" können. In der schönen Bundesrepublik steht alles für seine mediale Hinrichtung durch den Bundesgerichtshof und den Konsensjournalismus bereit, auch wenn man ihm nicht wirklich etwas ans Zeug flicken kann.

Hatte sich der Ex-Verfassungsschutzpräsident im Osten nicht doch strafbar gemacht? „Im Laufe des Verfahrens konnte John nicht nachgewiesen werden, tatsächlich Staatsgeheimnisse ausgeplaudert zu haben. Er hatte keine geheimen Dokumente, zum Beispiel eine Liste der Mitarbeiter des Verfassungsschutzes, in die DDR geschmuggelt. Mit Interna über den geplanten Aufbau der Europäischen Verteidigungsgemeinschaft, an denen die Russen brennend interessiert waren, konnte John ebenfalls nicht dienen, er war nicht eingeweiht." Kein Wunder. „Auch war nach seinem Abtauchen im Osten kein westdeutscher Agent enttarnt worden." Über den Prozess gegen John, der '56 geführt wird, erklärt der Experte: „Die Richter griffen auf § 100a des Strafgesetzbuches zurück. Dieser stellte unter Strafe, einen Sachverhalt zu erfinden, der ein Staatsgeheimnis darstellen würde, wenn er denn wahr wäre. Will sagen: John wurde verurteilt, weil er der Öffentlichkeit Lügen über die Bundesrepublik aufgetischt hat, die, wären sie keine Lügen gewesen, Geheimnisse enthüllt hätten." Ja, worin bestand nochmal die Kritik an der DDR-Justiz?[31]

Apropos Justiz der DDR: Über den abgekanzelten Chef des Verfassungsschutzes wurde vor dem Verfahren ein psychiatrisches Gutachten erstellt und dieses Produkt „attestierte dem ehemaligen Verfassungsschutzpräsidenten eine »in mancher Beziehung nicht ausgereifte, fast noch knabenhafte Persönlichkeit«. Er neige zu Selbstüberschätzung, Geltungssucht, besitze eine spielerisch oberflächliche Veranlagung, dafür aber ein gehöriges Maß an schauspielerischen Fähigkeiten. Die Anklage kam zu dem Schluss: »Hier ist die Persönlichkeit die Tat und die Tat die Persönlichkeit.«“[32] Fragen Sie Leute, die in der DDR so einen Wisch verpasst bekommen haben. Das hörte sich kein bisschen anders an und denen hat nach dem Urteilsspruch ja auch kein Einspruch mehr geholfen. Aber das darf man im besten Deutschland aller Zeiten ja auch nicht laut sagen.

Unfassbar ist es für Sefton Delmer, dass Otto John von einem Bundesgericht verurteilt wird, das „ein Gerichtshof ganz besonderer Art [ist], der sich mit keinem Gericht in irgendeinem zivilisierten Staat der westlichen Welt, dem es um Recht und Gesetz zu tun ist, vergleichen lässt.“ Empört konstatiert er, es sei ein Gericht zugleich erster und letzter Instanz, und gegen die Urteile, so anfechtbar sie auch sein mögen, sei kein Einspruch möglich. „Zweifellos musste eine solche Institution den Polizisten und Richtern, von denen so viele unter Hitler gedient hatten, sehr praktisch und zweckmäßig erscheinen.“ Aber solange so ein Gerichtshof existiere, spreche zumindest er dem Bundeskanzler das Recht ab, diese Republik als eine Demokratie zu bezeichnen, so gewissenhaft sie auch die Rituale einer parlamentarischen Regierungsform einhalten mag.[33]

Dieser wütende Brite fühlt sich unter anderem durch Walter Poller, den Herausgeber der Westfälischen Rundschau bestätigt, der am 16. Oktober 1957 in seiner Zeitung schreibt: „Die mir vorliegende mündliche Urteilsbegründung ist das erschütterndste Dokument, das ich seit dem Zusammenbruch des Naziregimes in den Händen gehalten habe. Wenn mit solchen Argumenten und mit solchen unzulänglichen Beweisen jemand zu vier Jahren Zuchthaus verurteilt werden kann, dann hat die Demokratie alle Ursachen, aktiv zu werden.“[34] Das tut sie jedoch nicht.

Der Jurist und SPD-Abgeordnete Dr. Adolf Arndt wird vom Spezialisten Ramge in der Art wiedergegeben, dass es ihm unverständlich sei, wie die Annahme, dass Otto John freiwillig in die Sowjet-Zone gegangen sei, auf derartigen Argumenten basieren könne. Die psychologische Begründung sei „primitiv, dilettantisch und weltfremd", sie sei „so erschreckend, dass sie geradezu ein Beispiel dafür bilden kann, wie man als Richter nicht argumentieren darf." Da die Bundesrepublik, wie weithin bekannt ist, eine Monarchie ist, ist Adolf Arndt auch der *Kronjurist der SPD-Fraktion* des Bundestages. Hat er in dieser erlauchten Position auch die Einrichtung einer Berufungsinstanz gefordert? Wie viele andere sitzt auch er auf der sicheren Oppositionsbank. Es ist zwar schön, dass man in diesem Staate fast jede Meinung äußern kann; das hätte jedoch nur dann einen Effekt, wenn das auch irgendetwas bewegen würde.[35]

In seiner Zelle kann sich der Delinquent fortan Tag für Tag sein Gehirn zermartern und überlegen, was er vielleicht nicht richtig gemacht habe. Er könnte aber auch einfach einsehen, dass sich in Bonn alle versammelt haben, die am besten wissen, wie es mit „Deutschland" weitergehen soll, und dass er da gestört hat. Nach seiner Freilassung bemüht sich John bis ans Lebensende vergeblich um die Rehabilitierung. Prominente Politiker wie Herbert Wehner, Willy Brandt und Franz Josef Strauß setzen sich für eine Wiederaufnahme des Prozesses ein, wird es später heißen. Aber Sie erinnern sich gewiss daran, wie Franz J. Strauß 1953 erfolglos Einspruch erhoben haben will gegen den Rauswurf jenes „vaterländischen, antiklerikalen" Thomas Dehler? Und was den einstigen KPD-Genossen Herbert Wehner anlangt, muss man gewiss keine alten Geschichten aufwärmen. Hier genügt ganz banal wieder der Verweis darauf, dass er der „Opposition" im Bundestag angehört. Von den Oppositionsbänken aus kann man in Bonn am Rhein so ziemlich alles sagen, ohne an der politischen Linie etwas zu ändern.[36] Mit einem gewissen zeitlichen Abstand wird sich bald zeigen, dass kein Regierungswechsel etwas an den Grundfesten der Linie in Bonn ändert. Otto John bleibt über alle „Veränderungen" hinweg eine Unperson wie bei Genossen Stalin, verurteilt bleibt verurteilt und an der Linie der Zerlegung des Deutschen Reiches wird nicht gerüttelt.

Die Weltmacht am Rhein legt sich mit der Welt an

An der John-Affäre lässt sich Bonns Konflikt mit den Alliierten zeigen. Sefton Delmer erklärt, dass auch die Zuständigen bei den Amerikanern und Franzosen von der Zuverlässigkeit Otto Johns ausgingen – nämlich wegen seiner Propagandatätigkeit für die Anti-Kriegs-Sender der Briten – und deshalb nichts gegen seine Ernennung zum Chef des Verfassungsschutzes hatten. Doch genau da liegt auch der Hase im Pfeffer und zeigt, dass die Linie in Bonn den Linien der westlichen Alliierten widerspricht. Otto Johns ehemaliger Londoner Chef Sefton Delmer war empört über den gesamten Vorgang. Drei Wochen *vor* dem ominösen Verschwinden des Spitzenbeamten hatte Bundesinnenminister Dr. Gerhard Schröder am 28. Juni den Dr. Otto John für nicht weiter haltbar erklärt, nachdem die BRD ihre volle Souveränität habe, da er doch ein Mann mit geteilter Loyalität sei – und zwar geteilt zwischen *Great Britain* und der Bundesrepublik Deutschland! Wie kommt es eigentlich, dass man sich gerade in solchen Momenten durch den Kopf gehen lässt, was im Vorfeld alles vor sich gegangen war? Die Sowjets kannten diese Entgleisung des Ministers und hatten John nahegelegt, das in seiner Erklärung zu erwähnen.[37]

Klar formuliert wird das Kernproblem später von Heinz Felfe: „Da Köln in der britischen Zone lag, war es natürlich, dass die Engländer nicht nur Hilfe beim Aufbau des BfV [des Bundesamtes für Verfassungsschutz] gewährten, sondern auch Einfluss auf dieses Sicherheitsorgan der jungen Bundesrepublik zu gewinnen trachteten. Immerhin besaßen die Briten – man kann sagen, über Jahrhunderte – Erfahrung; ihr Nachrichtendienst MI 5 hatte in Fachkreisen einen legendären Ruf." Den Freunden von der Insel geht es darum, ihren Einfluss in dem Feld zu sichern, denn dass die Organisation Gehlen unter amerikanischem Patronat allein die Geheimdienstszene beherrschen würde, das könne nicht im britischen Interesse liegen, so Felfe.[38]

Zu ungeschickt für überzeugende Lügen

So viel zum Rahmen dieser Vorgänge. Kommen wir nun zum Labersülz, der darüber abgesondert wird und sich durch ebensolche Darstellungen selbst unglaubwürdig macht. Wer es mit den Menschen gut meint, wird ja niemanden fälschlich und bewusst mit einem Verdacht belasten. Diese voreingenommenen Erzählungen, die dazu nachträglich geliefert werden, stinken auf jeden Fall zum Himmel. Da lese ich bloß ein paar Zeilen und mir wird ziemlich blümerant vor Augen: „Sein früherer Chef beim Soldatensender Calais, Sefton Delmer, widmete John im 1962 erschienenen zweiten Teil der Memoiren *Die Deutschen und ich* die Kapitel 60 und 62, in denen er John als Märtyrer präsentiert, der als Überlebender des Widerstandes gegen Hitler bei den tonangebenden Politikern und Beamten jener Zeit zum »Prügelknaben« und »ersten Opfer des Vierten Reichs« geworden sei.“[39] Um dieser Darstellung zu widersprechen, müsste man wenigstens versuchen, nicht die offizielle Darstellung des Falles zu verteidigen, sondern abwägen, wer in welcher Hinsicht mehr oder weniger recht hat oder eben umgekehrt auch hinterfragt werden muss.

Wenn ich die Sprache Ramges nicht bis dahin bereits für unglaubwürdig gehalten hätte, wären mir spätestens dann Zweifel gekommen, als ich ein nachgebessertes *Zitat* gefunden habe, das er zur Argumentation für seine populärwissenschaftliche Darstellung umgearbeitet hat. Lesen Sie genau, was er hier *übersetzt*: „Auch Sefton Delmer, einst Johns Chef beim britischen Soldatensender, hielt ihn für gänzlich ungeeignet. Um in seinem Amt zu reüssieren, hätte John »entweder ein Mann von rücksichtsloser Entschlossenheit sein müssen, mit der Haut eines Elefanten und einer aalglatten diplomatischen Geschmeidigkeit – der er nicht war – oder aber ein unterwürfiger Opportunist – der er ebenso wenig war.«“ Es ist wohl wahr: *gänzlich ungeeignet* klingt echt nicht besonders ermutigend. Aber lesen Sie das doch noch einmal unter dem Gesichtspunkt, dass sich Sefton Delmer hinter die Einschätzung gestellt hat, dass Otto John zum *Prügelknaben* und zu dem *ersten Opfer des Vierten Reichs* geworden sei. Es ist nicht zu fassen, genau *den* Sefton Delmer zieht Thomas Ramge als

Kronzeugen heran, um eine mangelnde Eignung Johns für sein Amt zu belegen. Das ist dreist. Nehmen Sie sich Delmers originale Autobiographie, um zu sehen, warum jener englische Geheimdienstmann tatsächlich den Chef des Verfassungsschutzes möglicherweise für so ungeeignet erachtet hat: „For to survive as President of the newly created »Federal Office for the Protection of the Constitution« Otto John had either to be a man of ruthless resolution with the hide of an elephant and an eel-like diplomatic nimbleness – which he was not or an obsequious opportunist prepared to trim his sails to the wind of change now beginning to blow over Germany. And that he was not either." Der Satz begann also mit den Worten: Um als Präsident des neugeschaffenen Verfassungsschutzes zu überleben, hätte er entweder . . . Es ging überhaupt nicht darum, ob er vielleicht Erfolg haben würde oder nicht, sondern ganz technisch um das Überleben in diesem Amt. Der Grund, warum Delmer ihn für ungeeignet hielt, wäre ersichtlich geworden, hätte der Experte Ramge nicht auch das Ende des Satzes weggelassen.[40]

Am Ende des Satzes hieß es: „oder ein unterwürfiger Opportunist, bereit seine Segel nach dem Wind der Veränderung, der jetzt über Deutschland blies, auszurichten." Dafür nahm er den Folgesatz „Und das war er auch nicht." hemmungslos als Satzende des ersten. Ungeeignet schien er somit zu sein, weil er sich nicht durchsetzen konnte gegen wirkliche oder eher vermeintliche alte Nazis, die Sternchen aus den Jahren der Diktatur, die ihm das Leben in dem Amte schwer machten. Der gute Reinhard Gehlen soll bei der Gelegenheit den Ruf eines Alt-Nazis gefestigt haben mit dem Ausruf: „Einmal ein Verräter, immer ein Verräter!"[41] Das stößt dann auf eine Öffentlichkeit, die nicht wissen kann, dass eine Ausarbeitung für das Attentat auf Hitler vom Vormittag des 20. Juli '44 in einer Schublade des Verschwörers Reinhard Gehlen selbst lag.[42] Langer Rede kurzer Sinn: In Delmers Formulierung ist von gänzlich ungeeignet also überhaupt keine Rede. Der oberschlaue Experte hat einfach zwei Sätze bei Delmer geklaut und missbraucht, um unterzubringen, dass er auch von englischer Warte aus angeblich gänzlich ungeeignet erschienen sei. Mit solchen Tricks und Kniffen sollte man nicht versuchen, die Leute hinters Licht zu führen.

Eine Anmerkung ist an dieser Stelle angebracht. Die Verunstaltung des Originaltextes zum Zwecke der Umdeutung um 180 Grad lässt in meiner Wahrnehmung ausschließlich den Schluss zu, dass der Autor vorsätzliche Geschichtsklitterung betreibt. Es wird also unter dem Tisch gehakelt, um auf Biegen und Brechen die staatsoffizielle Bonner Darstellung in diesem dubiosen Fall nachträglich zu stützen. Welches Verständnis hat aber ein Historiker, Publizist oder Journalist von seinem beruflichen Auftrag, der einen Fall nicht aufklärt, sondern verklärt, um Spuren zu verwischen?

Übel dürfte es sich nicht nur auf Markus Wolfs Gedankenwelt auswirken, dass die Bundesrepublik den Eindruck erweckt, dort würden braune Seilschaften das Kleindeutsche Reich Adenauers regieren. Fatale Folgen sind auch bei den Kindern zu erwarten, die in den 1950er und 1960er Jahren ihre geistige Prägung abbekommen. Das dicke Ende dürfte ab dem Ende der sechziger Jahre zu erwarten sein und wehe, wenn diese verdummten Kinder irgendwann einmal Kinder bekommen. Heilige Mutter Maria.

Es ist sehr unangenehm tendenziös, dass später suggeriert wird, dass die *Straftat* so schrecklich war, dass man den *Delinquenten* gewissermaßen am liebsten für immer in den Knast wegsperren wollte: „In der Bundesrepublik wurde er wegen Landesverrats angeklagt – was ihn anscheinend überraschte – und vom 3. Strafsenat des Bundesgerichtshofs in Karlsruhe am 22. Dezember 1956 zu vier Jahren Zuchthaus verurteilt." Wolf sagt, dass es nicht so schlimm kam: „Dass er zu vier Jahren Zuchthaus wegen Landesverrats verurteilt und erst nach achtzehn Monaten Haft begnadigt wurde, hat ihn zeitlebens erbittert, und bis zu seinem Tod kämpfte er um seine Rehabilitierung und um die Aufhebung des Urteils." Da stellt man sich ja bloß noch eine Frage: Sind die großen Experten schwach in Mathe? Und welchen Grund könnte Markus Wolf haben, in dieser Angelegenheit zu lügen? Delmer bestätigt, dass er im Sommer 1958 entlassen wird. Otto John hat 37,5 Prozent seiner Haftstrafe verbüßt. Nach einem obligatorischen Spektakel für das Publikum wurde er einfach wieder entlassen und Bonn war ihn los; Ende gut, alles gut. Danach konnte er ganz in Ruhe in seinem Häuschen erbittert sein und immer wieder neu Anlauf nehmen, um für seine Rehabilitation zu kämpfen. Bei der unabhängigen Justiz der Bundesrepublik wird er da keinen Stich sehen. Aber da hat er wenigstens immer etwas zu bequackeln mit seiner lieben Frau.[43]

Thomas Ramge legt seinem Propagandatext auch noch *das rote Tuch* bei, durch das sich kein Westdeutscher mehr wagt, seine offizielle Wahrheit anzuzweifeln: „Der Fall John war die erste große deutsch-deutsche Spionageaffäre. Spannend, durchtrieben, mysteriös. Ein gefundenes Fressen für *Verschwörungstheoretiker* und Freunde von Agentenkrimis." Genau. Aber Immanuel Kant sagte, man solle sich seines eigenen Verstandes bedienen, auch wenn die Experten für die Propaganda ihre Wahrheit schon für das *Non plus Ultra* ausgegeben haben. Na ja, diese Ergänzung konnte erst erfolgen, nachdem Kant das Zeitliche schon gesegnet hatte.[44]

Nachdem der Zeitzeuge Heinz Felfe die Jahre im West-Knast abgesessen hat und in die DDR entlassen worden ist, veröffentlicht er, mit einer gehörigen zeitlichen Verzögerung, Mitte der 1980er Jahre seine Memoiren. Für das Bravourstück darin halte ich seine 1986er Darstellung der Otto-John-Affäre. Es gelingt ihm, dem in die bitterlich-süße Freiheit der DDR ausgetauschten *Agenten*, in diesem Werk Otto John als Opfer alter Nazi-Seilschaften in Bonn zu präsentieren, ohne die offizielle Bonner Sicht in Frage zu stellen, nach der Otto John von keinem zu uns entführt wurde, schon gar nicht von *WoWo*. John ist vor dem Mobbing geflüchtet; das ist Meisterklasse. Der sowjetische KGB war nicht böse zu John – jenes Buch soll ja in der DDR verkauft werden; Ost-Berlin bekommt, was es über die BRD hören mag, und in Bonn tut er so keinem weh. Dass es in Bonn seit 1949 vor Nazis nur so wimmelt, ist letztlich noch nach der Jahrhundertwende Teil der gängigen Propaganda in unserem Land. Dass Felfe Unfug erzählt, kann man Mitte der achtziger Jahre nicht wissen, aber er selbst weiß es, denn er kennt die Sternchen* schon aus den Jahren der Diktatur.

An einer Stelle verfälscht er jedoch eine Darstellung, was jemand neben Wolf hätte bemerken können. Während der britische Journalist Sefton Delmer 1962 in *Die Deutschen und ich* auf der Seite 701 schreibt, er habe mit John „in einer Art Restaurant über dem Haus der deutschen Presse in Ostberlin [...] weder ein langes, noch ein besonders ausführliches oder privates Gespräch" führen können, verdreht Heinz Felfe alles und macht *ihn* zum Kronzeugen Seiner Version: „Sefton Delmer war es dann auch, der nach seiner Rückkehr aus Berlin als erster berichtete, dass Otto John nicht den Eindruck mache, unter Druck zu stehen." Das ist ja primitiv. So einfach sollte man es Kritikern vielleicht nicht machen. Delmer hatte im Detail geschildert, dass ein freies Sprechen nicht möglich gewesen sei, da fast die ganze Zeit ein gewisser Dr. Girnus sowie ein sowjetischer Offizier zugegen waren. Wie kam der Herr Felfe dann zu der Aussage, Herr John habe nicht den Eindruck gemacht unter Druck zu stehen?[45]

Als Meister Felfe seine Abhandlung dieser Affäre bereits abgeschlossen und der Leserschar „Einsicht in die Wurzeln der reaktionären Politik der Bundesrepublik" gewährt hat, wozu ihm jene Affäre genug Stoff bot, holt er noch einmal richtig Luft und ergänzt: „Ein Moment am Rand des Geschehens des Falls John ist seine Haltung mir gegenüber gewesen. Auch dies möchte ich dem Leser nicht vorenthalten, weil es die politische Labilität von Otto John charakterisiert."[46] Nun soll vielleicht nicht gerade jemand, der aus der evangelischen Jugend kommend dem Nationalsozialistischen Schülerbund (NSS) beitrat, 1932 HJ-Scharführer wurde, dann eine satte Karriere unter Hitler hinlegte, sich nach dem Untergang des Reiches für die „Demokratur Adenauers"[47] engagiert hat und nach dem Knast für die größte DDR auf der Welt Propaganda macht, über „politische Labilität" aufklären. Aber lauschen wir ihm: „John hat nach meiner Verhaftung einmal in einem Presseinterview erklärt, dass ich der Anlass seiner »Entführung« gewesen sei, denn ich hätte damit abgedeckt und geschützt werden sollen. Seine Theorie war, die von mir preisgegebenen BND-Agenten in der DDR und in der Sowjetunion seien vom Osten verhaftet worden, und man habe die Gelegenheit genutzt, diesen Vorgang ihm, Otto John, zuzuschreiben, um die Quelle Felfe zu schützen. Diese Schutzbehauptungen waren so dumm, dass sie sogar ein Nichtfachmann durchschauen musste." Es tut mir wirklich leid, aber ob nun Fachmann oder auch nicht, es wäre nicht schlecht, wenn er ausformulieren könnte, was daran so dumm wäre. Sein Psalm geht jedoch noch eine ganze Weile in dieser Machart weiter und schließlich kommt er zu der „objektiven Betrachtung der Persönlichkeit Otto Johns“, die nicht gut ausfällt, und beschließt das mit den Worten: „In seinen Memoiren maß er [K. Adenauer] Otto John keine Bedeutung bei. Jedoch nahm er Stellung zu den Problemen jener Tage, darunter zur Wiedervereinigung Deutschlands.“ So bekommt so ein Experte wie Heinz Felfe die Kurve zu einem neuen Thema. So schnell wie ein Wiesel und so elegant wie ein Reh. Mich überzeugt die Darlegung allerdings nicht.[48]

Wenn mich nicht alles täuscht, ist sein Nachtrag in dieser Sache freilich präzise eine Einlassung zu viel. So erinnerte ich mich überhaupt erst an folgende Passage bei dem BND-Kollegen Oscar Reile, der in einem völlig anderen Zusammenhang schreibt: „Bereits vor diesem Fall – im Winter 1952/53 – hatte ich General Gehlen zwei Verdachtsmeldungen gegen den in einer Außenstelle der »Org« [der Organisation Gehlen] tätigen Heinz Felfe, einen ehemaligen SS-Obersturmführer, vorgelegt, in denen ich darauf hinwies, dass die Meldungen auf Feststellungen beruhten, die vom Verfassungsschutz in Düsseldorf getroffen waren. Mit diesen Meldungen befasste sich anschließend auftragsgemäß die Sicherheitsabteilung der »Org«. Zu meinem und anderer Mitarbeiter Erstaunen wurde Felfe trotz der vorliegenden Verdachtsmeldungen in die Zentrale der »Org« geholt und ausgerechnet der Abteilung Gegenspionage zugeteilt. Felfe gewann sehr bald das Vertrauen Gehlens, während mein Stern beim hohen Chef zu sinken begann.“ Ganz bestimmt? Ei der Daus! Ist Oscar Reile im Ernst so überrascht, wie er sich hier gibt? Hat ein Mitarbeiter des *Verfassungsschutzes* einen Anfangsverdacht gegen Felfe geäußert, der wegen dessen Tätigkeit beim BND Chefsache wurde? Kam auch Otto John zu der Überzeugung, dass man den BND in der Sache ins Bild setzen musste? Gab es 1953/54 Auseinandersetzungen zwischen John und Gehlen über den Fall Felfe? Dass es da Spannungen gab, drang bis an die Ohren unseres Wolfs in Ost-Berlin; auch Felfe berichtete davon. War also Felfe der ganz akute Grund, warum Otto John aus dem Verkehr gezogen wurde? Darauf kann ein feines Detail hinweisen, dass Felfe selbst lieferte. Wie es der Zufall so wollte, „wurde mein Führungsoffizier »Alfred« zum Dolmetschen kurzfristig in die Villa, in der Otto John saß, abkommandiert", erinnerte sich der gute Heinz Felfe. Die Schlinge wird straffer, wenn James Critchfield von der CIA konstatiert, dass sein Kollege Thomas Wesley Dale schon am 24. Juni und am 13. Juli 1954 je ein Dossier schrieb, in dem er von einem Verdacht bei Herrn Felfe ausging. Im Juli wurde es somit langsam ernst und der Jahrestag des Attentats vom 20. Juli stand direkt bevor. Damit kommen wir zur *conclusio*.[49]

Otto John fällt aus der Wertung

Stecken wir nunmehr den Rahmen ab. Bei vollem Bewusstsein hätte Otto John die Demarkationslinie nicht überschritten, sondern auf eine nicht so riskante Weise Kontakt mit der Führung in Ost-Berlin aufgenommen, gesetzt den Fall, dass er das tatsächlich gewollt hätte. Und jetzt im Ernst, was hätte er von Ost-Berlin aus „für eine Wiedervereinigung und gegen die Bedrohung durch einen neuen Krieg" denn machen können? Betäubt war er jedoch nicht in der Lage, nach Ost-Berlin zu kommen. Es handelte sich also um eine Entführung, was auch die Frage der Freiwilligkeit klärt. Wer sagt, John sei ja vielleicht doch nicht betäubt gewesen, den verweise ich auf den vorherigen Gedanken. Wenn es sich allerdings dabei um eine Entführung handelte, gibt es eine Reihe von möglichen Auftraggebern.

Es ist tendenziell eher unwahrscheinlich, dass die Familie ihn loswerden wollte. Nachdem wir einige weitere Varianten verworfen haben, kommen wir auf die europäischen Geheimdienste. Welches Motiv kann beispielsweise ein westlicher Dienst gehabt haben? Gut. Dass sie in London, Paris und Washington hinter ihm standen, ist klar. So eine Entführung konnte auch von unserer Staatssicherheit und vom KGB organisiert worden sein. Welches Szenario ergibt sich dann? Ein Beamter aus der Bundesrepublik in höchster Stellung wird betäubt und gegen seinen Willen in den Osten verbracht. Dort warten dann Männer von irgendeinem geheimen Dienst und hoffen, dass dieser Mann nicht tobt und herumschreit, sondern ohne Umstände in die Sonne des Ostens überläuft und glücklich in die Kamera blinzelt. Also wissen Sie. Eine Entführung durch einen östlichen Geheimdienst hätte Sinn gemacht, wenn es darum gegangen wäre, Otto John aus irgendeinem Grunde vor Gericht zu stellen. Nein – ich denke, es gibt eine realistische Erklärung für diesen recht mysteriösen Vorfall. Gern gesehen war dieser Herr John in Bonn vom ersten Tag an nicht. Schon mit der erwähnten Einlassung vom 28. Juni hatte Bundesinnenminister Schröder vorab angekündigt, dass die Adenauer-Regierung Otto John bei nächster Gelegenheit aus seinem Amt entfernt wissen wollte. Als ich auf der Suche nach einschlägigen Detailüberlieferungen zu jenem legendären Reinhard Gehlen war, stieß ich nach einer inhaltlich identischen Überlegung von Markus Wolf in dem Büchlein *Geheimdienste in der Weltgeschichte* des nächsten Hyperexperten für die wahre Geschichte Wolfgang Krieger auf die nachfolgende Passage: „Doch es gelang Adenauer zunächst nicht, den personalpolitischen Einfluss der Westalliierten zu verhindern. Als 1950 zum Schutz gegen innere Subversion das Bundesamt für Verfassungsschutz eingerichtet wurde, musste er den von der britischen Besatzungsbehörde favorisierten Otto John an die Spitze berufen. Diese Besetzung war in Bonn kontrovers, ja sie wurde praktisch gegen den Willen der Regierung getroffen und demonstrierte einmal mehr, wie unselbstständig die Regierung Adenauer in Sicherheitsfragen war." Es wird schon so sein, unselbstständig – aber nicht unbeholfen.[50]

Lassen Sie mich einen Tipp abgeben, was sich am Abend des 20. Juli '54 in Berlin abgespielt hat. Wolfgang Wohlgemuth kannte durch Felfe jenen „Alfred" vom KGB. Im Vorfeld der Gedenkveranstaltung lud er Otto John zu sich ein, angeblich um ihm das gewünschte Attest auszuhändigen, gab ihm den mit einem Schlafmittel versetzten Kaffee und fuhr mit ihm nach Karlshorst, wo Otto John irgendwann aufwachte. Bei der Ankunft in Ost-Berlin stand John nach Wolf und seiner eigenen Angabe unter dem Einfluss eines oder mehrerer Rauschmittel. John selbst hat von einem Gang zur Toilette und einem anschließenden Kaffee gesprochen. Ich stelle es mir übrigens unschön vor, wenn einer in so eine Mühle hineingerät und ihm hinterher kein Mensch glaubt. Von einer Tasse Kaffee sprach allerdings auch Thomas Ramge. In der Darlegung durch Felfe kam Otto John übrigens „stark angetrunken auf dem Parkplatz der Berliner Charité an und bat um Kontakt mit der sowjetischen Seite“. Vollkommen freiwillig. Ohne Entführung. „Als Wohlgemuth eines Tages ankündigte, dass John zum Besuch im Osten bereit war, blieb die Frage offen, warum eigentlich? Heute wissen wir, dass Wohlgemuth seinen Auftrag überzogen und den labilen Otto John politisch in diese Richtung gedrückt hatte.“[51]

Aber klar doch. Da bleibt bei mir keine Frage mehr offen. Die Charité ist ein Krankenhaus. Wer da nach den Russen fragt, wird bestimmt eher in die geschlossene Psychiatrie geschickt – jedoch nicht wegen Labilität. In Karlshorst gab *Wowo* Otto John bei Felfes Führungsoffizier „Alfred“ ab. Als Otto John in Ost-Berlin aufgewacht war und begriffen hatte, dass er geleimt worden war, hielt er sich offenbar an das Reglement für den Fall einer Entführung, und nutzte nach gut einem Jahr im Osten eine Chance zur Flucht in den Westen. Das setzt jedoch voraus, dass er bis zu diesem Zeitpunkt oder bis zum Schluss glaubte, Wohlgemuth hätte das für den KGB getan. Sonst wäre er wohl eher nach England geflüchtet. Es ist vorstellbar, dass später auch im Osten mit Chemie nachgeholfen wurde. Dafür spricht, dass Wolf berichtete, der KGB sei in diesem Zusammenhang stets wortkarg geworden. Dagegen spricht allerdings, dass Sefton Delmer nach Johns Rückkehr in die BRD mit ihm gesprochen hatte und in seiner Darstellung 1962 schrieb, es seien keinerlei Drogen bei ihm angewendet worden – „However no drug was ever used on him.“ Zumindest seien im Osten keine Drogen verwendet worden, denn Sefton Delmer war davon überzeugt, dass Otto John nicht bei klarem Sinn über die Sektorengrenze gekommen war. Entsprechend empört war er auch, dass ein Zollbeamter ausgesagt hatte, er habe das Fahrzeug mit Wohlgemuth und John an der Sandkrugbrücke gesehen und John sei bei Bewusstsein und vergnügt gewesen – „conscious and cheerful“. Delmer schrieb, dass jener Beamte angegeben hat, er hätte die beiden identifiziert, bis bewiesen wurde, dass er sie auf Zeitungsbildern gesehen hatte. Er wollte sich sogar noch an die letzten drei Ziffern des Nummernschildes erinnert haben, bis ein Kreuzverhör ergab, dass er seine Weisheit aus einem Rundschreiben hatte, das die Berliner Polizei an Anwohner ausgeteilt hatte. Als sich herausstellte, dass Wolfgang Wohlgemuth, alias WoWo, überhaupt nicht an der Sandkrugbrücke, sondern am Brandenburger Tor über die Sektorengrenze gefahren war, fiel dieses Konstrukt endgültig in sich zusammen. Da dieser Dr. Wolfgang Wohlgemuth den Zettel auf dem Tisch hinterlassen hatte, gab es einen Beleg für Johns Aufenthaltsort. So waren gleich zwei Fliegen mit einer Klappe geschlagen: Reinhard Gehlens Verbindungsmann zum KGB Heinz Felfe kam aus der Schusslinie heraus und Verfassungsschutzpräsident Otto John war endlich aus dem Rennen. Ende gut, alles gut.[52] Bei Thomas Ramge habe ich noch einen nützlichen Tipp gefunden, wie ich meine Haushaltskasse ein kleines bisschen aufbessern könnte: „Die 500.000 Mark Belohnung, die Innenminister Schröder zur Klärung des Falls im Jahr 1954 aussetzte, hat sich bislang niemand verdient."[53] Mal sehen, ob ich die alten Scheine jetzt bekomme.

Bloß der Vollständigkeit zuliebe: Was wird aus Wolfgang Wohlgemuth? Als er am 12. Februar 1958 eine Freundin in West-Berlin besuchen will, wird er verhaftet und wegen illegaler Kontakte in den Osten angeklagt. Während John über Monate einsitzt, wird Wohlgemuth auf Kaution freigelassen. Nach einer Verhandlung wird das Verfahren gegen ihn niedergeschlagen. Die Richter befinden nunmehr, dass Dr. Wohlgemuth Herrn John nicht entführt haben konnte, da Dr. John ja für schuldig befunden worden war, aus freien Stücken nach Ost-Berlin gegangen zu sein. Mag ja sein, dass das schon schräg klingt, aber mir stellt sich an der Stelle gleich noch eine Frage: Weshalb wird er wegen der Zeit beim KGB in Ost-Berlin nicht strafrechtlich belangt? Wir sind doch im Kalten Krieg und in dieser Klage ging es doch angeblich um die illegalen Kontakte in den Osten und nicht um die Frage, ob er jemanden in den Osten verfrachtet hatte!?[54]

Als ob es noch eines Beleges bedürfte

Sefton Delmer ist sich auch deshalb völlig sicher, dass Otto John nie im Leben freiwillig unter die Fittiche der Kommunisten wollte, weil er davon weiß, dass im März 1954 ein Versuch dieser Spezialisten, Otto John *für ihre Sache zu gewinnen*, gescheitert war. Delmer erinnert sich, mit welch einer Verachtung John den Antrag zurückgewiesen hat. Als Abgesandter der Kommunisten hat Wolfgang Gans Edler von und zu Putlitz fungiert, der als Beamter im Auswärtigen Amt in einer braunen Vorzeit Spionagedienste für England geleistet hatte und John bei Sefton Delmer später in Milton Bryan kennengelernt hat. Ich hatte Sie in den Bänden über die Jahre bis 1945 immer auf die Sternchen* aufmerksam gemacht und sie darauf hingewiesen, dass Sie diesem Typus nach dem Kriege in wichtigen Posten wiederbegegnen würden. Voilà – hier ist wieder einer von ihnen. Da der Engländer Delmer so wenig wie der gute Markus Wolf versteht, was in Bonn gehauen und gestochen ist, ist es gar kein Wunder, dass er nicht verstanden hat, warum der Spross einer alten Adelsfamilie aus der Mark Brandenburg nach dem Kriege aus ganz freien Stücken in die sowjetische Zone Deutschlands ging. Naja, er hat es auf jeden Fall als „Heimweh nach seinem Familiengut“ falsch interpretiert. Sefton Delmer schreibt, der Herr von Putlitz habe seinen englischen Pass zerrissen, mit dem jener geheimnisumwitterte C, also der Londoner Geheimdienstchef, ihn einst für seine Dienste belohnt hat, und anstatt die Gärten des geliebten Familiengutes zu pflegen, stellte er seine Erfahrung als Diplomat den Kommunisten zur Verfügung. In der Wahrnehmung des Engländers hat der Adlige „nach dem Krieg zum dritten Mal die Seite gewechselt“. Und dabei galten diese Engländer einmal als die klügsten Menschen der Welt. Gut, bei Ulbricht brauchten sie kein geschultes Personal, sondern Angestellte mit der richtigen sozialen Herkunft, also Dachdecker und so. Deshalb haben sie den Adligen zum Dienst am Volk in einem der staatlichen Verlagshäuser umfunktioniert.[55]

Für den Botendienst zur Abwerbung des Chefs des Kölner Bundesamtes für Verfassungsschutz war er dann gerade noch gut. Im März 1954 überschritt er die Zonengrenze mit der Legende, er wolle seine Mutter drüben im Westen besuchen, in Wirklichkeit aber, um sich auf Befehl der neuen Auftraggeber im Osten mit Otto John in Verbindung zu setzen. Er unternahm drei Versuche, um mit John zu sprechen. Beim ersten Mal hat der brave Mann ihn angehört und tat ihn mit einem spöttischen Lächeln ab. Bei zwei weiteren Anläufen gab es dann nur noch eine schroffe Abfuhr an die Adresse des Sternchens. Delmer hat von ihm erfahren, er habe darauf geantwortet, dass es für ihn keine Diskussion mit einem Mann gebe, der zu den Kommunisten übergegangen war. Schon allein diese Ansage zeigt, dass er nicht weiß, welches Spiel da läuft. Dann notierte John den Vorfall im offiziellen Tagebuch und hat Keith Randall informiert, einen Kollegen im britischen Sicherheitsdienst in Westdeutschland. Sefton Delmer kann sich nur wundern, dass die Presse in West-Deutschland nicht bloß gegen John eine Kampagne weit unter der Gürtellinie aufzog, sondern ebenfalls gegen den bösen englischen Geheimdienstmann Delmer, wodurch dieser Abgesandte des klügsten Volkes der Welt dann gar nix mehr verstand.[56]

Über den Tisch ziehen und ausknipsen wollten die smarten Londoner die Deutschen. Nun stehen sie im Nebel und verstehen die Welt nicht mehr. Ich kann mir meine Schadenfreude schon wegen der furchtbaren Leiden der Menschen in den bombardierten Städten auf dem Kontinent wirklich nicht verkneifen, wenn ich lese, wie Sefton Delmer umtänzelt, warum sie seinerzeit keine Form des deutschen Widerstands gegen die Diktatur der Nazis und den erneuten Weltkrieg unterstützen wollten, und wie sie nun Rätselraten spielen, wie man sich jetzt gegen Bonn durchsetzen könnte. Die deutschen Schafe von damals, die ohne Hilfe von außen nichts gegen diesen Wahnsinn unternehmen konnten, sind in den Wolfspelz der ollen Nazzis geschlüpft und die überschlauen Engländer glauben, dass sie die Geister in Deutschland nicht mehr loswürden, die sie einst selbst gerufen hatten. Es ist in den letzten neun Jahren zu einer sich selbst erfüllenden Prophezeiung geworden – jetzt werden ihnen auch noch die Guten unter den Deutschen derart unappetitlich angeboten, wie sie von der Londoner Propaganda damals wider besseres Wissen gezeichnet wurden. Ein Hoch auf die Superhirne, die sich hier so übel verkalkuliert haben.

Paris verhindert die „Verteidigungsgemeinschaft“

Nach diesem Abstecher in den Osten soll der Blick nach Paris gewendet werden. War es schon nicht so leicht gewesen, die Leute in der Bundesrepublik für eine erneute Bewaffnung des Landes und für den Beitritt zu einer „Europäischen Verteidigungsgemeinschaft“ (EVG) zu erwärmen, so stellt sich am 30. August 1954 noch Paris quer: „Der EVG-Vertrag scheitert an der französischen Nationalversammlung. Die Ablehnung hat zur Folge, dass auch der von der Bundesrepublik schon im Mai 1952 unterzeichnete »Deutschlandvertrag« nicht in Kraft treten kann. Die Entscheidung bedeutet nicht nur den Fortbestand der beschränkten Souveränität der Bundesrepublik, sie ist auch ein schwarzer Tag für alle Anhänger der Idee eines geeinten Europas.“ Na ja, oder sagen wir eines geeinten West-Europas. Die EVG richtet sich ja gegen die Sowjetunion, was schwerlich zu einem Ende des Kalten Krieges und zu einem geeinten Europa führen kann. Bei dem Bonner *insider* Carlo Schmid fand ich als Begründung für die Ablehnung dieses Vertrages: „Die Eile der Deutschen erschien vielen Franzosen verdächtig.“ Das ist eine klare Ansage. Franz Josef Strauß hat dabei Bauchschmerzen: „Die Moskauer Prawda berichtet triumphierend über die Ablehnung der EVG und schreibt: »Nach Bekanntgabe des Resultates erhoben sich alle EVG-Gegner und sangen gemeinsam die Marseillaise.« Radio Ost-Berlin erklärt, dass nun der Weg frei sei zu wahrem Glück der europäischen Völker.“[57]

Der Historiker Heinrich August Winkler erläutert, warum die politische Elite in der Bundesrepublik derartig empört ist: „Die politische Einigung Westeuropas war durch das Scheitern der EVG in eine Krise geraten, und es war fraglich, ob Westeuropa sich je zu so viel Supranationalität durchringen würde, wie Adenauer es wünschte.“ Das ist ja auch kein Wunder, wenn der Staatssekretär im Auswärtigen Amt Walter Hallstein zugleich von der Befreiung Europas „bis zum Ural“ spricht. Zu dieser Zeit. Warum sollte sich Frankreich von einem in den nächsten Krieg treiben lassen?[58]

Fähige und Hörige in der DDR

Sie haben es sicherlich noch im Ohr, wie sich Helmut Schmidt nach 1945 wie ein Schuljunge darüber gefreut hat, endlich etwas für seine Bildung tun zu können: „Deswegen stürzte ich mich, wie viele meiner Kommilitonen auch, in alle mir verständlichen Vorlesungen anderer Disziplinen und Fakultäten, um meine Allgemeinbildung nachzuholen, so gut das neben dem eigenen Brotstudium eben ging."[59] Nun ist das Lernen auch nicht jedermanns Hobby. Aber wie sich Alexander Schalck-Golodkowski in dieser Hinsicht äußert, empört mich als Bürger der DDR doch schon echt heftig. Wenn er die lästige Ausbildung endlich hinter sich hat, wird dieser Mensch mit horrenden Summen des Volksvermögens jonglieren, das viele fleißige Hände erarbeiten werden. Es klingt natürlich ziemlich eindrucksvoll, wenn man hört, wie viele Milliarden er einst bewegt. Aber das heißt ja längst nicht, dass man die DDR mit diesem Geld nicht auch aufbauen könnte. Dann würden sicher auch nicht so viele Leute aus der DDR weggehen wollen.

Da kommt Alex: „Im Herbst 1954 sollte ich an die neu gegründete Hochschule für Außenhandel in Staaken gehen und mir bis dahin die notwendigen Voraussetzungen aneignen. In diesem Moment schoss mir vieles durch den Kopf. Zumindest war ich nicht gerade himmelhoch begeistert von der Vorstellung, für ein paar Jahre wieder die Schulbank drücken zu müssen. Die Praxis war mein Element, die Theorie nicht meine größte Stärke."[60] Na dann gute Nacht, Marie. Das kann ja heiter werden.

Ein abgeschlossenes Hochschulstudium sei im Grunde bereits für seine erste berufliche Position Voraussetzung gewesen, stellt er ganz trocken fest. Ihm fehlt jedoch die Grundlage: „Das Manko, kein Abitur zu haben, konnte ich rasch ausbügeln. An der Humboldt-Universität zu Berlin war eine Arbeiter-und-Bauern-Fakultät eingerichtet worden, an der Nichtabiturienten eine »Sonderreifeprüfung« ablegen konnten. Freilich ließ sich in diesem Schnellkurs von wenigen Monaten nicht der Stoff von drei Schuljahren wirklich nachholen." Das werden selbst faulste Abiturienten nur bestätigen. „140 Kommilitoninnen und Kommilitonen gehörten zum ersten Jahrgang, der in Staaken studierte." Wie war es so? „Wir führten ein sehr reglementiertes Leben." Das führt er dann durchaus detaillierter aus und er erläutert: „Ich wollte die Prüfungen bestehen, um Karriere zu machen. Das war das Ziel unseres Studiums." Schmidt hat da aber einen anderen Anspruch. Über die Rahmenbedingungen hält Alex der Große fest: „Wir waren fast permanent unter Aufsicht. Vorschriften gab es für beinahe alle Dinge des Lebens" – was er auch mit unschönen Beispielen illustriert. Und dann folgt in dem Rückblick eine grauenvolle Erkenntnis: „Viele meiner Kommilitonen kamen mit dem strengen Reglement nicht zurecht, vor allem nicht mit der ständigen Bevormundung und Gängelei. Am Ende des Studiums waren wir nur noch 80 in unserem Jahrgang. Ich bekam eine Ahnung davon, dass die, die scheiterten, nicht unbedingt die Schlechtesten waren." Die gehen dann scharenweise in den Westen.[61]

Es ist unglaublich: „Einige der mir gleichgestellten Kollegen waren promoviert. Ich wollte ihnen nicht nachstehen. Viel Zeit stand mir allerdings nicht zur Verfügung, die Promotion durfte nicht aufwendig geraten. So kam mir die Möglichkeit zur sogenannten Doppeldissertation (das heißt, zwei Doktoranden verfassten gemeinsam eine Arbeit) sehr entgegen." Im Jahr 1999 wird das bunte Magazin Der Spiegel aus Hamburg klare Worte darüber finden: „Die Doktorarbeit ist fast 200 Seiten stark und trägt, wie es oft üblich ist, einen langen und komplizierten Titel. Doch die Dissertation ist in keinem Verzeichnis akademischer Schriften zu finden, und begleitet wurde sie von einem außergewöhnlichen Doktorvater: »Mielke, Minister für Staatssicherheit«. Einer der beiden Autoren heißt Alexander Schalck-Golodkowski. Das pseudowissenschaftliche Werk steckt voller einschlägiger Begriffe: »Nutzung des feindlichen Wirtschaftspotenzials«, »Briefkastenfirmen«, »hohe Gewinnaussichten«. Was Schalck 1970 an der Juristischen Hochschule Potsdam abgeliefert hat, liest sich wie eine Anleitung zum Wirtschaftsverbrechen." Mehr ist bedauerlicherweise von einem Crashkursabikandidaten auch gar nicht zu erwarten. Dafür freuen sich Kandidaten wie er über die *Erfolge* im Kampf um D-Mark.[62]

Die schwarzen Konten der demokratischen Parteien

Nehmen Sie es mir wirklich nicht übel, aber politische Parteien müssen finanziert werden, damit sie dies und das und jenes bezahlen können. So ist das eben im richtigen Leben. Das ist aber bedauerlicherweise nur der legale Teil der Geschichte. Wenn man ein heikles Projekt finanzieren will, das die Zielgruppe einer Demokratie eher ablehnt, dann müssen sich die Demokraten etwas Kluges einfallen lassen. Lassen Sie uns einfach einmal rein theoretisch annehmen, die größeren Parteien in der Bundesrepublik oder besser gesagt ihre repräsentativen Demokraten wollten unabhängig von den Wünschen der Leute auf den Straßen Deutschland verkleinern. Man könnte auch teilen dazu sagen. Ist auch nur eine Schnapsidee eines einzelnen Verschwörungstheoretikers oder wie in der Feuerzangenbowle, *da stelle mer uns ma janz dumm.* In diesem verrückten Falle könnte es natürlich hilfreich sein, wenn bei Bedarf hartes Geld in die Spielgeldzone gebracht würde, um den Laden dort aufrechtzuerhalten. Können Sie sich noch daran erinnern, wie hilfreich das Londoner Geld für Hitler war?

Man will sich gar nicht ausmalen, was passieren würde, wenn das einmal herauskäme. Das würde ja ein irrer Spendenskandal. Aber muss es denn unbedingt so weit kommen, mag sich Kanzler Konrad Adenauer denken, auf dessen Anregung hin 1954 eine „Staatsbürgerliche Vereinigung" gegründet wird, über die spendierwillige Industrielle bis Anfang der 1980er Jahre in etwa 214 Millionen Mark in die Kassen von CDU, CSU und FDP schleusen können – „steuerbegünstigt, versteht sich, aber spätestens seit 1958 illegal."[63] Irreführend werden die Aufklärer des Hamburger Spiegel 2006 von den konservativen Parteien sprechen. Der Skandal betrifft aber ebenso die SPD und viel mehr Parteien als CDU, CSU, FDP und die SPD gibt es ja gar nicht im Parlament der BRD. Mit der Argumentation, es sei um die konservativen Parteien gegangen, wird das Denken der Leute auf die Einteilung der Welt in *rechts* und *links* verschoben, sodass man nicht auf die Idee verfällt, es gäbe da vielleicht übergreifende Interessen. Jetzt gehen auf den schwarzen Konten also Jahr für Jahr Gelder ein.

Nun zu einem anderen (?) Geldsegen. 1957 beginnen die Evangelischen Kirchen in der Bundesrepublik heimlich milde Gaben zu versenden, die in der DDR dankbar angenommen werden, dienen sie doch der Unterhaltung der sozialen Systeme. Diese Stützzahlungen werden bis 1990 aus dem Haushaltstitel durch 68.521 Zuschüsse in Höhe von π mal Daumen 1,4 Milliarden D-Mark ergänzt, welche aus Bonn kommen. Die Summen stammen höchstwahrscheinlich aus dem Haushalt des Ministeriums für Gesamtdeutsche Fragen. Werden sie womöglich aufgestockt mit diesem Geld aus den „schwarzen Kassen" der größeren demokratischen Parteien? Wenn sich Dissidenten in Bonn weigern, das böse Regime in Ost-Berlin mit Geld auch noch am Leben zu erhalten?

Kommen wir zu der Frage, was passiert, wenn das irgendwann auffliegt. Das ist normalerweise nicht möglich, wenn die Geldströme auf geheimdienstlichem Wege über die Kirchen abgewickelt werden. Letzten Endes sind die Kirchen noch besser abgeschirmt als Geheimdienste, die immer noch einer gewissen parlamentarischen Kontrolle unterliegen. Aber kein Normalsterblicher wird je Einblick in ein Archiv der Kirchen bekommen. Es wäre jedoch höchst fatal, wenn ein x-beliebiger Finanzbeamter dieser undemokratischen Verschwörerpraxis auf die Schliche käme. Aber genau dieser Super-GAU passiert 1975, ausgerechnet während der Regierungszeit einer SPD-FDP-Koalition. Kennen Sie Klaus Förster? Natürlich nicht und das erstaunt auch niemanden, denn wenn Ihre *story* nicht irgendwo in den Medien landet, gibt es sie nicht für die breite Öffentlichkeit. Jener unbekannte Steuerfahnder, der diesem *deal* während der Regentschaft Helmut Schmidts 1975 auf die Schliche kommt, wird über Jahre in dieser Sache nicht nur nichts erreichen, sondern er wird Schikanen ausgesetzt werden. „Die Kollegen munkelten: »Ein Fall für den Edeka-Stammtisch – Ende der Karriere erreicht.« Sie behielten Recht. 1980 wurde Förster strafversetzt. Drei Jahre später quittierte er frustriert den Staatsdienst, wechselte die Fronten und ließ sich als Steueranwalt nieder. Allerdings sorgte er zuvor dafür, dass der wohl größte deutsche Korruptionsskandal nicht versandete."[64] Und wie wird das ab '75 unter dem Deckel gehalten?

Wenn auch Sie zu den Leuten gehören, die jedes Mal darauf warten, dass die öffentlich-rechtlichen Medien die Bestätigung einer Verschwörungstheorie liefern, dann werden Sie in diesem konkreten Fall wieder einmal beinahe ein Jahrzehnt warten. Da sich die allermeisten Leute mit ihren Händen und Füßen gegen die Recherchen und die eigenen Überlegungen anderer Leute wehren und lieber auf das vertrauen, was ihnen von einer anerkannten Propaganda vorgebetet wird, lassen sich Aktionen findiger Köpfe wie Goerdeler und Adenauer immer wieder über Jahre und Jahrzehnte in Ruhe durchziehen. Ich habe in *Die großen Politskandale* von Thomas Ramge (2003) geschmökert und ich fand auch den Namen jenes mutigen Beamten wie auch eine Schilderung des Vorlaufs der sogenannten Flick-Affäre. Dieser Name ist selbstredend auch irreführend, geht es doch überhaupt nicht allein um den Industriellen Flick, sondern um *alles*, was in der Bundesrepublik Rang und Namen hat: „Daimler-Benz, Mannesmann, Siemens, Volkswagen, Karstadt, Deutsche Babcock, Deutsche Castrol, Deutsche Olivetti. Von Underberg bis Melitta, von Edeka bis zur Dortmunder Actien-Brauerei: Kaum ein wichtiges Unternehmen schien auf die Gutachten der »EU« verzichten zu können."[65]

Die „Europäische Unternehmensberatungsanstalt" oder „EU" ist nur ein weiteres von diesen fraglichen Instituten neben der „Staatsbürgerlichen Vereinigung". Ich habe freilich nicht verstanden, warum der Autor sein Büchlein mit dem Untertitel *Eine andere Geschichte der Bundesrepublik* versieht, wenn auch er an der Version festhält, Parteien hätten sich eben einfach so mit Schwarzgeld versorgt und Firmen hätten irgendjemanden bestochen. Das würde ich abkaufen, wenn hier beliebige Namen gefallen wären und es wäre von einer bekannten Person aufgedeckt worden. Die hier in Frage stehende Sammlung von Geldern durch die Parteien wurde jedoch von irgendeinem beliebigen Steuerfahnder aufgedeckt und unter den Begünstigten sind in dem Buch von Ramge nur bekannte Namen aus *allen vier* großen Parteien in der Bundesrepublik.

Die Idee, dass es sich um Gelder für die DDR handelte, kam mir übrigens ursprünglich, als die zweite Welle der aufsehenerregenden Enthüllungen losgetreten wurde und ausgerechnet zwischen 1989 und 1991 erneut die schwarzen Konten skandalisiert wurden. Seinerzeit habe ich mich noch gewundert, warum hartnäckig auf der Nennung der Namen der Spender herumgeritten wurde und nie die Frage aufgeworfen oder vielleicht sogar beantwortet wurde, wohin eigentlich vorher die Abgänge von den Konten gewandert waren. Mit den Summen konnten beispielsweise Beträge gezahlt werden, zu deren Bereitstellung sich die Abgeordneten des Bundestages nicht bereitgefunden hatten. Das hätte ja auch in Ost-Berlin keiner verstanden, hätten CDU, SPD, FDP und CSU in den dunkelbraunen fünfziger Jahren begonnen, ganz offiziell Schecks in den Osten zu schicken. 1989 fielen dann plötzlich und unerwartet die Empfänger des Geldes aus und vielleicht ist deshalb wieder jemand auf die Konten gestoßen.

Weil eben kein Normalsterblicher auf den Gedanken verfallen wäre, die Sowjetzone auch noch mit Geld auszustatten, könnte der Alte aus Rhöndorf oder ein anderer Fuchs den guten Gedanken entwickelt haben, Geld zu erwirtschaften, indem man Firmen das Angebot unterbreitet, dass sie Steuern sparen könnten, indem sie dubiosen Institutionen Geld spenden. Ist zumindest eine Überlegung wert. Immerhin war die Staatsbürgerliche Vereinigung auf Adenauers Anregung hin gegründet worden. Da Konrad Adenauer persönlich den Anfang gemacht hatte, ist private Bereicherung sicher auszuschließen. Für diese Deutung spricht auch der folgende Vorgang: „1982 wurde Ministerialdirektor Edgar Hirt verurteilt, weil unter seiner Regie sechs Millionen DM aus dem Etat des Innerdeutschen Ministeriums in dunklen Kanälen verschwunden waren." Verschwunden ist das Geld vielleicht nicht, sondern aufgetaucht in Unserer DDR. Ich habe in einem Heim der Evangelischen Kirche für physisch wie auch psychisch geschädigte Menschen im thüringischen Bad Blankenburg erfahren, dass dort bis hin zu den stabilen Einrichtungsgegenständen die ganze Wohltat aus der Bundesrepublik finanziert wird. Wir werden über die Jahre noch vielen anderen solchen milden Gaben begegnen.[66]

Bonn darf nun doch in die Nato

Am 2. Oktober 1954 wird die Aufnahme der Bundesrepublik in die NATO beschlossen. Damit ziehen die Mitglieder der Allianz die Konsequenz aus den hier beschriebenen Entwicklungen des letzten Jahrzehnts. Im Kreml entsteht der fatale Eindruck, die Bundesrepublik Deutschland würde von den westlichen Alliierten mit ganz üblen Absichten in ein aggressives imperialistisches Militärpaktsystem des Westens integriert. Trotzdem wird noch viel Geduld erforderlich sein, um zu sehen, wann sie im Osten eine passende Antwort darauf finden. Bis zum 23. Oktober 1954 werden erst einmal die Pariser Verträge unterzeichnet. Wie kommentiert ein Experte wie Winkler den Vorgang? „Der Bundeskanzler hatte sein vordringlichstes, seit 1949 zäh und beharrlich verfolgtes Ziel erreicht: den Aufstieg der Bundesrepublik zu einer gleichberechtigten Macht im Verbund des freien Westens. Schon nach seiner Rückkehr von der Londoner Neunmächtekonferenz Anfang Oktober 1954 hatte er im Vorstand der CDU davon gesprochen, nach dem Inkrafttreten der Verträge könne Bonn auch einen geeigneten Botschafter nach Moskau schicken.“ Es steht auf einem ganz anderen Blatt, dass sie weder in England noch in Amerika die Aufnahme diplomatischer Beziehungen zwischen dem Kleindeutschen Reich eines Konrad Adenauer mit Russland in jeglicher staatlichen Verfassung sehen wollen. Seit Halford John Mackinders Vortrag von 1904 gilt die Vorgabe, dass Englands Herrschaft über die halbe Welt nur zu erhalten ist, wenn die beiden Kontinentalmächte von jeder Form von Zusammenarbeit abgehalten werden. Doch Konrad Adenauer sagt bei dieser Gelegenheit zu den Bonner Sternen: „Wir haben dann auch den Status wiedererrungen, den eine Großmacht haben muss. Wir können dann mit Fug und Recht sagen, dass wir wieder eine Großmacht geworden sind.“[67]

Das ist doch ein Wort – vom Boss eines besetzten, geteilten, halbgroßen Landes. Mit der Aufnahme der BRD in die NATO wird für die Sowjets ein Alptraum wahr. Nun steht nicht mehr nur ein mit Japan und Italien verbündetes Deutschland zum Krieg gegen die Sowjetunion bereit, sondern ein mit Großbritannien, den USA, Frankreich, mit den Benelux-Staaten,

Dänemark, Island, Norwegen, mit Kanada, Portugal und außerdem auch wieder mit Italien verbündetes Deutschland. Da kommt doch Freude auf. In seinem absolut unverwechselbaren Duktus blödelt der große Stratege und Weltpolitiker Willy Brandt später über die durch die Aufnahme der BRD in die NATO vervielfachte Kriegsangst der Menschen in der Sowjetunion, in der nicht nur die Russen unter den Deutschen gelitten haben: „Wie viele weniger prominente Russen war auch Leonid Breschnew geneigt, die Deutschen zu überschätzen. Das mag zum einen mit Marx und Engels zu tun gehabt haben, ohne die Lenin gewissermaßen ohne Vornamen geblieben wäre. Zum anderen und wichtiger: Da hatten die verfluchten »Fritze« fast Moskau genommen, obwohl sie sich doch zugleich mit Engländern und Amerikanern angelegt hatten. Wo also möchten sie ein nächstes Mal erst hinlaufen, wenn sie amerikanisch ausgerüstet wären!“[68] Brandt hat so viel und so wenig verstanden. Haffner jedoch weiß, warum sich alle vor dieser „BRD“ gruseln: „Denn es gibt in Deutschland zur Zeit zwei verschiedene Interpretationen der westeuropäischen Integrationspolitik, zum einen die statische der Regierung, die bestrebt ist, Zeit zu gewinnen, in der westlichen Welt Fuß zu fassen und die Vorteile zu genießen, die daraus erwachsen, dass das Land sich an der vordersten Front dieser Welt befinde; und zum anderen eine dynamische und ziemlich gefährliche, die von den Abgeordneten der Rechten und von allerlei Amateurpolitikern stammt. Diese Leute sehen den eigentlichen Zweck der westlichen Integration in einer Allianz des westdeutschen Revisionismus mit den extremeren Tendenzen der amerikanischen Politik. Sie hoffen, dass eine kombinierte westdeutsche und amerikanische Macht – mit Großbritannien, Frankreich und den übrigen Staaten Westeuropas im Schlepptau – die Russen eines Tages mit einem Ultimatum zum Rückzug zwingen wird.“ Man könnte es andererseits ebenso einmal mit der Berücksichtigung der Sicherheit aller Seiten probieren, denn das ist es, was in Moskau, Warschau sowie in Prag Pferde scheu macht, – doch zurück zu Herrn Haffner: „Diese Leute werden, wenn ihnen diese Frage direkt gestellt wird, gewöhnlich leugnen, dass sie einen Krieg wollen. Sie möchten – wie Churchill es 1946 in Fulton von den Russen behauptete –

die Früchte des Krieges ernten." Halten wir hier also einmal fest, es gibt Politiker in der Bundesrepublik, die den Eindruck erwecken, dass sie es durchaus auf einen Krieg ankommen lassen würden. Na wunderbar. Und woher sollte ein ausländischer Beobachter aus jeglicher Richtung wissen, dass das mit anderen Politikern abgekaspert ist und nicht zu einem Krieg führen soll, sondern einzig und allein die Spannung in Europa und in der Welt am Knistern halten soll?[69]

Nicht nur Willy Brandt weiß von der Angst vor den Deutschen und nicht nur sein Parteifreund Carlo Schmid weiß, dass eben längst nicht bloß die Sowjetunion mächtig-gewaltig Angst vor uns hat: „Ich hatte inzwischen ausreichend Beweise sammeln können, dass die Mitgliedschaft der Bundesrepublik in der NATO den Polen ernste Sorgen bereitete. Sie hielten Konrad Adenauer – der gerade zum Ritter des Deutschen Ordens gekürt und in schwarzweißem Mantel abgebildet worden war – für einen Nationalisten und Militaristen und Franz Josef Strauß für einen bösen Revanchisten." Wenn Carlo Schmid mit der Aufklärung der Polen fertig ist, ist dort jede Klarheit weg: „Ich legte ihnen die negative Stellung der Sozialdemokraten zur außenpolitischen Konzeption Konrad Adenauers dar, betonte aber, dass man sich in Polen im Irrtum befinde, wenn man diesen Mann für einen Nationalisten und Militaristen halte: Die Annahme der Ritterwürde im Deutschen Orden sei nicht viel anders zu bewerten als die Entgegennahme eines Ehrendoktorhutes, und für die Sünde des Nationalismus und Militarismus fehle es ihm, dem Rheinländer, an allen Voraussetzungen. In der Bundeswehr sähe er die Schutztruppe zur Bewahrung von Ordnung, Wohlfahrt und Demokratie in der Bundesrepublik, die er durch den *großen roten Bären* im Osten für bedroht halte." [70]

Bei Schmid ist der außenpolitische Spagat der *crew* in Bonn wieder ganz deutlich zu erkennen: Man will die Spannung in Europa aufrechterhalten, doch zu einem neuerlichen Waffengang darf es um Gottes willen deshalb trotzdem nicht kommen. Wie viele Jahre oder Jahrzehnte will diese *crew* den Drahtseilakt *auf des Messers Schneide* eigentlich durchhalten?

Traumhaft ist auch, wie Carlo Schmid (SPD) einen anderen demokratischen Spießgesellen verteidigt: „Franz Josef Strauß sei kein vom Drang nach dem Osten besessener Krieger; manches von dem, was sie an seiner Art für bedrohlich ansähen, sei nichts anderes als von ihnen missverstandene bayerische politische Folklore." Damit sagt er nicht mehr und nicht weniger, als dass Strauß die Leute verklapst; und er sagt, dass auch die SPD die Leute verklapst; noch zehn Jahre danach wird sie ihren SPD-Parteitag unter einer überdimensionierten Deutschland-Karte abhalten, auf der die deutschen Ostprovinzen von den Wahlversprechen der SPD künden. Dabei ist das eigentlich alles so einfach und Schmid versteht es: „Man erwarte von der Bundesregierung eine Erklärung, dass sie die Zugehörigkeit der Gebiete östlich von Oder und Neiße zur Republik Polen anerkenne und daraus die politischen und völkerrechtlichen Konsequenzen zu ziehen bereit sei." Schade, dass Schmid sein Buch erst viele Jahre später auf den Markt bringt. Im Moment, als er sich mit dem Polen unterhält, würde es schon genügen, wenn er sich bereiterklären würde, die SPD davon zu überzeugen, dass die Grenzfrage schon wieder oder immer noch der erste und größte Stolperstein in Europa ist.[71]

Um eine Aufklärung der Menschen über eine spezifische Gefährdung der Bundesrepublik durch den „großen roten Bären" im Osten machen sich jedoch auch nicht allein Adenauer aus der CDU und Strauß aus der CSU verdient; auch Carlo Schmid aus der SPD trägt sein Scherflein zur Angst vor der kommunistischen Weltverschwörung bei. Auch bei ihm sind es diffuse Formulierungen, die alles und nichts sagen, sich aber doch stets dunkelbedrohlich anhören. Lassen Sie mich hier einige Beispiele liefern. Die Vorschläge mitteldeutscher Ministerpräsidenten zur Herstellung der deutschen Einheit auf der Münchener Konferenz von 1947 schienen ihm „nicht annehmbar zu sein". So ist das. „In Anbetracht der Absichten der Sowjetmacht" nannte er sie „Augenauswischerei". Er schreibt auch nicht auf, welche Absichten die Sowjetmacht vielleicht hatte und wie er davon Kenntnis erhielt. Im Jahre 1949 wollten nach seinem Bekunden Kritiker von bestimmten Formulierungen im Grundgesetz dessen Annahme nicht verhindern, denn „im Osten stand ja einer auf der Lauer".[72]

Im Jahr 1950 zweifelte Schmid nach seinem Bekunden daran, dass die amerikanische Absicht zur Bewaffnung der Bundesrepublik von einem Glauben getragen gewesen sein könnte, der Einheit Deutschlands näherzukommen, denn „McCloy kannte die Ziele der sowjetischen Politik und die Zähigkeit, mit der Stalin diese zu verfolgen pflegte." An anderer Stelle stellte er „gewisse Pläne Stalins" in den Raum, bei deren Erwähnung er ja auch blind davon ausgeht, dass das Publikum schon wissen wird, was der große Meister damit sagen wollte. Dabei macht es überhaupt nichts, dass es damit noch lange keinen Beweis für die Existenz von dubiosen Plänen des roten Mannes in Moskau gab.[73]

Auf der anderen Seite soll man aber auch nicht immer bloß kritisch über Politiker herziehen. Erfreulich ist, dass dieser aufrechte Kämpfer für den Frieden klar formuliert: „So gilt es denn, sich allen Staaten gegenüber so zu verhalten, dass ihre Befürchtung, ein wiedervereinigtes Deutschland könne ihnen gefährlich werden, schwindet und an die Stelle von Furcht ein Interesse an der Herstellung eines wiedervereinigten Deutschlands treten kann." Mir leuchtet nur nicht ein, warum das nun extra angemerkt werden muss, wenn die Bundeswehr als „Schutztruppe zur Wahrung von Ordnung, Wohlfahrt und Demokratie in der Bundesrepublik" anzusehen ist, die ihrerseits durch „gewisse Pläne" des „großen roten Bären" drüben im Osten bedroht wird.[74]

Im Moskauer Kreml haben sie übrigens auch eine Idee, wie sie sich wohl verhalten müssten, um die Befürchtung zu zerstreuen, ihre Sowjetunion könne nun ihrerseits vielleicht einem anderen Staate gefährlich werden. Sie stellen 1954 kurzerhand selbst den Antrag zur Aufnahme in die Nato, vorgetragen von Außenminister Molotov. Dieser und weiteren durchaus unorthodoxen Ideen Molotovs ist kein glückliches Schicksal beschieden, treffen sie doch in Bonn am Rhein auf taube Ohren.[75]

Hören Sie sich an, wie pampig Genscher dem Moskauer Außenminister Andrej Gromyko viele Jahre später die Ablehnung der Mitgliedschaft der Sowjetunion im friedlichsten Militärbündnis auf dieser Welt zu erklären versucht: „Bei dem Besuch hatte ich ihn und seine Frau in die Winterscheidter Mühle auf der anderen Rheinseite eingeladen. Wir genossen das Essen, als plötzlich ein freundlicher Disput ausbrach. Gromyko monierte, ich hätte ihm nun wiederholt erklärt, dass die NATO den Frieden wolle. Wenn dies aber wirklich zutreffe, dann müsse man ernsthaft fragen, warum sie dann ein so friedliches Land wie die Sowjetunion nicht aufgenommen habe." Immerhin sei sein Land während der Eisenhower-Jahre bereit gewesen, der NATO beizutreten und dort mitzuwirken, und dann erklärt ihm jener altgediente Diplomat: „Das aber habe der Westen abgelehnt, und daran zeige sich eben, dass man dort doch Aggressionsabsichten hege. Nach dieser »Beweisführung« sagte ich, niemand wisse besser als er, dass die NATO ein hoch gerüstetes Bündnis sei. Wir benötigten das für unsere Sicherheit. Da jedoch die Sowjetunion, wie er stets beteure, nicht so hoch gerüstet sei, passe sie da eben auch gar nicht hinein." Einfach nur pampig. Zu welchem Zweck ist die Nato denn dann so hochgerüstet? Geht es hier womöglich um die Abwehr einer Invasion der Marsmänner?[76]

Worin besteht also die immer wieder laut beschworene russische Gefahr, vor der die Westdeutschen bewahrt werden müssen? Ich bin ostdeutsch. Bei mir ergibt eins und eins zwei und nicht anderthalb. Es ist bedauerlich, dass die Westdeutschen nicht konsequent jeden Montag auf ihre Straßen gehen, bis Ihnen nicht mehr intellektueller Sülz wie dieser übergeholfen wird. Von irgendeiner Bedrohung durch die Moskauer U-Bahn weiß auch *Genschmans* zeitweiliger Vorgesetzter Helmut Schmidt nichts. In seinem Werk *Menschen und Mächte* berichtet der Maestro erst vom „expansiven Sicherheitsstreben" in Moskau und sagt aus heiterem Himmel: „Dennoch verstehe ich die Sowjetrussen durchaus, denn sie haben in Hitlers Krieg zwanzig Millionen Menschen verloren. Die Völker der Sowjetunion wünschen sich den Frieden genauso wie wir; diesen Wunsch teilen auch ihre kommunistischen Führer."[77] In den fünfziger Jahren, in denen Krieg und Frieden *auf des Messers Schneide* stehen, kommen solche Worte leider nicht an die Ohren des deutschen Publikums. Abgesehen davon kann ein jeder genau das hören, was er selbst heraushören will.

Humor ist, wenn man trotzdem lacht

Den mit Abstand schwärzesten Humor von der Maas bis an die Memel hat wohl Adenauer. Hören wir Strauß, den Meister der Indiskretion: „Als Adenauer sich wieder einmal über die französische Regierung und ihren Hochkommissar und Botschafter in Bonn André François-Poncet geärgert hatte, holte er ein Foto hervor, das François-Poncet, der von 1932 bis 1938 Botschafter in Berlin gewesen war, in vertrautem Gespräch mit Joseph Goebbels zeigte, der dabei den Sohn von François-Poncet auf den Armen hielt. Wenn François-Poncet glaube, mit uns sein Spiel treiben zu können, so Adenauer zu mir unter vier Augen, dann solle er daran denken, dass nicht nur wir, sondern auch er eine Vergangenheit habe." Und er ergänzt noch: „Auch das war Adenauer, ein Mann, der bei aller Größe und konzeptionellen Stärke die Lehren Machiavellis beherrschte."[78] Wie viel Hass auf die Politik der Westmächte in den Jahrzehnten zuvor findet man in diesen Worten. Szenen wie diese brachten mich ursprünglich auf den Gedanken, dass Adenauer die westlichen Diplomaten um jeden Preis in Godesberg und Bonn haben wollte, um sie täglich rund um die Uhr an die Gespräche mit Hitler zu erinnern, die zu dem Münchener Abkommen und in letzter Konsequenz 1939 wieder zu einem Weltkrieg führten.

Für manche ist es ein erfolgreiches Jahr gewesen und andere haben noch nicht das Ziel ihrer Träume erreicht. In der DDR ist es ein weiteres Jahr, in dem vor allem der Humor Blüten schlägt. Aufhänger dafür ist es unter anderem, dass Georgi Maximowitsch Puschkin der Außerordentliche und Bevollmächtigte Botschafter der Sowjetunion in der DDR wurde und der Hohe Kommissar in Deutschland. Nachdem das bekannt wurde, geht in Ost-Berlin prompt dieser Witz um: „Warum ham se denn den Semjonow durch den Puschkin abgelöst?" – „Weil er 'n Unfall jehabt hat und nu 'n steifes Knie hat." – „Wat hat 'n det Knie mit die Ablösung zu tun?" – „Dat is doch klar: Nu kann er Grotewohl nich mehr in Hintern treten!"[79]

---

1 Die Konferenz fand vom 25. Januar bis zum 18. Februar 1954 im geteilten Berlin statt. Schenk, Fritz (1994), Der lange Schatten Josef Stalins. Erinnerungen an die Deutschland-Note 1952 und das Scheitern der Berliner Außenministerkonferenz 1954. In: Frankfurter Allgemeine Zeitung. am 10.03.1994.

2 Haffner (1997), S. 162f.

3 Ebd., S. 163

4 Ebd.

5 Das Wort von den Eingeweihten fiel nach Angaben des Spiegel in einer Laudatio: „Das Vertrauen, das [der Unterhändler zwischen West und Ost, DDR-Anwalt Dr. Wolfgang] Vogel bei den Eingeweihten des Westens genieße, schrieb Bundespräsident Richard von Weizsäcker 1986 voller Bewunderung, stehe hinter dem nicht zurück, was seine Auftraggeber ihm zu Hause entgegenbringen.“ Der Spiegel 29/1993, S. 37

6 Der Internationale Karlspreis zu Aachen [online]. Verfügbar unter https://www.karlspreis.de/de/preistraeger [20.05.23]

7 Wolf (2003), S. 163

8 Friedrich Ebert Stiftung. Diese Worte fand ich einst auf der Seite http://www.fes.de/fulltext/historiker/00037003.htm, aber nun sind sie nicht mehr zu finden. Schade. Aber es gibt genug zu lesen über den guten Mann.

9 Baring (1982), S. 611 f.

10 Genscher (1999), S. 188

11 Wolf (2003), S. 101

12 Ebd., S. 101

13 Ramge (2003), S. 26f.
Delmer (1963), S. 694 und 717
Delmer (1962), S. 260

14 Ramge (2003), S. 36f.

15 Wolf (2003), S. 103f.

16 Ebd., S. 103

17 Ramge (2003), S. 29
Delmer (1962), S. 260f.

18 Wolf (2003), S. 101
Delmer (1963), S. 694f.

19 Delmer (1963), S. 696
Ramge (2003), S. 37

20 Delmer (1963), S. 732
Ramge (2003), S. 37

21 Wolf (2003), S. 101f.

22 Ebd., S. 102

23 Ebd.

24 Ebd.
Rothfels (1960), S. 61

25 Wolf (2003), S. 102f.

26 Delmer (1963), S. 709f.

27 Wolf (2003), S. 103f.

28 Das wird im Band Kontinentaldrift auf Seite 245 ausgeführt. Dort finden Sie auch die folgende Begriffserklärung: „Es galt, die grobe Linie der Regierungspolitik zu befürworten, politische Berichterstattung am Publikum der Gebildeten auszurichten, nationalistische und antikommunistische Töne zu tolerieren und das heikle Thema der NS-Verbrechen wenn irgend möglich zu umgehen." Christina von Hodenberg (2002), S. 293
29 Dönhoff (1976), S. 25f.
30 Ramge (2003), S. 34f.
Wolf (2003), S. 104
31 Ramge (2003), S. 36
Delmer (1963), S. 716
32 Ramge (2003), S. 38
33 Delmer (1963), S. 735f. und 739
34 Ebd., S. 736
35 Ebd.
36 Ramge (2003), S. 40
Wikipedia (2023), Otto John [online]. Verfügbar unter
https://de.wikipedia.org/wiki/Otto_John
37 Delmer (1963), S. 695 und 707
Delmer (1962), S. 261f. und 272f.
38 Felfe (1989), S. 213
39 Wikipedia (2023), Otto John [online]. Verfügbar unter
https://de.wikipedia.org/wiki/Otto_John
Vgl. Delmer (1963), S. 712
40 Siehe Endnote 39.
Delmer (1962), S. 273. Hier ist eine vollständige Übersetzung:
„Um sich nämlich als Präsident des neugeschaffenen Amtes für Verfassungsschutz zu halten, hätte John entweder eine rücksichtslose Persönlichkeit mit Nilpferdhaut oder ein aalglatter Diplomat sein müssen – was er leider nicht war – oder auch ein opportunistischer Streber, der bereit war, sein Segel nach dem Wind zu stellen, der jetzt über Deutschland zu wehen begann. Und das war er auch nicht." Delmer (1963), S. 707f.
41 Delmer (1963), S. 713
Ramge (2003), S. 31
42 Schmidt-Eenboom (2004), S. 62 f.
43 Delmer (1963), S. 737
Wolf (2003), S. 104
Wikipedia (2023), Otto John [online]. Verfügbar unter
https://de.wikipedia.org/wiki/Otto_John
44 Ramge (2003), S. 43
45 Felfe (1989), S. 220
Delmer (1963), S. 701
46 Felfe (1989), S. 223
47 In der Wochenschrift Die Zeit wurde der Begriff zum ersten Mal in einem Artikel vom 6. April 1950 erwähnt: „In Bonn geht das Witzwort um, der neue deutsche Staat sei eine ‚totale Demokratur'." Friedlaender, Ernst (1950), Kinderkrankheiten unserer Außenpolitik. In: Die Zeit, 06.04.1950

48 Felfe (1989), S. 223f.
49 Reile (1990), S. 393 f.
Felfe (1989), 220
50 Krieger (2007), S. 284
51 Felfe (1989), S. 219
52 Delmer (1962), S. 272
Delmer (1963), S. 732
53 Ramge (2003), S. 45
54 Delmer (1963), S. 737
55 Ebd., S. 696f.
56 Delmer (1963), S. 697
57 Deutsches Historisches Museum (2022), Deutschland im Kalten Krieg [online]. Verfügbar unter: https://www.dhm.de/archiv/ausstellungen/kalter_krieg/zeit/z1954.htm [31.05.23]
Schmid (1979), S. 556
Strauß (1989), S. 262
58 Winkler (2002), S. 166
Delmer (1963), S. 713
59 Schmidt (1995), S. 274
60 Schalck-Golodkowski (2001), S. 94
61 Ebd., S. 94-97
62 Ebd., S. 179
Der Spiegel (1999), 21 Tonnen Gold im Keller. In: Der Spiegel 48/1999, S. 110
63 Palmer, Hartmut (2006), „Im Anfang war Adenauer". In: Spiegel-Spezial 1/2006, S. 74. Das Zitat stammt von Seite 76.
Berliner Morgenpost (2000), Staatsbürgerliche Vereinigung. In: Berliner Morgenpost am 29.01.2000
64 Ramge (2003), S. 158
65 Ebd., S. 155
66 Diesen Satz über Edgar Hirt habe ich vor Jahren hier gefunden: http://morgenpost.berlin1.de/content/2004/08/ 29/fernsehen/700163.html?redirID Und was das Heim in Bad Blankenburg angeht, dort war ich während meines Studiums in den 1980er Jahren und kann Ihnen nicht sagen, wie lange es dieses Haus da schon gab.
67 Winkler (2002), S. 166
68 Brandt (1989), S. 195
69 Haffner (1997), S. 167
70 Schmid (1979), S. 632
71 Ebd., S. 632f.
72 Ebd., S. 287 und 369
73 Ebd., S. 499 und vorher auf S. 297
74 Ebd., S. 296
75 Beim Stöbern im Internet fand ich das Buch *Stalin und die Deutschen* von Jürgen Zaruski. In dem Artikel von Aleksej Filitov wird die sowjetische Bitte um Aufnahme in die NATO auf das Jahr 1954 datiert.

---

76 Genscher (1999), S. 243
77 Schmidt (1987), S. 12
78 Strauß (1989), S. 259
79 Hirche (1964), S. 218

Die helle Freude der Deutschen am Militär

Am 14. Januar '55 wird in einer Moskauer Erklärung zur deutschen Frage betont, dass eine Vereinigung der beiden Teilstaaten in Deutschland vor allem von der Haltung des deutschen Volkes selbst abhänge. Insbesondere wird auf die anstehende Ratifizierung der Verträge von Paris hingewiesen. Bundeskanzler Konrad Adenauer nimmt zu der Erklärung am 22. Januar Stellung und weist hier speziell die Bedingung zurück, die Pariser Verträge nicht zu ratifizieren. Der Kreml erklärt daraufhin am 25. Januar 1955 den Kriegszustand mit Deutschland für beendet, hat jedoch noch immer keine Aussicht auf den Friedensvertrag mit diesem Land. In den ersten Monaten des Jahres 1955 protestieren Bürgerinnen und Bürger in allen Teilen von Deutschland gegen eine Ratifizierung der Pariser Verträge, die den Beitritt der Bundesrepublik zu der Westeuropäischen Union und zur Nato und die Stationierung von fremden Truppen vorsehen. In Ost-Berlin spricht DDR-Ministerpräsident Otto Grotewohl am 19. Februar auf einer Großkundgebung in der Sporthalle über den Verhandlungsvorschlag der Volkskammer und der Regierung der DDR an den Deutschen Bundestag. Kann Deutschland jetzt noch friedlich vereinigt werden?[1]

Im Westen setzen am gleichen und den folgenden Tagen Massenkundgebungen, u. a. in Hannover, Dortmund und in München die Paulskirchenbewegung fort, die am 29. Januar 1955 ein „Deutsches Manifest" gegen die militärische Blockbildung verabschiedet hat. Im Bundestag, der vom 24. bis 27. Februar über die Verträge berät, votiert die Mehrheit für Militarisierung, Spaltung und Kalten Krieg. So wird das im Osten aufgefasst. Die SPD stimmt dagegen.[2] Das kann die SPD auch, sie ist ja weiterhin in der Opposition. Grotewohls Vorschlag umfasst die Vereinigung Deutschlands mit einer eigenen Verteidigungsarmee bei Wahrung der Neutralität, wie es auch mit Österreich vereinbart wird, sowie die Durchführung von gesamtdeutschen freien Wahlen noch im Jahre 1955. Österreich wird von Stund an von Moskau auch nachträglich nicht mehr behelligt. Selbstverständlich gehen sie in Bonn auf diesen Vorstoß ebenfalls nicht ein.[3]

Der Bundesminister für besondere Aufgaben oder eher für besonders besondere Franz Josef Strauß ist bereits elf Jahre im politischen Geschäft. Hören wir doch einfach von ihm persönlich, was er über den Zusammenhang zwischen der Wiederbewaffnung und der Bonner Außenpolitik aussagen kann: „Eine der Herausforderungen und eine der Leistungen unserer damaligen Politik war es, im sogenannten Truppenvertrag vom April 1955, einem der Nebenverträge zum Deutschlandvertrag, die Umwandlung des Besatzungsstatuts zu regeln. Aus den alliierten Soldaten, bis dahin als Besatzungsmacht Verkörperung der Kontrolle über Deutschland, wurden nun Verbündete, gewissermaßen aber zugleich Geiseln für die Sicherheit Deutschlands. Selbstverständlich haben wir das so scharf nicht ausgedrückt. Adenauer und wir an seiner Seite hatten das Schicksal der Deutschen untrennbar und unauflöslich verbunden mit dem Schicksal der westlichen Alliierten und die Gleichberechtigung ihnen gegenüber errungen. Wir waren nicht mehr nur ein allmählich gut genährter Pflegesohn und Zögling, sondern ein gleichberechtigtes Familienmitglied.“[4]

Die innere Logik dieser Darlegung setzt darauf, dass sein Publikum eine Gefährdung der westdeutschen Teilrepublik durch die Sowjetunion annimmt. Unter dieser Maßgabe wird es hingenommen, dass man eben die Freiheit nicht erhalten könne, wenn man die Einheit anstrebe. Franz J. Strauß setzt mit einem jener Texte fort, die man besser zweimal liest, um zu verstehen, dass es um die langsame Gewöhnung der West-Deutschen an die Teilung des Landes geht. Dabei ist das Offenhalten der deutschen Frage, eng verbunden mit der Aufrüstung der Teilrepublik zwischen der Nordsee und den Alpen, über die Jahre bloß die eine Seite der Medaille. Das kann man so oder auch anders auslegen. Man müsste aber im Kopf behalten, dass an eine Anerkennung der Grenzen wider besseres Wissen noch nicht einmal im Traume gedacht wird. Das macht gewiss zweifelsfrei klar, dass dieses „Offenhalten der deutschen Frage“ das Vehikel zur Teilung des Landes ist: „In der kleinen Gesprächsrunde im Palais Schaumburg wurde natürlich auch darüber geredet, wie man in die auszuhandelnden Vertragswerke das Deutschlandproblem hineinpacken konnte. Bei den tage- und wochenlangen Auseinandersetzungen über Nebenverträge und Einzelheiten ging es weniger um die Aufrüstung, die man im engeren Führungskreis der Koalition eigentlich als beschlossen ansah, als vielmehr um die deutsche Frage. Heinrich von Brentano, an sich kein harter Kämpfer, war in deutschlandpolitischen Fragen empfindlich, hier sah er die kritischen Punkte. So stieß er gelegentlich mit Adenauer zusammen, weil er bei den Verhandlungen die – wie es im Sprachgebrauch späterer Jahre hieß – Offenhaltung der deutschen Frage nicht deutlich genug formuliert sah." Was gewiss nicht heißt, die beiden Männer hätten mehr als Fachgespräche über juristische Formulierungen geführt. Während Strauß hier Konflikte zwischen Heinrich von Brentano und Konrad Adenauer suggeriert, packt er anschließend Herrn von Brentano in eine Ecke mit Thomas Dehler, der schon Jahre zuvor wegen seiner differierenden deutschlandpolitischen Vorstellungen aus dem Mensch-ärgere-dich-nicht-Spiel in Bonn am schönen Rhein hinausgesetzt worden war: „Auch Thomas Dehler gehörte zu denen, die in nationalen Fragen von Anfang an außerordentlich engagiert waren. Die Sorge Brentanos und Dehlers war, dass mit Deutschlandvertrag und Truppenvertrag die Tür zur Wiedervereinigung zugeschlagen werden könnte. Stundenlang ist über einzelne Formulierungen gestritten worden, der endgültige Text ist das Ergebnis wochenlanger abendlicher Auseinandersetzungen und zum Teil heftiger Kontroversen."[5] Es ist Strauß auch nicht zu peinlich einzuräumen, dass diese undemokratischen Absprachen auch Vertreter der Opposition im Bundestag miteinschließen: „In diesem Kreis konnte mit großer Deutlichkeit gesprochen werden, weil es nie zu Indiskretionen kam, zumindest sind mir solche nicht bekannt geworden. Gelegentlich wurden auch Vertreter der SPD eingeladen, so Carlo Schmid, Fritz Erler und Erich Ollenhauer."[6] Es heißt übrigens erst einmal wenig, dass man eingeladen ist; das bedeutet noch längst nicht, dass man auch willkommen ist. Erich Ollenhauer wird bei passender Gelegenheit auch noch sein blaues Wunder erleben.

Halten Sie doch spaßeshalber diese Ausführungen von Strauß über diese abendlichen, diskreten Absprachen zwischen den Führungen der in Bonn regierenden Parteien und der oppositionellen SPD gegen folgende Darlegung des doch immer wieder wunderbar herzerfrischenden Tranquilizers

Richard von Weizsäcker: „Den Gedanken, dass die Parteien darauf vertrauen, das Parlament kontrolliere die Exekutive, finde ich mitunter geradezu herzbewegend. Die Wahrheit ist doch weit eher die, dass es die Parteiführungen sind, die den Gang der Dinge in der Gesetzgebung und Regierung steuern. Und da bei uns zuallermeist eine Parlamentsmehrheit nur durch Koalitionen zustande kommt, gesellt sich als oft wichtiges Entscheidungszentrum die Koalitionsrunde dazu. Maßgebliche Weichen werden dort gestellt. Was hat das noch mit der überlieferten Gewaltenteilung zu tun, oder auch nur mit dem Text unserer Verfassung?"[7]

Wenn Sie sich die ganze Zeit verzweifelt fragen, wie es denn wohl in einer Demokratie möglich sein soll, eine Verschwörung durchzuziehen, wo es so viele Akteure gibt, die mit der Politik befasst sind, dann haben sie in jener als Kritik verkauften Ansage Weizsäckers eine Antwort. In der Bundesrepublik steuern nach den Worten von F. Strauß nicht einmal nur die Parteiführungen der Koalitionäre den Gang der Dinge in der Gesetzgebung und die Entscheidungen der Regierung – vorbei am Bundestag –, sondern die Parteiführer der Opposition steuern gleich mit. Das ist also so ähnlich wie in der DDR. Da regiert auch eine gutmeinende Staatsführung zum Wohle des Volkes und das Volk wird partout nicht gefragt, ob es sich gut regiert fühlt. Ich will aber Herrn von Weizsäcker doch noch ein kleines bisschen aus der Schule plaudern lassen: „Die wichtigsten gesetzgeberischen Entscheidungen werden, wie gesagt, seit langem vorab und oft außerhalb der Ausschuss- und Plenararbeit des Parlaments vollzogen."[8] So viel an dieser Stelle zu Verschwörungstheorie und Verschwörerpraxis. Abgesehen davon gibt es auch seit 1949 in der Bundesrepublik keine Verfassung, es gibt nur das Grundgesetz. Erst wird gesagt, das Ding sei eine Übergangslösung, bis sich das deutsche Volk eine Verfassung geben kann, und später reden sie den Leuten ein, das Grundgesetz sei selbst die Verfassung und somit eine endgültige Lösung, was unter anderem einschließt, dass dauerhaft keine Volksabstimmungen vorgesehen sind. Mal sehen, wie lange die Leute sich das als eine Spielart von Demokratie anbieten lassen. Wahrscheinlich geht man in Zukunft einfach nicht mehr zu den Wahlen, wenn die Besserwessis ja doch über die Köpfe der Leute hinweg entscheiden.

Die Unterzeichnung des Warschauer Vertrages

Die Pariser Verträge treten letztendlich am 5. Mai 1955 in Kraft. Das Besatzungsstatut wird offiziell aufgehoben und die BRD ist ein souveräner Staat. An jenem Tag geht Kanzler Konrad Adenauer zur Feier des Tages über eine feuchte Wiese an den nördlichen Ausläufern des Harzes, über der feiner Nebel hängt, und ruft mit ganz lauter und kraftvoller Stimme den schwer vermissten Schwesterchen und Brüderchen weit entfernt im Osten zu: „Ihr gehört zu uns, wir gehören zu euch! Die Freude über unsere wiedergewonnene Freiheit ist so lange getrübt, als die Freiheit euch versagt bleibt: Ihr könnt euch immer auf uns verlassen, denn gemeinsam mit der freien Welt werden wir nicht rasten und ruhen, bis auch ihr die Menschenrechte erlangt habt und mit uns friedlich in einem Staat lebt."[9] Das ruft er hinüber. Und das hört man bis in die Lausitz. Es kann einfach nur kommunistische Propaganda sein, dass so ein freundlicher, grauhaariger alter Mann lügt wie gedruckt.

Wer 2005 zufällig die richtige Ausgabe des Spiegels lesen sollte, für den Fall, dass er dann nicht schon längst das Zeitliche gesegnet hat, erfährt – ein halbes Jahrhundert zu spät: „Die Bundesrepublik war souveräner, als ihre Bürger dachten."[10] Das liegt freilich darin begründet, dass ihre Bürger dem Glauben schenken, was Der Spiegel ihnen so als die reinste Wahrheit auftischen wird. In direkter Folge des Abschlusses der Verträge von Paris unterzeichnen am 14. Mai 1955 Vertreter Albaniens, Ungarns, Rumäniens, Bulgariens, Polens, der Tschechoslowakei, der DDR und, auf keinen Fall zu vergessen, der Sowjetunion in Warschau den nach der Hauptstadt von Polen benannten Warschauer Vertrag. Es ist ganz gewiss nicht die reinste Spekulation, dass Polen in besonderer Weise geeignet ist, die Länder im Osten Europas auf ein gemeinsames Verteidigungsziel zu eichen. Im Jahr 1957 wird das dem Carlo Schmid aus der SPD bei einer Reise durch Polen, die vom Auswärtigen Amt in Bonn unterstützt wird, von einem geistlichen Würdenträger von rechts und links um seine Ohren gehauen: „Jeder Versuch Polens, sich von dem sowjetischen Bündnis zu lösen, würde darauf hinauslaufen, dass es sich zwischen zwei Stühle setze, und das werde man unter allen Umständen zu vermeiden suchen, auch wenn man die Freundschaft der Sowjetunion teuer zu bezahlen habe. Das für das polnische Volk Wesentliche werde die Kirche zu wahren wissen.“[11]

Auf die hässliche Rolle der Bundesrepublik in Osteuropa, nämlich auf den Zusammenhang zwischen der Einbeziehung der BRD in die Nato und der Gründung der osteuropäischen Verteidigungsgemeinschaft wird später der große Hans-Dietrich Genscher hinweisen: „Der Warschauer »Vertrag über Freundschaft, Zusammenarbeit und gegenseitigen Beistand« wurde am 14. Mai 1955 geschlossen und war eine Reaktion auf den durch die Pariser Verträge vom 23. Oktober 1954 vollzogenen NATO-Beitritt der Bundesrepublik Deutschland.“[12] Ich sage Ihnen Dank, Herr Genscher. Im gleichen Jahr hatte Moskau ja auch noch versucht, selbst Mitglied in der Nato zu werden, um die Frontstellung West gegen Ost abzuwenden.[13]

Beim Abschluss des Vertrages gibt übrigens der Ministerpräsident der DDR Otto Grotewohl, die Erklärung ab, bei der Unterzeichnung des Vertrags gehe die Regierung der DDR davon aus, dass das wiedervereinigte Deutschland von der Verpflichtung frei sein werde, die ein Teil Deutschlands in militärisch-politischen Verträgen und Abkommen, die vor der Wiedervereinigung abgeschlossen wurden, eingegangen sei.[14]

Der erste Versuch der Anerkennung Unserer DDR

Der kluge Publizist Sebastian Haffner ist selbstredend nicht so dumm, den folgenden Gedanken 1955 aufzuschreiben: „Der innen- und der außenpolitische Aspekt von Adenauers Werk lassen sich nicht trennen. Beide sind gleichermaßen gefährdet, wenn die Bundesrepublik sich weigert, aus der Adenauerschen Politik des »Westabmarsches« – der sie alle Annehmlichkeiten ihrer Existenz verdankt – die Konsequenz zu ziehen, die Anerkennung der DDR heißt." Sind vielleicht die Bundesbürger dazu verpflichtet, dem Kanzler diesen Gefallen zu tun – oder ist der Kanzler dem Wahlvolk etwas schuldig? Die Frage lässt sich nur beantworten, wenn man in letzter Güte versteht, dass Menschen wie er in seinen Mitmenschen die dumpfe und grölende Masse vor Augen hat, die den Führer vor ihm wegen seiner Erfolge wie wild gefeiert hat. Da spielt der reale Anteil der Jubelnden auch keine gewaltige Rolle mehr. „Es war Adenauers zweifelhaftes Glück, dass ihm die Weltlage der fünfziger Jahre erlaubte, diese Konsequenz zu vertagen." Und weiter führt er 15 Jahre später aus: „Adenauers Bundesrepublik" – will heißen, das ist eine Art Privatbesitz – „konnte die Teilung des Deutschen Reichs sozusagen unter Narkose vollziehen und sich einbilden, der amputierte Teil gehöre immer noch zu ihrem Körper; sie konnte alle Vorteile einer Rheinbundexistenz mit der Illusion verbinden, immer noch das Deutsche Reich zu sein. Aber das Erwachen aus der Narkose ist früher oder später unvermeidlich. Heute muss die Bundesrepublik sich entscheiden, ob sie das sein will, was sie wirklich ist – die neue, demokratische und westeuropäische Bundesrepublik –, oder ob sie das wieder werden will, was sie längst nicht mehr ist – das alte, autoritäre und kriegerisch-nationalistische Deutsche Reich. Sie fällt diese Entscheidung durch die Anerkennung oder Nichtanerkennung der DDR."[15]

Die Möglichkeit, dass sich diese Bundesrepublik von dem autoritären und kriegerisch-nationalistischen Deutschen Reich weiterentwickeln könnte, ohne dafür Deutschland und halb Europa unter die Fittiche Moskaus zu zwängen, liegt nicht im Angebotsspektrum jenes Propagandatextes dieses westdeutschen Pioniers der Anerkennung Unseres Sozialistischen Vaterlandes, der Deutschen Demokratischen Republik. Während er nach dem Tod des Alten aus Rhöndorf den Eindruck erwecken wird, dass Adenauer die juristische Festschreibung der Teilung bloß vorbereitet habe und die Entwicklung ansonsten abwarten und vertagen wollte, wird der britische Historiker Timothy Garton Ash nach der Durchsicht eingestaubter Akten 1993 erstaunt feststellen: „Noch vor dem Bau der Berliner Mauer hatten Adenauer und seine engsten Mitarbeiter Überlegungen angestellt, ob mit der Sowjetunion ein gewisser Modus vivendi zu erreichen sei, wenn man die Existenz eines zweiten deutschen Staates für einen genau definierten und begrenzten Zeitraum anerkennen würde."[16] Alte Leute wie Adenauer wissen, dass sich die Menschen mit der Zeit an alles gewöhnen können. In der Zeit kann ja aus den Experimenten im Osten auch etwas werden. Kann ja sein, dass Sie sich noch daran erinnern können, dass Konrad Adenauer 1944 nach dem Staatsstreichversuch von der Gestapo verhaftet und in ein Lager auf dem Messegelände Köln-Deutz gesperrt worden war. Da kam er mit Russen ins Gespräch, „die ihn in seiner Hochachtung vor den großen Errungenschaften Russlands bestärkt" haben. Er kam zu der Überzeugung, dass sie in Sowjetrussland auf dem Bildungssektor großartige Fortschritte erzielt haben. Da er selbst wohl kein einziges Wort Russisch verstand, traf er in dem Lager in Köln-Deutz offensichtlich auf Russen, die in der Schule die deutsche Sprache gelernt haben, eine Erfahrung, die laut Berichten des Sicherheitsdienstes der SS aus den Jahren zuvor schon eine ganze Menge andere Deutsche gemacht haben. Das Bemühen der Russen, der Bildung größere Verbreitung zu verschaffen, betrachtete er als den entscheidenden Unterschied zu den Nazis, die Bildung und Wissen unterdrückten. Warum hätte also aus der DDR nichts werden sollen?[17] Den Sowjets war es ja auch gelungen, in zwei Jahrzehnten ihr Land zu elektrifizieren und ökonomisch auf Vordermann zu bringen. Und in Deutschland war doch schon alles da!?

Es will mir partout nicht einleuchten, warum der ostdeutsche Geheimdienstchef Markus Wolf genau dies nicht für denkbar hält, wenn er weiß, dass Bonns Finanzminister Fritz Schäffer zu dem Zeitpunkt schon Ideen mit dieser Zielorientierung auf Lager hat und sie auf geheimdienstlichem Wege der Staatsführung in Ost-Berlin völlig ungeniert vorträgt. Markus

Wolf sagt nach dem Systemausfall von '89: „Den Kontakt zu ihm hielt ein westdeutscher Geschäftsmann, der unter dem Decknamen Markgraf Informant unserer Hauptabteilung Wirtschaft war." Markus Wolf hatte auf diesem Wege bereits erfahren, dass dieser Fritz Schäffer „angeblich über die Möglichkeit einer deutschen Konföderation" nachdachte, und dieser Mann war als Vizekanzler doch nun wirklich nicht im Widerstand!?[18]

Was bedeutet das? Es geht um einen juristischen Status für die DDR, der einen ganzen Schritt weiter von der BRD entfernt wäre, als es im Grundgesetz festgeschrieben ist. Da sind brav die westdeutschen Bundesländer aufgelistet. Und in diesem Heft war ursprünglich auch von keinem Saarland die Rede. Für die Agitation zur Fernhaltung des Saarlandes von dem Deutschen Reich Adolf Hitlers war übrigens 1937 der relativ junge Erich Honecker ins Zuchthaus gekommen. Auch in dieser Angelegenheit liegt Konrad Adenauer nahe bei den Vorstellungen Erich Honeckers.

Haffner schreibt die Zeilen zwar erst 15 Jahre später auf, aber man darf nicht annehmen, dass Adenauer die Anerkennung der DDR tatsächlich auf die lange Bank schieben würde. Er tut sein Teil dafür, dass die Westdeutschen nicht zu lange unter Narkose gehalten werden müssen, zumal die zu lange Narkotisierung unweigerlich irreparable Schäden bei ihnen hinterlassen muss. Wer versalzt ihm jedoch 1955 die Suppe? Und warum?

Bislang läuft für Bonn alles wie am Schnürchen. Die Bundesrepublik ist schön in das Nordatlantische Militärbündnis eingebunden und seit dem Frühjahr ist Deutschland östlich der Linie Eisenach – Greifswald fest in die Windeln des osteuropäischen Pendants Warschauer Pakt eingepackt, glauben sie in Bonn. Die Vorstöße mit den Molotov-Noten waren mit viel Geschick abgeblockt worden, doch nun droht neue Ungemach. Erinnern Sie sich, dass es in Moskau 1953 die Vorstellung gab, die Demonstration der Macht gegenüber dem vermeintlich vom Westen ausgelösten Volksaufstand würde die Moskauer Aussichten auf einen Kompromiss mit den Westmächten sogar verbessern? Es bleibt bei den Fehlkalkulationen.

Für den Sommer 1955 steht eine Konferenz der vier Hauptalliierten des Zweiten Weltkrieges auf der Agenda. In Moskau war registriert worden, dass man bislang inhaltlich weder mit Bonn noch mit Ost-Berlin weitergekommen war, und bereitete also einen neuen außenpolitischen Anlauf vor. Der Stern Vincenz Müller* von der Organisation Gehlen – den alten Spezialisten der Abteilung Fremde Heere Ost, der gewissermaßen nebenberuflich auch stellvertretender Innenminister der DDR ist – unter oder vielleicht besser gesagt über dem DDR-Innenminister Willi Stoph, erfährt durch seine Position, dass Moskau die DDR in ihren Warschauer Vertrag aufgenommen hat, um sie als Verhandlungsmasse für eine Einigung mit den Westmächten zur freien Verfügung zu haben – und sie wie auf einem russischen Basar wieder verhökern zu können. So war das in Bonn nicht gedacht und Vincenz Müller weiß, was seine Aufgabe ist. Er hatte sich am Anfang der 1950er Jahre schon mit viel Hingabe darum bemüht, dass die Kommunisten in der DDR eine Kasernierte Volkspolizei aufbauen, damit sie in Bonn einen Beleg für die Gefahr aus dem Osten haben. Da Vincenz Müller nicht dümmer ist als die anderen alten Spezialisten der Abteilung Fremde Heere Ost, geht er den offiziellen Weg über den jungen, schönen und völlig ahnungslosen Geheimdienstchef in Ost-Berlin. Dass Wolf von Tuten und Blasen keine Ahnung hat, steht auf einem ganz anderen Blatt. Auf jeden Fall wird ein konspirativer Ausflug des Bundesfinanzministers und Vizekanzlers Fritz Schäffer nach Ost-Berlin über den Verleger Hans Kapfinger in Bayern arrangiert.[19]

Der Verleger und Chefredakteur der Passauer Neuen Presse und Vertraute von F. J. Strauß hat den Vizekanzler Schäffer „in einem Dorfe bei Passau zusammengebracht mit Vincenz Müller, dem Stellvertretenden Innenminister der DDR. Der ehemalige Wehrmachtsgeneral war Ende Juni 1944 beim Zusammenbruch der Heeresgruppe Mitte in Gefangenschaft geraten und hatte sich dem »Nationalkomitee Freies Deutschland« angeschlossen, einer Gruppierung von Offizieren, die sich auf eine Zusammenarbeit mit den Sowjets einließen. 1948 landete er in der DDR, wo er sich in den fünfziger Jahren dem Aufbau der Volkspolizei und der Nationalen Volksarmee widmete.“ Mit diesen Zeilen von Strauß haben wir aus berufenem Munde die Bestätigung des Vorfalls. Da er ohnehin die erfolgreichste Technik zum Nachbessern der historischen Wahrheit nutzt und Episoden ohne Rücksicht auf die chronologische Reihenfolge anbietet, fällt es auch keinem auf, dass er dem interessierten Publikum unterjubelt, es habe 1948 und somit vor der Gründung der BRD schon diese DDR gegeben. Aber kommen wir zurück zu Unserem stellvertretenden Innenminister. Müller widmet sich wohl auch der Berichterstattung über Fortschritte bei der sozialistischen Entwicklung in der DDR an die Auftraggeber bei der „Org." in Pullach im grünen Bayern. Sie erinnern sich gewiss, dass die Sabotageakte stets von der CIA ausgingen, auch wenn sie das im Osten immer alles zusammen in einen Topf werfen. Franz J. Strauß kann noch hinzufügen „Dieser Vincenz Müller, ein praktizierender Katholik, gebürtig aus Aichach, sei inkognito in Niederbayern gewesen, wo sein Bruder Pfarrer sei." Bei seinem heimlichen Abstecher in die amerikanische Zone mitten im Kalten Krieg bittet der stellvertretende DDR-Innenminister also nach der Schilderung von Franz Josef Strauß den Minister aus Bonn „Schäffer, nach Ost-Berlin zu kommen und dort mit Botschafter Puschkin zu sprechen. Schäffer wollte sich nicht festlegen, sondern sich erst mit Konrad Adenauer abstimmen." Sagen wir es einmal anders: Bonn muss zuerst einen Plan schmieden.[20]

Über den drohenden Erdrutsch werden in Bonn neben dem Kanzler und dem Finanzminister auch Richard Stücklen sowie Franz Josef Strauß informiert. Letzterer erinnert sich so an diese brenzlige Situation: „Eines Tages ruft mich Bundesfinanzminister Schäffer an: »Ich habe mit dir etwas zu besprechen, allerhöchste Geheimhaltung. Wir können es in keinem Raum machen, weder bei dir noch bei mir im Amt, auch in keiner Gaststätte. Wir machen einen Spaziergang.« Wir machen diesen Spaziergang, nachts, immer um das Bonner Münster herum, ich weiß nicht wie oft."[21]

Diese und andere relativ abhörsichere Techniken sind aus der Zeit des Reiches der Gestapo bekannt, insbesondere aus den Vorbereitungen auf die Staatsstreichversuche gegen Hitler. Welcher Spion soll denn den zwei Männern auf einer ovalen Route mit dem Richtmikrofon folgen?

Wolf glaubt also, dass Schäffer den Kontakt zu seinem Spion unterhält, ohne dass der Kanzler davon weiß, und hält es für „wenig glaubwürdig", dass Minister Schäffer Pläne für eine Konföderation hat, „weil wir es für ausgeschlossen hielten, dass der zweite Mann in der Bonner Regierung Pläne entwickelte, die mit Adenauers Politik unvereinbar waren." Dass die Führung in Bonn mit doppelten Karten spielen könnte, kommt ihm nicht in den Sinn. Bei welcher Wahl könnte Adenauer denn gewonnen haben oder gewinnen, wenn er die Parole ausgibt, er wolle Familien- und Freundesbande in Deutschland für die nächsten drei Generationen oder noch mehr zerschneiden? Ist der Vizekanzler Schäffer noch nicht hoch genug angesiedelt, um zu vermuten, dass er dies im Auftrag des Kanzlers tut? Soll der Kanzler mit einer Maske selbst nach Ost-Berlin kommen? Dass der Plan vielleicht von Dr. Konrad Adenauer selbst stammte und dass Schäffers Konföderation der zweite juristische Schritt auf dem Weg zur Bonner Abkehr von der ungeschickten Übergröße des Bismarck-Reiches ist, liegt jedoch nicht im Radius der Vorstellungen des Meisters. Es ist zum Weinen, wie Wolf das schildert: „Die Skepsis wurde nicht geringer, als »Markgraf« einen Besuch Schäffers in Ost-Berlin ankündigte, bei dem der Finanzminister mit hochrangigen Vertretern der Sowjetunion und der DDR über seine Konföderationspläne sprechen wollte. Gespräche mit Repräsentanten der »Sowjetzone« waren für Bonn damals ein Tabu, über das sich kein westdeutscher Politiker ungestraft hinwegsetzen durfte."[22]

Am 11. Juni 1955 schickt Konrad Adenauer dann seinen Finanzminister auf eine heikle Sondierungsmission nach Ost-Berlin. Fritz Schäffer fliegt vermutlich mit einer Maschine der Alliierten nach West-Berlin und setzt sich auf einem Bahnhof in eine Ost-Berliner S-Bahn Richtung Alexanderplatz. Wie es anschließend weitergegangen ist, erzählt der Chefspiogent Wolf: „Wir glaubten deshalb »Markgraf« so wenig, dass wir die Nachricht weder an die SED-Führung noch nach Moskau weitergaben, da wir fürchteten, uns zu blamieren. Zu unserer Überraschung stieg dann am 11. Juni 1955 zur angegebenen Zeit tatsächlich der Finanzminister der Bundesrepublik Deutschland nur in Begleitung unseres Informanten am Bahnhof Marx-Engels-Platz", das ist an den Hackeschen Höfen, eine Station neben

Friedrichstraße, „aus der S-Bahn. Dort empfingen ihn ein Oberst und der Major, der für die Führung »Markgrafs« verantwortlich war. Zum Glück hatten wir wenigstens einen Fotografen verdeckt postiert, der das historische Ereignis im Bild festhielt. Der vorgeschobene Anlass für Schäffers Ausflug in den Osten war ein Besuch bei General a. D. Vincenz Müller, mit dessen Familie der Finanzminister befreundet war.“[23]

Was danach geschieht, ist Realsatire: „Unser Oberst brachte den Gast zunächst in Müllers Wohnung und benachrichtigte mich dann davon, dass das Unglaubliche wahr geworden war. Ich befand mich nun in keiner beneidenswerten Lage. Schäffer erklärte bei Müller, dass er ein Gespräch mit dem sowjetischen Botschafter Puschkin erwarte. Gegen eine Zusammenkunft mit dem Ministerpräsidenten Grotewohl habe er allerdings noch Bedenken. Er wolle lieber fürs Erste mit einem DDR-Vertreter unterhalb des Kabinettsrangs reden. Der Finanzminister behauptete, Adenauer von dem Besuch informiert zu haben. Der »Alte« habe ihm allerdings geraten: »Fahren Sie nicht.« Er habe ihn auch vor den persönlichen Konsequenzen des Abenteuers gewarnt.“[24] Ab dem Augenblick, in dem Wolf das erfährt, darf er jedoch nicht mehr annehmen, der Bundesminister habe sich über das Verbot hinweggesetzt, Repräsentanten der Sowjetzone zu treffen. Es ist nicht zu fassen, dass er es trotzdem tut.

Wissen Sie, wo Rauch ist, da ist auch Feuer. Wenn Franz Josef Strauß so einen Vorfall in diesem Sommer mit diesen Namen erwähnt und der gute Markus Wolf so einen Vorfall erwähnt, von dem obendrein auch noch ein Beweisfoto für die Archive vorliegt, dann wird das schon so gewesen sein. Strauß selbst hat erklärt, dass wenige eingeweihte Politiker auf geheimen Zusammenkünften besprochen haben, wie man den Moskauer Vorstoß noch vor dem Gipfeltreffen der Großmächte in ein anderes Fahrwasser bringen kann. Selbst wenn Strauß hier seinem Kanzler den Rücken freihält und den Eindruck erweckt, Adenauer habe diesen Abstecher nicht gewünscht, bleibt immer noch die Frage im Raum, warum sich der Vizekanzler um die juristische Endlagerung der DDR bis nach dem Tode des Kanzlers kümmert. Dieser Fritz Schäffer ist immerhin in der CSU, in der auch Franz Josef Strauß ist. Warum setzt Strauß also bei Schäffer keine Fragezeichen hinter diesen Ansatz einer Konföderation, die auf dieselbe Nähe und Ferne hinausläuft, die auch Italien, Frankreich und die BRD in West-Europa anstreben? Nur dass das Leben in der DDR grauer ist.

Markus Wolf hat so viel und so wenig kapiert. Hören Sie nur, was er alles über die Umstände weiß: „Der Zeitpunkt für Schäffers Mission war kein Zufall. Wenige Wochen zuvor hatte der österreichische Bundeskanzler Julius Raab in Moskau die Verhandlungen über einen Staatsvertrag abgeschlossen, der Wiedervereinigung und Neutralität der Alpenrepublik festschrieb. In der sowjetischen Führung gab es ernsthafte Erwägungen, das österreichische Modell auch auf Deutschland zu übertragen.“[25]

Wolf versteht sehr gut, dass der Nato dadurch Westdeutschland als Aufmarschgebiet verlorengehen würde, aber er versteht weder, dass gerade diese militärische Einbindung der BRD in die Nato eine der Säulen der Politik in Bonn am Rhein ist, noch dass die Tränen über den Verlust des deutschen Ostens unecht sind. Es ist einfach immer wieder schaurig, die halbgaren Erkenntnisse Wolfs zu lesen: „Adenauer hatte entsprechende Vorstöße Moskaus immer als Propagandamanöver abgetan. Am 5. Mai 1955 sollten die Pariser Verträge in Kraft treten, die die Bundesrepublik an das westliche Militärbündnis banden. Verhandlungen über Neutralität und Wiedervereinigung schienen damit obsolet. Für die Gegner von Adenauers Politik der Westintegration gab es im Frühjahr 1955 nur noch eine letzte Chance. Der Finanzminister suchte sie zu ergreifen, indem er unter hohem persönlichem Risiko nachrichtendienstliche Wege nutzte, um mit dem Osten Kontakt aufzunehmen.“ Das schreibt er, obwohl ihm bekannt ist, dass der Kanzler davon weiß. „Motiv seines Besuchs war offensichtlich zu signalisieren, dass es auch im Bonner Regierungslager einflussreiche Kräfte gab, die eine Wiedervereinigung auf dem Verhandlungsweg noch nicht abgeschrieben hatten. Er hoffte auf konkrete Vorschläge aus dem Osten, mit denen die Meinungsbildung im Kabinett und in der Öffentlichkeit noch zu beeinflussen gewesen wäre. Wir waren also zu überrascht, um auf diese Mission vorbereitet zu sein.“[26]

Und wie weiter? „Ich rief Ministerpräsident Grotewohl an, schilderte ihm die Situation und fragte, was zu tun sei. Da ich mit meinem sowjetischen Verbindungsoffizier abgesprochen hatte, die unglaubwürdige Ankündigung des Besuchs nicht nach oben weiterzugeben, war es unmöglich, den nicht eingeweihten Botschafter Puschkin zu mobilisieren. Grotewohl entschied, da Schäffer ohnehin nicht mit ihm reden wolle, solle ich den Part des Regierungsvertreters übernehmen." Mein Gott – warum hast Du das nicht verhindert? Suchen Sie immer noch die Antwort auf die Frage, wer die Anerkennung der DDR im Sommer des Jahres 1955 mit Schwung in den Sand gesetzt hat? „Als Vertreter der sowjetischen Seite könne mein Verbindungsoffizier Semjon Logatschow fungieren, der offiziell als Botschaftsrat akkreditiert war."[27] Die Probe für Pat und Patachon?

Natürlich habe ich mich beim Lesen der Aufzeichnung des Geschehens durch den Geheimdienstchef Wolf immer wieder gefragt, ob er sich die Sachen nicht so zurechtbiegt, wie er es will, aber dafür schildert er sogar pikante Details zu freimütig: „Fritz Schäffer wurde in die kleine Villa am Zeuthener See gefahren, die uns schon während der Außenministerkonferenz für weniger diplomatische Zwecke gedient hatte." Vom KGB kam die äußerst kreative Idee, da einen Puff zum Aushorchen der Teilnehmer der Berliner Außenministerkonferenz von 1954 einzurichten. Weiter sagt Wolf, dass sein unerwarteter West-Besuch „sichtlich enttäuscht" war, als er statt des sowjetischen Botschafters und eines hochrangigen DDR-Vertreters „nur uns traf: zwei junge Männer, deren Namen ihm unbekannt waren und die ihm viele Fragen stellten, ohne selber konkrete Antworten geben zu können." Trotzdem habe der Minister über knapp zwei Stunden seine Vorstellungen vor ihnen ausgebreitet. Schäffer habe sich als gründlich vorbereitet erwiesen und mit einem historischen Exkurs begonnen.[28]

Ich gehe doch sicher recht in der Annahme, dass Schäffer lediglich seine Kenntnisse aus dem Geschichtsunterricht aus dem Ärmel gezaubert hat, denn er erinnerte an die Vorgeschichte der deutschen Einigung von 1871, die schon 1834 mit der Gründung des deutschen Zollvereins eingeleitet worden war. Im Klartext heißt das, Schäffer schweben 1955 mindestens weitere siebenunddreißig Jahre der Teilung vor, bloß um das hier festzuhalten. Daraus könne man lernen, meinte er, dass es zunächst zu Vereinbarungen zwischen den beiden Staaten auf wirtschaftlichem wie auch auf kulturellem Gebiet kommen müsse. Voraussetzung für eine Vereinigung sei, dass die deutschen Staaten dann keinem Machtblock angehören. Auf den Einwand, dass wegen dieser Frage alle Vorschläge der sozialistischen Seite von Bonn zurückgewiesen worden seien und die BRD gerade im Begriff stehe, sich an das Lager der USA zu binden, entgegnet Schäffer, ein vereintes Deutschland könne sich selbstredend für neutral erklären, das ließen auch die Pariser Verträge zu. Weiß er es nicht besser?

Er fügt hinzu, bis dahin müsste die Stärke der Streitkräfte entsprechend der Bevölkerungszahl in beiden Staaten begrenzt werden. Eine atomare Bewaffnung käme nicht in Frage. Gingen diese Vorstellungen, gemessen an den entgegengesetzten Plänen Adenauers schon sehr weit, so waren die Kompromisse, die er innenpolitisch machen wollte, noch bemerkenswerter, befindet der Neuling im Geheimdienst Markus Wolf. Schäffer erklärt, persönlich sei er ein überzeugter Anhänger der Marktwirtschaft. Er verstehe hingegen, dass die Entwicklung der letzten zehn Jahre im östlichen Teil Deutschlands nicht einfach rückgängig gemacht werden könne. Man müsse sich hier annähern und nicht die Differenzen in den Vordergrund stellen. Worauf läuft das also hinaus? Wolf hört einfach nicht, dass dies in die längerfristige Existenz zweier deutscher Staaten mündet. Zu jedem beliebigen Zeitpunkt x könnte man hier auf Marktwirtschaft umstellen.

Schäffer hat er jedenfalls so in Erinnerung, dass er sagte, das Wichtigste sei, dass sich die beiden Staaten nicht mehr feindlich gegenüberstünden. Wolf befindet: „Es waren nicht allein nationale Motive, die Fritz Schäffer zu seiner gewagten Initiative trieben. Wichtiger noch schien ihm zu sein, dass eine Annäherung der deutschen Staaten die Kriegsgefahr verminderte. In meinem Bericht zitierte ich ihn wörtlich: »Ich habe im Zweiten Weltkrieg meinen Sohn verloren, und darum will ich verhindern, dass noch einmal Millionen von Familien von solch einem Unglück getroffen werden.« Auch dieser kleine, eher bescheidene und unauffällige Mann hatte eine andere Vergangenheit als die große Mehrheit der Funktionsträger im Bonner Staat, die dem Nationalsozialismus aktiv oder zumindest als Mitläufer gedient hatten. Schäffer war aus politischen Gründen mehrfach von der Gestapo verhaftet und schließlich in das KZ Dachau gebracht worden, aus dem er 1945 befreit worden war." Sollen nun die Minister aus Bonn einzeln nach Ost-Berlin kommen und ihm schildern, wo und wie sie die zwölf Jahre des Dritten Reiches erlebt haben?[29]

Als danach von der ostdeutschen Seite öffentliche Äußerungen des BRD-Außenministers Heinrich von Brentano moniert worden waren, sagte Fritz Schäffer* kurzerhand, der sei eben „ein Idiot" und man solle doch „lieber auf einen aufstrebenden jungen Politiker namens Franz J. Strauß achten". Es muss wohl nicht erwähnt werden, dass auch Heinrich von Brentano* wegen seiner „untadeligen Haltung im Dritten Reich kein schlechtes Gewissen zu haben" braucht. Und Strauß* weiter über Heinrich v. Brentano: „Er war in seiner Bewertung des Dritten Reiches, seiner Politik, ohne jeden Zweifel das, was man einen anständigen, intelligenten Deutschen nennt." Über die ersten Treffen mit dem wohl genialsten Schauspieler des Kalten Krieges erklärt unser Spionagechef Wolf: „Für uns war Strauß seit den 1950er Jahren kein Unbekannter mehr. Schon Josef Müller und Fritz Schäffer hatten uns den jungen Strauß als »klugen und flexiblen Kopf« beschrieben, der sicherlich bereit sei, mit uns zu reden. Als Strauß Atomminister wurde, ging die Initiative zu Kontakten von ihm aus. Er ließ sie ruhen, als er Verteidigungsminister wurde, und nahm sie nach der Entlassung aus dem Amt wieder auf. Der bayerische Politiker versuchte in der Tradition seiner Vorgänger Müller und Schäffer auf eigene Faust in der Deutschlandpolitik mitzumischen. Eines seiner Interessensgebiete war dabei der innerdeutsche Handel."[30] Aber nicht doch. Hier geht es ja nicht um die Hobbys des bayerischen Meisters im Straßenradfahren von 1934, sondern um das Problem, wie man Mittel-Deutschland wirtschaftlich auf eigene Füße stellen könnte, die entscheidende Frage, die sich auch Müller und Schäffer schon stellten. Dass Unsere DDR nicht bereits 1955 von der Regierung Adenauer anerkannt wird, liegt zweifellos ausschließlich am mangelnden Denkvermögen von Markus Wolf.

Wolf ist auch an dieser Stelle grausam ehrlich und rundet seine gruselige Schilderung einer seiner frühen Pannen mit folgender Erklärung ab: Ihm wird nach der verpfuschten Reise von einem seiner Gewährsmänner zugetragen, dass sich Schäffer im Gespräch mit Wolf und seinem sowjetischen Verbindungsoffizier in dieser Villa am Zeuthener See nicht ganz offenbart hatte. Schäffer sagt zu ihm: „Ich habe eine Schlappe erlebt. Vielleicht hätte ich mit einem Gespräch bei Botschafter Puschkin der deutschen Situation helfen können. Ich war bereit, Geheimverhandlungen zu führen. Doch als ich die zwei jungen Männer sah, habe ich nicht alles gesagt.“[31]

Über die antifaschistische *Demokratur* der Journalisten, der Publizisten und Verleger in der Bundesrepublik muss man sicherlich nicht mehr besonders viel sagen. Vielleicht nur noch zwei Anmerkungen am Rande. Das Sternchen General Vincenz Müller* arbeitete während des Weltkrieges in dem Nationalkomitee Freies Deutschland mit. Da eine ganze Anzahl von Offizieren aus dieser Gruppe die Streitkräfte in der D.D.R. mit aufgebaut haben, kann das heißen, dass es sich bei jenem Komitee um das Sammelbecken des militärischen Widerstands an der Ostfront gehandelt hat, aus dem sich die Männer dann auf die zwei späteren deutschen Staaten aufgeteilt haben, wie sich auch die Spezialisten um Wernher von Braun und Manfred von Ardenne mit jeweils Tausenden ihrer kongenialen Experten nach dem Krieg 1945 in Richtung USA oder alternativ in die Sowjetunion auf die Socken gemacht haben. Wenn wir noch zwei Jahre Geduld haben, werden sie zusammen mit sowjetischen Wissenschaftlern einen Sputnik in eine Erdumlaufbahn befördern und damit Vorarbeit für Interkontinentalraketen mit Atomsprengköpfen leisten und dem „Kalten Krieg“ noch mehr Drall in die richtige Richtung geben.

Die Genfer Konferenz

Am 13. Juno schreibt die französische Zeitung Le Monde, dass Kanzler Adenauer jener Mann wäre, der „zwar immer von der Wiedervereinigung spricht, aber niemals daran denkt.“[32] Wie ist dieser fatale Eindruck bloß bei den Franzosen entstanden? Lassen wir den Meister der Indiskretion einmal zu Wort kommen: „Adenauer spürte schon vor der Konferenz der Großen Vier in der Schweiz, deren Tagesordnung und Schwerpunkte uns bekannt waren, die Dringlichkeit, eigene deutsche Akzente zu setzen.“ In welche Richtung wird das gehen? In Europa und in Washington wird zur Zeit ein Moskauer Vorschlag besprochen, nach dem ein Gürtel neutraler Länder von Jugoslawien über Österreich, Deutschland und Schweden bis nach Finnland eingerichtet werden soll. Franz Josef Strauß erinnert sich, dass ihn der Bundeskanzler umgekehrt darum bat, vor der Konferenz für eine neue Armee in Westdeutschland zu sorgen: „So forderte er mich auf, in der Debatte über das Freiwilligengesetz am 16. Juli 1955 im Bundestag zu sprechen. Er erinnerte mich an meine Rede vom Februar 1952 – »ne jute Rede!« – und meinte, dass es in dieser schwierigen Situation nicht ausreiche, wenn nur Theodor Blank die Interessen der Regierung vertrete. Es müsse eine politische Rede gehalten werden, und ich sei der geeignete Mann. Ich war noch immer Sonderminister. Eindringlich machte mir Adenauer deutlich, worum es gehe: »Wissen Sie, Herr Strauß, wenn wir die ersten 6.000 Mann haben, dann geht es weiter.“ Die Logik dieses Gedankens ist klar: „Wir müssen vollendete Tatsachen schaffen.“ Denn die Konsequenzen sind ebenso logisch: „Auch wenn es zu einer Einigung der Großen Vier komme, werde es die Wiedervereinigung nur am Konferenztisch, nicht aber in Wirklichkeit geben. Die Sowjets würden alles tun, die Aufstellung der Bundeswehr zu stören und zu verhindern, und wenn sie damit in Genf Erfolg hätten, wäre dies ein schwerer Rückschlag, wenn nicht gar das Ende seiner Politik.“[33] Hier haben wir wieder einen dieser Texte, nach denen man die Beweisführung abschließen könnte und zum Ergebnis kommen, dass die Teilung Deutschlands von Bonn ausgeht. Es wäre jedoch schade, in einer beliebigen Pause das Zirkuszelt zu verlassen und sich wieder einmal in die Irre führende historische Dokus anzutun.

Es ist auch einfach zu lehrreich, hier zu studieren, wie der *insider* Franz Josef Strauß alles vermengt und so versucht, die Spuren zu verwischen: „Gegen diese Entscheidung Adenauers gab es heftige Widerstände, auch in des Kanzlers eigener Partei."[34] Als ob er jetzt die heftigen Widerstände gegen die Bewaffnung thematisieren wolle, bringt er eine Gesprächsführung mit einem der Eingeweihten an, der mit ihm und Adenauer exakt auf der vorgegebenen Linie liegt: „Bei einem Mittagessen habe ich mit Karl Arnold, mit dem ich mich damals immer wieder traf, die kritische Stimmung erörtert. Man befürchtete, dass eine überstürzte Einberufung von 6.000 Mann den Gegnern unserer Politik im In- und Ausland zum Vorwand dienen werde, uns Militarisierung um jeden Preis vorzuwerfen, da doch die vier Mächte gerade jetzt ins Gespräch kämen und »friedliche« Lösungen einschließlich der deutschen Wiedervereinigung vor der Tür stünden."[35] Er liefert freilich auch keine Gegenargumente, warum diese Befürchtung vielleicht nicht zutrifft. Aber was soll's. Er erklärt ja ebenso wenig, warum er „friedliche" in Gänsefüßchen auftischt.

Während sich Kanzler Adenauer als Meister der kleinen Schritte erweist, der an jedem neuen Tag, den Gott ihm schenkt, die Chancen sucht und findet, um die raue Realität Schritt für Schritt den Illusionen der Elite im Westen Deutschlands anzupassen, versucht sich einer der Gegenspieler seiner Politik – Willy Brandt – an den wirklich großen Linien: „Bevor die deutschen Soldaten so weit waren, erklärte die UdSSR im Januar 1955, »freie Wahlen«, und zwar »unter internationaler Aufsicht«, zulassen zu wollen, wenn alle Teile Deutschlands von militärischen Bindungen frei blieben." Letztlich gelangt Brandt zur Konklusion: „Der Ausgang dieses Teils der Geschichte liegt klar zutage: Im Mai tritt die Bundesrepublik der NATO, die DDR dem Warschauer Pakt bei. Beide deutsche Staaten erhalten ihre Souveränität prinzipiell bestätigt, und vielen scheint die Welt in Ordnung."[36] Zumindest den Politikerkollegen Willy Brandts.

Die Genfer Gipfelkonferenz der vier Großmächte tagt schließlich vom 18. bis zum 23. Juli. Es ist fast rührend, dass sich nunmehr aber auch ausgerechnet Politiker aus London bemühen, „eine gewisse Entspannung zu bewirken". So wird beispielsweise in Genf der Eden-Plan vom englischen Außenminister Anthony Eden vorgestellt. Es ist nicht erstaunlich, dass in Genf die Idee militärischer Inspektionszonen beiderseits der trennenden Linie in Europa scheitert, da überraschenderweise keine Einigung in der Hinsicht zu erzielen ist, wie groß Deutschland nun eigentlich ist. Bundeskanzler Adenauer setzt zumindest bei den Westmächten durch, dass von einer Grenzlinie zwischen einem wiedervereinigten Deutschland und den osteuropäischen Ländern die Rede sein solle. Um ihn nicht zu vergrätzen und die Bundesrepublik nicht zu verlieren, machen die Profi-Diplomaten aus der westlichen Welt bei der Bonner Aufführung eine gute Miene zum bösen Spiel. Für den Fall, dass einer der Profis einfach vorschlagen sollte, eine Volksabstimmung in der Bundesrepublik durchzuführen, um festzustellen, ob die Heimatvertriebenen unter Umständen wirklich so stur sind, wie man tut, kann die Mannschaft aus Bonn entspannt darauf verweisen, dass Volksabstimmungen im Grundgesetz nicht vorgesehen sind.[37]

Amüsanter als der Auftritt der Hobbyschauspieler aus Bonn am schönen Rhein ist zweifellos die Darlegung, wie die Hobbyagenten aus Ost-Berlin die Welt der Schönen, Reichen und Wichtigen kennenlernen. Übergeben wir also das Mikro an Markus Wolf: „Die Gelegenheit, die konspirativen Beziehungen auf eine höhere Stufe zu stellen, hatte sich schon 1955 ergeben. Wehner gehörte damals zur BRD-Delegation auf der ersten Genfer Außenministerkonferenz, bei der die Vertreter beider deutscher Staaten am Katzentisch dabei sein durften. Für westdeutsche Politiker war es allerdings noch ein Tabu, mit Abgesandten der »Sowjetzone« zu sprechen. Über unseren Kontakt Hansch hatten wir bei Wehner eruiert, ob er bereit sei, sich mit einem Repräsentanten der DDR in Genf zu treffen. Er war es. Noch nie hatte es die Möglichkeit gegeben, an so viele westdeutsche Politiker direkt heranzukommen." Mein Gott, war das aufregend! Dort konnte man echte Prominente sehen! „Uns gelang es, in Genf unter anderem mit dem FDP-Generalsekretär Karl-Hermann Flach Gespräche zu führen, der eine sehr progressive Position in der Deutschlandpolitik vertrat." Ob sie es glauben oder nicht: Er wird uns später wiederbegegnen, denn auch er liegt auf der Linie der Bonner Einheitspartei CDUFDPSPDCSU.[38]

Wolf ist ein echter Held: „Wichtigstes Zielobjekt jedoch blieb Wehner. Es war nicht gerade eine Routineaufgabe, in einer Stadt des westlichen Auslands einen konspirativen Treff mit einer so bekannten Figur zu organisieren, zumal zu einer Zeit, in der Journalisten und die Observateure der verschiedenen Geheimdienste die Szene kontrollierten. Wir arrangierten ein Zusammentreffen Wehners mit Wilhelm Girnus, der offiziell Sekretär des Ausschusses für deutsche Einheit war." Wir erinnern uns dunkel, der gute Mann war im Jahr 1954 schon auf Otto John angesetzt worden. „Ich hatte Girnus auf die Begegnung vorbereitet. Für Wehner war diese Kontaktaufnahme wieder ein großes Risiko; dem Exkommunisten hätte man im Westen nie verziehen, wenn bekanntgeworden wäre, dass er sich entgegen allen parteiübergreifenden Absprachen heimlich mit einem Vertreter des Ulbricht-Regimes traf. Die Informationen, die er Girnus freimütig gab, und die Positionen, die er vertrat, waren so wohl kaum mit der SPD-Führung abgesprochen." Inhaltlich identisch hatte er sich auch über das Verhältnis zwischen Fritz Schäffer (CSU) und Konrad Adenauer (CDU) geäußert, obwohl er sich bei parteiübergreifenden Absprachen in Berlin auskennt. „Wehner erläuterte unter anderem seine Vorstellungen von einem Deutschlandplan der SPD, zu dem damals in seiner Partei erst vorläufige Überlegungen vorlagen. Am Ende schlug er von sich aus vor, die Gespräche mit einem Politbüromitglied fortzusetzen. Er wollte sich mit Professor Albert Norden in West-Berlin treffen. Die Zusammenkunft sollte in der Wohnung von Probst Heinrich Grüber stattfinden." So bleibt die Kirche das Scharnier für Gespräche.[39]

Übergeben wir das Mikro von Wolf an Strauß in München: „Zurück zur Genfer Konferenz. Wir waren in keiner Weise überrascht, dass die Verhandlungen letzten Endes scheiterten. Selbstverständlich auch Adenauer nicht, obwohl der im Westen schon vor der Konferenz umgehende und von überzogenen Erwartungen gekennzeichnete »Geist von Genf« ihm einige Sorgen bereitete." Da haben wir es wieder, das gruselige Gespenst der Entspannung. Nachdem Adenauer alles in die Wege geleitet hat, um die Konferenz vor die Wand fahren zu lassen, musste ihn das Scheitern ja auch nicht mehr so übertrieben schocken. Aber völlig unabhängig davon, lassen wir uns von Strauß noch kurz aufklären, wie hilfreich das Wetter dabei war: „Die Diskussionen im Umfeld der Genfer Konferenz blieben, obwohl dazugehörig und nicht weniger wichtig als die Konferenz selbst, in der Öffentlichkeit weitgehend unbeachtet – es war Sommer.“[40]

Es ist wahr, dass eine ganze Anzahl von ehemaligen deutschen Soldaten noch in den Lagern für Kriegsgefangene den Aufbau des Sozialismus im Sowjetreich unterstützen, und manche andere noch nicht genug auf die hohe Kante legen konnten, aber es gibt schon Westdeutsche, die die Welt kennenlernen: „Keine Weltbürger – wieso auch? Aber erfahrene, kundige Genießer an fremden Stränden und in entlegenen Städten – wer könnte das bestreiten? Wenn aus unserer Maschine (nur Erstflieger sprechen vom Flugzeug; schon beim zweiten Start sind auch sie vertraut mit dem Globetrotter-Deutsch der Werbung, die für uns zur erlebten Wirklichkeit geworden ist): wenn also aus unserer Maschine, mit der wir weit geflogen sind – beifälliges Händeklatschen der Fluggäste beim Aufsetzen – unsere Koffer nicht ausgeladen werden, weil sie in Düsseldorf versehentlich in eine andere Maschine gebracht wurden, dann bleiben inzwischen viele von uns ziemlich gelassen. Die Koffer werden schon noch kommen; es ist ja eine ordentliche Charterlinie, die wir gebucht haben, keine von den exotischen.“ Haben Sie den Duktus wiedererkannt? Das war Günter Gaus, der junge Mann, der für den Spiegel fabuliert. „Beim Einchecken ist es zwar hektisch zugegangen, was aber immer noch besser ist als Turbulenzen in der Luft, die wir etwa hätten durchfliegen müssen. Gewiss, einige Mitreisende, deren Koffer auch fehlen, sind beunruhigt und zum Streiten mit den Ortskräften des Touristik-Unternehmens aufgelegt. Beleidigt, weil es sie, warum sie, getroffen hat, sehen sie die vom Verdruss verschonten Passagiere das Gepäck vom Transportband nehmen: die Samsonites; die Bordcases; das Golf-Besteck im Leinensack mit Lederrändern, die Köpfe der Schlagstöcke wie Schreihälse, die einen exklusiven Anspruch verkünden . . . “[41] Klarer Fall: die Jammer-Wessis. Sie sind beleidigt, weil es sie, ausgerechnet sie, getroffen hat. Hauptsache, keiner im Osten bricht einst über das Leben unter Ulbricht in Tränen aus.

Etwas nüchterner als Gaus berichtet Brandt darüber, was sich im Osten abspielt: „Auf seiner Rückreise erklärt Chruschtschow in Ostberlin, eine deutsche Wiedervereinigung sei erstens nur möglich in Verbindung mit einem System kollektiver Sicherheit in Europa, wenn zweitens entsprechende Kontakte zwischen beiden Teilen Deutschlands entwickelt und drittens die »politischen und sozialen Errungenschaften« der DDR nicht preisgegeben würden.“[42] Der Journalist John Dornberg meint: „Auch die wechselhafte sowjetische Politik in der Deutschlandfrage hat dazu beigetragen, dass die ostdeutsche Wirtschaft sich lange nicht entfalten konnte. Erst nach der Genfer Konferenz von 1955, als die diversen Wiedervereinigungspläne ad acta gelegt worden waren, erhielt Ulbricht grünes Licht zum wirtschaftlichen Aufbau.“[43] Sehen Sie, so ist das – und wäre Moskau nicht durch die Bonner Weigerung einer Anerkennung der Grenze und die offizielle Unterstützung Bonns durch die West-Mächte zu dem scheinbar einzigen militärischen Garanten des polnischen Staates geworden, könnte es seine Truppen auch dort nicht belassen. Die Polen ertragen letztlich die sowjetischen Truppen genauso widerwillig wie die Westdeutschen die US-Amerikaner oder die Briten und die Franzosen. Der einzige Trost besteht für die Wessis darin, dass man unter solchen Umständen wenigstens die sowjetischen Zustände nicht auch noch am Hals hat. Apropos Wessis: Das Wort kommt jetzt in den 1950er Jahren in West-Berlin in Mode und meint die Besuchergruppen aus West-Deutschland, die neuerdings den Kudamm entlang flanieren und sich die Kaiser-Wilhelm-Gedächtniskirche und das 1943 zerbombte Kirchenschiff anschauen, auch wenn es zehn Jahre nach dem Krieg überall in Deutschland viele solche bizarre Schönheiten gibt.

Was wird aus der Organisation Gehlen?

Von Anfang an hat es in Amerika Zweifel darüber gegeben, ob es richtig sei, Reinhard Gehlens Trupp überhaupt irgendwie arbeiten zu lassen. Als es heiß wird und die Männer sollen zum Geheimdienst der BRD werden, spitzen sich die Auseinandersetzungen zu. Ein Skeptiker in Washington ist Truman Smith. Der spricht ausgezeichnet Deutsch und hat durchaus „ein gutes, wenn auch gelegentlich etwas romantisches Verständnis von der deutschen und europäischen Geschichte“. Doch seine Einwände verhallen wirkungslos und das offizielle Washington will dem guten Kanzler Adenauer seinen Willen lassen. Im Juni ‘55 hält sich dieser zu einem inoffiziellen Besuch in den USA auf und führt bei der Gelegenheit natürlich auch politische Gespräche. Adenauer ist mit dem Besuch in Washington und der politischen Linie des Präsidenten Eisenhower und seines Außenministers John Foster Dulles zufrieden. Der Kanzler trifft sich auch mit dem CIA-Chef Allen Welsh Dulles, der Zufriedenheit über die Meldungen aus Deutschland ausdrückt, nach denen Adenauer bei seinem Vorhaben, die Organisation Gehlen zu übernehmen und in einen Nachrichtendienst der Bundesrepublik umzuwandeln, Fortschritte macht. Adenauer sagt zu den Gesprächspartnern, dass er sich über die künftige Herausforderung absolut im Klaren sei und dass er die Absicht habe, Seine Bundesrepublik Deutschland fest in die Atlantische Allianz einzubinden. Eisenhower hört von ihm, er sei zutiefst beeindruckt davon, dass Sein Hohheitsgebiet als ein vollwertiger Partner in das westliche Bündnis aufgenommen worden sei, und macht deutlich, dass er es als seine große Verantwortung ansehe, den bereits 1950 von ihm begonnenen Aufbau des deutschen Sicherheitssystems voranzutreiben.[44]

Aber Amerika ist ein demokratischer Staat und jeder darf machen, was er will. Sich freuen oder auch Zweifel ausdrücken, die ihn plagen. So bleibt es nicht bei der hier erwähnten Intervention von Truman Smith. Arthur Trudeau, der G 2 des amerikanischen Heeres, möchte eine Überführung der alten deutschen Generäle in die Finger des Kanzlers im Interesse der USA verhindern, solange das noch möglich ist. Das fällt dem Amerikaner böse auf die Füße. Wie erreicht der gerissene Fuchs den Abschuss des renitenten Knochens? Vor der Ankunft des Kanzlers äußert Arthur Trudeau gegenüber dem deutschen Botschafter Heinz Krekeler offiziell die Bitte, sich mit einem Angehörigen vom Stab des Kanzlers treffen zu dürfen, um mit diesem über die „Organisation Gehlen" zu sprechen.[45]

Der Botschafter gibt die Bitte weiter und „der Alte aus Rhöndorf" riecht den Braten. Als der Termin herangerückt ist, trifft den kecken Naseweis der Schlag. Als Trudeau in der Residenz des Botschafters eingetroffen ist, wird er unverzüglich in den Garten geführt, wo er zu seiner allergrößten Überraschung feststellen muss, dass er ganz allein Adenauer gegenübersteht. Der kluge James Critchfield befindet im Nachhinein, dass Trudeau in dieser Sekunde seine Vorgehensweise noch hätte ändern können, „was ein klügerer General wohl auch getan hätte". Ich gehe sicher recht in der Annahme, dass er sich selbst damit meint. So aber habe er losgelegt und sieben gelbe Karteikärtchen aus der Tasche gezogen und sieben Punkte angesprochen, die er einzeln auf einem eigenen Kärtchen stichwortartig zusammengefasst hat. Aus unerfindlichen Gründen zieht Critchfield, von dem diese Schilderung stammt, Arthur Trudeaus Argumente in Zweifel, obwohl sein gesamtes Buch auf eben der Annahme basiert, dass nämlich die bösen Kommunisten sein Baby, die Gehlen-Truppe, infiltriert hätten. In *Auftrag Pullach* heißt es, Trudeau habe dem Kanzler seine eigene Einschätzung darüber dargelegt, dass die Organisation Gehlen infiltriert sei. Seine Überzeugung in dieser Sache habe allerdings nicht auf gesicherten Erkenntnissen über eine derartige Infiltration beruht, sondern auf Hinweisen einer zuverlässigen Quelle in Ostdeutschland. Wie schon Truman Smith zuvor in seinem Schreiben an Hans Speidel, habe sich Trudeau in seiner Aussage gegenüber Adenauer ebenfalls bemüht, jene Behauptung, die „Organisation Gehlen" sei von den Sowjets infiltriert, als glaubwürdig darzustellen. Adenauer hört dem guten Menschen aufmerksam zu, dankt dem General und murmelt etwas von der Notwendigkeit, die Punkte von Trudeau nicht zu vergessen. Plötzlich aber streckt er seine Hand aus und grapscht dem überraschten General die Kärtchen aus den Händen.[46]

Die deutsche Botschaft übersetzt sie für Adenauer und nimmt dann eine Durchschrift zu den Akten. Der Alte fliegt wieder zurück nach Hause und behält die Originalkärtchen wie auch die deutsche Übersetzung in seinen persönlichen Unterlagen. So weit, so gut. Doch er lässt sie dort nicht verstauben, sondern arbeitet sie kurze Zeit später in eine Vergeltungswaffe gegen diesen Naseweis um. In seinen Gesprächen in Washington hatte er Trudeaus Einwände selbstverständlich nicht angesprochen, denn er ist ja nicht von allen guten Geistern verlassen, doch knapp drei Monate später kommen Berichte über diesen Vorfall in den New York Daily News.[47]

Auch hier hat er wieder zwei Fliegen mit einer Klappe geschlagen. Eine Woche später will er im roten Moskau die Aufnahme diplomatischer Beziehungen zwischen der Sowjetunion und der BRD erörtern – ohne eine Zusage über die Wiedervereinigung Deutschlands, was die Chefetage in Washington brüskieren muss. Vor dieser Unverschämtheit ist Adenauers Zeitzünderbombe vom 2. September 1955 auf jeden Fall perfekt platziert. In der Folgezeit bringen auch Rundfunkagenturen solche Berichte über das *tête-à-tête* im Garten der Botschaft. Wer wird das lanciert haben?[48]

Weil man die BRD nicht als Schurkenstaat qualifiziert hat, ist man nicht über die Veröffentlichung dieser Auseinandersetzung um Herrn Gehlen oder über Adenauers Eigenmächtigkeit in Moskau empört, sondern ein bedeutender Entscheidungsträger – der Direktor der CIA Allen Dulles – fühlt sich übel brüskiert und versetzt den *American heroe* hinfort. Mister Critchfield erklärt das seinem Publikum so: Dulles habe Trudeau auf alle Fälle zurechtweisen müssen, wenn die Vorstellungen, die man vom Director of Central Intelligence hat, ernst genommen werden sollen. Jener Vorfall hätte sehr diskret abgeschlossen werden können und könnte still und heimlich in die Geschichte eingehen, wenn der Bericht nicht an die Öffentlichkeit gedrungen wäre. Doch das wusste der alte Fuchs Adenauer punktgenau zu verhindern – und hat einerseits die Zusage, die Organisation Gehlen zu seinem Geheimdienst machen zu dürfen, und hat andererseits grünes Licht für den Staatsbesuch im roten Kreml.[49]

Der Staatsbesuch Adenauers in Moskau

Nachdem die Turbulenzen des Jahres beinahe alle überstanden sind, fliegt Bundeskanzler Konrad Adenauer am 9. September zu einem fünftägigen Staatsbesuch in die sowjetische Hauptstadt, wo er im Hotel Sowjetskaja wohnt. Den Westmächten hatte er die Mär angedreht, dass er von Moskau die Zustimmung zur Wiedervereinigung Deutschlands bekommen wolle. Bei dieser günstigen Gelegenheit gibt der alte Mann den Russen gute Worte mit auf den Nach-Hause-Weg. Den Wunsch der Moskauer Chefs nach einem System der Sicherheit für alle Staaten Europas kontert er souverän: „Ich glaube nicht, dass es genügt, den Krieg zu ächten, Sicherheitssysteme zu schaffen und auf gewissermaßen mechanische Weise diplomatische, wirtschaftliche und kulturelle Beziehungen herzustellen. Ich bin vielmehr tief davon überzeugt, dass man zu einer echten Normalisierung nur gelangen kann, wenn man den Ursachen nachgeht, die die gegenwärtige Lage zwischen uns abnorm machen, und wenn man alle Anstrengungen macht, die Ursachen zu beseitigen. Ich komme damit zu zwei Fragenkomplexen, die in der Note der Bundesregierung vom 12. August als der Erörterung bedürftig bezeichnet worden sind. Wir haben der Antwort der Sowjetregierung vom 19. August dankbar entnommen, dass sich Ihre Regierung, Herr Ministerpräsident, dieser Erörterung hier nicht entziehen will." Obwohl er also den Ursachen nachgehen will, hört die Moskauer Chefetage von ihm nicht, ob er nun endlich bereit ist, sich an die Beschlüsse der Alliierten von 1945 zu halten und Reparationen für die angerichteten Kriegsschäden aus dem Ruhrgebiet an die zerstörte Sowjetunion zu entrichten, oder ob er die Oder-Neiße-Linie als die Ostgrenze Deutschlands akzeptiert. Stattdessen verweist er auf den fehlenden Friedensvertrag und tut alles dafür, dass es diesen niemals geben wird.[50]

Genießen Sie seine Argumentation ganz in Ruhe: „Wir sind, glaube ich, darin mit Ihnen einig, dass die Teilung Deutschlands eine unerträgliche Lage schafft und dass die Einheit Deutschlands wiederhergestellt werden muss. Ich denke, wir sind auch darin einig, dass die Herstellung dieser Einheit eine Verpflichtung ist, die den Vier Mächten, die nach dem Zusammenbruch des nationalsozialistischen Deutschlands die oberste Gewalt in Deutschland übernommen haben, aus ihrer gemeinsamen Verantwortung für Gesamtdeutschland erwächst. Ich berufe mich auf diese Verpflichtung. Ich weiß, dass ich auch und vor allem in dieser Frage für alle Deutschen spreche, nicht nur für die Einwohner der Bundesrepublik, wenn ich Sie bitte, einer raschen Lösung dieses Problems alle Kraft zu widmen." Im vollsten Bewusstsein, dass auch die Westmächte im Leben nicht bereit sind, Gebiete östlich der Oder bei Deutschland zu belassen, deklamiert er: „Auch hier muss ich wiederholen: Ich stelle keine »Vorbedingungen« auf, sondern ich spreche von der Normalisierung selbst. Die Teilung Deutschlands ist abnorm, sie ist gegen göttliches und menschliches Recht und gegen die Natur. Ich kann es auch nicht nützlich finden, mit ihr als einer »Realität« zu argumentieren, denn das Entscheidende, was daran real ist, ist die Überzeugung aller, dass sie nicht von Bestand bleiben kann und darf. Lassen Sie uns versuchen, in der Frage während unserer Gespräche einen Schritt voranzukommen." Um es schon einmal vorwegzunehmen – die Gesprächspartner kommen keinen klitzekleinen Schritt in dieser Frage voran, weil sich der alte Mann aus Rhöndorf am Rhein bei den Grenzen darauf beruft, dass eine schlussendliche Regelung dieser Frage hier einer Friedenskonferenz über Deutschland vorbehalten bleiben müsse. Aber im Prinzip hat er die Sorge der Herrscher im Kreml schon hinlänglich verstanden: „Ich kenne den Einwand, dass ein wiedervereinigtes Deutschland eine Gefahr für die Sowjetunion sein könnte."[51] Nur, um das erneut zu betonen: insbesondere dann, wenn es nicht bloß Italien und Japan an seiner Seite weiß, sondern alle Großmächte der Welt.

So viel an dieser Stelle zu den offiziellen Gesprächen an der Moskwa. Wir sollten uns jedoch auch einmal bei einem Empfang ins Gewühle begeben, um uns einen runden Eindruck vom Auftreten des ersten Nachfolgers im Amt des Deutschen Kanzlers nach dem Krieg zu verschaffen. Der Kanzler beobachtet Chruschtschow, der ein Glas Wodka trinkt: „Sie sollten auch einmal unseren deutschen Wein probieren, Herr Chruschtschow!" Dieser entgegnet ihm: „Unsinn! Deutscher Wein schmeckt abscheulich. Als wir Ihre Armee in Stalingrad gefangen nahmen, habe ich ein paar Flaschen unter dem Beutegut gefunden. Ein widerliches Gesöff!" Um eine Antwort ist der Herr Kanzler nicht verlegen: „Ja, das glaube ich Ihnen gern, Herr Chruschtschow. Beutewein schmeckt immer sauer. Sie sollten einmal nach Bonn kommen. Dann werden wir Ihnen einen Wein vorsetzen, der nicht erbeutet ist." Anstatt sich über diese Unverschämtheit aufzuregen, nimmt Nikita Sergejewitsch Chruschtschow diesen Ball auf: „Ist das eine offizielle Einladung?" Aber glauben Sie nicht, dass ihm Adenauer darauf eine Antwort geben würde. Das ist selbstredend keine Einladung. Das ist die feine deutsche Art des alten Mannes aus Rhöndorf.[52]

Nicht nur der Kanzler hat einiges in petto, um die Sowjets davon zu überzeugen, dass die Deutschen sehr spezielle Menschen sind. Als beispielsweise Ministerpräsident Bulganin sein Glas auf die Gesundheit des Bundeskanzlers erhebt, nimmt jeder sein Wodkagläschen und trinkt es aus. Carlo Schmid aus der deutschnationalen SPD bittet an dieser Stelle um das Wort und meint, es scheine ihm eine Geschichtslüge zu sein, dass die Russen trinkfest seien. Wäre es so, würden sie nicht aus Fingerhüten auf die Gesundheit ihrer Gäste trinken. Ihm sei jedoch die Gesundheit seines Kanzlers zu wichtig, als dass er darauf nur mit ein paar Tropfen anstoßen könne, und bittet um ein größeres Glas. Ein neues Glas wird gereicht und er leert es. Dann bringt Adenauer auch einen Trinkspruch auf Bulganin aus. Schmid trinkt wieder aus seinem größeren Glas. Darauf sagt Konrad Adenauer: „Herr Schmid, ich verbiete Ihnen das! Sie kriegen einen Herzschlag!" Schmid entgegnet: „Herr Bundeskanzler, Sie können mir nichts verbieten, und mein Herz ist recht stark." Er trinkt wieder sein Glas leer und so geht es noch einige Male. Da kommt Chruschtschow, der Schmid gegenübersitzt, um den festlich gedeckten Tisch herum auf ihn zu, fasst ihn an den Schultern, sagt lachend etwas, das er nicht versteht, und prüft seine Armmuskeln. Schmid tut das Gleiche bei Chruschtschow und bittet den Dolmetscher, Chruschtschow zu fragen: „Wollen wir einen Versuch machen?" Lachend stimmt Chruschtschow einer kleinen Kraftprobe zu. Als Schmid das Armdrücken gewinnt, fasst Chruschtschow ihn wieder an den Schultern und sagt zu ihm mit einer kleinen Verbeugung: „Gaspadin Welikaja Germanija" – Herr Großdeutschland.[53]

Wie kommentiert er das? „Dieser Name blieb mir bei den Russen während der Konferenz, und auch später noch wurde ich bei manchen Gelegenheiten lachend so angesprochen. Ich habe mich nicht aus Spontaneität und Freude am Spaß so verhalten. Ich wusste, dass die Russen – auch bei Verhandlungen – ihre Partner nicht zuletzt nach deren Trinkfestigkeit beurteilen. Ich dachte, es könnte sich ergeben, dass ich bei den Verhandlungen einige Sätze würde sprechen müssen, die als schwächliche Bußfertigkeit gedeutet werden könnten. Deshalb wollte ich mir zunächst den Ruf eines Mannes verdienen, der sich einiges zutrauen kann.“ Er vermerkt leider nicht, ob er mit der gleichen Entschlossenheit tatsächlich ein paar Worte über die Rolle der Deutschen in der jüngeren russischen Vergangenheit von sich gibt.[54]

Sefton Delmer, der für England berichtet, muss sich seine Äuglein reiben: „Ich hatte sogar Dr. Adenauer im September 1955 auf seiner Pilgerfahrt nach Moskau begleitet, auf der er »der Welt zeigen wollte, wie man mit den Russen umgeht«. Und ich hatte in dem großen mit Marmor und Vergoldungen überladenen Bankettsaal des Kreml neben dem klugen amerikanischen Diplomaten Charles Eustice Bohlen gestanden und mit ihm die phantastische Szene beobachtet, in der die beiden großen Khans Chruschtschow und Adenauer nebeneinander in der Mitte der festlich geschmückten Tafel saßen – ihr Gefolge paarweise zu beiden Seiten gestaffelt –, sich zutranken, geistreiche Bemerkungen austauschten und sich gegenseitig jovial in die Rippen stießen. Ich kann sogar einige scherzhafte Gesprächsfetzen zitieren, die ein nichtessender, nichttrinkender Dolmetscher übersetzte, der zwischen ihnen hockte.“[55]

Der US-amerikanische Botschafter Chip Bohlen schaut dem Treiben an der Tafel in bester Laune zu und bezeichnet dieses ganze Unternehmen als eine „sinnlose Reise“. Denn erst vor wenigen Stunden hat Adenauers diplomatischer Adjutant Herbert Blankenhorn ihm versichert, dass bei diesen Gesprächen nichts herauskommen werde und dass der Alte hartnäckig an seiner vorgezeichneten Linie festhalte. Er wolle laut Blankenhorn nur in dem Falle diplomatische Beziehungen mit der Sowjetunion aufnehmen, wenn die Russen der Wiedervereinigung Deutschlands zustimmten. Die Wiedervereinigung werde die *conditio sine qua non* für jede Verständigung sein, also die Bedingung, ohne die nichts geht. Der Engländer fällt letzten Endes aus allen Wolken: „Eins jedoch wissen zu diesem Zeitpunkt weder Bohlen noch ich – obgleich ich schon am selben Abend, eben noch rechtzeitig für die Mitternachtsausgabe, meine Information erhielt: dass nämlich Adenauer in dem Augenblick, in dem wir ihn beobachteten, bereits kapituliert hatte. Bei Kaviar und Sekt hatte er dem Austausch von Botschaftern auch ohne ein Gegenversprechen der Wiedervereinigung zugestimmt."[56]

Ich liebe schräge Wahrnehmungen. Derselbe Delmer hat sich über mehr als eine Seite darüber ausgelassen, dass die Truppenteile um Adenauer in aller Unverschämtheit eine Rückeroberung der deutschen Ost-Provinzen mit Hilfe der Verbündeten in der Nato fordern. Wenn er aber Botschafter mit der Sowjetunion austauscht ohne jegliche Bewegung in Richtung der Vereinigung, ist das ein weiterer Hinweis darauf, dass es weder um eine Wiedervereinigung geht noch um die Rückgewinnung von Gebieten, die Adenauer nach seinem eigenen Bekunden für Gegenden in Asien hält.

Als Tim Weiner den Grund für die Flut an deutschen Falschmeldungen über die Sowjets nach dem Krieg suchte, kam er lediglich auf eine Gier nach Zigaretten; wenn Sefton Delmer den Grund für die überraschende Aufnahme von diplomatischen Beziehungen zwischen Bonn und Moskau sucht, kommt er nur auf die Gier der Deutschen nach russischem Kaviar und Alk. Wie könnte man auch nach Abermillionen Weltkriegstoten bei den Deutschen seltsame Absichten antizipieren können? Sind doch wenigstens die West-Deutschen jetzt die neuen Verbündeten! Das böse Erwachen bei dem Vertreter des freiesten Volkes der Welt kommt dann am neuen Morgen: „Als ich »Chip« Bohlen am nächsten Morgen besuchte – »Chip« war sein Spitzname –, war er blass vor Wut, weil er sich von den Deutschen auf den Leim hatte führen lassen. Und um die Niederlage des großen »Politikers der Stärke« noch zu unterstreichen, veröffentlichte die Agentur TASS eine offizielle Verlautbarung: »Die Sowjetregierung erkennt die Bundesrepublik als einen Teil Deutschlands an. Die Deutsche Demokratische Republik bildet den anderen Teil.« Doch obgleich Adenauer eine offenkundige Demütigung erfahren hatte, lag kein eigentlicher Grund für ihn vor, den Kopf hängen zu lassen. Denn durch die Anknüpfung von Beziehungen mit Russland hatte er einen geschickten Zug in dem traditionellen deutschen Spiel gemacht, das darin bestand, den Westen gegen den Osten und den Osten gegen den Westen auszuspielen. Ich sah voraus, dass er nun bei den besorgten Amerikanern neue Zugeständnisse herausholen würde. Der Ärger Botschafter Bohlens über den Pakt war ein deutliches Symptom.“[57]

Worin präzise besteht denn nun im Kern die Demütigung Adenauers? Er hat den Westen mit Erfolg geleimt. Gut, und was ist das Ende vom Lied? In einer einseitigen Erklärung des Kanzlers, die von der sowjetischen Regierung bloß entgegengenommen, jedoch nicht anerkannt wird, heißt es, die Aufnahme diplomatischer Beziehungen bedeute keine Änderung des Rechtsstandpunktes der Bundesregierung in Bezug auf deren Befugnisse zur Vertretung des deutschen Volkes in internationalen Angelegenheiten und in Bezug auf die politischen Verhältnisse in den deutschen Gebieten, die gegenwärtig außerhalb ihrer effektiven Hoheitsgewalt liegen. Damit sind endgültig alle Klarheiten in Moskau beseitigt und der Kanzler kann am 13. September mit der Zusage nach Hause fliegen, dass das Moskauer Faustpfand für die befriedigende Lösung der deutschen Frage, die letzten Kriegsgefangenen, trotzdem nach Hause zurückkehren dürfen.

Der unglaubliche Menschenkenner Willy Brandt schreibt über den Besuch des bundesdeutschen Kanzlers: „Von meinen beiden Freunden war Carlo [Schmid] noch mehr enttäuscht als Fritz [Erler], denn er hatte Adenauer im Herbst 1955 nach Moskau begleitet und war bei Nikita nicht nur wegen seiner offenen Sprache zu hohem Ansehen gelangt, sondern auch, weil er – nach reichlichem Lebertrangenuss – so trinkfest war. Die Trinkfestigkeit in Verbindung mit seiner Körperfülle hatte Chruschtschow veranlasst, ihn mit »Gaspadin Großdeutschland« anzureden; im eigenen Land musste er zufrieden sein, »Monte Carlo« genannt zu werden.“ Ist dieser Mann nicht auch an dieser Stelle wieder erfrischend herzig? Er ist einfach nur herzig. Nein, es ist überhaupt nicht gut bestellt um die Menschenkenntnis von Willy Brandt. Von wegen – mein Freund Carlo. Der Carlo hat das Grundgesetz 1948 mit ausgetüftelt, Brandt durfte es hinterher mal lesen; Carlo traf seit 1941 regelmäßig mit Helmuth von Moltke zusammen, von dem Willy später einmal etwas in klugen Gedenkreden hört. Und was seinen Freund Fritz angeht, freut sich auch Markus Wolf in Ost-Berlin herzlich über die internen Kontakte zu Erler. Klasse. Diese beiden waren bestimmt janz doll enttäuscht über die Russen. Willy hätte Analyst werden sollen.[58]

Ja, und Konrad und der Carlo sind schon auch zwei Marken. Einer ist 79 Jahre alt, der andere ist erst 58 und könnte gut und gerne sein Sohn sein. Konrad Adenauer ist von seinen Mitmenschen nach diesen zwölf Jahren mit braunen Leuten an der Spitze restlos bedient, eine Wirkung, die sich inzwischen auf andere Bereiche übertragen hat. In einem Gespräch hatte er ihm anvertraut: „Was uns beide unterscheidet, ist nicht nur das Alter, es ist noch etwas anderes: Sie glauben an den Menschen, ich glaube nicht an den Menschen und habe nie an den Menschen geglaubt." Der Alte aus Rhöndorf sorgt dafür, dass Carlo Schmid dieses Gespräch nicht vergisst. Noch nach Jahren zieht er ihn bei Empfängen gelegentlich in eine Ecke, zeigt in die Runde und fragt lächelnd: „Glauben Sie immer noch an den Menschen?"[59] Es ist schade, dass Schmid für sich behält, wen Adenauer damit zuerst gemeint hatte. Aber ein paar Tipps hätte ich da schon.

Felix von Eckardt gegenüber kleidet er es in andere Worte: „Ich bin ja mit dem lieben Gott so weit einverstanden, aber dass er der Klugheit Grenzen gesetzt hat und der Dummheit nicht, das nehme ich ihm wirklich übel."[60]

Nach dem Abflug der Delegation aus Bonn am Rhein wird ebenfalls eine Delegation aus Ost-Berlin eingeladen, um die Beziehungen der Sowjets und der DDR nach den Verhandlungen mit dem Bonner Kanzler neu zu justieren. In einem Vertrag über ihre Beziehungen vom 20. 9. 1955 steht dann in dem Artikel 5: „Zwischen den vertragschließenden Seiten besteht Übereinstimmung darüber, dass es ihr Hauptziel ist, auf dem Wege entsprechender Verhandlungen eine friedliche Regelung für ganz Deutschland herbeizuführen. In Übereinstimmung hiermit werden sie die erforderlichen Anstrengungen für eine friedensvertragliche Regelung und die Wiederherstellung der Einheit Deutschlands auf friedlicher und demokratischer Grundlage unternehmen." Hoffentlich kommt auch Artikel 6 in alle Geschichtsbücher: „Der Vertrag wird bis zur Wiederherstellung der Einheit Deutschlands als friedliebender und demokratischer Staat, oder bis die vertragschließenden Seiten zu einem Übereinkommen über die Änderung oder Außerkraftsetzung dieses Vertrages gelangen, Gültigkeit haben."[61]

Das dürfte Walter Ulbricht in Ost-Berlin nicht besonders erfreuen – und Willy Brandt in West-Berlin müsste eigentlich bei einer Sitzung des Auswärtigen Ausschusses in Bonn sehr hellhörig werden, bei der der Kanzler das Verhandlungsergebnis bespricht. Als Willy Brandt in die Diskussion einzugreifen versucht, reicht Adenauer ihm einen Zettel herüber, auf den er vielsagend gekritzelt hatte: „Bulganin ist an Berlin sehr interessiert, er hat mich gefragt, ob Kempinski noch stünde, er habe dort früher immer gut gegessen." Etwas später spricht wieder Adenauer und schlagfertig hat Brandt eine Retoure parat: „Wussten Sie, ob Kempinski noch steht?"[62]

Es bedarf keines Kopfstandes, in diesem Wink Adenauers einen frühen, deutlichen Hinweis darauf zu entdecken, dass Brandts West-Berlin die Teilung Deutschlands stört. Berlin hat bei diesen Gesprächen in Moskau mit Sicherheit eine Rolle gespielt; hören Sie sich noch einmal die Worte an: Bulganin ist an Berlin sehr interessiert. Brandt braucht auch nicht extrem lange zu warten, bis aus Bonn Angebote kommen, die kaputte Stadt Berlin zu einer Freien Stadt zu erklären und es auf diesem Wege zu Ost-Europa zu schlagen – mit oder ohne einen Bürgermeister Brandt.

Am 22. September 1955 erläutert der Bundeskanzler die Ergebnisse der spektakulären Moskau-Reise vor dem Bundestag. Insbesondere bedarf es ob der Ankündigung der Aufnahme von diplomatischen Beziehungen mit der Sowjetunion einer näheren Erklärung. Überraschenderweise kann es nun zwei deutsche Botschafter gerade bei jener Siegermacht des Zweiten Weltkrieges geben, die ihr Besatzungsgebiet als Gegenstaat zur Bundesrepublik installiert hatte und offizielle Beziehungen mit der DDR unterhält. Adenauer hebt also vor den Abgeordneten hervor, dass die Haltung der Bundesregierung gegenüber der „Sowjetzonenregierung“ durch seinen in Moskau vereinbarten Botschafteraustausch nicht berührt werde. Nach wie vor sei ausschließlich die Bundesregierung befugt, „für das ganze Deutschland zu sprechen“. Von der Maas bis an die Memel, von der Etsch bis an den Belt, wie das Bundesverfassungsgericht in Karlsruhe 1975 ja nochmal juristisch klarstellt. Mit der Formulierung des Alleinvertretungsanspruchs, der Hallstein-Doktrin, Sie wissen: der kältesten Doktrin des Kalten Kriegs, ist es allerdings nicht getan. Vielmehr muss der Form halber ebenso auf das Verhalten anderer Staaten Einfluss genommen werden, die der DDR bis jetzt die Legitimation verweigern, sich aber vielleicht an den Moskauer Verhältnissen mit den zwei deutschen Vertretungen orientieren wollen; zum Botschafter aus Bonn käme dann noch einer aus Ost-Berlin. Dies – so stellt der freundliche Kanzler fest – würde seine Bundesregierung als „unfreundlichen Akt“ ansehen, der natürlich absolut „geeignet wäre, die Spaltung Deutschlands zu vertiefen“. Wie auf so einen „unfreundlichen Akt“ zu reagieren ist, wird „bewusst offengelassen“. Zu einem Zauberwort wird die „Überprüfung“ der Beziehungen, keinesfalls Abbruch-Mechanismus, „der den Handlungsspielraum unnötig einengen“ müsste.[63] Naja, und die DDR bekommt weiter unter der Hand die technologische und finanzielle Unterstützung, die sie benötigt, um real sozialistisch existieren zu können.

Die lautlose Affäre Ludwig Albert

1955 ist Kollege Heinz Felfe schon ungefähr zwei Jahre in der legendären Zentrale der *Organisation Gehlen* im bayerischen Ort Pullach beschäftigt. Im letzten Sommer hatte sich der Verdacht um dessen Person verdichtet und ich vermutete, dass Otto John eben wegen dieses Verdachts aus dem Verkehr gezogen wurde. Da der Präsident des Verfassungsschutzes nicht irgendwer war, 1956 in die Bundesrepublik zurückkommt und obendrein über Radiosender der DDR zu hören war, war ihm sein eigener Skandal gewidmet worden. So viel Glück ist Ludwig Albert nicht beschieden. Otto John kann sich auch sonst nicht beklagen; immerhin hat er seine Affäre, wenn auch mit Blessuren, überlebt. Die Lektüre von *Auftrag Pullach* von James Critchfield macht es aber nicht nur sehr wahrscheinlich, dass Otto John tatsächlich aus dem Weg musste, weil er in dem Verdachtsfall eines Heinz Felfe nicht lockerließ, Critchfields Buch wirft auch einen Schatten auf den Tod dieses Ludwig Albert, der zum *team* von Thomas Wesley Dale gehörte. Tom Dale von der CIC hatte unter dem 24. Juni und unter dem Datum des 13. Juli 1954 zwei Dossiers geschrieben, aus welchen hervorging, dass Felfe zunehmend als das gesuchte Leck im System betrachtet wurde. Was kann James Critchfield Sachdienliches zu einer Aufklärung beitragen? „Im September 1955 ging die nächste Bombe hoch. Die Sicherungsgruppe Bonn, eine Organisation der deutschen Polizei, die dem Innenministerium unterstand, verhaftete vier Deutsche. Darunter befand sich Ludwig Albert, der regionale Resident von Bentzingers GV L." Dann schildert J. H. Critchfield kurz den Werdegang von Ludwig Albert, der ja eigentlich nahelegt, dass er ein Vertrauter Gehlens gewesen sein müsste, was andererseits auch nicht sein muss. Albert wurde mit der Begründung festgenommen, er könnte ja ein „Agent eines kommunistischen Geheimdienstes" sein. Das konnte nicht mehr belegt werden, denn er soll im Gefängnis Selbstmord begangen haben. Solche Sachen haben es immer an sich, dass man sie schwer beweisen und schwer widerlegen kann. Aber es steht fest, dass „Albert ein Agent von Tom Dales CIC-Gruppe" war. Diese Amis hatten nun eine Gruppe um Felfe im Visier, die man der Spionage für den Osten überführen wollte. „Gehlens Spionageabwehrstab gab an, nichts über die näheren Umstände der Verhaftung und des Todes von Albert zu wissen, und beteuerte, keinerlei Kenntnisse darüber zu besitzen, ob die deutsche Polizei Albert zuvor noch hatte vernehmen können. Anfänglich hatten wir auch keinen Grund, den Fall Ludwig Albert mit dem CIC in Verbindung zu bringen." Später erklärten ihnen die Jungens aus Deutschland, dass in Alberts Hinterlassenschaft ein handgeschriebener Brief gefunden worden sei, in dem er zwei spektakuläre Eingeständnisse machte: Er war ein bezahlter Agent des CIC und gleichzeitig Agent eines kommunistischen Nachrichtendienstes.[64]

Hatte er also der wartenden Nachwelt hinterlassen: Ich bin Agent eines kommunistischen Dienstes und ebenfalls ein bezahlter Agent des amerikanischen CIC? Critchfield stellt noch fest: „Gehlen war erleichtert, da bin ich mir ganz sicher, als er erfuhr, dass das Gericht strikte Geheimhaltung über die Untersuchungen angeordnet hatte." Ja schön, und warum? Er meint, Gehlen konnte keinen Skandal wegen der Illoyalität und eines Selbstmordes eines geschätzten Mitarbeiters gebrauchen. Der Fall Albert sei dann einfach von der Bildfläche verschwunden. Für ihn steht das fest. Es war der Selbstmord eines geschätzten Mitarbeiters. Dieser war jedoch hinter Felfe aus der Abteilung der Gegenspionage her. Sowohl im amerikanischen Heer wie auch im Bonner Innen- und dem Justizministerium habe sich der Mantel völligen Stillschweigens darüber gesenkt. Ein paar Tage nach Alberts Selbstmord sei Gehlen in Critchfields Büro gekommen und habe ihm mitgeteilt, dass sein Sicherheitsbeauftragter wie auch die Sicherungsgruppe Beweise dafür gefunden hätten, dass Albert schon seit geraumer Zeit ein Agent des CIC gewesen sei. Es verwundert mich nicht so übermäßig, dass es Gehlen ablehnt, auf weitere Einzelheiten einzugehen, da die Untersuchungen des Bundesgerichtshofs noch nicht abgeschlossen seien. Auch jene Geste der herzlichsten Anteilnahme weckt bei dem Mister aus *America* keinerlei Verdacht: „Bereits einige Tage nach Alberts Selbstmord bemerkte ich zum ersten Mal einen Wandel in meinen Beziehungen zu Gehlen. Er war immer schon recht distanziert, jetzt wurde er noch unpersönlicher. Sein Verhalten war förmlicher, kühl und zurückhaltend."[65] Dass Männer aber auch immer gleich so sensibel sind.

„Zu welchem Ergebnis auch immer die Untersuchungen geführt haben mögen, sie verleiteten ihn offenbar zu der Schlussfolgerung, dass zumindest die CIA und auch ich persönlich von der Operation des CIC Kenntnis gehabt hätten. Bei mir irrte er sich." Es muss Critchfield ganz wichtig sein, das hier zu betonen. Es kann ihm nicht so wichtig sein, dass sich der Verdacht geradezu aufdrängt, dass unter Umständen ein CIC-Agent der US-Amerikaner im deutschen Polizeigewahrsam mit Gewalt zum Schweigen gebracht wurde.[66]

Hans-Dietrich Genscher steigt auf

Inzwischen hat der junge Mann mit den Segelohren sein Jurastudium in Bremen mit dem Erwerb des zweiten Staatsexamens abgeschlossen und wechselt nach einem Kuraufenthalt direkt ins Zentrum der Macht. Ende November 1955 geht es bergauf: Im Anwaltsberuf kann er wieder mit der Arbeit beginnen. An eine politische Laufbahn hat er bis dahin laut seiner persönlichen Darlegung nicht gedacht. Aber wie so oft im Leben spielen wundersame Umstände eine Rolle. Als stellvertretender Landesvorsitzender der Deutschen Jungdemokraten sitzt er im Landesvorstand, als Zählkandidat bewirbt er sich für die Bremer Bürgerschaft. Und dann passiert das Unerhörte: Ende Dezember 1955 fragen ihn der Landesvorsitzende der FDP Borttscheller und der Landesgeschäftsführer Schade, ob er nicht vielleicht ein wissenschaftlicher Assistent der FDP-Bundestagsfraktion in Bonn werden möchte. Also, wenn Sie mich nach meiner Meinung fragen würden, könnte ich bloß schallend lachen. Wir sind nicht im Schlaraffenland, sondern mitten im Kalten Krieg, und da kommt kein Übersiedler in die Bundesrepublik und landet drei Jahre später im Zentrum der Macht in der Bundeshauptstadt Bonn. Auf jeden Fall nicht ohne Empfehlung.[67]

In Bonn ist der ganz junge Hans-Dietrich Genscher auch gleich mitten im richtig großen Gewühle: „Der Beginn meiner politischen Tätigkeit in Bonn fiel mit einer dramatischen Entwicklungsphase der F.D.P. und einer Krise der christlich-liberalen Regierungskoalition zusammen. Seit 1954 führte Thomas Dehler als Nachfolger von Franz Blücher die F.D.P., nachdem er ein Jahr zuvor schon Fraktionsvorsitzender der F.D.P. im Bundestag geworden war. Dehler stand Adenauers außenpolitischem Kurs kritisch gegenüber, weil der die Chancen der Wiedervereinigung schwinden sah." Da lohnt sich eine Wette: Dehler hat sich viel mehr gewundert als Genscher. „1949 von Adenauer als Bundesjustizminister ins erste Kabinett berufen, hatte er sich vom glühenden Bewunderer zum leidenschaftlichen Gegner des Bundeskanzlers entwickelt." Naja, Genscher war ja zu Hause in Halle an der Saale auch von Prof. Hülse und von Dr. Geißler bereits instruiert worden, dass Dr. Adenauer von einer Vereinigung mit dem Osten nichts wissen will. Und die drei Punkte bei der *F.D.P.* hat er sich gewissermaßen aus den Fingern gesaugt. Die. drei. Punkte. werden Ende der 1960er Jahre ein Promotion-Gag seiner Parteiführung. Mitte der fünfziger Jahre sind die meisten Leute noch mit ernsthafteren Problemen beschäftigt.[68]

Gleich in der ersten Zeit in Bonn bekommt Genscher auch einen Vorgeschmack auf die Auseinandersetzungen, die im politischen Geschäft auf ihn warten: „Ein Höhepunkt dieser Auseinandersetzung war die Debatte über das Saar-Statut: Unter Dehlers Führung entschieden sich die Liberalen, obwohl sie mit der CDU/CSU die Regierung bildeten, mehrheitlich gegen das Saar-Abkommen, weil es die Saar von Deutschland fernhalten würde. Thomas Dehler fühlte sich bestätigt, als die Saarbevölkerung im Oktober 1955 das Statut ebenfalls ablehnte und das Saarland schließlich am 1. Januar 1957 der Bundesrepublik eingegliedert wurde. Man sprach von der »kleinen Wiedervereinigung«." Und selbst gegen diese „kleine Wiedervereinigung"[69] ist Adenauer, weil er die Bundesrepublik eigentlich über ein europäisiertes Saarland mit Frankreich vereinigen will. Das mag klug und politisch weitsichtig sein – aber demokratisch ist es nicht. Dann sollte man sich aber auf Klugheit und Weitsichtigkeit berufen, wenn man von der Innen- und Außenpolitik spricht und nicht auf Demokratie. Alles andere führt die Geführten am Nasenring durch die Manege.

London kämpft verbissen für die Vereinigung Europas

Premier Winston Churchill liebäugelt mit dem Gedanken eines neuerlich vereinigten und neutralisierten Deutschlands. Er will damit den absolut unpraktischen *status quo* auflockern, der Europa und die ganze Welt in zwei Hälften teilt, die entweder von Washington oder eben von Moskau dominiert werden, der aber keinen Platz mehr lässt für eine Großmacht Churchill – nein, Verzeihung, Großbritannien. Wie aus Geheimakten des Jahres 1953 hervorgeht, die 1983 veröffentlicht werden, wenn Oma und Opa längst verstorben sind, widerspricht Churchill auch der höchst wirklichkeitsfremden Idee, ein neutrales Deutschland würde den Sowjets in die roten Hände fallen: „1. Der überlegene Charakter des deutschen Volkes ist nicht mit den knechtenden Bedingungen der kommunistischen Welt vereinbar; 2. haben sie in dem Schicksal der Ostzone ein lehrreiches Beispiel von durchschlagender Wirkung erhalten, und Millionen Menschen werden noch viele Jahre leben, um die Schrecken der kommunistischen Herrschaft, selbst von Deutschen an Deutschen begangen, bezeugen zu können; 3. sitzt der von Hitler gegen den Bolschewismus gelenkte Hass tief im Herzen der Deutschen.“[70]

So sieht das also Winston Churchill, und Konrad Adenauer weiß, wen er im heftigen Streit um die künftige Deutschland-Politik in London unterstützen wird. Er begibt sich logischerweise auf die Seite der Gegner einer Einheits- und Neutralisierungspolitik, wie sie dem Obergauner Churchill vorschwebt. Er will Deutschland ja doch nur wieder in Konflikte bringen mit Russland. So zerplatzen alte Londoner Großmachtträume wie Luftballons. Die Auswahl an Sternen* in Bonn für die Mission ist groß genug. In der wünschenswertesten Offenheit lässt Bundeskanzler Adenauer vor Weihnachten ‘55 über seinen neuen Botschafter in London die englische Regierung wissen, dass er irgendeine „Wiedervereinigung“ Deutschlands ausdrücklich nicht wünsche, womit er im Gegensatz zu den strategischen Vorstellungen von Premier Winston Churchill steht. Eine entscheidende Aufzeichnung stammt vom aktuellen Staatssekretär im *Foreign Office* an der Themse Ivone Kirkpatrick. Sie fußt auf einer höllisch vertraulichen

Mitteilung, die der deutsche Botschafter in London Hans Herwarth von Bittenfeld* im Auftrag Adenauers überbracht hat und in der der Wiedervereinigung eine Absage erteilt wird. Erinnern Sie sich an das Vorleben von Bittenfeld? Er war der deutsche Diplomat, der die Welt insgeheim in Kenntnis gesetzt hatte über den Abschluss des Hitler-Stalin-Paktes, nach dem 1939 Polen zum vierten Mal brüderlich aufgeteilt worden war. Polen hat gestört, weil es die Pufferzone zwischen den beiden Reichen war; seine Information hatte deshalb logischerweise keine Auswirkung auf die Politik in London oder in Washington. Nur anderthalb Jahrzehnte später ist der altbekannte Gauner und englische Spitzendiplomat Ivone Kirkpatrick im Geschäft wie eh und je und notiert am 16. Dezember in *einem top secret document*, was ihm der deutsche Botschafter über Adenauers Ansichten mitteilte: „Dr. Adenauer habe kein Vertrauen in das deutsche Volk. Ihn treibe die Furcht um, dass, wenn er erst einmal von der Bühne abgetreten sei, eine künftige deutsche Regierung sich mit den Russen auf einen Handel einlassen könnte, und zwar auf deutsche Kosten. Folglich sei er der Meinung, dass die Eingliederung Westdeutschlands in den Westen wichtiger sei als die Einigung Deutschlands.“[71]

Der „deutsche“ Kanzler, heißt es da weiter, betone, „dass es natürlich ganz verheerend für seine politische Stellung sein würde, wenn die Ansichten, die er [der Botschafter] hier mit solcher Offenheit mitgeteilt hat, jemals in Deutschland bekannt würden.“ Dreißig Jahre später kann ohne Frage ein jeder Historiker solche Geschichten ungestraft in jeder beliebigen Zeitung schreiben. Es ist schon klar, warum spannende Akten immer mit so einer satten Sperrfrist belegt werden. Wenn sich schon im jeweiligen Moment nicht extrem viele Leute für Politik und anderen unwichtigen Quatsch zu erwärmen vermögen, wie viel weniger Leute tun es dann bei Ereignissen, die in der grauen Vorzeit einmal eine Rolle gespielt haben, selbst für den Fall, dass sich die ollen Geschichten jeden Monat wieder auf den eigenen Geldbeutel auswirken? Es wird sowieso spannend, wie ruhig es zwischen der Oder und dem Harz bleibt, wenn die älteren und vor allem die jungen Leute verstehen, dass es ihnen deshalb schlechter geht, weil es denen im Westen besser gehen soll.[72]

Können Sie sich nach so langer Zeit noch an die Tränendrüsenworte von Dr. Konrad Adenauer in Moskau erinnern? „Auch hier muss ich wiederholen: Ich stelle keine »Vorbedingungen« auf, sondern ich spreche von der Normalisierung selbst. Die Teilung Deutschlands ist abnorm, sie ist gegen göttliches und menschliches Recht und gegen die Natur. Ich kann es auch nicht nützlich finden, mit ihr als einer Realität zu argumentieren, denn das Entscheidende, was daran real ist, ist die Überzeugung, dass sie nicht von Bestand bleiben kann und darf." Hoffentlich fällt es bald auf, dass bei den einflussreichen Deutschen nach den Jahren von und mit Adolf Hitler zweimal ums Haus gedacht werden muss. Denen in der DDR ist es nur zu wünschen, dass der kluge und verbitterte alte Mann recht behält mit den Worten in Moskau, so verlogen er sie sich auch abgepresst haben mag.[73]

---

1 Deutsches Historisches Museum (2022), Deutschland im Kalten Krieg [online]. Verfügbar unter https://www.dhm.de/archiv/ausstellungen/kalter_krieg/zeit/z1955.htm [01.06.23] Diese Informationen habe ich einmal hier gefunden: http://www.helmut-schmitz.net/dtld_nach_wk2/texte/ zeittafel.html#1955

2 Junge Welt (2000), Fundsache. In: Junge Welt am 19.02.2000

3 Ebd., Fundsache. Ausriss aus: Junge Welt, Ost-Berlin am 21.02.1955

4 Strauß (1989), S. 254

5 Ebd., S. 254

6 Ebd., S. 254

7 Weizsäcker (1992), S. 158

8 Ebd., S. 159

9 Kohl (1996), S. 16
Zähneknirschend muss ich einräumen, dass das Mikrophon auf keiner Wiese stand. Sein Spruch klingt jedoch so theatralisch albern, dass mir dieses Bild in den Kopf kam.

10 Wiegrefe, Klaus (2005), Veto gegen Atomkrieg. In: Der Spiegel 28/2005, S. 62

11 Schmid (1979), S. 628 und 631f.

12 Genscher (1999), S. 1048

13 Beim Wühlen im Internet fand ich das Büchli Stalin und die Deutschen von Jürgen Zaruski. In dem Artikel von Aleksej Filitov wird die sowjetische Bitte um Aufnahme in die NATO auf das Jahr 1954 datiert.

14 Kern (1988), S. 478

15 Haffner (1997), S. 258f.

16 Ash (1995), S. 82

17 Akten zur Vorgeschichte der Bundesrepublik Deutschland 1945 – 1949, S. 440 f.

18 Wolf (2003), S. 164
Markgraf war der HVA-Deckname eines Textilkaufmannes aus dem schönen bayerischen Straubing, der eigentlich Wolfgang Sauter hieß. Quelle: Müchler, Günter (2007), „Es weiß niemand, dass ich in Ostberlin bin". Auf der Website des Deutschlandfunks am 25.06.23 [online]. Verfügbar unter https://www.deutschlandfunk.de/es-weiss-niemand-dass-ich-in-ostberlin-bin-100.html [25.06.23]

19 Deutschland Archiv 1/1999, S. 81
Wolf (2003), S. 164 bis 170

20 Strauß (1989), S. 188

21 Ebd.

22 Wolf (2003), S. 164

23 Ebd., S. 164ff.

24 Ebd., S. 166f.

25 Ebd., S. 167

26 Ebd.

27 Ebd., S. 167f.

28 Ebd., S. 168

29 Ebd., S. 169

30 Ebd., S. 189f.

31 Wolf (2003), S. 169

32 Kern (1988), S. 479

33 Strauß (1989), S. 196
34 Ebd., S. 196
35 Strauß (1989), S. 196
36 Brandt (1989), S. 163
UdSSR bzw. SU waren Kürzel für Union der Sozialistischen Sowjetrepubliken oder kurz und knackig Sowjetunion.
37 Brandt (1989), S. 165
38 Wolf (2003), S. 204 ff.
39 Ebd., S. 205f.
40 Strauß (1989), S. 196f.
41 Gaus (1986), S. 89 f.
42 Brandt (1989), S. 163
43 Dornberg (1968), S. 27
44 Critchfield (2005), S. 213
45 Ebd., S. 214f.
46 Ebd.
47 Ebd., S. 217
48 Ebd.
49 Ebd.
50 KAS/ACDP, 01-454-002/3 (2023), Eröffnungsrede Adenauers beim Staatsbesuch 1955 in Moskau [online]. Verfügbar unter https://www.konrad-adenauer.de/media/Adenauer/ Politikfelder/Ost-_und_Deutschlandpolitik/Moskaureise_1955/Dokumente_zur_ Moskaureise/Erster_Verhandlungstag_09.09.1955/1955-09-09_ACDP_01-454-002-3_Eroeffnungsrede-Adenauer.pdf [07.06.23], S. 5
51 Ebd., S. 6f.
52 Ebd.
53 Schmid (1979), S. 569ff.
54 Ebd., S 570
55 Delmer (1963), S. 714
56 Ebd., S. 714 f.
57 Ebd., S. 715
58 Brandt (1989), S. 52
Wolf (2003), S. 183ff.
59 Schmid (1979), S. 358f.
60 Frielingsdorf (2001), S. 71
61 Kern (1988), S. 481
62 Ihlefeld (1968), S. 32
Brandt (1989), S. 41
63 Blasius, Rainer (1995), Für ganz Deutschland sprechen. Die Hallstein-Doktrin in ihrer offensiven und defensiven Gestalt. In: Frankfurter Allgemeine Zeitung am 16.10.1995, S. 11
64 Critchfield (2005), S. 219f.
CIC oder Counter Intelligence Corps war ein Spionageabwehrkorps der Armee der USA und GV L war die Abkürzung für die Generalvertretung L der Organisation Gehlen. Es bleibt zu hoffen, dass L auch für etwas stand.

65 Critchfield (2005), S. 220 und 224
66 Ebd., S. 224
67 Genscher (1999), S. 70
68 Ebd., S. 71
69 Ebd., S. 71f.
70 Kern (1988), S. 480
71 Ebd., S. 479
72 Ebd.
73 KAS/ACDP, 01-454-002/3 (2023), Eröffnungsrede Adenauers beim Staatsbesuch 1955 in Moskau [online]. Verfügbar unter https://www.konrad-adenauer.de/media/Adenauer/ Politikfelder/Ost-_und_Deutschlandpolitik/Moskaureise_1955/Dokumente_zur_ Moskaureise/Erster_Verhandlungstag_09.09.1955/1955-09-09_ACDP_01-454-002-3_Eroeffnungsrede-Adenauer.pdf [07.06.23], S. 5

Die Gründung des BND

Es ist nicht erstaunlich, dass der BND seine Erfolge in der Öffentlichkeit nicht richtig präsentieren kann. Aber dafür ist es auch ein Geheimdienst. Als gesichert darf man lediglich annehmen, dass er am 1. April 1956 auf den Namen Bundesnachrichtendienst getauft wird. Abgesehen davon ist der Klub schon ein Jahrzehnt alt und lief bislang unter dem Namen Org. oder Organisation Gehlen. Einer derjenigen, die durchaus einen Einblick in diesen Dienst haben und darüber berichten, ist Heinz Felfe. Hören wir einleitend von ihm, wie es beispielsweise um die Damen der Schöpfung in Reinhard Gehlens Dienst bestellt ist: Viele von ihnen seien „tüchtige und pflichtbewusste Mitarbeiterinnen [...], die auch ohne Weiteres ihre Chefs vertreten“[1] können.

Das ist für den Anfang gar nicht so schlecht. Und ansonsten? Was muss man nach Gehlen mitbringen, wenn man dort anfangen will, abgesehen von der antifaschistischen Grundhaltung? Gehlen braucht „Spezialisten auf allen Gebieten. Es gibt kaum einen Bereich modernen Wissens, der im Dienst nicht benötigt wurde und wird. Der wissenschaftlich ausgebildete Mitarbeiter ist jedenfalls, gleichgültig ob er aus dem Bereich der Gesellschafts-, Geistes- oder Naturwissenschaften stammt, für einen effektiven Dienst unentbehrlich. Dass der wissenschaftlich geschulte Mitarbeiter bei aller Nüchternheit und Präzision, die eine systematische Auswertung von Nachrichten verlangt, nicht am Schreibtisch erstarren soll, habe ich immer gefordert. Im engen Zusammenwirken mit den korrespondierenden Stellen in der Nachrichtenbeschaffung sollte er seine Aufgabe vielmehr im lebendigen Gedankenaustausch und in der Anregung sehen. Nur wenn der nachrichtendienstliche Auswerter sich nicht in erster Linie als Sammelstelle mit Blickrichtung auf die Empfänger in Bonn versteht und fühlt, kann es zu einer optimalen Zusammenarbeit zwischen den beiden großen Teilen des Dienstes, der Nachrichtenbeschaffung und der Auswertung, kommen. Seine Kenntnisse bedürfen von Zeit zu Zeit, etwa alle 5 Jahre, der Auffrischung und Erweiterung durch einen kurzen Hochschulbesuch, damit er auf seinem Wissenschaftszweig stets auf dem neuesten Stand bleibt.“[2]

Das schließt freilich ein, dass sie oder er zuvor das Abitur abgelegt hatte und ursprünglich etwas mit Gesellschafts-, Geistes- oder Naturwissenschaften zu tun hatte. In den vierziger Jahren war die Aufgabe der Organisation Gehlen noch recht klar und überschaubar – den Amerikanern und später den Briten und Franzosen musste beigebracht werden, wie sie die Russen wirklich zu sehen hatten. Dunkelgrau schimmernd bis schwarz.

Auch die „unabhängige Presse" trägt ihr Scherflein zu diesem Misstrauen draußen in der Welt bei: „Springers Presse verkündete nicht nur einmal in Balkenüberschriften »Deutschland Nr. 1 in Europa«. Dass derlei Überlegungen im amerikanischen Dienst nicht ohne Folgen blieben, zeigten die Abhörpraktiken der Amerikaner. Quer durch Westdeutschland wurde abgehört, die Post kontrolliert und ein zuverlässiges Agentennetz unabhängig von den deutschen Geheimdienststellen geschaffen. In den fünfziger und sechziger Jahren holte sich die CIA die weitreichendsten Informationen über die politischen Aktivitäten der Parteien, der Bundesregierung und Bundesministerien durch solche Operationen. Auch die britischen und französischen »Partner« übten diese Praxis."[3]

Ähnlich wie Markus Wolf glauben auch sie, auf *diese* Art und Weise etwas über die Deutschen zu erfahren. Wie dusselig müsste man sein, dass man wichtige Sachen am Telefon sagt? Daraus wird im Ausland der durchaus irrige Glaube, man wisse, „was in jeder Zelle des westdeutschen Organismus vorgeht. Es kann gar keine Überraschungen geben",[4] ausgesprochen '69 von dem US-amerikanischen Experten Martin Hillenbrand. Bedauerlicherweise haben sie eine Option offensichtlich ausgeschlossen – dass es bei den Deutschen in der Ära Hitler ja zu einer Verschwörung gekommen sein konnte, bei der Reinhard Gehlen durch seine Stellung zu den großen Köpfen zählte. So nahmen sie es auch für bare Münze, dass es sich im Fall Geyer tatsächlich um eine Panne gehandelt hat, als der treue Kollege vom BND plötzlich und unerwartet in die DDR übertrat; und in der DDR hat man sich sicherlich herzlich über den Neuzugang im Käfig gefreut. Es ist ebenso nickend hingenommen worden, dass der BND-Kollege Hermann Baun gemeldet hat, sein Versuch sei gescheitert, Agentengruppen in Ost-Europa zu reaktivieren. Wer wusste denn, ob er das wirklich beabsichtigt hatte? Baun war der Agent, der noch bis zum Kriegsende Verbindungen nach Moskau unterhalten hatte, und auf den Reinhard Gehlen nicht den Verdacht gelenkt hatte, als es darum ging, das Leck in der Reichsführung zu orten, durch das man in Moskau zeitnah erfuhr, welche militärischen Planungen es jeweils gerade in Berlin gab. In Pullach sind sie unter sich.[5]

Die Amis sind nicht zu beirren. Werden in der BRD wieder einmal übereifrige antikommunistische Emigranten aus Ost-Europa gelyncht, ist das der KGB gewesen. Eine andere Idee geht nicht in den Kopf. Diese Interpretation wird von Gehlen in seinem Werk *Der Dienst* mit einer ausführlichen Darlegung auf mehreren Seiten unterstützt. Heinz Felfe hingegen schreibt, als er durch missliche Umstände seinem heimatlichen Dresden wieder nähergekommen war, dass das selbstredend der gute BND in die Wege geleitet hat. Mag sein, dass Heinz Felfe das später geschrieben hat über früher, und dann wird ihm das auf beiden Seiten sowieso niemand glauben, allein schon, weil es der *Verräter* Felfe von sich gibt.[6]

Lesen Sie ihn gern selbst: „Die Organisation Gehlen und später der BND waren und blieben bei allem personellen Wechsel Werkzeuge des Kalten Kriegs ohne Rücksichten auf die eigenen und auf die westeuropäischen Regierungen." Das hört sich so an, als seien die eigenen Regierungen – bis zu seiner Verhaftung werden sie von Kanzler Dr. Adenauer geführt – vom BND mit Gewalt an der Politik der Entspannung gehindert worden. Das deckt sich freilich nicht mit den Aktenfunden dieser Jahre. Da Heinz Felfe viele Jahre persönlich mit Gehlen zu tun hatte, gehe ich davon aus, dass er weiß, was gespielt wird, und habe sein Werk mit der gebotenen Zurückhaltung in die Patschhändchen genommen.[7]

Es gibt jedoch noch weitere Möglichkeiten, um die gegenwärtige Lage so finster zu halten, wie sie schon seit Jahren ist, insbesondere dann, wenn es darum geht, Moskau schwarz anzustreichen: „Obwohl offiziell an der Bedrohungsthese aus dem Osten festgehalten wurde, belegten dies die Erkenntnisse des Bundesnachrichtendienstes keinesfalls. Vielmehr hatte man registriert, dass seit 1955 einzelne Werke von der Produktion konventioneller Waffen auf die Herstellung ziviler Güter umgestellt wurden."[8] Das heißt, dass weder diese Lageberichte falsch sind noch die Prognosen ein Versehen; das sagt mir bloß, dass Gehlen seine Drohung aus seinem *Gentlemen's Agreement* wahr gemacht hat, in dem er angekündigt hatte,

Aufklärungsergebnisse an die Amerikaner zu liefern, es jedoch weder für sie noch unter ihnen zu tun. Er kann ja nicht daran schuld sein, wenn die Amerikaner glauben, was er ihnen als Ergebnisse präsentiert. So erstaunt mich persönlich auch diese Aussage kaum: „Unter diesen Bedingungen entwickelte sich eine Partnerschaft, die eben nicht in der verkündeten Freundschaft mündete, sondern in einem gegenseitigen Misstrauen. Jedenfalls waren und sind Zielstellung und Auftrag der BND-Spionage in den USA die Nuklearpolitik sowie die geschäftlichen Verbindungen der Vereinigten Staaten in Lateinamerika und Afrika. Alle diplomatischen und politischen Kontakte der USA zum Osten, insbesondere zur Sowjetunion, wurden im BND aufmerksam registriert.“[9] So kann natürlich die Bonner Außenpolitik rechtzeitig eingreifen, wenn sich wider Erwarten eine Entspannung zwischen den *Supermächten* anbahnen will.

Einigermaßen wichtig für den Erfolg des westdeutschen Geheimdienstes ist logischerweise unter anderem auch die Qualität der Auswertung von gesammelten Informationen durch sein ostdeutsches Pendant in Berlin. Obwohl die geheimsten Arbeiter und Bauern Gelegenheit zu Gesprächen mit wichtigen Bonner Politikern in den entscheidenden Gremien haben, kommt Günter Guillaume zur Schlussfolgerung: „Wir hatten recht daran getan, unsere Kontakte, die frühen und auch die späteren, die wir zu kooperationswilligen, kooperationsfähigen Partnern unterhielten, hinter dem Schleier der Konspiration zu verbergen, so dass sie den Augen und Ohren des BND verborgen blieben.“[10]

Ein unglaublich gutes Beispiel für die „kooperationsfähigen Partner“, die dann aber schon eher der BND persönlich sind, ist der in den beruflichen Erinnerungen jenes Markus Wolf so positiv erwähnte Großmeister Franz Josef Strauß, der seit der legendären Aktion von ‘44 immer an vorderster Front mitmischt. Von ihm hört Markus Wolf lange bevor der gute Mann seinen Freunden in Ost-Berlin ziemlich viel hartes Geld für den Aufbau – oder gegen den Abbau des Sozialismus zur Verfügung stellen lässt.

Nun müssen Sie aber nicht denken, Strauß hätte seine Sympathie für den Sozialismus auf deutschem Boden erst sehr spät entdeckt. Es macht Wolf nicht hinreichend nachdenklich, dass seine Verbindung zu Strauß in den 1950er Jahren anfängt: „Neben Dr. Wiedemanns Büro ließ sich im Bonn der 50er Jahre der Salon einer Dame recht vielversprechend an." Da gibt es einen Franz J. Strauß, den die Öffentlichkeit anders kennt: „Lydia, so lautete unser Deckname für Susanne Sievers, richtete in Bonn eine gastliche Wohnung ein, in der sie eine Art Salon führte, wo Abgeordnete und Politiker sich zwanglos einfanden, darunter Franz Josef Strauß und Willy Brandt, mit dem Susanne Sievers vor ihrer verhängnisvollen Reise zur Leipziger Messe eine leidenschaftliche Affäre gehabt hatte. Durch sie erfuhren wir, dass Strauß nicht zu jeder Stunde der fanatische Sozialistenfresser war, den er vor der Öffentlichkeit abgab, sondern ein nüchtern denkender Pragmatiker."[11] Wer weiß, wo dieser Kleingeist dieses Ding mit der leidenschaftlichen Affäre aufgegabelt hat. Aber es ist wunderschön zur Abrundung meiner Vorstellungen vom Menschen Markus Wolf. Was geht es diesen Wicht an, wer unter Umständen mit wem wann und wo ins Bett gestiegen ist? Was will er mit diesem Einwurf bewirken und warum richtet sich sein Querschläger denn nun ausgerechnet gegen Willy Brandt? Kann er noch etwas anderes, als die Feldzüge gegen Brandt unterstützen? Doch bei anderen Leuten wundert es mich auch nicht, dass niemand mit ihnen eine leidenschaftliche Affäre wünscht. Kalte Krieger sind wohl doch schon eher etwas für Madame Tussauds Wachsfigurenkabinett.

Alles in allem kann man jetzt schon sehen, dass Bundesnachrichtendienst oder kurz BND jetzt schon nach der Preisklasse des englischen MI 6 klingt und nicht nach der Amateurtruppe der Hauptverwaltung Aufklärung von Markus Wolf oder ganz und gar nach dem Trupp der CIA, die Folter, Mord und Totschlag *made in U.S.A.* anstelle von Außenpolitik etabliert haben.

Zum ersten Links-Rechts-Rollentausch

Diejenigen im Lesepublikum, die nach allem, was in meinen bisherigen Bänden geschah, immer noch nicht glauben wollen, dass wir es hier im guten alten Deutschland mit einer handfesten Verschwörung der Guten gegen den Rest der Welt zu tun haben, glauben wohl ebenso an die flache Erde oder an die hohle Erde. Doch da wir ganz ergebnisoffen diskutieren sollten, gehen wir einmal davon aus, dass die Politiker, die bis heute noch nicht aus dem Bonner „Mensch-ärgere-dich-nicht“-Spiel geworfen worden sind, oder die Journalisten, Publizisten und Historiker, die für namhafte Verlage schreiben dürfen, keine Absprachen darüber treffen, wer wann was über Vergangenheit, Gegenwart und Zukunft publizieren soll. Es ist ja wenigstens denkbar. Machen wir einfach eine Probe aufs Exempel: „Die Bundesrepublik Deutschland war gerade erst sieben Jahre alt, als der Schweizer Publizist Fritz René Allemann 1956 in seinem Buch »Bonn ist nicht Weimar« einen der grundlegenden Unterschiede zwischen der ersten und der zweiten deutschen Demokratie in einem frappierenden Rollentausch zwischen »links« und »rechts« erkannte. In der Weimarer Republik war die Linke international und die Rechte nationalistisch gewesen. In der Bonner Republik betrieben die gemäßigten Kräfte der rechten Mitte, repräsentiert durch die von Konrad Adenauer geführte bürgerliche Koalition, eine Politik der supranationalen Integration, während die gemäßigte Linke in Gestalt der Sozialdemokratie unter Kurt Schumacher und Erich Ollenhauer den nationalen Part übernahm und sich als Partei des Primats der deutschen Einheit zu profilieren versuchte. Adenauer hatte es also nicht mit einer »nationalen Opposition« wie in Weimar, einer antidemokratischen Bewegung von rechts, zu tun, sondern mit einer zugleich demokratischen, antikommunistischen und nationalen Opposition von links. Wäre es anders gewesen, hätte sich die Westbindung der Bundesrepublik kaum durchsetzen lassen. So gesehen war die nationale Rolle der Sozialdemokraten geradezu eine Bedingung der Möglichkeit der übernationalen Politik Adenauers: eine Dialektik, deren sich die Akteure wohl kaum voll bewusst waren.“[12]

Das stammt aus einer der wunderschönen wissenschaftlichen Analysen von Prof. Dr. Heinrich August Winkler. Wären sie sich dessen nicht voll bewusst gewesen, hätte sich die Westbindung der Bundesrepublik kaum durchsetzen lassen oder sie wäre in Anbetracht der in den 1950er Jahren zu vertretenden Wähler ein unerreichbares Ziel geblieben, Herr Winkler. Geradezu eine Bedingung, sagt er. Deren sich die Akteure wohl kaum voll bewusst waren. Ehe ich akzeptiere, dass ein Mensch oder sogar ein Doktor saublöd ist, werde ich noch lange die Erklärung für seine Handlungsweise suchen. Wenn Sie wirklich bisher der Meinung waren, ich hätte hier etwas ganz Spannendes herausgefunden, dann irren Sie sich garantiert. Dieser Professor Winkler ist der erste Kandidat, der im Detail vermutlich noch viel besser Bescheid weiß als ich. Er wundert sich ja auch nicht über das Phänomen, das er beschreibt, oder kritisiert, dass die Leute draußen auf der Straße auf den Arm genommen werden, sondern konstatiert, dass es da einen Rollentausch gab. Er sagt nicht, warum ein *Linker* oder mehrere oder gleich alle *Linken* nach ihrer Entlassung aus den Gefängnissen und Konzentrationslagern der Nazis auf einmal *rechte* Inhalte unter das Volk brachten. Er erklärt nicht, wie es kommt, dass die *Rechten* plötzlich und unerwartet *linke*, supranationale und europäische Inhalte in der eigentlich nationalen Frage propagierten. Er stellt auch nicht die Frage danach in den Raum, um deutlich zu machen, dass er da vor einem Rätsel steht. Gerne will ich Ihnen das mit zwei Beispielen illustrieren, zuerst mit einer „Erklärung des Deutschen Gewerkschaftsbundes zur Wiedervereinigung Deutschlands“ vom 1. Mai 1957.

„Der Deutsche Gewerkschaftsbund erwartet von der Regierung der Bundesrepublik, dass sie ihre Anstrengungen zur Vorbereitung der Wiedervereinigung Deutschlands verstärkt und bei allen ihren politischen Handlungen darauf bedacht ist, die Herbeiführung der deutschen Einheit zu fördern und zu beschleunigen. Der Deutsche Gewerkschaftsbund richtet an die gesamtdeutsche Bevölkerung die dringende Bitte, über alle Tagessorgen und Nöte hinaus das große Ziel der Wiederherstellung eines demokratischen, freiheitlichen und sozialen Deutschlands niemals zu vergessen und dieses Ziel beharrlich zu verfolgen. Der Deutsche Gewerkschaftsbund ruft die Bevölkerung in Ost und West auf, die Verbundenheit zwischen allen Deutschen diesseits und jenseits der Zonengrenze zu pflegen, um den

Willen zur Einheit lebendig zu erhalten." Am 1. Mai 1957. Versuchen Sie sich einmal für einen kurzen Moment vorzustellen, dass linke Menschen wenige Jahre später das Gegenteil von dem vertreten, was sie 1957 sagen.

Als zweites plastisches Beispiel biete ich Ihnen einen nationalen Text des *linken* Schriftstellers Kurt Hiller an, der 1885 geboren ist. Es handelt sich um eine Rede, die er am 4. Mai 1956 vor Hamburger Studenten gehalten hat und die am 17. Mai 1956 in dem *linken* Blatt Die andere Zeitung aus Hamburg erschien, in deren Untertitel es heißt: Unabhängige Zeitung für Politik, Gewerkschaftsfragen, Wirtschaft und Kultur. Hiller setzt sich mit den *rechten* Thesen einer Vereinigung West-Europas auseinander.

„Jedwede Kulturnation Europas ist, seit langem und ununterbrochen, in sich staatsstruktürlich geeint; Briten, Franzosen, Italiener vorneweg; nur die Deutschen sind es seit elf Jahren nicht mehr. Wir haben ein Anrecht auf das, dessen andere Nationen sich mit Selbstverständlichkeit erfreuen. Nennt ein Seelenkrüppel diese Forderung nationalistisch, so nehme ich es vergnügt auf mich, »Nationalist« zu sein. Immer noch lieber ein stachliger »Nationalist« als ein aalglatter Lügner »europäischer« Phrasen! Aus dem Lügenkranz der »Europa«-Schwindler besteht die Hauptlüge in der zwar nie ausgesprochenen, aber ihrem ganzen Treiben objektiv implizierten Behauptung, dass morgen ein Krieg zwischen Kontinenten weniger fürchterlich und weniger verrückt sei, als früher ein Krieg zwischen Staaten war. In Wahrheit ist der Krieg der Kontinente, zumal mit Stratosphärenrakete und Wasserstoffbombe, noch viel fürchterlicher und noch viel verrückter als der gute alte Staatenkrieg." Wäre der Präsident Frankreichs Charles de Gaulle ein Kandidat für höhere Weihen in Deutschland, müsste er auf alle Fälle für die SPD kandidieren, ob er das nun einsieht oder nicht.

Mag sein, dass es für manche im Publikum eine neue Erfahrung darstellt, aber es geht hier überhaupt nicht darum, seine *Haltung* in Bezug auf das eben Gelesene auszudrücken und obendrein Näheres über seinen *Fußpilz* zu berichten. Auch wenn es eine intellektuelle Herausforderung darstellt, geht es darum, sacken zu lassen, was in den 1950er Jahren als „links" gilt. Kann ja sein, dass man sich dann doch noch einmal überlegt, ob man sich nicht doch von einem fremdbestimmten Schema unabhängig macht.

Später passiert binnen weniger Jahre die gleiche Zirkusnummer ja sogar noch einmal um 1970 herum und diesmal in der umgekehrten Richtung – dann präsentieren die *Linken* wieder traditionell *linke* Inhalte und *Rechte* liefern wieder das ab, was man vor 1933 unter *rechts* verstanden hatte.

Wissen Sie, veralbern kann ich mich allein. In diesem Land sind mehrere tausend Menschen in dieses Spiel eingeweiht. Sonst könnte das Spielchen nämlich überhaupt nicht funktionieren. Was dieser Rollentausch konkret bedeutet, lässt sich beispielsweise an Ihrem Lieblingsmagazin Der Spiegel aus Hamburg an der Elbe illustrieren, das sich später so herzerfrischend „links" und derartig aufgeklärt gebärdet. Wie Gehlen haben Medien in der Bundesrepublik gewusst, wie man böse Leute richtig einsetzt: „Nachdem der Medienforscher Lutz Hachmeister die Tätigkeit ehemaliger SS-Offiziere als Spiegel-Redakteure und Serienautoren für den frühen Spiegel belegen konnte, geriet das Magazin 2006 verstärkt in die Kritik, weil es seine eigene NS-belastete Vergangenheit nicht ausreichend reflektiere. So bemängelte die Süddeutsche Zeitung in einem ganzseitigen Beitrag vom 14. Juni 2006 ebenso wie das medienpolitische Magazin M der Gewerkschaft ver.di in seiner September-Ausgabe, dass die Rolle des ehemaligen Pressechefs im NS-Außenministerium und SS-Obersturmbannführers Paul Karl Schmidt als Serienautor des Magazins marginalisiert würde und der Tatbestand, dass die SS-Hauptsturmführer Georg Wolff und Horst Mahnke in den 1950er Jahren zu leitenden Redakteuren avancierten, von dem sonst NS-kritischen Magazin ausgeblendet sei. Schon im Jahre 2000 hatte die Neue Züricher Zeitung Rudolf Augstein vorgeworfen, ehemaligen Nationalsozialisten bewusst die Möglichkeit gegeben zu haben, wieder gesellschaftsfähig zu werden."[13] Will man den Leuten weismachen, das hätte vor 2000 niemand gewusst? Es ist ohnehin immer wieder bemerkenswert, wie Gesprächspartner ein vorgetragenes Argument mit der Retoure kontern, das sei doch längst kritisiert worden. Wenn das kritisiert wurde, ist es ja noch wahrscheinlicher, dass es so stimmt, und dann müsste man es doch eigentlich als einen Mosaikstein in seine Weltbilder einarbeiten. Wie kann ein denkendes Wesen dann weiter am Bild kleben, das die großen Medien vom Lauf der Welt zeichnen? Kritik anhören ohne eine Verarbeitung ist so sinnlos wie ein Essen vorbereiten und dann nicht essen.

Das forcierte Ringen um die Anerkennung der DDR

Der konservative Machtpolitiker Adenauer war es Ende des Jahres 1955 leid, „die Unbotmäßigkeit der FDP noch länger zu dulden". Vor allem der Streit um die Deutschlandpolitik, so Udo Leuschner, hätte das Verhältnis der Koalitionspartner zerrüttet. Die FDP unter Thomas Dehler ist nicht bereit, sich der ultimativen Forderung Adenauers nach sklavischem Gehorsam zu fügen. Vermutlich glauben in dieser Widerstandsgruppierung einige Leute im Ernst an die Wiedergeburt der Demokratie nach der Zeit von und mit Adolf Hitler. Andererseits sind einige der Herrschaften noch immer *partout* nicht dafür zu erwärmen, den renitenten Thomas Dehler durch August Martin Euler zu ersetzen, der dem Kanzler als Kandidat für den Partei- und Fraktionsvorsitz vorschwebt. Im richtigen Leben außerhalb der Politik würde man von einem übergriffigen Verhalten sprechen. Was geht es den CDU-Mann Adenauer an, wen sie an der Spitze der FDP haben wollen? Ist das vielleicht deren autonome Entscheidung?[14]

Adenauer beschließt deshalb, die FDP über die Manipulierung des Wahlrechts auszuschalten. Bei Verwirklichung des Grabenwahlsystems würde sie zur Bedeutungslosigkeit verdammt. Vor diesem Hintergrund kommt es wenige Tage später zum *coup* von Sternen und Sternchen im schönen Nordrhein-Westfalen, die im Bunde mit der SPD die Düsseldorfer CDU-Landesregierung kippen und so auch die Bonner Koalition ins Wanken bringen. Die Anti-Widerstandsgruppierung *gegen den* „vaterländischen, antiklerikalen Franken" Thomas Dehler wird als „Jungtürken" bezeichnet, da es ausgerechnet ein *nationalistisch* angehauchter Landesverband der FDP sei, der sich mit der deutsch-nationalen SPD verbündet, angelehnt an eine nationalistische Reformbewegung im türkischen Militär, die im Jahre 1909 den Sultan stürzte. Die Hauptakteure sind Wolfgang Döring, Willy Weyer, Walter Scheel und Erich Mende. Weyer wird in der neuen Landesregierung Finanzminister und zugleich stellvertretender Ministerpräsident. Außerdem bekommt die FDP drei weitere Ministerposten. Ist es unmöglich, dass Walter Scheel sogar noch Bundespräsident wird? So wird ein politisches Erdbeben inszeniert, von dem man vermutlich noch den Urenkeln die allerschönsten Märchen erzählen wird. Am anderen Ende ist nicht zu erwarten, dass dies großartig breitgetreten wird: Der leitende Regierungsdirektor Kurt Weiß vom BND alias „Winterstein" „pflegte schon vor der Legalisierung der OG Kontakte zu Politikern mit Zukunft. Nachdem er besonders gute Verbindungen zur FDP, und zwar zu den sogenannten Jungtürken und dem späteren Generalsekretär Flach, der ja Journalist gewesen war, hergestellt und alle Möglichkeiten und die schon bestehenden Verbindungen des III-Dienstes genutzt hatte, wurde er bald aus dem III-Dienst herausgelöst und sein Referat zur selbstständigen Abteilung (Codebezeichnung 133) aufgewertet, die Gehlen direkt unterstand." Glauben Sie bloß nicht, dass man irgendwo etwas in der Richtung findet, dass der BND auch gute Beziehungen zu suspekten Leuten wie dem „vaterländischen, antiklerikalen Franken" Thomas Dehler oder dem Willy Brandt pflegen würde, der 24/7 und ohne Urlaub alle Hände voll zu tun hat, um wenigstens den drei westlichen Sektoren Berlins kommunistische Experimente zu ersparen, wie sie Walter Ulbricht vorschweben.[15]

Es ist davon auszugehen, dass der *insider* Udo Leuschner schwer davon überzeugt ist, seine Darstellung der richtigen Wahrheit besonders schön durcheinandergewirbelt zu haben, sodass kein Mensch mehr merkt, dass er anbietet, der vaterländische, antiklerikale Franke Thomas Dehler wäre von einer eventuell nationalistisch angehauchten Splittergruppe von der Macht verdrängt worden. Vergessen Sie mir um Gottes willen bloß nicht die Namen von Wolfgang Döring, Willy Weyer, Walter Scheel und Erich Mende. Sie sind derart nationalistisch eingestellt, dass sie sich im Laufe der Jahre beinhart für die Abspaltung Mittel- und Ost-Deutschlands vom Westdeutschen Reich einsetzen werden.

Es ist letzten Endes Adenauer, der den Bruch der Bonner Koalition herbeiführt. Er versucht nun nämlich, mit Hilfe der ihm dienstbaren FDP-Minister die Partei zu spalten. Am 23. Februar 1956 geben 16 FDP-Abgeordnete unter Führung von August Martin Euler ihren Austritt aus der Fraktion bekannt und üben in einer Erklärung lebhafte Kritik am Partei- und Fraktionsvorsitzenden Dehler. Unter den Ausgetretenen sind auch die vier FDP-Minister Blücher, Neumayer, Schäfer und Preusker. Demzufolge sind sie sehr wohl bereit, Dehler vom Spieltisch zu werfen, auch wenn der *insider* zum Verwirren der Leute das Gegenteil behauptet hat. Ungeklärt bleibt an dieser Stelle auch, warum Adenauer eigentlich gegen den vaterländischen Dehler ist, wo er auf das Grundgesetz vereidigt ist, das nicht nur die mitteldeutschen Länder, sondern sogar Ländereien für Deutschland beansprucht, die eine Flugstunde jenseits der Oder liegen.[16]

Vollkommen überraschend empfehlen CDU und CSU die Fortsetzung der Koalition mit der abgespaltenen Gruppe. Am 23. April 1956 gründen die Abtrünnigen die „Freie Volkspartei" (FVP), die schließlich am 24. Juni in Bochum ihren ersten Parteitag durchführt und Victor-Emanuel Preusker zum Vorsitzenden wählt. Aus West-Berlin gesellt sich auch Carl-Hubert Schwennicke hinzu, der dort der Vorsitzende des Landesverbandes war.[17] Hat er die Hoffnung verloren, dass es in absehbarer Zeit eine vernünftige Lösung für Deutschland gibt, durch die sich das bange Hoffen und Warten in West-Berlin lohnen wird? Will er vielleicht noch einmal in einem Wald spazieren gehen, in dem er nicht einer Million Wanderern begegnet?

Mit oder ohne Dehler versuchen einige in der FDP, mit Repräsentanten der DDR ins Gespräch zu kommen. Dafür bietet sich in erster Linie die Liberaldemokratische Partei (LDPD) an. Dass die ehemalige Schwesterpartei inzwischen eine Marionette der SED ist, stört nicht, sondern ist – wenn man dem *insider* Udo Leuschner lauscht, „dem eigentlichen Zweck des Unternehmens dienlich". Ach so! Dann ist ja alles supergut, ne? An anderer Stelle findet man das Gleiche in grün so: *Als Ersatz für den verpönten offiziellen Kontakt zum DDR-Regime dien*en Gespräche mit der LDPD, der *ehemaligen Schwesterpartei, die inzwischen völlig auf SED-Linie liegt und insofern durchaus der richtige Ansprechpartner* ist. Ich hoffe, dass diese Kontakte unter die Aufsicht des „Verfassungsschutzes" gestellt werden. Das dürfen sie doch laut Grundgesetz überhaupt nicht. Es geht tief unter die Gürtellinie, was in diesem Land unter den Kategorien „Demokratie" und „freie Meinungsäußerung" verbucht werden kann. Aber es ist genauso eigenwillig, dass die Chefdemokraten selbst festlegen, was man an Meinung haben darf und was man besser nicht sagt. Wenn nicht gewünscht ist, was jemand meint, erklären sie es für undemokratisch. Am 22. Juli 1956 findet ein Vorgespräch in Garmisch-Partenkirchen statt. In Garmisch wird man sich unter anderem darüber einig, dass die FDP ihre ollen Ballon-Aktionen zur Verbreitung regimefeindlicher Flugblätter in Unserer schön rot geschmückten DDR endlich einstellt.[18]

Am 28. September– kurz vor einem zweiten Gespräch in Weimar – beschließt der Bundesvorstand die Umwandlung des FDP-Ostbüros in das „Referat Wiedervereinigung". Ja, genau: Von der Maas bis an die Memel. Wiedervereinigt werden kann nur, was einmal vereinigt gewesen ist.

Mit dem neuen Namen *Referat Wiedervereinigung* unterstützt die FDP-Führung eine der drei tragenden Säulen für die Teilung unseres Landes. Als erste Bundestagspartei hat sie damit ihr Ostbüro faktisch aufgelöst – und die Stänkerei gegen das Paralleluniversum in Deutschland beendet. Sie wissen schon, zwei Fliegen mit einer Klappe. Der Gründungszweck des Ostbüros ist nicht durch die offensive Auseinandersetzung damit, sondern durch die Übertreibung ausgehebelt und umgedreht worden.

Um die Logik in dieser Darlegung fürs gemeine Volk bin ich freilich mehr als besorgt. Der offizielle Kontakt zum DDR-Regime ist noch verpönt, die LDPD, die inzwischen auf SED-Linie liegt, ist nichtsdestotrotz bereits der richtige Ansprechpartner. Da fehlt auf alle Fälle das Bindeglied, die feine Diskrepanz zwischen den Vorstellungen der Leute in der demokratischen Bundesrepublik und den Vorstellungen der Elite nach dem einigermaßen plötzlichen Abgang des selbsternannten Führers in Berlin im April 1945. Ein Mann, der Wahlvolk abfischt, das keine Zerstückelung *Deutschlands* wünscht und als erster Bundespolitiker in der Öffentlichkeit das *Eiserne Kreuz* aus dem Weltkrieg an der Brust trägt, engagiert sich aktuell für die Beibehaltung des *status quo* im Lande: „Erich Mende, der Fraktionschef der FDP, berichtet, 1956 habe er in letzten Gesprächen mit Funktionären der LDPD endgültig erkannt, dass die Regelung der deutschen Frage mit DDR-Gesprächspartnern nicht zu erreichen sei."[19]

So ist das. Aber die LDPD liegt ja inzwischen auch völlig auf der SED-Linie und ist insofern auf alle Fälle der richtige Ansprechpartner. Die Empörung richtet sich durch das Ablenkungsmanöver auf das Tragen des Eisernen Kreuzes, denn breiteste Teile des Volkes haben vom „Sterben für Führer, Volk und Vaterland" den Kanal gestrichen voll. Kein Mensch kommt auf den Gedanken, dass so Thomas Dehler ausgestochen wird. Hans-Dietrich Genscher aus der gelben FDP, der ständig im scharfen Widerspruch zu dem einflussreichen Franz Josef Strauß aus der CSU steht, bekämpft die Hoffnungen des *coolen* Kriegers aus München auf die juristische Teilung unseres Landes selbstredend vehement, etwa wenn Strauß im Deutschen Bundestag die Frage aufwirft, ob es denn wirklich die Einheit wäre, um die es den Deutschen gehe, ob es nicht vielmehr die Freiheit sei und ob nicht *eine österreichische Lösung eine Antwort auf die deutsche Frage* sein könnte. In einem Artikel schleudert ihm Genscher entgegen, die deutsche Einheit „als Ziel unserer Politik aufzugeben", wäre nicht zu akzeptieren. Genschers „Gegenkonzept" umreißt er mit den Worten: „Bis zur Vereinigung plädierte ich für das zeitweise Nebeneinander der getrennten Teile Deutschlands, wofür wir Regelungen finden müssen, auch im Interesse der Sicherung Berlins."[20] Wobei er damit selbstredend auch bloß die drei Westsektoren Berlins meint. Ost-Berlin sichern ganz andere.

Ob man das Kind allerdings eine österreichische Lösung nennt oder ein zeitweises Nebeneinander der getrennten Teile dieses Landes, macht in den Biographien vieler Menschen keinen Unterschied. Was bei Genscher auf den 1030 Seiten seiner *Erinnerungen* fehlt, sind ganz einfach nur die technischen Überlegungen, was er konkret mit wem erörtert hat, um nun ganz praktisch zur Vereinigung Deutschlands zu kommen. Dies gilt umso mehr, als für sein fettes Buch sehr viele Bäume weniger hätten abgeholzt werden müssen, wenn er die ausufernden Passagen darüber weggelassen hätte, die beschreiben, wie Er für die Einheit gekämpft haben will.

Lassen Sie mich davon ein Beispiel einspielen: „Der Wille zur deutschen Einheit war in der F.D.P. stets ein zentrales Anliegen. Bei keiner anderen Partei war eine so große Anzahl von Ost- und Mitteldeutschen in wichtigen Funktionen: Mende war Oberschlesier, Döring Leipziger, Schollwer Brandenburger, Hoppe kam aus Stralsund, Flach war Ostpreuße, Starke war Schlesier wie Mende, Mischnick war Dresdner."[21] Allein dieser Fakt ist Grund genug dafür, dass ausländische Geheimdienstler keine Chance haben, andere Intentionen bei diesen Spitzenpolitikern zu vermuten als den heißen Drang zurückzustreben in die spießige Atmosphäre in ihren Heimatgemeinden, erst mit einem braunen Sozialisten als Dorfschulzen – und dann mit einem roten Sozialisten als Dorfschulzen. Man muss schon ein gnadenloser Optimist sein, um in deren Entscheidungsgewalt in der Gemeinde den hoffnungsvollen Aufbruch in eine lichte Zukunft zu sehen.

Genscher hält sich vielleicht für den Klügsten unter ihnen, wenn er dem Publikum unterjubeln möchte: „Manchmal schwärmte er [Mischnick], er könne sich nichts Schöneres vorstellen als Oberbürgermeister von Dresden zu werden. Wolfgang Mischnick fühlte ich mich stets besonders nah: Der ähnliche Lebensweg verbindet.“[22] So ungefähr wird es wohl sein. Wer es geschafft hat, dem weitgehend plattgemachten Dresden so weit zu entkommen, dass er die vor Optimismus sprudelnden Nachrichtensprecher nicht mehr Tag für Tag ertragen muss, der sagt dann an den Gestaden des Rheins ohne jeden Unterton: „Ich kann mir nichts Schöneres vorstellen, als Oberbürgermeister von Dresden zu werden.“

Wen soll denn die ganze Kasperei in der BRD überzeugen? Wenn Strauß Mitte der 1950er Jahre von einer Österreich-Lösung für die DDR spricht, dann wurde Österreich nach dem Krieg wieder ein eigenständiger Staat, der seine Hauptstadt weder in Bonn noch ganz und gar in Berlin hat. Mit dem Wort von einer österreichischen Lösung werden andererseits Äpfel und Birnen zusammengerechnet. Die Republik Österreich ist spätestens seit dem Staatsvertrag mit der Sowjetunion und dem Abzug sowjetischer Truppen aus Ost-Österreich eine westliche Demokratie mit einer doch zunehmend besser funktionierenden Marktwirtschaft, wohingegen sich in Unserer DDR eine Gruppe von Leuten in ihren Kopf gesetzt hatte, wieder Neue Menschen zu kreieren und zu diesem Behufe gerne auch brutal gegen diejenigen vorgeht, die sie für alte Menschen oder umgekehrt für zu neue Menschen halten. Nehmen wir einige bekannt gewordene Fälle. Am 6. Dezember 1956 wird Walter Janka unter der Anklage der konterrevolutionären Verschwörung festgenommen und am 26. Juli '57 zu fünf Jahren Zuchthaus mit verschärfter Einzelhaft verurteilt. Genscher ist da bereits mit seinen bunten Badehosen in den Westen abgehauen. Der bereits am 29. November 1956 festgenommene Lektor des Aufbau-Verlags Wolfgang Harich erhält wegen der Bildung einer konspirativen, staatsfeindlichen Gruppe am 9. März 1957 eine fette Zuchthausstrafe von zehn Jahren. In Schauprozessen im März und Juli 1957 werden auch Manfred Hertwig zu zwei Jahren Zuchthaus, Richard Wolf zu drei und Gustav Just wie Bernhard Steinberger zu je vier Jahren Zuchthaus verurteilt. Dieses Wort von der *Österreich-Lösung* ist ein ganz geschmackloser Euphemismus, da sich Unsere Deutsche Demokratische Republik und die Alpenrepublik ebenso in den Zuständen im Knast frappierend unterscheiden. Aber so kann man sich die Zerlegung Deutschlands selbstverständlich auch schönreden.

Vom 5. bis zum 7. Oktober 1956 folgt dann das offizielle Treffen zwischen Vertretern von FDP und LDPD im thüringischen Weimar. „Wir konnten feststellen, dass beide Parteien keine gemeinsame politische und geistige Grundlage mehr haben", erklärt danach der angeblich derartig „national angehauchte" Bundestagsabgeordnete Walter Scheel. Da haben wir auch wieder so eine Freudsche Fehlleistung: „Wir konnten feststellen", anstatt zu sagen: „Wir mussten feststellen". Gut, dass wir auch darüber ein klein wenig nachgedacht haben. Dann fabuliert er noch, die LDP habe sich zu einer Partei entwickelt, die „nicht mehr in unserer Terminologie als liberale Partei" angesprochen werden könne. Dennoch seien die Gespräche im Sinne einer *gesamtdeutschen* Politik nützlich gewesen. Es ist schön, dass man auch das als gesamtdeutsche Politik *einordnen* kann. Danach soll ein Redneraustausch zwischen beiden Parteien stattfinden. Dazu kommt es aber ebenso wenig wie zur Fortsetzung der Kontakte mit der LDPD, weil wenige Tage später der Volksaufstand in Ungarn beginnt. Dessen blutige Niederwerfung durch die Sowjets führt zu einer neuen Eiszeit in den Ost-West-Beziehungen. Das Leben ist hart und Bonn ist heilfroh.[23]

Nachdem Thomas Dehler nach einem langen, zähen und nicht unbedingt immer nur demokratischen Ringen endgültig aus dem Rennen geworfen ist, fusioniert die FVP Anfang 1957 mit einer Partei, die kurz und bündig einfach bloß Deutsche Partei (DP) heißt, die deshalb bei den Bundestagswahlen im September 1957 auf den Stimmzetteln als „DP/FVP" firmiert. Diese FVP existiert faktisch nur ein paar Monate. Sobald der Mohr seine Schuldigkeit getan hat, kann er von der demokratischen Schaubühne in der Republik der klügeren Wessis wieder abtreten. Sie wird dann „restlos von der seit jeher willfährigen DP aufgesaugt", wie der wiederum meiner Recherche willfährige *insider* erläutert. Bis zum nächsten Bundesparteitag der FDP hat Thomas Dehler endgültig erfolgreich resigniert und stellt sich nicht mehr zur Wahl. Damit ist der Weg für jene frei, die am liebsten die DDR schon anerkannt hätten, bevor London die Europäer in die beiden Weltkriege gestoßen hat.[24] Egal, ist auch nur ein Gedankenspiel.

Koordiniert wird diese großangelegte konzertierte Aktion der Sternchen* durch den BND. Mag sein, dass diese Großveranstaltung *Bundesrepublik* auf den ersten Blick den Eindruck erweckt, als würde sie von einem echt übertrieben alten Mann geführt, der alles inklusive der vom Publikum unabhängigen Medien in seinen zittrigen Händen hält. Doch es wird immer wieder einmal deutlich, dass hier die Chefredakteure der großen Medien gemeinsam mit dem Chef des BND die geeigneten Politiker an die Front delegieren und die Querschläger so oder so aussortieren, hier gewaltfrei, man will ja nicht die Pferde scheu machen – im Ausland oder im Inland. Das lässt sich auch an dem erwähnten Kurt Weiß schön zeigen. Nachdem Sie in galaktischer Zukunft in Ihrem Enthüllungsmagazin Der Spiegel erfahren werden, wenn auch nur mit der sanften Unterstützung durch Erich Schmidt-Eenboom, dass auch der Kanzler vom BND-Netzwerk auf Schritt und Tritt überwacht wird, zumindest bei seinen politischen Aktivitäten, kann es nicht mehr schocken, dass auch andere relevante Akteure beäugt werden: „»Winterstein« interessierten alle Informationen, die politischen Inhalt oder Wert hatten – ganz besonders Observationsergebnisse über Herbert Wehner, Willy Brandt, Egon Bahr und Annemarie Renger. Es gab seit 1952 keine innenpolitische Aktion des BND, an der »Winterstein« nicht beteiligt wurde."[25] Es gab jedoch gewiss auch keine innenpolitische Aktion *vor* 1952, an der die Vorgängerorganisation vom BND womöglich nicht beteiligt gewesen wäre. Wissen Sie, dafür passen die vielen Teile des Puzzles einfach viel zu perfekt in dieses Bild. Andere Bilder, die in Köpfen meiner Mitmenschen herumspuken, werfen viel mehr Fragen auf als ihre Bilder vielleicht Fragen beantworten könnten.

Dazu zählt auch die Frage, warum es nach dem Untergang der Titanic für die Brüder und Schwestern rund um die Reichshauptstadt Berlin so super wichtig ist, im Sommer 1994 der demokratisch gewählten Bevölkerung des Zukunftskanzlers Helmut Kohl jedweden Einblick in Papier zu verwehren, das die Rindviecher da draußen bei aller Liebe nichts angeht. Erst wird die halbgare Idee vagabundieren, diejenigen für drei Jahre hinter Schloss und Riegel zu bringen, die Archivmaterial veröffentlichen. Doch bald wird man verstehen, dass drei Jahre zu schnell vorbei sind, und wird festlegen, eine Strafe von 500.000 DM selbst für den Besitz von Papier aufzubrummen.[26]

Auch die Führer von CDU und CSU bleiben am Ball

Nachdem es 1955 wegen des Versagens der Fehlbesetzung Markus Wolf nicht zur Anerkennung der DDR kam, fährt Adenauers Finanzminister Fritz Schäffer 1956 wiederum nach *Pankow*. Also war er nach der Aktion vom letzten Jahr nicht gelyncht worden. Wird man daraus in Ost-Berlin die richtigen Schlussfolgerungen ziehen? In den Erinnerungen von DDR-Spionagechef Markus Wolf kann man lesen, wie hartnäckig Bonn am Ball bleibt. Sein Duktus treibt mir Tränen in die Äuglein: „Doch Schäffer gab nicht auf, und wir bemühten uns, die Scharte auszuwetzen. Die Kontakte wurden mit Hilfe von Vincenz Müller aufrechterhalten." Schade, dass er nicht weiß, dass der vom BND ist. „Am 20. Oktober 1956 kam der Minister wieder nach Berlin und sprach diesmal auch mit [dem sowjetischen] Botschafter Puschkin. Schäffer legte weiter Wert auf strikte Geheimhaltung. Für den Fall, dass die Kontakte doch bekannt würden, gab es die Sprachregelung, man habe über aktuelle Themen gesprochen, zum Beispiel über die Gebührenpauschale für die Transitautobahn. Nach einigem Zögern erklärte sich Schäffer zu regelmäßigen Kontakten auch mit unserer Seite bereit." Ein Traum. „Auf meinen Vorschlag übernahm der Volkskammerabgeordnete der Nationaldemokratischen Partei Deutschlands (NDPD), Professor Otto Rühle, die Rolle als Verbindungsmann zum Minister. Er traf den Unionspolitiker in München und Bonn. Fern von der politischen Realität entwarf Schäffer Vorschläge, die beide deutsche Staaten zusammenführen sollten. Da sein Ziel – die Vereinigung – immer utopischer zu werden schien, strebte er zunächst eine deutsch-deutsche Zusammenarbeit nach dem Vorbild der Benelux-Länder an. Schäffer betonte, dass Parteifreunde in seine Pläne eingeweiht seien. Als einen seiner engsten Vertrauten beschrieb er Franz Josef Strauß." Es geht hier also lediglich um eine „Zusammenarbeit nach dem Vorbild der Benelux-Länder". Das sind drei Länder. Schäffer wollte also auch weiterhin keine Vereinigung in absehbarer Zeit. Fritz Schäffer erfährt entweder schon zu Hause oder dann in Ost-Berlin von seinem Kontaktmann Vincenz Müller, dem stellvertretenden Innenminister der DDR: „Es sei nicht nur nicht ausgeschlossen, es sei durchaus möglich, dass es ohne sowjetisches Eingreifen, vielleicht sogar auf sowjetisches Betreiben hin, zu einer Machtübernahme durch die Nationale Volksarmee in der DDR komme, dass Ulbricht verhaftet und die ganze Regierung abgesetzt werde. Man wünsche mit der Bundesregierung deswegen Kontakt. Initiatoren dieser Politik seien sowjetische Kreise, die die großen Fehler Stalins einzusehen begonnen hätten."[27]

Der Quark mit den Fehlern Stalins stammt von Strauß. „Man denke an einen Österreich-Status für die DDR. Eine Wiedervereinigung sei zwar nicht oder erst für eine spätere Phase in Aussicht gestellt, aber immerhin käme es zu einer nichtkommunistischen Regierung in der DDR, zu einer wirklichen Demokratie mit vorheriger militärischer Übergangskonstellation und außenpolitisch begrenzter Bewegungsfreiheit. Der sowjetische Botschafter Puschkin ließ sich, wenn auch erst nach massiver Intervention Müllers, zwar sprechen, aber heraus kam nichts."[28] Aber noch weniger kommt aus den Recherchen des großartigen Denkers Markus Wolf heraus. Bei ihm findet man zum Beispiel diese Worte: „Eine abenteuerliche Variante der Schäffer-Initiative gibt Franz Josef Strauß in seinen Erinnerungen zum Besten. Er behauptet, der seinerzeitige Finanzminister habe die Verbindung zu General Müller gesucht, weil der ihm »weitreichende Andeutungen« über einen bevorstehenden Putsch der NVA gemacht habe, »bei dem Ulbricht verhaftet und die ganze Regierung abgesetzt werde«. Strauß veröffentlichte diesen Unsinn wider besseres Wissen. Wir wussten nicht nur von Schäffer, dass Strauß in die Konföderationspläne eingeweiht war. Unsere Kontakte zu einem seiner engsten Vertrauten, dem Verleger und Chefredakteur der Passauer Neuen Presse, Hans Kapfinger, bestätigten die Mitwisserschaft von Strauß."[29] Worin sollte denn der Widerspruch zwischen Konföderationsplänen und einer vorherigen Absäbelung Walter Ulbrichts bestehen? Wolf sieht nicht und er kann es wohl gar nicht sehen, dass es darum geht, eine DDR-Regierung zu ermöglichen, die den Leuten nicht zum Hals raushängt. Aber im Unterschied zu Strauß weiß er ja auch nicht, dass Müller für den BND arbeitet. Außerdem muss unser Wolf auch nicht zwangsläufig wissen, was die NVA-Führung plant. Hoffentlich weiß er wenigstens, dass die Chefetage der SED Ulbricht schon 1953 mehrheitlich als ersten Menschen auf den Mond schießen wollte.

Stattdessen kommt er jedoch auf so eine fixe Idee: „Im Übrigen waren alle Gespräche zwischen Schäffer und Müller unter unserer Kontrolle, denn der General kooperierte in dieser Sache aus politischer Überzeugung mit meinem Dienst."[30] Heilige Mutter. Das wäre ja zu schön, wenn Ost-Berlin alle Gespräche unter seiner Kontrolle hätte. Aber auch Napoleon I. hatte ähnliche Phantasien. Dieser Widerspruch, den der dreiunddreißigjährige Wolf aus dem Südwesten Deutschlands – aus Hechingen im ehemaligen preußischen Regierungsbezirk Sigmaringen – hier konstruiert, zwischen den Konföderationsplänen in Bonn, die *unsere* DDR zum Ausland machen sollen wie Österreich oder die Benelux-Länder, und einer Planung eines von Moskau gewünschten Militärputsches in Ost-Berlin will sich mir einfach nicht erschließen. Natürlich ist fast jeder Politiker in Bonn in diesen Konföderationsplan eingeweiht. Damit müsste Markus Wolf oder einer seiner Kollegen zumindest rechnen. Auf der anderen Seite will Moskau seinerseits offenbar immer noch eine weniger ideologisch verbohrte Führung in Ost-Berlin installieren, um zu verhindern, dass noch mehr Leute ihre Zone verlassen. In der Politik geht es ganz banal um Interessen. Und wenn die Ost-Berliner Führung nicht spurt, muss sie weg. Warum nicht mit einem Putsch? An die Worte Honeckers über den Moskauer Versuch, Ulbricht schon drei Jahre zuvor aus dem Feld zu schlagen, damit die Leute nicht alle aus Ulbrichts Zone wegrennen, erinnern Sie sich eventuell. Nach dem Aufstand von 1953 hat die Moskauer Staatsführung ihre Pläne dann offensichtlich nur kurz auf Eis gelegt und verfolgt nun unbeirrbar die alte Linie weiter, zumal Heinz Felfe schreibt, dass es schon seit 1954 und bis in das Jahr '57 geheime Gespräche des BND über die deutsche Frage mit sowjetischen Offizieren in Berlin-Karlshorst über den BND-Mitarbeiter Oberst a. D. Bogislaw von Bonin gibt. Er erklärt, dass die Rückmeldungen wohl direkt an Reinhard Gehlen gehen. Davon einmal abgesehen, was hat die Propaganda damit zu tun, dass jeder glaubt, dass die Sowjets es wollen müssten, dass bei uns innen und außen immer alles in russisches Rot getaucht ist? Die Fahnen hinausgehängt und den Tisch gedeckt haben doch gewisse Leute im Osten selbst – auf wessen Wunsch auch immer.[31]

Ein Volksaufstand in Ungarn

Drei Jahre nach den Ost-Deutschen proben 1956 auch die Ungarn den Aufstand gegen den Kommunismus, wie sie ihn kennengelernt haben. Marion Gräfin Dönhoff hat, vielleicht dank ihrer Freundschaft mit Reinhard Gehlen, eine interessante Erklärung, warum Moskau seine Truppen in Ungarn einsetzt. England und Frankreich sind vor kurzem in Ägypten eingefallen, um die Regierung von Staatspräsident Gamal Abdel Nasser zu stürzen. In Moskau soll nach Gräfin Dönhoff der Eindruck entstanden sein, es beginne nun eine weltweite Aufräumaktion des Westens, weil in Moskau nicht durchdringt, dass es sich in Nordafrika tatsächlich um eine isolierte Aktion der Regierungen in London und Paris handelt, hinter der eben nicht der gefürchtete amerikanische Imperialismus steckt. Dort war ja auch der Aufstand in der DDR von 1953 so gedeutet worden. In Bonn weiß man, dass der Aufstand in Ungarn zu einem Aufleben der Unruhen in der DDR führen kann, und absolut in der Logik der bisherigen Außenpolitik schreibt der Verteidigungsminister Franz Josef Strauß einen Brief an den NATO-Oberbefehlshaber Lauris Norstad, in dem er sich nach den Worten des Hamburger Nachrichtenmagazins Der Spiegel erkundigt, „ob die NATO bei grenzüberschreitenden Unruhen im DDR-Grenzgebiet bei Magdeburg eingreifen würde“.[32] Sehr vorsorglich.

Der Knaller ist, dass der Geheimdienstboss in Ost-Berlin davon erfährt. Dass es leider nicht genügt, Informationen zu sammeln, sondern dass die Informationen auch ausgewertet und verstanden werden müssen, wird in diesen Zeilen des Meisterspions Wolf deutlich: „Angesichts des Umstands, dass inzwischen Truppenteile beider deutscher Staaten in die jeweiligen Bündnisse integriert waren, gewann eine Information an Gewicht, der zufolge Franz Josef Strauß, der neue Bundesverteidigungsminister, schriftlich beim Nato-Oberbefehlshaber Lauris Norstad angefragt haben sollte, ob bei »grenzüberschreitenden Unruhen an der Demarkationslinie« zwischen DDR und Bundesrepublik der NATO-Fall eintrete – anders gesagt, ob es möglich sei, die Bundeswehr auf DDR-Gebiet einzusetzen.“[33]

Aha, und was soll sie dort erreichen? Zur gleichen Zeit wird ein Spiogent des phantastischen Denkers Markus Wolf durch ein Mitglied der Bonner SPD-Führung instruiert, was in solch einer heiklen Situation zu tun sei.

Herbert Wehner mahnt die Chefs in Unserer DDR 1956 dringend, zu verhindern, dass es „an der deutsch-deutschen Grenze bei Magdeburg zu Ungarn-ähnlichen Unruhen in der DDR komme".[34] Wolf schüttelt nur verständnislos den Kopf: „Das Magdeburgsignal dokumentierte schon früh einen Widerspruch in Wehners Ostpolitik. Während er öffentlich den Zusammenbruch des kommunistischen Systems voraussagte, wirkte er insgeheim, um eine Destabilisierung im sozialistischen Lager zu verhindern." Und neben ihm so viele andere West-Deutsche auch. Ach Markus. Es ist nicht wirklich erstaunlich, dass er im Gespräch zwischen Artur Stegner, einem FDP-Bundestagsabgeordneten, und dessen Bruder Herbert als die „Intelligenzbestie" charakterisiert wird.[35]

Warum hacken immer alle auf dem armen Wehner herum? Wehners und Strauß' Ostpolitik. Und Wolf weiter: „Auch die Information, dass Staatssekretär Globke in Adenauers Auftrag in den kritischen Novembertagen 1956 nach West-Berlin gefahren war, um zu verhindern, dass ein Aufruf des West-Berliner Gewerkschaftsvorsitzenden Scharnowski zum Generalstreik in der DDR über den Rundfunk verbreitet wurde, passte nicht gerade in die bei uns gängige Klischeevorstellung vom westdeutschen Politiker, und Ulbricht tat sie selbstverständlich als pure Erfindung ab. Mir aber gab dieser Auftrag des Bundeskanzlers ebenso zu denken wie der Umstand, dass General Norstad sich nicht beeilte, Strauß auf seine Anfrage zu antworten."[36]

Globkes, Wehners und Strauß' Ostpolitik. CDU, SPD und CSU. Von der FDP war ja vorher schon die Rede. Und die NATO kontra Strauß. Warum soll es eigentlich in der „DDR" um Himmels willen keinen erfolgreichen Aufstand geben? Apropos Hans Globke* – auch bei ihm wird zu seinen Lebzeiten nicht publik gemacht, warum er zu den engsten Vertrauten des Bundeskanzlers gehört. Eine Erklärung für Interessierte liefern meines Wissens erstmals *Die Erinnerungen* von F. J. Strauß im Sommer 1989. „Konrad Adenauer, ein Gegner der Nationalsozialisten und von diesen verfolgt, zeigte sich von den Angriffen auf Globke wegen dessen Vergangenheit wenig beeindruckt. Globke hatte den Kommentar zu den Nürnberger Gesetzen von 1935 in der Absicht geschrieben, sie rechtlich einzugrenzen, aber in den fünfziger Jahren hatte niemand den Mut, dies in der deutschen Öffentlichkeit klar auszusprechen. Trotz aller Angriffe blieb Globke bis zum Ende, er ging erst, als Adenauer ging. Der Bundeskanzler wollte auf die Dienste seines Getreuen nicht verzichten. Globke leistete vorzügliche Arbeit auch auf schwierigsten Gebieten.“ [37] Und die nächsten sonnigen Enthüllungen, die Globke in ein gänzlich anderes Licht rücken, erblicken das Licht der Welt noch einmal Jahre später. Der Kreis schließt sich, wenn Franz Strauß hinzufügt: „Nicht zuletzt war er, was damals besonders wichtig war, der Verbindungsmann zu den Nachrichtendiensten und hatte ein besonders inniges Verhältnis zu Reinhard Gehlen.“ Einem mutigen Mann an der Spitze der Verschwörer gegen Adolf Hitler. Ach du lieber Gott, jetzt hätte ich ja um ein Haar vergessen, das große Jammern von Gehlen hier einzuspielen: Was den Tschechen und den Polen blühen könnte sowie „den Ungarn und unseren Landsleuten in Mitteldeutschland davor und danach, hat in der westlichen Welt, hat vor allem auch in unserem Lande nicht jene nachhaltige Beachtung und andauernde Verurteilung gefunden, die zum Selbstverständnis hätte werden müssen.“[38] Sehen Sie: Mit der Propaganda in den unabhängigen Medien hat das ja wirklich bei aller Liebe überhaupt gar nix zu tun.

Doch des einen Leid ist des anderen Freud. Wie schon 1953 weiß auch im Jahre ‘56 „der politische Fuchs Ulbricht“ die Lage in Ungarn auszunutzen, wie Markus Wolf anmerkt: „Hatten ihn im Sommer 1953 ausgerechnet die gegen seine Politik gerichteten Unruhen gerettet, so bewahrte ihn jetzt die antistalinistische Rebellion in Polen und Ungarn vor den Konsequenzen des XX. Parteitags der KPdSU, den lauter werdenden Forderungen nach Reformen, nach innerparteilicher Demokratie und seiner Ablösung.“[39]

Markus Wolf schickt einen Agenten ins Feuer

Im Jahr '56 beginnt für den neunundzwanzigjährigen Günter Guillaume ein neuer Lebensabschnitt. Der einfache Mann mit diesem französischen Namen war am 1. Februar 1927 in der Reichshauptstadt Berlin geboren worden, hatte dort auch die Volksschule besucht und anschließend seine Ausbildung als Fotograf erhalten, bevor er 1944 zum Reichsarbeitsdienst gekommen und im Januar 1945 zur Wehrmacht eingezogen worden war. Nach kurzer britischer Kriegsgefangenschaft arbeitete er bis Ende 1945 in Schleswig-Holstein auf dem Lande, sodann hat er wieder seine Arbeit als Fotograf aufgenommen und als Technischer Redakteur beim Verlag Volk und Wissen im sowjetischen Sektor von Berlin angefangen.[40]

Vielleicht können Sie sich ja noch dunkel erinnern: Bis 1955 hat er beim Verlag Volk und Wissen nachrichtendienstlich gegen die BRD gewirkt. In jenen Jahren fuhr er mit einschlägigen Aufträgen einige Male nach West-Berlin – und auch in die Bundesrepublik. Wer mehr von ihm wissen will, sollte unbedingt sein Poesiealbum lesen. Es lässt aufhorchen, dass diese Person jetzt schon bei westlichen Dienststellen aktenkundig ist und dann immer wieder von seinen Ausflügen zum Klassenfeind in Unsere schöne DDR zurückreist. Seit er sich am 13. Mai 1956 zusammen mit seiner Ehefrau Christel in West-Berlin als Flüchtling gemeldet hat und nach Frankfurt am Main ausgeflogen wird, wohnt und arbeitet er dort bis 1969, erst als Inhaber eines kleinen Schreibbüros, das auch Vervielfältigungen und Fotokopien anfertigt, danach als kaufmännischer Angestellter eines Baubüros und dann in der Abteilung Herstellung und Vertrieb des Finken-Verlages. Später führt er das Geschäft seiner Schwiegermutter, die eine Kaffeestube mit Einzelhandel betreibt. 1957 tritt er auftragsgemäß in die Sozialdemokratische Partei ein und widmet sich verschiedenen örtlichen Aufgaben mit großem Eifer – wie der populäre Politologe Arnulf Baring vielsagend witzelt.[41] Na, das kann ja heiter werden.

Zur Bonner Militärpolitik

An einer der Bedingungen der Alliierten für den Abzug der Truppen und eine Vereinigung hat keines der großen ehemals alliierten Länder je den Hauch eines Zweifels gelassen: Der frühere Kriegsgegner darf niemals in den Besitz von Kernwaffen gelangen – zumal die westliche Teilrepublik formaljuristisch nicht von ihrem Anspruch auf Ländereien außerhalb ihres Territoriums bis hinüber an die Memel abrückt. Interessant ist daneben auch, dass der Anschluss Österreichs noch gültig ist! Nicht im Traum ist man in Bonn bereit, hier einmal Klarheit zu schaffen. Unter einer schön gewählten Zwischenüberschrift „Die Gestalt des Januskopfes" heißt es in der Frankfurter Rundschau beispielsweise am 1. September 2000: „In der Atomtechnologiepolitik der Bundesrepublik Deutschland war das militärische Motiv sehr wesentlich – besonders in den 50er und frühen 60er Jahren. So wurden die ersten »Atomkraftwerke« nicht für energiewirtschaftliche Zwecke ausgelegt, man bemühte sich gar nicht um kostensparende, hoch abbrennbare Brennelemente, um preiswerte Moderatoren, effiziente Dampferzeugungs- und Turbinenkonzepte und um einen möglichst hohen Wirkungsgrad."

Nicht? Und worum geht es wirklich? „Bonn wünschte vielmehr vorrangig eine schnelle, autarke und effiziente Plutoniumproduktion. Der künstliche Spaltstoff war als Zukunfts-Reaktorbrennstoff deklariert, doch im Kern ging es um seine künftige militärische Nutzung." Ganz sicher nicht. Bonn hält das Ausland damit aber gut in Schach. Unter der Überschrift „Adenauer avisiert nationale Kernwaffenherstellung" steht da: „Spätestens ab 1956 wünschten Konrad Adenauer und sein Bundeskabinett eine spätere Eigenproduktion von Kernwaffen – der Kalte Krieg war damals auf einem Höhepunkt, Ägypten hatte mit sowjetischer nuklearer Rückendeckung den Briten und Franzosen den Besitz des Suezkanals entzogen; die USA stellten gerade mit dem »Radford-Plan« ihre Militärdoktrin auf einen frühen, massiven Einsatz »taktischer« Atomwaffen um und hatten demgemäß Einsparungen im konventionellen Bereich beschlossen."[42]

Seinem Kabinett erklärt der Kanzler am 20. Juli 1956, wenn die gesamte Rüstung der Freien Welt auf Atomwaffen umgestellt werden sollte, dann müsste man die deutsche Verpflichtung zum Verzicht auf die Herstellung solcher Waffen unter der *clausula rebus sic stantibus* sehen, will heißen, unter der Bestimmung der gleichbleibenden Umstände. Ende des Jahres 1956 teilt sich Adenauer dem Kabinett eindeutiger mit. Gerade haben die britischen und französischen Invasionstruppen am Suezkanal nach einer thermonuklearen Angriffsdrohung Moskaus auf Paris und London ihren Angriff abgebrochen – bei Adenauers gleichzeitigem Besuch in Paris war das Eis der deutsch-französischen Atomrivalität geschmolzen. Und dann am 14.Dezember 1956 verlangt Strauß auf der Nato-Ministerratstagung für die Bundeswehr die „modernsten Waffen, die zur Zeit zu haben sind". Am 19. Dezember 1956, fünf Tage später, erklärt Adenauer, man müsste fordern, den Aufbau der Bundeswehr beschleunigt durchzuführen, eine Zusammenfassung Europas voranzutreiben und nukleare Waffen in der Bundesrepublik herzustellen. Daneben sei es dringend erforderlich, dass sein kleindeutsches Reich selbst taktische Atomwaffen besitze. Adenauer wünscht nach eigenem Bekunden nationale Herstellung und nationalen Besitz von Atomwaffen. Dieses Ziel sei nicht die Ausgeburt einer Minderheit um Strauß, sondern die kabinettsöffentliche Vorgabe des Kanzlers.

Kernwaffen bekommt Bonn dafür nicht, sondern noch weitere Jahre des Sozialismus in Deutschland. Die Teilung dieses Landes beruht schon seit dem Kriegsende auf drei Säulen – auf der „offenen Grenzfrage", auf Antikommunismus und der Aufrüstung. Wie kommt es 1956 zum Anheizen dieser dritten Säule? Der Politikberater Werner Weidenfeld kann einiges berichten: „Die Veränderungen des weltpolitischen Szenariums führten Mitte der fünfziger Jahre zu einer wichtigen Revision der Deutschlandpolitik Adenauers. Denn in dem Maße, in dem den westlichen Alliierten an einem Arrangement mit der Sowjetunion möglicherweise ebenso viel oder gar mehr gelegen war als an einer positiven Lösung der deutschen Frage, war es besser, wenn diese nicht mehr auf die Tagesordnung von Ost-West-Konferenzen kam, weil das die Möglichkeit erleichtert hätte, Vereinbarungen auf Kosten Deutschlands zu treffen. Daher begann seit 1956 Adenauer selbst dafür einzutreten, dass auf Ost-West-Konferenzen die Abrüstung die primäre Frage sein müsse und dass sich dann auf dieser Basis die Deutschlandfrage leichter lösen lasse."[43]

Diese Logik bleibt mir gerade verschlossen. Warum sollte sich denn die Deutschlandfrage leichter lösen lassen, wenn er die Fragen von Rüstung und Abrüstung in dem Moment mehr betont, als den guten Alliierten an einer positiven Lösung der deutschen Frage liegt, und er zugleich völlig wertfrei die Forderung nach der Verfügung der BRD über Kernwaffen in den Raum wirft? Ist das dann nicht eher Aufrüstung? Aber einen hab ich noch, einen hab ich noch. In Willy Brandts Erinnerungen fand ich einen Vorstoß des Ersten Sekretärs des Zentralkomitees der SED, der gewiss nicht nur in Absprache mit Moskau erfolgte, sondern eher auf Moskauer Drängen in Anbetracht des fortgesetzten Wegzugs von Landeskindern aus der DDR: „Am letzten Tag des Jahres 1956 hatte Ulbricht gefordert, sicherlich nicht ohne Absprache mit Moskau, eine Konferenz zwischen den beiden deutschen Staaten ins Auge zu fassen – als Zwischenlösung bis zur etwaigen Wiedervereinigung.“[44]

Erwarten Sie bitte nicht zu viel. Dieser Vorschlag Walter Ulbrichts wird in Bonn selbstredend nicht aufgegriffen. Das ist aber auch gar nicht nötig, ist Urlaub doch auch jetzt schon ein tolles Erlebnis: „Die Tennisschläger in den Plastiküberzügen, in deren seitlichen Wülsten die Bälle verpackt sind. Die Koffer, gehobene mittlere Qualität, sind leicht zu verwechseln. Die bunten Hotelzettelchen, früher gut sichtbare Unterscheidungsmerkmale, werden kaum noch auf das Gepäck geklebt, weil sie ihren Sinn verloren haben: Nachricht zu geben, ein wenig prahlerisch, von einem individuellen Aufenthalt. Viele Koffer trügen heute die gleichen Schildchen. Es muss uns schon noch weiter von zu Hause weggeführt haben, als wir gewöhnlich reisen, damit die Hotel-Embleme als bemerkenswerte Siegel unseres Ausschwärmens gelten können. Selbst manche Orte, die mehr als fünf Flugstunden von Europas Luftkreuz, dem Frankfurter Airport, entfernt sind, kommen nicht mehr dafür in Frage.“[45] Na dann, gute Reise, Günter Gaus. Schwurbeln Sie weiter für Ihren Spiegel.

1 Felfe (1989), S. 282
2 Gehlen (1971), S. 258f.
3 Felfe (1989), S. 345
Wer Mitte der 1980er Jahre, als Felfes Buch in der DDR erschien, auch schon auf eine offizielle Bestätigung dieser Vorgänge wartete, brauchte verdammt viele Jahre Geduld. Inzwischen ist ja das Abhören schon zu einer kleinen Staatsaffäre geworden und das frühere Abhören wird überhaupt nicht mehr bestritten.
4 Falin (1993), S. 61
5 Felfe (1989), S. 278
6 Ebd., 354
7 Ebd., S. 238
8 Ebd., 311
9 Ebd., S. 344
10 Guillaume (1988), S. 132
11 Wolf (2003), S. 92 f.
12 Winkler (2002), S. 142
13 Wikipedia (2023), Der Spiegel [online]. Verfügbar unter https://de.wikipedia.org/wiki/Der_Spiegel [09.07.23]
14 Leuschner, Udo (2023), Der Coup der „Jungtürken“ [online]. Verfügbar unter https://www.udo-leuschner.de/liberalismus/fdp4.htm [04.06.23]
15 Baring (1982), S. 35
Felfe (1989), S. 286
Leuschner, Udo (2015), Der Coup der „Jungtürken“ [online]. Verfügbar unter https://www.udo-leuschner.de/liberalismus/fdp4.htm [04.06.23]
16 Ebd.
17 Ebd.
18 Ebd.
19 Leithäuser, Johannes (1993), Wem ist die Einheit zu verdanken? Anhörung zur Deutschlandpolitik. In: Frankfurter Allgemeine Zeitung am 04.11.1993, S. 5
20 Genscher (1999), S. 95
21 Ebd., S. 73
22 Ebd.
23 Leuschner, Udo (2023), Der Coup der „Jungtürken“ [online]. Verfügbar unter https://www.udo-leuschner.de/liberalismus/fdp4.htm [04.06.23]
24 Ebd.
25 Wiegrefe, Klaus (2006), Aufstieg nach dem Untergang. Blühende Landschaften. In: Spiegel special 1/2006, S. 15
Schmidt-Eenboom (2004), S. 147f.
Felfe (1989), S. 286
26 FAZ (1994), Strengere Regeln bei Stasi-Akten. In: Frankfurter Allgemeine Zeitung am 16.06.1994.
27 Wolf (2003), S. 170
Strauß (1989), S. 189
28 Ebd., S. 189
29 Wolf (2003), S. 171f.
30 Ebd., S. 172
31 Felfe (1989), S. 252
32 Der Spiegel (1994), Ich bin ohne Nachsicht. In: Der Spiegel 04/1994, S. 26
33 Wolf (2003), S. 118f.

---

34 Siehe Endnote 32.
35 Wolf (2003), S. 199 und S. 97
36 Ebd., S. 119
37 Strauß (1989), S. 154
38 Ramge (2003), S. 54 bis 63
Strauß (1989), S. 154
Gehlen (1971), S. 321
39 Wolf (2003), S. 126f.
40 Wikipedia (2023), Günter Guillaume [online]. Verfügbar unter https://de.wikipedia.org/wiki/G%C3%BCnter_Guillaume
41 Guillaume (1988), S. 165
Baring, S. 723ff.
42 Frankfurter Rundschau am 01.09.2000
43 Weidenfeld (1998), S. 385f.
44 Brandt (1989), S. 166
45 Gaus (1986), S. 90

Philosophie im Dienste der Politik

Kommen wir auf Dr. Konrad Adenauers außergewöhnliche Fähigkeit zur Vereinfachung zurück, die ihm der deutschland- sowie außenpolitische Ausreißer Willy Brandt attestiert hatte. In der „Philosophie" der fünfziger Jahre hat man sie wieder und es fällt ins Auge, dass sie die mediale Begleitmusik zur Westbindung der B.R.D. bildet: „Es galt, ein »Bollwerk« gegen den Osten zu errichten, und dazu war man schlicht und einfach auf die USA angewiesen. So sahen auch die CEDI-Mitglieder keine politische Alternative zur Westbindung Europas im atlantischen Bündnis."[1]

CEDI ist das Europäische Dokumentations- und Informationszentrum – gegründet im Jahre 1952 ist es eng verbunden mit der Abendländischen Bewegung. Eine Expertin, die sich bei diesen Experten gut auskennt, ist Vanessa Conze. Da sie eine Frau ist, hat sie recht und darf uns mehr zum Thema Propaganda und Dauerberieselung nach dem Selbstmord des zuständigen Ministers Dr. Joseph Goebbels erzählen. Dr. Konrad Adenauer und seine konservativen Mitstreiter in Deutschland haben ein friedliches Gegenkonzept zur Vereinigung zumindest West-Europas gefunden – im Vergleich mit dem forschen Vorgänger im Amt des Reichskanzlers. Was sagt also Vanessa Conze? „Ein militanter Antikommunismus sorgte dafür, dass die »Abendländer« bereits Ende der 1940er Jahre eindeutig für die außen- und sicherheitspolitische Westbindung der Bundesrepublik plädierten, denn »jeder Versuch eines ›modus vivendi‹ mit dem Osten kann für Deutschland zum ›modus moriendi‹ werden«. Insofern schien den »Abendländern« die Notwendigkeit, beim Wiederaufbau auf den Westen zu setzen, selbstverständlich, »da die Fortdauer des Kalten Krieges für Deutschland als Niemandsland zwischen den Fronten eine ungeheure Gefahr« darstelle. Daran schloss sich ein unbedingtes Plädoyer für militärische Stärke und atomare Abschreckung an."[2]

Soll die Expertin erst einmal Luft holen. Kümmern wir uns indessen um den feinen Humor, der ihrem Text innewohnt. *Modus vivendi* ist ein Begriff aus dem Diplomatenjargon und heißt so viel wie eine Form des noch erträglichen Zusammenlebens bei gegensätzlichen Lebensvorstellungen. Sie wissen schon, sie möchte die Nachrichten sehen, er jedoch seine Serie. Daraus entwickelten die Helden die Abwandlung *modus moriendi*, was dann etwas wie eine bestimmte Art zu sterben heißen soll und an dieser Stelle konkret: Wenn sich West-Europa allzu friedlich gebärdet, wird es ob der Bedrohung aus dem roten Osten sterben. Schauen wir hier auch in die Fußnote Conzes: „Wenn die Vereinigten Staaten darauf verzichten wollten, die Atombombe zu erzeugen oder die Atombombe weiterzuentwickeln, so würde das nicht bedeuten, dass es den Weltfrieden fördern oder gar sichern und die Anwendungen der furchtbaren Waffen verhindern, sondern lediglich, dass sie die Sowjets zum Angriff provozieren.“[3]

Folgen wir ihr aufmerksam: „Die USA erkannte man als militärisch und wirtschaftlich überlegene Schutzmacht an und zweifelte keinen Moment am Platz der Bundesrepublik im westlichen Bündnis. Glücklich war man mit dieser Konstellation indes nicht.“[4] – Aber unglücklich nun auch nicht, erlaubte diese Konstellation doch die eigenen Ziele zu verwirklichen, was unter anderen Umständen völlig undenkbar geblieben wäre. Einer derjenigen, der sowohl zu den *Philosophen* des Abendlandes als auch zu dem Netzwerk des BND zählt, ist der wohlbekannte Franz Josef Strauß. Somit handelt es sich bei den geistigen Ergüssen der Möchte-gern-Philosophen eines christlichen Abendlandes, das überraschenderweise erzkatholische Länder wie Rumänien und Polen nicht einschließt, um die reinste Volksverdummung, beziehungsweise Demagogie. Eine Volksverdummung, die sich *last but not least* auch gegen die außenpolitischen Vorstellungen der Gewinner des Weltkrieges richtet, auf alle Fälle aber dafür sorgt, dass der Rest der Welt seine Steuereinnahmen nicht in die Weiterentwicklung der eigenen Infrastruktur steckt, sondern in die Rüstung verpulvert.

Da ich von jenem Gehirnsülz einfach nicht genug bekommen kann, biete ich Ihnen hier noch etwas mehr aus der Requisitentruhe dieser phantastischen Denkfabrik an: „In der Tat handelt es sich bei diesem Changieren zwischen Antiwestlichkeit einerseits und der Forderung nach politischer und militärischer Westbindung andererseits um einen der eklatantesten

Widersprüche innerhalb des abendländischen Gedankengebäudes, der erstmals auftrat, als man sah, dass (West) Europa in den Zeiten des Kalten Krieges politisch und militärisch auf die USA angewiesen war."[5] Das erklärt zu großen Teilen, wie es zur Dauerspannung auch im Verhältnis der Bundesrepublik zu den Vereinigten Staaten kommt und warum die *friends* hinter dem großen Teich so irritiert sind ob des westdeutschen Antiamerikanismus, wo die Amis doch Unsummen für die Rüstung zur Verteidigung der Ureinwohner des Teutoburger Waldes ausgeben. Es ist keine Frage, dass sich die Eigentümer amerikanischer Rüstungsbetriebe längst daran gewöhnt haben, mit ihren bombig guten Erzeugnissen viel Steuergeld auf ihre eigenen Konten umgeleitet zu bekommen, wodurch das Ganze mit den Jahren eine unangenehme Eigendynamik entwickelt.

Ich weiß nicht, ob Sie das kennen – die Frau stänkert mit den Nachbarn und versteckt sich dann schnell hinter dem Rücken ihres Gatten, der so in die Situation gebracht wird, sich mit jemandem herumzuärgern, mit dem er ohne ihre Stänkerei nicht in Konflikte geraten wäre. Im Endeffekt bleibt es aber bei der Westbindung: „Das »Abendland« musste sich nach Vorstellung der »Abendländer«, wenn auch widerstrebend, so doch notwendigerweise in eine atlantisch-westliche Gemeinschaft begeben." Am Ende hat man ein Schwarz-Weiß-Bild: „Die abendländische Position war eindeutig: »Es gibt keine Dritte Kraft. Es gibt nur noch zwei Kräfte, und wer überleben will, muss zu wählen wissen! «"[6] Zum Leidwesen Londons.

Holen Sie Luft und lesen Sie um Gottes willen langsamer: „Dennoch erfreuten sich die »abendländischen« Parolen in den 1950er Jahren lange großer Beliebtheit. Dazu trug sicherlich ein gewisses ideelles Defizit der beginnenden europäischen Integration bei, die primär von wirtschaftlichen Fragen bestimmt schien. Angesichts der Tatsache, dass »Europa« jahrzehntelang etwa im deutschen Sprachgebrauch hochideologisch aufgeladen war, fiel insbesondere konservativen Schichten die Anpassung an den funktionalistisch-technokratischen Ansatz von EGKS oder EWG nicht leicht. Hier konnte die Rede vom »Abendland« in den 1950er Jahren erhebliche Kompensationsarbeit leisten."[7]

Kompensationsarbeit meint hier die fluffige Umhüllung eines ungeliebten Inhaltes mit einem Badeschaum, der zu dem inhaltlichen Kern im günstigsten Fall in einem Verhältnis von zirka 12:1 steht – eine Technik, die in den folgenden Jahrzehnten dann auch einfache Bundesbürger erlernen, besonders dann, wenn sie sich dem linken Spektrum zurechnen lassen. Der angerichtete geistige Wirrwarr und die ausufernde Rede, die im schlimmsten Fall auch komplett inhaltsfrei sein kann, sind allerdings auch im konservativen Spektrum anzutreffen. Wehe, wenn Leute aus der östlichen Hemisphäre mit diesen Probanden noch zu reden versuchen.

Lesen Sie ganz in Ruhe, damit Sie sich nicht verschlucken: „Indem man in abendländisch gesinnten Kreisen die realen Schritte der westeuropäischen Integration durchaus akzeptierte, sie aber als zu kurzsichtig und einseitig diffamierte, indem man gewissermaßen eine Ebene darüber die weltanschaulich-überwölbende Vision des künftigen »Abendlandes« beschwor, bot man Konservativen Trost angesichts eines funktional-pragmatischen Einigungsprozesses.“[8]

Die Auflösung des großen Rätsels des 20. Jahrhunderts verbirgt die Expertin Vanessa Conze elegant in einer Fußnote: „Dieser Vorgang wurde vorangetrieben durch Elitenzirkel, welche – meist aus biographischen Prägungen heraus – das Ziel verfolgten, (West-) Deutschland dauerhaft im »Westen« zu verankern.“[9] Was recht verschämt unter „biographische Prägungen“ verschwiegen wird, ist der arg geheim gehaltene Widerstand der führenden Köpfe in der Bundesrepublik gegen das Nazi-Regime. In meinen vorherigen Bänden hatte ich auf die Haltungen und Handlungen der späteren Elitenzirkulisten immer mit jenen Sternchen* aufmerksam gemacht. Der Zauber in den Medien stammt somit aus dem Handbuch *Wie lotse ich jemanden, dem ich seine Augen verbunden habe, durch ein Trümmerfeld bis an einen schönen Strand, ohne ihn über das angepeilte Ziel in Kenntnis zu setzen.* Man darf diese Verschaukelei eben bloß nicht übertreiben, sonst wird es den Leuten im Land irgendwann zu bunt und sie wollen vom öffentlich-rechtlichen Krempel gar nichts mehr wissen.

Washington, Moskau und Deutschland

1956 hat der 20. Parteitag der Kommunistischen Partei der Sowjetunion nicht nur im Zeichen der Entstalinisierung gestanden, sondern auch von friedlicher Koexistenz. Die den Chinesen zugeschriebene Überzeugung, dass Kriege unvermeidlich seien, wurde entschieden abgelehnt. Welche Motivlage sieht der Ost-Berliner Geheimdienstchef in der Sowjetunion? „Chruschtschow brauchte freie Hand für den angestrebten Ausgleich mit den USA. Für Chruschtschow war der Begriff der friedlichen Koexistenz keine leere Floskel.“[10] Von Entspannung will in Bonn aber kein Mensch etwas hören; und obwohl die westlichen Alliierten klar und deutlich gesagt hatten, dass die Deutschen auf keinen Fall Atomwaffen in die Finger bekommen dürften, träumt das offizielle Bonn noch von der Atommacht Deutschland. Das fördert nicht das Vertrauen der Nachbarländer in die Friedensliebe der BRD. Ganz bestimmt nicht. Aber so muss man sich die praktische Realisierung von kalter Machtpolitik nach Niccolò Machiavelli vorstellen. Das muss man überhaupt nicht gut finden; das muss man nur verstehen, um es entschärfen zu können.[11]

George F. Kennan, amerikanischer Stardiplomat und intimer Kenner der europäischen Szene führt im Januar ‘57 vor dem Senats-Unterausschuss für Abrüstungsfragen aus: Verminderung, Umgruppierung oder Rückzug der in Europa stationierten US-amerikanischen und sowjetischen Streitkräfte seien geboten; solange sie sich in Deutschland gegenüberstünden, könne es keine Fortschritte in der Abrüstungsfrage oder in der Frage der deutschen Einheit geben. Auf die Antwort müssen sie in Washington gar nicht lange warten. Chruschtschow erklärt Anfang 1957 in Delhi, dass er damit einverstanden sei, dass sich die Sowjetarmee und die Nato gleichzeitig aus Mitteleuropa zurückzögen.[12]

Die US-Außenpolitik bleibt am Ball und der inhaltliche Gleichklang mit Moskau ist frappierend: Im November 1957 finden Vorträge Beachtung, die Kennan in der Londoner BBC hält. Da empfiehlt er einen Abzug der Russen aus Osteuropa und Bündnisfreiheit für Deutschland. Hören Sie einen Unterschied in den Absichten in Moskau und in Washington? Den Amerikanern ist der gefährliche Drahtseilakt *auf des Messers Schneide* mit aufeinander gerichteten Atomwaffen auch zu gefährlich geworden. In *CIA – Die ganze Geschichte* bezeichnet Tim Weiner den Diplomaten G. F. Kennan schon bezogen auf die 1940er Jahre als „prominenten Russland-Fachmann" und es ist tatsächlich so – wenn jemand als repräsentativ für die US-Außenpolitik seit 1946 gelten darf, dann ist es ganz sicher George Kennan. Hat Willy Brandt in West-Berlin auch etwas zu dieser Thematik beizutragen? „Das Verhältnis zur Welt, auch zu den Vereinigten Staaten, veränderte sich rasch. Wir standen wieder auf eigenen Beinen und formulierten eigene Interessen. Noch 1958, anlässlich meines ersten USA-Besuchs als Bürgermeister, bewegte ich mich in der Rolle dessen, der der Siegermacht aufwartete. Die Presse fragte mich im Waldorf Astoria, wie ich zu der Anregung George Kennans stünde, die Streitkräfte in Europa auseinanderzurücken; statt einer Antwort biss ich mir auf die Zunge."[13]

Alle formulieren eigene Interessen. Außer Brandt. Es kann wirklich nicht verwundern, dass die Vertreter der „Philosophie" von einem christlichen europäischen Abendland, das unmotiviert am Harz endet, in den neuen Tönen aus Amerika ein Problem sehen. Bei Vanessa Conze finden Sie z. B. auch die folgende Passage: „Bereits 1957 konstatierte man, im Nachgang der Suez-Krise, erstmals eine »Krise der atlantischen Welt« und machte auch im Verlauf der 1960er Jahre eine »immer größere Lockerung der Bande innerhalb der NATO« aus." Wenn jemand nach dem heißen Herd der Dauerspannungen in Europa sucht, wird er nach wie vor in Bonn und anderen beschaulichen Siedlungen in West-Deutschland fündig und das ist auch kein Wunder. Aus Deutschland kamen ja seit 1945 auch bereits die überzogenen und damit in die Irre führenden „Informationen" über die militärischen Möglichkeiten des zotteligen russischen Bären.[14]

Wer hält die Amis bei der Bedrohung *up to date*?

In Tim Weiners *CIA – Die ganze Geschichte* finden wir Anhaltspunkte, um die Gefährdung West-Europas oder gar der Vereinigten Staaten im Jahre 1957 einschätzen zu können: Präsident Eisenhower ist daran gelegen, eine vermeintliche Raketenlücke zu schließen, denn CIA, Luftwaffe, Militärausrüster wie auch Politiker der zwei großen Parteien behaupten fälschlicherweise, dass die Sowjets einen wachsenden Vorsprung bei den Nuklearwaffen hätten. Die offiziellen Schätzungen der CIA über die militärische Stärke der UdSSR beruhen laut Weiner nicht auf Geheimdienstinformationen, sondern auf Interessenpolitik und Ratespielen. Seit 1957 legt die CIA dem Präsidenten erschreckende Berichte darüber vor, dass der sowjetische Aufbau atomwaffenbestückter Interkontinentalraketen weitaus schneller und in viel größerem Umfang als beim amerikanischen Raketenarsenal vonstattengehe. Im Jahr 1960 malt die CIA gar eine tödliche Bedrohung für die USA an die Wand. Man macht den Präsidenten glauben, dass die Sowjets im Jahr 1961 fünfhundert einsatzbereite Interkontinentalraketen haben würden. Die Schätzungen werden vom Strategischen Luftkommando zur Grundlage eines geheimen Erstschlagplanes gemacht, dem zufolge mehr als 3.000 nukleare Sprengköpfe für die Zerstörung *sämtlicher!!!* Städte und Militärbasen zwischen dem polnischen Warschau und dem chinesischen Peking eingesetzt werden sollen. Haben die Deutschen nicht schon genug Elend in dieser Welt angerichtet? Doch die UdSSR, beziehungsweise die Sowjetunion, hat weniger als 500 Atomraketen. Aufgestellt sind ganze vier Stück.[15]

Halten wir hier fest – die Sowjetunion verfügt – vier Jahre später – über ganze vier einsatzbereite Atomraketen. Über vier. Doch der Ami schließt nach 1957 seine Raketenlücke. Während Tim Weiner in seinem mehr als achthundertseitigen Buch noch davon ausgeht, dass diese amerikanische „Raketenlücke“ nicht auf Geheimdienstinformationen beruhe, sondern bloß auf Interessenpolitik und Ratespielen, womit die ganze Schuld für den Schlamassel an den USA klebenbleibt, macht der anonyme Autor des Vorwortes zur deutschen Ausgabe des Buches den Spaß perfekt. Er reicht (freilich erst nach dem Ende des Kalten Krieges) 2008 nach: „Der BND schluckte sowjetische Fehlinformationen – darunter in den späten fünfziger Jahren die Behauptung, Moskau besitze Tausende von Kernwaffen, die es nachweislich nicht hatte.“ Im Kern bleibt als Aussage übrig, dass in Richtung Amerika gemeldet wird, Moskau besitze viele Kernwaffen, und dass Moskau über so viele Kernwaffen nicht ansatzweise verfügt. Wie die „Informationen“ zustande kommen, können sie ja nicht überprüfen.[16]

Da sich Moskau jedoch schon seit dem Volksaufstand der Deutschen im Jahre 1953 verstärkt um eine dauerhafte Lösung in der deutschen Frage bemüht, bleibt mir restlos unklar, warum sowjetische Militärs vielleicht selbst zu hohe Zahlen über ihre atomare Rüstung verbreiten sollten. Die Sowjetunion hat jetzt und noch einige Jahre alle Hände voll damit zu tun, sich von den Kriegsschäden zu erholen, die die Vandalen beim Feldzug in dem riesigen Sowjetreich angerichtet haben, und versucht gleichzeitig im Rüstungsbereich den Anschluss nicht zu verpassen. Was könnte denn die Sowjets dazu veranlassen, das Wettrüsten auch noch zu forcieren?

Wenn ich lese, der BND hätte sowjetische Fehlinformationen geschluckt, dann interessieren mich zwangsläufig solche Darstellungen wie jene, die der Spitzenagent Heinz Felfe abliefert, nachdem der als „Moskaus Maulwurf beim BND“ aufgeflogen ist. Bei ihm finden Sie auch diesen Fall Kim, angerissen schon unter dem Jahr 1951, den ich hier komplett wiedergebe, damit Sie meiner eigenwilligen Interpretation dieser krummen Tour gern auch widersprechen können: „In Emigrantensachen habe ich einmal eine Verbindung, einen Fall der Gegenspionage, übernommen. Dies aber nur deshalb, weil sich die betreffende Kontaktperson weigerte, mit der CIA zusammenzuarbeiten. Ich warb ihn scheinbar für den BND, tatsächlich aber für die CIA an, und es erfolgte eine Scheinführung dieses Doppelagenten durch den BND. Ich hatte mich dabei streng an die Order der CIA zu halten. Dies war eine politisch delikate Sache, deren Auswirkungen bis in die Gegenwart reichen, weshalb ich nicht weiter darüber berichten möchte. Auch der erste Vorgang, den ich in der Pullacher Zentrale zu bearbeiten hatte, bestand in einer solchen Hilfeleistung, wobei der

OG gewissermaßen als zur CIA gehörender Geheimdienst paradoxerweise noch relativ selbstständige Entscheidungs- und Handlungsbefugnisse in Sachen Emigrantenagenten zustanden, mehr als nach der Legalisierung. Zudem bekam ich als »Neuer« auch hier den abgegriffensten Vorgang auf den Tisch, den Vorgang mit der Deckbezeichnung »Kim«."[17]

Er erläutert den Ahnungslosen, das sei ein Agent gewesen, der in Österreich ein breites Informationsnetz gegen den Osten aufgebaut hätte und in alle politischen Bereiche und Strömungen bei den sowjetischen sowie anglo-amerikanischen Besatzungsmächten, Emigranten aus der Sowjetunion, Bulgarien, Rumänien wie auch bei den österreichischen Behörden eingedrungen sei. Alle Informationen, die „Kim" anschleppte, hätte man auf dem schnellsten Wege den CIA-Kontrolleuren der OG zu übermitteln gehabt.[18] Klar, mit OG meint er die Organisation Gehlen.

Soll er selbst erzählen: „»Anschleppen« traf hier fast im wahrsten Sinne des Wortes zu, da man »Kim« zu jeder Tages- und Nachtzeit x-beliebige Spionagematerialien abverlangen konnte, sei es nun über das südeuropäische Emigrantenmilieu in Österreich oder gar über den »Sowjet-ND«, die Geheimdienste Ungarns, Bulgariens, Rumäniens und so weiter. Dass »Kim« ein Nachrichtenschwindler war, der die Grenzen des Glaubhaften längst meilenweit überschritten hatte, musste selbst ein Blinder sehen, ganz zu schweigen von der naheliegenden Vermutung, dass es sich bei ihm um einen Mehrfachagenten handelte."[19]

Dann grinst er: „Doch aufgeben wollten ihn die Amerikaner nicht, weil seine »brisanten (sprich: erfundenen) Informationen« wie mir der verantwortliche CIA-Offizier treuherzig versicherte, »oft viel Aufsehen in Washington« erregten. In der Organisation sah da niemand mehr durch, welchen Herren er tatsächlich diente. »Roderich« und »Rischke« erläuterten mir, wie ich administrativ, organisatorisch und nachrichtendienstlich die »Kim«-Akte zu analysieren hätte, dies vor allem mit dem Ziel, zu operativen Schlüssen zu kommen, um den Vorgang richtig steuern und führen zu können." Um das zu können, muss man garantiert ein Experte wie Heinz Felfe sein. Es würde mich ja zu sehr interessieren, ob Markus Wolf bei der Lektüre von Felfes Schinken keine Falten bekommen hat. Es gehört allerdings auch ein gerüttelt Maß an Intelligenz dazu, im Buch der Erinnerungen diesen und jenen Fall aus seiner Praxis beim BND durchaus zu erwähnen, ohne den *fake* des Jahrhunderts aufzudecken.[20]

Sie möchten wissen, wie ich das deute? Einen „Kim" hat es nicht gegeben, Felfe jedoch durchaus, weil ihn Gehlen trotz amerikanischer Bedenken in seinem Dienst arbeiten lässt. Felfe wird man sogar leibhaftig vor Gericht sehen. Ich halte es schlussendlich für unerheblich, ob die US-Amerikaner angeschmiert werden oder ob sie gelegentlich übertriebene Angaben bei ihren Auftraggebern auf ihrem Kontinent vorlegen wollen. Fakt ist, dass falsche Informationen des BND dorthin gehen. Falls ich hier mit meiner Deutung wirklich richtig liegen sollte, ist es zu gut verständlich, weshalb die Auswirkungen jenes Vorgangs bis in die Gegenwart der 1980er Jahre reichen werden, weshalb er nicht weiter darüber berichten möchte.

Unerwartet kommt der gute Felfe „in die überraschende, doch günstige Situation, sofort auch andere Bereiche der Organisation, und die zuständigen amerikanischen Offiziere, kennenzulernen". Mich *überrascht* das nicht über die Maßen. Jedenfalls bietet sich eine letzte Gelegenheit den Fall „Kim" auszuschlachten, als man den amerikanischen Freunden zu erklären versucht, warum andere Quellen besser „abgeklemmt" werden sollten. Felfes Lagevortrag zum „Kim-Netz" wird akzeptiert und bietet in der Folge auch genug Schlüsse, um das Netz „zu säubern". Leute im Land von Ulbrichts aufgehender Sonne und in Ländern Ost-Europas werden vom BND ganz einfach im Regen stehengelassen. Das haben sie von der albernen Widerständlerei gegen die kommunistischen Amateure.[21]

Wer meine Bücher liest, ist entweder von vornherein völlig schmerzfrei oder stumpft im Laufe der Lektüre so weit ab, dass letztlich nichts mehr schockt. Genießen Sie also auch noch, wie diese schräge Nummer zuende gegangen sein soll: „Der plötzliche Tod von »Kim« als Folge einer nichtbehandelten Lungenerkrankung kam uns jedoch zuvor, und ich konnte die ganze Sache mit mehr oder weniger Erfolg zu den Akten legen. Die angeführten Beispiele von Hilfeleistungen zeigen zugleich, dass es bereits dadurch für die Geheimdienste der anderen NATO-Staaten einige Möglichkeiten gab, das CIA-Monopol zu unterlaufen und hinter dem Rücken der Amerikaner ins geheimdienstlich verlockende Milieu der Emigranten und ihrer Organisationen einzubrechen. Mit der damit verwobenen Ostforschung entzog man sich erst recht jeder Kontrolle.“ Erzähle mir mehr Märchen. Mit Tricks dieser Machart wird die Angst der Freunde drüben in Amerika vor den zotteligen Russen am Leben erhalten und wenn diese Marsmenschen einmal einen Fall aufgeklärt haben wollen, ist der Agent einfach schon tot. Aber die Sache wurde *cool* angeboten. Der Mann hatte sich angeblich geweigert, mit der CIA zusammenzuarbeiten, so warb ihn Felfe für den BND an und gab der CIA, was die Amis hören sollten.[22]

Bei Heinz Felfe kann man auch den Hinweis finden, dass BND-Agenten nach Hause berichten, dass viele sowjetische Rüstungsbetriebe nach dem Krieg „auf eine angemessene Zivilproduktion“ umgestellt wurden, was in einer eventuellen Änderung der Bonner Außenpolitik selbstverständlich keinen Niederschlag gefunden habe. Geschichtlich bedeutsam ist freilich auch nur, dass es den Kalten Krieg nicht erlahmen lässt.[23]

Tim Weiner hält fest, die Aufgabe von US-Präsident Eisenhower wäre es, der Sowjetunion entgegenzutreten, ohne so den Dritten Weltkrieg auszulösen oder die amerikanische Demokratie aus den Angeln zu heben. Der Präsident fürchtet, die Kosten für den Kalten Krieg könnten die Vereinigten Staaten von Amerika lähmen. Ginge es wirklich nach den Generälen und Admirälen, so würden sie die ganzen Staatsfinanzen aufzehren. Da beschließt Eisenhower, seine Strategie auf Geheimwaffen zu gründen; er setzt auf Atombomben und verdeckte Aktionen. Das ist in seinen Augen weitaus billiger als Flotten von Kampfjets und Flugzeugträgern, die viele Milliarden Dollar kosteten. Über die Atombomben und diese verdeckten Aktionen der Amerikaner ist die ganze Welt empört, aber nicht über den BND. Wer weiß schon irgendetwas vom BND?[24]

Intimfeinde inszeniert für die Bevölkerung

Erich Honecker, der seit 1950 an jeder Sitzung des Politbüros des ZK der SED teilgenommen hatte, kann es nicht fassen: „Bis ungefähr zum Jahre 1957 wurden solche Fragen besprochen, die die Vereinigung der beiden Deutschlands in einer Konföderation ermöglichen sollten. Aber in Bonn ging inzwischen der Spruch von Konrad Adenauer um: »Lieber das halbe Deutschland ganz als das ganze Deutschland halb.«" Ein absolut privates Zusammentreffen von zwei sehr prominenten Intimfeinden wird in den Erinnerungen von Franz Josef Strauß erwähnt. Logischerweise berichtet der gute Mann über den Inhalt des vielleicht nicht absolut unwichtigen Gespräches nix. Die Darstellung, die Strauß anbietet, erlaubt allerdings einen tiefen Blick in die Technik, wie in diesem Land auf sehr niedrigem Niveau das Bild der vermeintlichen politischen Rivalität zweier Männer gepflegt wird. Es ist das niedrige Niveau der westdeutschen Medien und wird doch geglaubt: „Ich selbst bin mit Spiegel-Herausgeber Rudolf Augstein nur einmal auf privater Ebene zusammengekommen. Das war im März 1957, ein halbes Jahr nach meiner Ernennung zum Verteidigungsminister, in seiner Hamburger Wohnung, nach einer Veranstaltung, die ich in der Hansestadt hatte. Ich habe diesen Versuch, zu einer vernünftigen Gesprächsbasis zu kommen, nur einmal unternommen, und dieser Versuch ging schief. Es standen sich nicht nur zwei Männer gegenüber, die völlig gegensätzliche politische Einschätzungen und Urteile hatten, es handelt sich bei Augstein und mir auch um zwei völlig entgegengesetzte Charaktere." Die sich freilich im Dritten Reich und gegen den Verrückten aus dem Wald in Oberösterreich gar nicht so fremd waren.[25]

Es klingt kein bisschen albern, was er herumfaselt: „Augstein, von Komplexen geplagt, ist in der deutschen Politik und Publizistik das, was der listig-verschlagene Loki in der germanischen Sagen- und Götterwelt ist. Zudem hat sich mir beim Spiegel und bei Augstein nicht nur einmal die Frage gestellt, in wessen Auftrag sie arbeiten, vor allem dann, wenn sie ihren hemmungslosen Kampf gegen mich führten."[26] Mit seinem Verweis auf das germanische Götter- und Sagenbrimborium aus der Vorzeit zielt er ja wohl auf die Teile des Publikums, die sich im Dritten Reich für den Firlefanz der Nazzis mit ihrer Ersatzreligion erhitzen konnten. Vielleicht ist er damit noch nicht einmal so erfolglos bei manchen seiner Jünger.

Er ist ein Meister seines Faches: „Der Prozess zwischen dem Spiegel und dem englischen Unternehmer James Goldsmith hat dazu interessante Informationen zutage gefördert. Es wurde festgestellt, dass der Spiegel Material des sowjetischen Geheimdienstes KGB verwendet hat, dass dies aber nicht bewusst geschehen sei. Goldsmith hat sich mit diesem Teilsieg vom September 1984 zufriedengegeben, weil er den Prozess nicht endlos fortsetzen wollte." Im Anschluss liefert Franz Josef Strauß eine natürlich nur auf den Hamburger Spiegel bezogene einzigartige Einschätzung der westdeutschen Politik, der Publizistik und des Journalismus, die gleichzeitig glänzend geeignet ist, Strauß selbst zu charakterisieren – und ihn selbst besser verständlich zu machen: „Der Spiegel ist – und früher war er das noch mehr als heute – auch ein tiefer Ausdruck der Zerrissenheit und des Nihilismus der deutschen Seele, wobei er selbst zu dieser Zerrissenheit entscheidend beigetragen hat. Er ist Produkt und Produzent dieser Haltung gleichermaßen."[27]

Der Experte für den Ost-West-Handel, Alexander Schalck-Golodkowski, kann sich seit 1983 ein persönliches Bild von Franz Josef Strauß machen. Bei ihm wird auch deutlich, wie sich der Verschwörer von 1944 lange vor den großen Krediten um das Wohlergehen der Deutschen im Siedlungsgebiet der Kommunisten sorgte, die nicht nur aus dem Süden stammten, sondern aus allen Landschaften des alten Reichs: „Er schilderte mir Beschwerden, die täglich auf seinem Schreibtisch eingingen, und versicherte, dass er das Verhalten einzelner Bundesbürger in der DDR, vor allem die Schwarztauscherei und das Aufkaufen von DDR-Waren, für unwürdig halte. »Ich bin prinzipiell dagegen. In meiner Zeit als Verteidigungsminister habe ich einmal einen General dafür zur Rede gestellt, dass er in der DDR Kinderspielzeug mit der Begründung gekauft hatte, dass es dort billiger sei. Ich habe ihn gefragt, ob er sich nicht schäme, den Leuten die dringend benötigten Waren wegzukaufen.«" Alles zum Wohle des Volkes.

Gründung der EWG & Unterstützung der DDR

Die Empörung des Großmeisters Strauß über die Schwarztauscherei und das Aufkaufen dringend benötigter Waren im Osten durch die verehrten Landsleute aus dem Westen konnte nicht wirklich verhindern, dass seit dem Kriegsende inzwischen schon mehr als zwei Millionen Menschen die sowjetische Zone beziehungsweise die nagelneue D.D.R. verlassen haben und dass wesentlichen Bereichen der Infrastruktur der Zusammenbruch droht. Das hat das Leben und die Stimmung der auch weiterhin da Sesshaften nicht vorteilhaft verändert. Nun ist freilich guter Rat teuer. Wenn die Teilung Deutschlands nicht durch die Übersiedlung der übrigen Ostdeutschen in den Westen beendet werden soll, muss die wirtschaftliche Situation in Unserer DDR schnell stabilisiert werden. Da man aber nun einmal die Amerikaner und die Russen mit dem Kalten Krieg beschäftigt hat, kann man jetzt nicht einfach anfangen, offiziell den Osten zu unterstützen. Also übernehmen nunmehr die katholische und die evangelische Kirche den tatkräftigen *support* des Sozialismus auf deutschem Boden – klammheimlich und mit Knete in vermutlich schwarzen Koffern, absolut unabhängig davon, dass die Kirchen von den Kommunisten nicht anders in die Ecken gedrückt werden als vorher von den Nazzis. Aber da gibt es, wenn ich Sie richtig verstehe, einen mächtig-gewaltigen Unterschied – es ist eben nur im täglichen Leben vieler Menschen keiner festzustellen.

Über die Einheit von Wirtschafts- und Sozialpolitik zum Wohle der DDR, wie sie in Bonn praktiziert wird, informiert die Frankfurter Allgemeine Zeitung die Amerikaner leider erst nach dem GAU von 1989: „Vielmehr haben die beiden Kirchen in der Zeit der deutschen Teilung schon lange vor dem Häftlingsfreikauf Geld über die KoKo in die DDR transferiert – zum Nutzen der Kranken und Alten in Hospitälern und Heimen, ebenso wie zum Nutzen der kirchlichen Angestellten und vieler Gläubiger.“[28] Es lebe der vielgepriesene Sozialstaat DDR. Schon Karl Marx hat uns gelehrt, dass zuerst etwas produziert und verkauft werden muss, bevor man sein Füllhorn über den Leuten ausgießen kann. „Die – längst veröffentlichten – kirchlichen Zahlungen von etwa 4,8 Milliarden Mark addiert mit den

Zahlungen im Rahmen des »Kirchengeschäfts B« (Flüchtlingsfreikauf) in Höhe von 3,43 Milliarden summieren sich auf etwas mehr als 8,2 Milliarden D-Mark – wie von Schalck korrekt genannt." Schade, dass man die wahren Summen nie in voller Höhe erfahren wird, da man aus den *hilfsbereiten* Gutmenschen in Bonn die Wahrheit immer nur Stück für Stück herausquetschen kann, wenn es lange schon zu spät ist.[29]

„Denn lange vor dem »Kirchengeschäft B« gab es das »Kirchengeschäft A«. Es war 1957 mit DDR-Ministerpräsident Grotewohl vereinbart worden." An dieser Stelle sollten wir dringend einmal festhalten, A liegt vor B. „Bei diesem ebenfalls streng geheimen Transfer ging es der evangelischen Kirche um die Unterstützung der östlichen Landeskirchen, die von der DDR ihrer finanziellen Grundlagen beraubt worden waren. [Nein, es geht um die Kranken und Alten in Hospitälern und Heimen.] Da direkte Transfers zwischen Ost und West undenkbar waren, wurden der DDR – von 1966/67 an Schalcks »KoKo« – im Rahmen der »Kirchengeschäfte« Waren in einer vorher vereinbarten finanziellen Größenordnung zur Verfügung gestellt, die der DDR-Bevölkerung nutzen sollten." Sehen Sie, und Sie hatten Angst, dass das noch gar nichts mit 1957 zu tun habe. Abgesehen davon wird da vollkommen irreführend von Transfers zwischen Ost und West gesprochen; es handelt sich aber um einen von West nach Ost – Deutschland nach Adolf dem Stümper.[30]

Am Ende des Tages, wie die Engländer sagen, geht es immer wieder bloß ums Geld: „Von der Bundesregierung wurden den Kirchen dazu aus dem Haushaltstitel 68 521 Zuschüsse in Höhe von etwa 1,4 Milliarden D-Mark gewährt. Dass der Umweg dieser Devisen über Schalcks »KoKo« für die DDR-Führung mehr als einträglich war und den wirtschaftlichen Bankrott der DDR für viele Jahre vertuschen half, ist mittlerweile kaum mehr bestritten. Freilich darf man in diesem Zusammenhang nicht die offiziellen Transferleistungen (»Pauschalen« für Transit und Post) nach 1970 vergessen: Sie umfassten mehr als zehn Milliarden D-Mark und erhöhen die Summe der seit den fünfziger Jahren erbrachten Devisenleistungen aus Westdeutschland auf weit mehr als 20 Milliarden D-Mark."[31]

Diese Summe ist zum Leben zu wenig und zum Sterben zu viel. Doch es freut sich wenigstens das SED-Mitglied Alexander Schalck-Golodkowski. Später wird er erläutern: „Noch vor der Gründung von KoKo [Schalcks Bereich Kommerzielle Koordinierung] waren die sogenannten Kirchengeschäfte eines der Geschäftsfelder des Ministeriums, die außerhalb des Volkswirtschaftsplans lagen. Sie nahmen historisch ihren Anfang in den Bemühungen der evangelischen und der katholischen Kirche in der Bundesrepublik, ihre Schwesterkirchen in der DDR zu unterstützen."[32] Von ihm kann man ja im Prinzip auch viele wunderbare Einsichten erhalten: „Die beiden großen Kirchen wurden bei uns staatlicherseits toleriert und wegen ihrer sozialen Leistungen durchaus geschätzt, aber nicht finanziell gefördert." Es gibt ja auch Grund zur Freude. So weiß Schalck: „Der Wert der vereinbarten jährlichen Warenlieferungen wurde den Kirchen in der DDR durch KoKo in Mark der DDR im Verhältnis 1:1 ausgezahlt." Genau, Aluchips für die Kirchen und die D-Mark für den Staatshaushalt Unserer bunten DDR. Da nicht alle Leute von den Aktenfunden nach der Öffnung der eingestaubten Archive erbaut sind, werden nach 1990 eifrige Untersuchungsausschüsse eingerichtet, und einer von ihnen wird dem Herrn Schalck-Golodkowski gewidmet sein.[33]

Die FAZ wird die Empörten kurz und knapp bescheiden: „Der Schalck-Untersuchungsausschuss hat am Freitag mit der Mehrheit der Koalitionsabgeordneten beschlossen, die Beweisaufnahme abzuschließen. Die im »Feststellungsteil« des Untersuchungsberichtes zusammengefassten Erkenntnisse des Ausschusses werden von den drei Fraktionen gemeinsam getragen, im Bewertungsteil gibt es jedoch abweichende Voten der SPD, der PDS und des Bündnis 90/Die Grünen." Und was wird mit den Meckerlieschen? „Das Minderheitsvotum der Vertreterin von Bündnis 90/Die Grünen, Köppe, wurde am Freitag von der Ausschussmehrheit als »geheim« eingestuft und kann daher nicht veröffentlicht und debattiert werden. Zur Begründung heißt es, Frau Köppe habe nicht rechtzeitig beantragt, die in ihrem Bericht enthaltenen Geheimdokumente freizugeben."[34] Ein Grund findet sich immer oder wer einfach nur zu blöd ist zum Erfinden einer Begründung, muss raffinierter werden.

Der Obmann der Unionsfraktion Hörster erläutert dazu, bei dem Bericht Ingrid Köppes werde jetzt einfach bloß das gleiche Verfahren angewandt wie seinerzeit bei einem ergänzenden Bericht von CDU/CSU und FDP im Untersuchungsausschuss „Neue Heimat". Frau Köppe wird herumzicken, die Ausschussmehrheit wolle nur eine kritische Auseinandersetzung mit dem Fehlverhalten der Bundesregierungen und der Geheimdienste verhindern. Aber nicht doch. Die halten sich strikt an die BRD-Staatsräson, wie sie bereits seit 1949 gilt. Um die Verwirrung perfekt zu machen, wird dann die Verschleierung der Enthüllungen dieses Ausschusses mit jenen Summen der DDR begründet, die zu durchaus solidarischen Zwecken in die Bundesrepublik Deutschland zurückfließen: „Was in verschiedenen Zeitungen unter »Geheimbericht Köppe« laufe, sei keineswegs geheim. Das sei vielmehr die Mehrheitsmeinung des Ausschusses »Kommerzielle Koordinierung« im Bundestag. Darauf machte gestern in Bonn Andreas von Bülow, der SPD-Sprecher in diesem Gremium aufmerksam. Natürlich habe der Verfassungsschutz gewusst, wie die Gelder aus der DDR in den Westen geflossen sind. Er habe auch gewusst, wie die DKP finanziert wurde. Damals hätten eben die beiden Blöcke bestanden. Alle Bundesregierungen hätten das getan, was notwendig ist. Da sei es eben auch um menschliche Erleichterungen [offenbar für die DKP] gegangen. Diesen Regierungen jetzt vorzuwerfen, sie hätten das DDR-Regime verlängert, sei falsch." Sehen Sie, falsch. Da das Minderheitsvotum der Mehrheitsmeinung entspricht, müsste es doch gar nicht verheimlicht werden?![35]

Immer einen flotten Spruch bei der Hand. Mein Favorit ist immer noch, das wurde doch schon kritisiert. Da möchte ich jedes Mal antworten, ja, du kluger Mensch, aber nicht verstanden. Ich kann mich noch sehr lebhaft daran erinnern, wie meine Eltern getobt haben, als in den achtziger Jahren der neueste Geldsegen aus dem Westen auf die Ost-Berliner Führung herniederging: „Jetzt geben die denen auch noch Kredite!" Und was hätten deren Eltern wohl gesagt, wäre in den 1950er Jahren klar gewesen, dass zu der Zeit schon westdeutsches Geld nach Ost-Berlin geflossen war. Sie wären darüber vermutlich ebenfalls schon nicht amüsiert gewesen. In ihrer Schlussfolgerung wird Ingrid Köppe wohl recht haben. '94 wird sie sagen: „Wir haben jetzt schon 500 Geheimakten, in der Regel wird alles als geheim eingestuft, was den Westen betrifft und ihm unangenehm ist." Die Technik ist einfach wunderbar: Wenn jetzt jemand seine Vermutung ausspricht, was das Ziel der Übung gewesen sein könnte, wird er als Verschwörungstheoretiker lächerlich gemacht. Ach so, nein, das beginnt erst Mitte der 1960er Jahre. Aber bis '94 wird sich das eingebürgert haben.[36]

Na gewiss flossen ein paar Millionen von den Milliarden wieder zurück. Nach dem GAU von 1989 witzelte dann ein Journalist in der Frankfurter Allgemeinen Zeitung: „Und als die DDR finanziell und wirtschaftlich in Not geriet, suchte (und fand) sie Hilfe nicht bei den Klassenbrüdern im Osten, sondern bei den Stammesbrüdern im Westen." Übrigens kommen auch der britische Historiker Norman Stone und der zeitweilige Kanzler Helmut Schmidt zu dem gleichen Ergebnis. Verbummeln Sie Ihre schöne Zeit nicht mit dem Lesen unabhängiger Zeitungen, lesen Sie lieber einmal *Außer Dienst*. Im Unterschied zu Stone hatte Schmidt praktischen Einfluss auf die lebensverlängernden Maßnahmen für Unsere DDR.[37]

Bonn am schönen Rhein ist einen Schritt weiter auf seinem Weg zu der endgültigen Abschaffung „absoluter einzelstaatlicher Souveränität", als am 25. März 1957 EURATOM und die EWG für Belgien, Frankreich, die Niederlande, Luxemburg, Italien und die BRD gegründet werden. Bei der Gelegenheit wird der „Sozialismus auf deutschem Boden" auch enger mit dem Welthandel verbunden. Zu Handelszwecken haben sich „die beiden deutschen Staaten" ja bereits seit Anbeginn anerkannt. Darüber hinaus bestätigt ein Protokoll zu den Römischen Verträgen, dass dieser „innerdeutsche Handel", wie Bonn ihn nennt, in der neuen Europäischen Gemeinschaft weiterhin als „Teil des deutschen Binnenhandels" behandelt wird. Die BRD fördert diesen Handel, indem sie der DDR eine zollfreie Einfuhr ihrer Waren sowie einen zinsfreien Überziehungskredit mittels des sogenannten „Swing-Abkommens" gewährt. Schade, dass Ausländer keinen Verdacht schöpfen, wenn Bonn diese sozialistischen Experimente mitten in Deutschland nicht am ausgestreckten Arm verenden lässt.[38]

Die Sowjets sind die Ersten im Weltraum

Wie wir schon von dem Genie Manfred von Ardenne wissen, zerflatterte „das so fest zusammengewachsene wissenschaftlich-technische Kollektiv“ des Forschungslaboratoriums für Elektronenphysik Berlin-Lichterfelde im Jahre 1945 „nicht im Sturmwirbel der Ereignisse“, sondern entschied sich, mit Frauen, Kindern und den Möbeln nach Osten umzuziehen und fortan Wunderwaffen für die Sowjetunion zu entwickeln, obwohl sie die Genehmigung hatten für eine Übersiedelung nach Westen. In die Vereinigten Staaten von Amerika war jenes wissenschaftlich-technische *team* um das Genie Wernher von Braun abgerauscht. Die Familien, die in die Sowjetunion gehen, finden dort am Schwarzen Meer, wo dieses Forschungszentrum neu aufgebaut wird, gewiss besseres Wetter vor als in der zerbombten Stadt Berlin. Einer der großen Erfolge Manfred von Ardennes ist das von ihm ausgearbeitete Verfahren zum Gewinnen des Kernsprengstoffs für die erste sowjetische Bombe, die nicht auf dem Prinzip der Kernspaltung wie bei den Atombomben beruht, sondern auf dem Prinzip einer Kernsynthese. So kommt die Sowjetunion zu einer Wasserstoffbombe. Dafür erhält er in großer Dankbarkeit gleich den mit 100.000 Rubeln dotierten Stalin-Preis.[39]

Während er 1954 in die DDR übersiedelt, auch wenn das Wetter da nicht mehr so schön ist wie an den Ufern des Schwarzen Meeres, unterzeichnet eine Gruppe von Elektronik-Experten ihre Fünfjahresverträge und erlebt in Moskau gemeinsam mit sowjetischen Genies den Start des Weltraumprogramms mit dem Erstflug des *Sputnik* am 4. Oktober 1957. *Спутник* ist das russische Wort für Weggefährte, Begleiter oder Trabant. Nach der bahnbrechenden Leistung der neuen sowjetischen Freunde bekommt ein Kleinwagen der Firma Sachsenring im Jahr 1958 in der DDR den Ehrentitel Trabant. 1958 gilt er mit Frontantrieb und dem neben dem Getriebe quer eingebauten Motor als moderner Kleinwagen und ermöglicht neben dem Auto der Marke Wartburg aus Eisenach die Massenmotorisierung in der DDR. Da es nach dem Krieg wirklich nicht mehr sehr viele funktionstüchtige Kraftfahrzeuge gab, kann man das Wort *Massenmotorisierung* noch ohne ein schlechtes Gewissen verwenden. Hoffentlich geht es rasch so weiter. Zu den technischen Besonderheiten zählen der Zweitaktmotor und die Karosserieverkleidung aus Duroplast, da die traditionellen Lager der Rohstoffe für eine metallische Verkleidung jetzt in Polen liegen.[40]

Deutsche Wissenschaftler und Techniker haben im letzten Jahrzehnt auf alle Fälle viel Schwung in den Übergang der Sowjetunion und der USA zu Supermächten gebracht. Beispielsweise hat ein „Kollektiv" unter Brunolf Baade den Bomber Ju 287 V1 nach dem Krieg fertiggestellt und die Produktion dann unter sowjetischer Assistenz nach Podberesje bei Moskau verlegt. Sein „Kollektiv" hat in der Sowjetunion auch den zweimotorigen Bomber Modell 150 entwickelt. Im Koreakrieg standen sich dann mit der sowjetischen MiG-15 und der amerikanischen F-86 Sabre zwei Flugzeuge gegenüber, die das Tragflächenprofil der Me 262 verwendeten. Es würde zu weit führen, hier alles unterzubringen, woran deutsche Techniker und Wissenschaftler dort noch herumgebastelt haben. Fakt ist nur eins: Man kann alle diese Geschichten einzeln abhandeln und als Monolithe einsam in der Gegend herumstehen lassen. Es fällt bloß auf, dass sie jahrzehntelang in den antifaschistischen Medien besonders in Ostdeutschland nicht erwähnt werden. Ist ja egal, wieso aus dem alten Russland und den USA Supermächte wurden. Wenn es in einem halben Jahrhundert doch noch in den freien und unabhängigen Medien auftaucht, werden die Enkel gar nicht mehr raffen, dass es irgendwann einmal die Vorstellungen von der Welt umgekrempelt hätte, wenn es damals zeitnah in den vom Publikum vollkommen unabhängigen Medien ab und zu erwähnt worden wäre. Es ist jedoch davon auszugehen, dass die Deutschen bis dahin sowieso diese ganze demokratische Schauveranstaltung nicht mehr abkaufen und Teile der Bevölkerung zu keiner Wahl mehr gehen und die andere Hälfte völlig verzweifelt glauben will, was da über die Geschehnisse in der Welt steht, weil es vollkommen undenkbar ist, dass man sich sein ganzes Leben lang an der Nase herumführen ließ.[41]

---

1 Conze (2005), S. 212
2 Ebd.
3 Ebd., Fußnote 24
4 Ebd., S. 212f.
5 Ebd., S. 213
6 Ebd., S. 214
7 Ebd., S. 214
EGKS war die Abkürzung für Europäische Gemeinschaft für Kohle und Stahl und EWG war die Abkürzung für Europäische Wirtschaftsgemeinschaft.
8 Conze (2005), S. 214f.
9 Ebd., S. 215, Fußnote 36
10 Wolf (2003), S. 136
11 Die Gestalt des Januskopfes. In: Frankfurter Rundschau am 1. September 2000
12 Brandt (1989), S. 166
13 Ebd., S. 392f.
14 Conze (2005), S. 218
15 Weiner (2008), S. 220
16 Ebd., S. 16
17 Felfe (1989), S. 355f.
OG war die Abkürzung für Organisation Gehlen.
18 Felfe (1989), S. 356
19 Ebd., S. 356
20 Ebd., S. 356f.
21 Ebd., S. 357f.
22 Ebd., S. 358
23 Ebd., S. 312
24 Weiner (2008), S. 114
25 Andert & Herzberg (1990), S. 412
Strauß (1989), S. 422
26 Ebd.
27 Ebd.
28 KoKo hieß dann ab 1966 die Abteilung der Staatssicherheit, die sich mit der Annahme der Hilfslieferungen von den Brüdern und Schwestern im Westen Deutschlands befasste.
Frankfurter Allgemeine Zeitung am 13.12.1993
29 Ebd.
30 Ebd.
31 Ebd.
32 Schalck-Golodkowski (2001), S. 164
33 Ebd., S. 165f.
34 Ebd.
FAZ (1994), Schalck-Debatte soll verhindert werden. In: Frankfurter Allgemeine Zeitung am 28.05.1994
35 ND (1994), Westen wusste genau um KoKo-Geschäfte. In: Neues Deutschland am 28.05.1994
FAZ (1994), Schalck-Debatte soll verhindert werden. In: Frankfurter Allgemeine Zeitung am 28.05.1994

36 Juhnke, Andreas (1993), Westwaffen für die Stasi? Interview mit Ingrid Köppe aus dem parlamentarischen Untersuchungsausschuss zu den Beziehungen zwischen der Bundesrepublik in West-Deutschland und dem Firmenkonstrukt Kommerzielle Koordinierung (KoKo) von Alexander Schalck-Golodkowski. In: Die Woche am 22.12.1993.

37 Schuster, Jacques (1996), Deutsche Musterknaben. Rezension über das Buch „Episode oder Epoche? Zur Geschichte des geteilten Deutschland. In Frankfurter Allgemeine Zeitung am 28.06.1996

38 Ash (1995), S. 226

39 Ardenne (1987), S. 176 und 180
Lemo. Lebendiges Museum Online (2023), Manfred von Ardenne 1907-1997 [online]. Verfügbar unter https://www.dhm.de/lemo/biografie/manfred-von-ardenne.html
Wikipedia (2023), Operation Overcast [online]. Verfügbar unter https://de.wikipedia.org/wiki/Operation_Overcast#Konkurrenz_zu_anderen_Staaten
Wikipedia (2023), Trabant [online]. Verfügbar unter https://de.wikipedia.org/wiki/Trabant_(Pkw) [22.05.23]

40 Ebd.

41 Wikipedia (2023), Operation Overcast [online]. Verfügbar unter https://de.wikipedia.org/wiki/Operation_Overcast [19.06.23]

Ost-Berlin geht in die Offensive

Der Weggang so vieler Menschen aus Unserer DDR verstärkt ohne Frage auch die Unruhe in Ost-Berlin. Da sich nun jahrein jahraus weder bei der Anerkennung der Grenze noch bei der Vereinigung etwas bewegt, unternimmt SED-Chef Walter Ulbricht nunmehr einen eigenwilligen und sehr undiplomatischen Vorstoß: Ulbricht macht plötzlich selbst den Vorschlag einer deutsch-deutschen Konföderation, der auf den Vorschlägen beruht, die Bonns Vizekanzler Fritz Schäffer bei seinen geheimen Ausflügen nach Pankow vor Jahren unterbreitet hat. Bonn lehnt brüsk und herablassend ab. Das sollte unter der Hand angebahnt werden, danach wäre das Ganze über die Medien vorbereitet worden und dann hätte man es fix und fertig aufgetischt. Ulbricht hatte offenbar auf Markus Wolfs Berichte über den Schäffer-Kontakt zurückgegriffen, die Grotewohl im Oktober des Jahres 1956 mit dem Vermerk versehen hatte: „Einstweilen abwarten.“[1]

Nun aber bricht Walter Ulbricht die Zusage strikter Vertraulichkeit, die Wolf dem Vizekanzler geben ließ. Wolf vermutet, er habe einen schnellen Propagandaerfolg erzielen wollen. Ulbricht erklärt, in seinem Plan habe er doch bloß die Vorschläge eines Regierungsmitglieds aus Bonn aufgegriffen. In Bonn wird diese Erklärung als „unverschämte Lüge“ zurückgewiesen. Das wiederum bringt den mit Berichten gerüsteten Ulbricht dazu, den Vertrauensbruch noch weiter zu treiben. Er lässt den General Vincenz Müller und Professor Otto Rühle, die in Absprache mit Wolf den Kontakt zu Schäffer aufrechterhalten hatten, eine öffentliche Erklärung verfassen. Darin wird die Initiative des jetzigen Justizministers korrekt wiedergegeben, freilich ohne den nachrichtendienstlichen Hintergrund. Doch Bonn wollte das Ganze heimlich arrangieren und reagiert hektisch. Zu Wolfs großer Überraschung haben die Enthüllungen für Fritz Schäffer weiterhin keine Konsequenzen. Adenauer lässt die Untersuchungen der Affäre rasch beenden und nimmt seinen Minister unter den Mantel der Nächstenliebe, wie Wolf befindet. Später werden in ganz phantastischen Publikationen für Zeitgeschichte vermeintliche Dokumentationen dieses Falles veröffentlicht, die nach Wolfs Bekunden allenfalls Halbwahrheiten enthalten. Sie belegen allerdings, zumindest in der Wahrnehmung Wolfs, wie selektiv Schäffer den Kanzler informiert habe. Ja, genau so wird es wohl sein – oder so ähnlich. Aus der schonenden Behandlung Schäffers durch Adenauer entnimmt Meister Wolf aber wieder nicht, dass sich die Hälfte der außenpolitischen Bemühungen in Bonn um eine baldmögliche völkerrechtliche Anerkennung des ersten deutschen Staates der Arbeiter und Bauern drehen. Von wegen Mantel der Nächstenliebe.[2]

Von der Ostmark lernen, heißt siegen lernen

Am 19. März 1958 fragt Adenauer den sowjetischen Botschafter in Bonn Smirnow ganz direkt, ob die Sowjetunion bereit sei, Unserer DDR einen Status zu geben, wie ihn Österreich inzwischen habe. Die Alpenrepublik hätte zwar bestimmte Neutralitätsverpflichtungen übernehmen müssen, besitze aber die Möglichkeit, ihr Leben im Inneren selbst zu gestalten. In gleicher Weise könnte man vereinbaren, dass die DDR zwar keinesfalls den Anschluss an die Bundesrepublik vollziehen dürfe, die Bevölkerung aber ihre inneren Angelegenheiten in freier Selbstbestimmung gestalten dürfe. Den Historikern hinterlässt er freundlicherweise auch gleich seine Sprachregelung, was er denn vorgehabt hätte: „Wir mussten realistisch unsere Möglichkeiten abschätzen und uns dessen bewusst bleiben, dass das Wichtigste eine Erleichterung des Loses der Menschen in der Zone war."[3] So argumentiert man jetzt schon seit einem Jahrzehnt und bleibt unbeirrt zuversichtlich, dass sich die Kommunisten nach einer gewissen Zeit schon einkriegen und wie normal denkende Menschen wirtschaften werden. Der Spezialist Weidenfeld greift Adenauers Sprachregelung auch nicht nur dankbar auf, sondern fügt dem noch hinzu: „Dies geschah im März und April des Jahres 1958 – zwei Jahre also, bevor der Philosoph Karl Jaspers diese Idee in die öffentliche Diskussion brachte und damit heftige Kontroversen auslöste."[4] Stimmt, die Geschichte ist ja noch nicht ausgegoren und muss sorgfältig vorbereitet werden, damit dann keiner mehr etwas an den neuen Realitäten ändern kann.

Und genau das ist von Philosophie und Medienfreiheit in der Bundesrepublik zu halten. Zur rechten Zeit wird jemand, der augenscheinlich mit Politik wenig bis nichts zu tun hat, losgeschickt, um den Leuten wieder ein kleines Häppchen der wissenschaftlichen Weltanschauung nahezubringen. Die Idee an sich, dass Moskau den Deutschen in ihrer Zone das Recht auf freie Selbstbestimmung zugestehen sollte, mag ihrerseits gut gemeint sein. Schaut man sich allerdings den realen Einfluss an, den sie in Moskau auf den Gang der Dinge in ihrer Besatzungszone bisher hatten, so muss Adenauers Appell an Moskau ein frommer Wunsch bleiben.

Wenn es bis jetzt schon nicht gelungen ist, den Aufbau des Sozialismus auch ohne jegliche marxistische Grundlage zu verhindern, wird Moskau auch keine Mittel in der Hand haben, sich Ulbrichts forciertem Aufbau des Sozialismus nach preußischer Manier jetzt noch entgegenzustellen. Durch die fortgesetzte Anwesenheit sowjetischer Truppen in Deutschland-Ost zum Vermeiden der Austragung eines militärischen Konflikts mit dem Westen östlich der Oder-Grenze bleibt der unschöne Eindruck erhalten, hinter der Veranstaltung Sozialismus in der DDR würden sie in Moskau stehen. Was die Sowjets und die Westmächte hier verbindet, ist der herzliche Wunsch, einen Krieg um die deutschen Grenzen auch auf dem Gebiet des Deutschen Reiches auszutragen.

Wenn sich Adenauer 1958 so dafür engagiert, „bei einer Vereinigung die Souveränität und das Rechtssystem beider deutscher Staaten zu achten“, wirft das einerseits bei mir die Frage auf, ob er die DDR vielleicht nicht für ein Unrechtssystem hält, und andererseits macht es erneut klar, dass es bei der „Vereinigung“ ganz sicher nicht um die Vereinigung geht.[5] Die Souveränität und ein eigenes Rechtssystem kennzeichnen eigenständige Staaten. Der Regierende Bürgermeister von Berlin-West Willy Brandt ist über den Herrn Kanzler empört: „Auch in der gesamtdeutsch genannten, in Wirklichkeit auswärtigen Politik war er nicht nur stur, wenngleich er – aus den Zusammenhängen heraus betrachtet – durchweg im Taktischen steckenblieb.“[6]

Bislang ist es mir noch nicht gelungen, Brandts Gedanken zu enträtseln. Wo wäre denn der Gegensatz zwischen „stur sein“ und „steckenbleiben“? Warum sagt er „wenngleich“? Es zeigt sich doch eben gerade darin, dass er im Taktischen steckenbleibt. Er hätte formulieren können, ..., indem ... Und was soll denn das Wort immerhin hier? „Immerhin, 1958 hat er erst gegenüber Botschafter Andrej Smirnow, dann auch vor dem Bundestag eine »Österreich-Lösung« für die DDR ins Gespräch gebracht; sie hätte eine Grenzanerkennung vorausgesetzt.“ Wo sieht er denn den positiven Ausgleich? „Der Gegenstand kam auch gegenüber dem stellvertretenden sowjetischen Ministerpräsidenten zur Sprache, als dieser im April 1958 Bonn besucht; aber Mikojan stellt sich taub.“ Nur dadurch, dass Mikojan dieses körperliche Defizit vortäuscht, kommt es auch 1958 wieder nicht zur Anerkennung Unserer DDR durch die Chefetage in der BRD.[7]

An dieser Stelle seien noch ein paar Worte zu dem Sprachspiel in meiner Überschrift gesagt. Als Frotzelei auf unsere DDR-Mark oder auch unsere Aluchips, Chips aus Aluminium, sagt man hin und wieder: „Hitler wollte die Ostmark, wir haben sie.“ In diesem Zusammenhang soll an der Stelle auch angemerkt werden, dass sich Wien im Staatsvertrag mit Moskau zu immerwährender Neutralität verpflichtet und einen erneuten Anschluss an das Deutsche Reich ausgeschlossen hat. Die Bundesrepublik versteht sich jedoch als den Rumpfstaat desselben und dort gilt das Grundgesetz, in dem in Artikel 23 formuliert wird: „Dieses Grundgesetz gilt zunächst im Gebiete der Länder Baden, Bayern, Bremen, Groß-Berlin, Hamburg, Hessen, Niedersachsen, Nordrhein-Westfalen, Rheinland-Pfalz, Schleswig-Holstein, Württemberg-Baden und Württemberg-Hohenzollern“. Im nächsten Satz wird die Bombe aber bereits gezündet: „In anderen Teilen Deutschlands ist es nach deren Beitritt in Kraft zu setzen.“ – Umgekehrt wird aber nirgends formuliert, dass der Anschluss Österreichs aus dem Frühjahr 1938 inzwischen null und nichtig sei. Damit ist die Rechtslage von 1958 vergleichbar mit jener von 1938 vor dem Anschluss. So bleibt es auch im Süden bei den Fragezeichen für das Ausland.

Zur Bonner Militärpolitik

Im Osten versteht man unter Friedenspolitik ja eine Politik der weitestmöglichen Abrüstung, und genauso eindimensional denken auch weite Kreise der Bevölkerung im Rest der Welt. So einfach wäre es auch, sollte nicht in diesen Frieden hinein Deutschland von der ungeschickten Übergröße befreit werden. Es geht den Volksvertretern wie Adenauer, Strauß, Helmut Schmidt und anderen bei diesem ständigen Anfachen des Kalten Krieges also zweifellos nicht um einen neuerlichen Krieg. In den lesenswerten *Erinnerungen* des gelernten Geschichtslehrers Strauß findet sich der folgende pädagogische Wink. Lassen Sie für eine Minute alles fallen, was Sie bisher über Strauß aufgelesen haben, lesen Sie eine Schlüsselpassage in seinem Meisterwerk und entscheiden Sie, ob er nicht tatsächlich versucht, *jedem* den Krieg auszureden: „Soldat vom ersten bis zum letzten Tag. Ich kenne den Krieg. Deshalb will ich den Frieden. Das ist meine persönliche Konsequenz aus dem zweiten Weltkrieg, der Europa an den Rand des Untergangs und die Deutschen in die größte Katastrophe ihrer Geschichte geführt hat. Von Anfang an habe ich im Abfall der deutschen Politik von den Grundnormen des christlichen Sittengesetzes die Ursünde gesehen, aus der alles Unheil erwuchs, das eine verbrecherische und verblendete deutsche Politik über die Völker Europas und nicht zuletzt über das deutsche Volk selbst gebracht hat.“[8] Das versteht doch wirklich selbst der gröbste Rüpel, der dumm ist wie hundert Meter Feldweg.

Mir wird nur nicht vollkommen klar, wie Strauß seine Unterstützung für brutalste Regime in aller Welt mit dem christlichen Sittengesetz unter einen Hut bringt. Wie kann man aus irgendwelchen Gedankengängen heraus anderen Menschen genau das anbieten, was man sich im eigenen Land nicht wünscht? Allerdings stelle ich mir dieselbe Frage bei den US-Amerikanern oder gar den tonangebenden Engländern heutzutage auch.

Kommen wir zurück zur Weltpolitik. Eine Armee hat die BRD nun schon seit einigen Monaten; in die NATO hat sich Bonn durch seine unerlaubte Aufstellung eigener Truppen mit ganz durchschlagendem Erfolg hineingeputscht, und jetzt wünscht Bonn eine Ausrüstung der Bundeswehr mit Trägerraketen für Atomwaffen. Das ist ein Spiel mit dem Feuer. Sowohl aus den einschlägigen Abhandlungen von Helmut Schmidt als auch aus denen von Franz Josef Strauß lässt sich ableiten, dass hier auf höchstem Niveau gepokert wird, weil man sich verdammt sicher ist, dass niemand in der Welt auf die irre Idee kommen würde, im dicht besiedelten Europa solche Waffen wirklich einzusetzen. Immerhin könnten dabei Opfer auftreten. Da es sich hier um mehrere Millionen Opfer handeln könnte und das zu allem Schrecken auch noch im eigenen Land, führt dies wiederum zu heftigen Unmutsbekundungen in beiden deutschen Teilstaaten. Der Druck der öffentlichen Meinung scheint so allgegenwärtig zu sein, dass er noch nicht einmal vom westdeutschen „Konsensjournalismus" totgeschwiegen werden kann. Wie herzerfrischend locker in Bonn mit solchen kritischen Meinungsbekundungen von Unholden umgegangen wird, hat wohl keiner besser als Strauß illustriert: „Adenauer war im Allgemeinen unempfindlich gegen Angriffe in der Presse. Von ihm stammt das Wort, Erhard sei ein dicker Dünnhäuter, er aber ein dünner Dickhäuter. Empfindlich gegen Presseangriffe war er, wenn diese auf seine Ehre zielten. Beunruhigt war Adenauer, als die Bundesregierung wegen der Stationierung von Atomwaffen für die amerikanischen Truppen und später wegen der Ausrüstung der Bundeswehr mit Atomwaffenträgern unter Dauerfeuer von großen Teilen der Medien geriet."[9] Kommen wir nun zu einer anderen Schnittstelle zwischen der weisen Führung und dem Dummvolk an den Radiogeräten da draußen.

Werfen wir einmal einen Blick in Bonns Schaubühne „Bundestag" hinein, um dort zu lauschen und um das künstlerische Jonglieren mit Lücken in der Argumentation des jeweils andern Politikdarstellers zu studieren. Im Endeffekt kommt exakt das Ergebnis heraus, das der Genosse Stalin, ach so, nein, das ist doch wieder der falsche Zettel, das sie in Bonn benötigen. Am 22. März 1958 kommt es im Bundestag zu einem medienwirksamen Schlagabtausch über die Atombewaffnung zwischen Helmut Schmidt – dem militär-politischen Sprecher der SPD, die immer noch das rechte (!) Wählerspektrum bedient und dem Verteidigungsminister Strauß aus der vernünftigen CSU. Bedenken Sie bitte, wir leben in der Zeit nach diesem Rollentausch zwischen „Links“ und „Rechts“, der 1945 stattgefunden hat. Bei dieser Gelegenheit spricht Herr Helmut Schmidt mit einer Inbrunst über das deutsche Vaterland, die man einfach auf einem Tonträger hören soll: „Und wir sagen dem deutschen Volke in voller ernster Überzeugung, dass der Entschluss, die beiden Teile unseres Vaterlandes mit atomaren Bomben gegeneinander zu bewaffnen, später in der Geschichte einmal als genauso schwerwiegend und verhängnisvoll angesehen werden kann, wie es damals das Ermächtigungsgesetz für Hitler war.“ Ich sage Ihnen, mit einem Pathos in der Stimme des kühlen Hanseaten! Die Rede dauert ja auch wieder eine ganze Weile. Aber so ist es, wenn man irgendwie die Jahre und Jahrzehnte überbrücken will, bis die Teilung real existiert.[10]

Helmut Schmidt reitet in seiner Rede auf fliegenden Raketenstümpfen herum und lässt in seiner Rhetorik die logische Lücke, durch die dann der Verteidigungsminister Franz Josef Strauß schlüpfen kann. So eine Rakete ohne Kopf ist selbstredend wie ein Auto ohne Treibstoff. Strauß kann in seiner Büttenrede darauf verweisen, dass die atomaren Sprengköpfe doch in der Verfügungsgewalt der Alliierten lägen und somit unbedenklich seien, und der Bundestag stimmt im März 1958 der Bewaffnung der Bundeswehr mit Trägermitteln für Kernwaffen zu. Selbstverständlich gegen die Stimmen der „nationalen Opposition“ aus den Reihen der SPD. Ein kleiner Vorgriff sei mir gestattet. Ein Jahr später holt der Mann fürs Grobe, Herbert Wehner, die SPD auf den Boden der Tatsachen herunter und schwört nun auch sie auf Adenauers Linie ein, was von Schmidt mit jahrzehntelangen stehenden Ovationen gefeiert werden wird. Es ist kein Übermaß an Phantasie nötig, um sich vorzustellen, dass die Sowjetunion von der Aussicht nicht erbaut ist, schon wieder vom Deutschen Reich aus beschossen werden zu können. Helmut Schmidt tut sich auch nicht bloß 1958 in der Anti-Atom-Tod Kampagne hervor; nein, er wird dann auch der Mann sein, der als Nachfolger des Entspannungsfetischisten Brandt den US-Präsidenten Carter vier Jahre lang mit Wünschen nach weiteren Atomraketen bedrängen wird, bis jener dann die amerikanischen Steuergelder für diesen kreuzgefährlichen Schrott verpulvert.

Na, und ob die demokratische Bühne in Bonn wie ein abgekartetes Spiel wirkt, zumindest dann, wenn man es nüchtern und unvoreingenommen von außen betrachtet. Wer in der Hitze des Gewächshauses entweder im linken, im rechten oder vielleicht im liberalen Lager sozialisiert wird, ist vermutlich zu sehr emotionalisiert, um das Ganze neutral zu betrachten. Dafür sorgt die unabhängige Presse, die von Gehlens BND professionell konzertiert wird. Als Nachfolger von Kurt Weiß kümmert sich darum seit 1957 Hans Heinrich Worgitzky, der 1907 geboren ist. Während Weiß am Ende des Krieges Major war, ist Worgitzky Oberst im Generalstab und Ic der Heeresgruppe Mitte gewesen. Heinz Felfe ist nahe am Puls der Zeit, als der Nächste aus der Generalstabselite der geschlagenen Wehrmacht 1957 Vizepräsident des BND wurde und berichtet, dass Worgitzky genau wie Weiß schon seit Anfang der 1950er Jahre Kontakte zum Spiegel in Hamburg unterhält. 1956 führte er dann auch seinen Nachfolger Wicht in diese Kontakte ein.[11] Wenn sich der frühe BND von der nachfolgenden Generation mit der braunen Patina eines rechtslastigen Altherrenvereins verzieren lässt, dann kann sich im Ausland wie im Inland gleich gar kein Mensch mehr erklären, wie aus dem vermeintlich 108-prozentigen Volke überzeugter Nazis das aufgeklärteste Volk unter der Sonne wird. An dem Punkt wird längst nicht mehr zum ersten Mal die Bedeutung der Medien in der Gesellschaft deutlich, weshalb wir sie im Auge behalten wollen.

Die großen Medien in der Demokratie

Der Kanzler, der von seinem jungen Kombattanten Strauß als politisches Urgestein mit einer spröden Anziehungskraft charakterisiert wird, weiß, wie man mit den Medien umzugehen hat. So lädt er sich von Zeit zu Zeit Journalisten ein, mit denen er Teegespräche führt. Nach der Darstellung des Müncheners geht Adenauer dabei nach der Devise „divide et impera" vor. Schon die Einladung bedeute eine Auszeichnung. Den Auserwählten wird nach seinen Worten die Vorstellung vermittelt, an exklusivem Herrschaftswissen teilzuhaben.[12] So kann man das gewiss auch sehen. Falls es Sie interessieren sollte – ich habe da einen anderen Eindruck gewonnen, bestärkt durch die wissenschaftliche Literatur über die inhaltlichen Auseinandersetzungen in den vielen Gruppen des Widerstandes gegen einen Alleinherrscher wie Adolf Hitler. Bei Gelegenheiten wie den Zusammenkünften beim Tee oder abhörgesicherten Spaziergängen zur Abstimmung des weiteren Vorgehens werden die Absprachen getroffen, die vermutlich von einem großen Teil des Wahlvolkes für eine verrückte Aktion gehalten würde, allein schon deshalb, weil so Verwandten, Freunden und Kollegen jenseits der Demarkationslinie solche Lebensbedingungen aufgezwungen werden, unter denen man selbst nicht leben möchte. Jene Schlauberger, die besser wissen, wie es mit Deutschland und Europa weitergehen muss, nennt die Journalistin Marion Gräfin Dönhoff die *Menschen, die wissen, worum es geht*, der Politiker Carlo Schmid nennt sie die *Wissenden*, und der Präsident des „Deutschen" Evangelischen Kirchentages Richard von Weizsäcker spricht von den *Eingeweihten*. Den Auserwählten muss also nicht erst der Eindruck vermittelt werden, dass sie an Herrschaftswissen teilhaben. Das wussten sie schon, bevor sie eingeladen worden waren.

Soll man lachen oder weinen, wie es hinter verschlossenen Türen zugeht? Der Meister der Indiskretion Strauß schmunzelt, Kanzler Adenauer habe eine durchaus eigenartige Methode der Schuldzuweisung. Für ihn sei die Presse seines Reichs am Kabinettstisch durch den Leiter des Presse- und Informationsamtes Felix von Eckardt vertreten. Wenn der Kanzler einen missliebigen Artikel zur Hand nimmt, wird Eckardt gerügt und gerade so behandelt, als hätte er den Artikel geschrieben oder er wenigstens hätte verhindern können, dass er erscheint. Als Felix von Eckardt über die fast geschlossene Ablehnung der Wiederbewaffnung in den Medien berichtet und meint, dass es im Moment um das Ansehen seiner Bundesregierung außerordentlich schlecht bestellt sei, fährt ihn der alte Kerl an: „Und was, Herr von Eckardt, gedenken Sie dagegen zu tun?“ Diese Szene ist ja wohl reif für die Aufführung in einem Kabarett und das kann man sicher auch vom nachfolgenden forschen Wortwechsel sagen. Als Konrad Adenauer sich eines Tages wieder einmal massiven persönlichen Angriffen ausgesetzt sieht, wird Felix von Eckardt in einer Pressekonferenz gefragt, was der Bundeskanzler zu diesen Vorwürfen sage. Darauf sagt sein gewiefter Staatssekretär, es sei ihm trotz mehrmaliger Versuche nicht gelungen, die Aufmerksamkeit des Bundeskanzlers auf diesen Artikel zu lenken. So findet die Fragerei zu diesem Thema ein Ende. Strauß lässt es sich nicht nehmen zu ergänzen, diese geschickte Replik habe sich zur Nachahmung empfohlen und sei auch von ihm nicht nur einmal benutzt worden.[13]

Wenn man Helmut Schmidt aus der SPD weiterhin gewähren lässt, hört er sich bald so an: „Die Abhängigkeit einer Regierung von der Stimmung des Medienpublikums charakterisiert alle Demokratien; sie ist ein Ausfluss der von demokratischen Verfassungen gewollten Volkssouveränität. Aber stimmungsdemokratische Politik sollte ihre Grenzen haben.“[14]

Der bekennende Christ wechselt wieder die Partei

Gustav Heinemann, der die FDP und die CDU mitbegründet hatte, und inzwischen immer mal munter mit dem Genossen Heinz Renner von der KPD-Führung schnackt, wechselt nach ein paar Jahren mit seiner schön pazifistischen Gesamtdeutschen Volkspartei zur SPD. Da kommt er dann auf Anhieb ganz oben an, was niemanden verwundert, denn er kommt ja aus der antifaschistischen Bekennenden Kirche. Einer von Gehlens Nazispitzeln, der die Welt wie so viele andere auch nicht versteht, notierte für seine guten Auftraggeber: „Heinemanns Bedeutung unter den Genossen der SPD ist gering. Nur hin und wieder hat er Gelegenheit, seine ätzende Polemik gegen seine früheren Freunde einzusetzen.“[15]

Von intimer Kenntnis der Verhältnisse in der SPD zeugt seine Wertung wohl eher nicht. Obwohl Heinemann erst seit Mai 1957 Sozialdemokrat ist, wird er schon 1958 in den Parteivorstand gewählt und erhält obendrein noch zwanzig Stimmen mehr als der Außenseiter Willy Brandt.[16] Mag sein, dass er mit den Jahren durch die Wählerinnen und Wähler in Berlin-West zum Kronprinzen der Partei avanciert. Vom Stellenwert, den er bei den Eingeweihten hat, zeugt die Anzahl der Stimmen für ihn. Nun war Brandt jedoch 1958 gar nicht zum ersten Mal für den Sitz im Parteivorstand der SPD angetreten. Klaus Harpprecht kann dazu mehr sagen als andere: „Zweimal scheiterte sein Anlauf, einen Sitz im Vorstand der SPD zu gewinnen. Er wurde noch abgeschmettert, als es in Berlin keinen Zweifel mehr gab, dass er Ernst Reuters Erbe übernehmen würde, und die Ahnungsvollen in ihm längst den kommenden Mann der deutschen Sozialdemokratie sahen.“ Genau dieses Übel gilt es gerade rechtzeitig zu verhindern. Schön ist aber, dass Gustav Heinemann, der Überläufer und jetzt frischgebackene Genosse, für seine Wahl in den Parteivorstand auf Anhieb zwanzig Stimmen mehr bekommt als der „Kronprinz“ Brandt.[17]

Bürgerinitiativen zum Sturz des Sozialismus

Im letzten Jahrzehnt haben wohlmeinende Westdeutsche, die glaubten, auf der Linie ihrer gewählten Volksvertreter zu liegen, das tägliche Leben in der DDR so gut sie es vermochten um einiges schwieriger gemacht, als es auch ohnehin schon ist. Sabotage wird auf verschiedene Art betrieben, angefangen mit Brandlegungen bis zu Unterbrechungen des Transport- und Nachschubsystems. Eine der erfolgreichsten Organisationen ist seit mehr als zehn Jahren schon das Ostbüro der SPD. Dessen Leiter Stephan Grzeskowiak Thomas kann auf eine ganze Reihe technischer und psychologischer Sabotagefeldzüge zurückblicken. Ein bewährter Trick besteht darin, gefälschte Bahntransportbefehle so einzuschleusen, dass dadurch große Lieferungen von Butter, Kartoffeln, Kohle und Erzen aufgehalten oder in falsche Richtungen umgeleitet werden. Daraus ergeben sich Versorgungslücken und Knappheit. Im Herbst 1950 war es den Agenten von Thomas zum Beispiel gelungen, fünf Tiefkühlwaggons voll mit polnischer Butter, die für Leipzig bestimmt waren, nach Rostock „umzudirigieren", wo sie so lange auf einem Abstellgleis standen, bis die gute Butter ranzig geworden war, während die Rostocker Bahnverwaltung verzweifelt Herkunft und Bestimmungsort der Ladung zu erfahren suchte. Im nächsten Winter verdarben Hunderte Waggonladungen Kartoffeln auf Abstellgleisen in Dutzenden von Bahnhöfen. Derartige Aktionen können aber bloß etwas bewirken, wenn die DDR nicht gleichzeitig unterstützt wird.[18]

Derartige Aktionen behindern die Teilung, deshalb muss diesem Treiben Einhalt geboten werden. Nachdem Herbert Wehner 1958 zum stellvertretenden Vorsitzenden der SPD geworden ist, hat er in dieser Hinsicht bessere Zugriffsmöglichkeiten. Die Genossin Daniel-Wettigmeier aus der SPD hört mehr als einmal von ihm, dass Wehner das Ostbüro seit 1958 nicht mehr als geeignetes Mittel gegen die SED-Diktatur angesehen hat, weil er die Gefährdung der Mitarbeiter dieses Ostbüros auf Grund seiner Erfahrung besser einzuschätzen wisse als die Leitung des SPD-Ostbüros. Hierzu ist zu bemerken, dass die Gefährdung der SPD-Leute in der SED-Diktatur in den vierziger und fünfziger Jahren nahezu gleich bleibt; erst durch den sowjetischen NKWD, dann durch die Stasi. Warten wir einmal ab, bis der Ministerialdirektor Hermann Kreutzer einst pensioniert wird. Dann wird er leise einräumen: „Nein, Wehner war von Anfang an gegen das Ostbüro eingestellt, aus Gründen, die hier darzustellen den Rahmen sprengen würde." Den Grund dafür einfach zu benennen, würde in einer einigermaßen erdbebensicheren Gegend in der Welt alles erzittern lassen. Kommunisten wären die Einzigen, die ohnmächtig umfielen. Nur weil es hier gerade thematisch passt, soll auch erwähnt werden, dass sich auch der Geheimdienstchef Reinhard Gehlen von Aktionen der Kampfgruppe gegen Unmenschlichkeit scharf distanziert, die mit ähnlichen Mitteln in Erscheinung tritt. Auf Seite 204 schreibt er, dass sich sein Geheimdienst von deren Methoden stets distanziert habe. Es spielt keine Rolle, ob der Markus in Ost-Berlin Gehlens Buch gelesen hat, denn auch danach wird man an den Gestaden der Spree weiter die Arbeit des BND mit *activities* der CIA in einen Topf werfen und mit einem Holzquirl verrühren. Durch die Lektüre der Erinnerungen an das Lebenswerk von Markus Wolf habe ich allergrößte Zweifel, ob man wirklich jeden hübschen jungen Mann an das Ruder eines für einen Staat neuralgischen Postens heranlassen soll.[19]

Nun muss zumindest der allergröbste Unfug wieder ausgebügelt werden. Ludwig Geißel, ein Mittelsmann der evangelischen Kirchen, wird sich in ferner Zukunft erinnern, dass der Bundesrepublik wegen der vielen Engpässe in der DDR eine Lückenfüllerfunktion zugewachsen sei. Beispielsweise habe der DDR-Außenhandelsminister 1958 um seine Hilfe nachgesucht, weil dem Schienenverkehr der DDR der endgültige Kollaps drohte. Konnte der Mittler mit einer eiligen Kohlelieferung aushelfen? Die Frage wird der Historiker Timothy Garton Ash nicht mehr beantworten können. Mich würde jedoch brennend interessieren, wie der Minister für Außenhandel und Innerdeutschen Handel der DDR Heinrich Rau, der übrigens im Ernst aus Feuerbach bei Stuttgart kam, noch ein Wessi im Dienst Ost-Berlins, 1958 überhaupt die Gelegenheit bekommt, eine derartige Frage einem Mittelsmann aus der BRD zu stellen. Ich denke, wir sind gerade in den schlimmsten Jahren des „Kalten Krieges"?[20]

Werfen wir einen Blick in eine der Schaltzentralen in Ost-Berlin, um zu erfahren, wie Herbert Wehners Wirken da wahrgenommen wird. Markus Wolf kann ohne besondere Anstrengungen zeigen, dass er beileibe noch nicht der untalentierteste Boss in der Welt ist: „Für Walter Ulbricht war er aus unerfindlichen Gründen ein »englischer« Agent. Er galt als einer unserer gefährlichsten Feinde. Seine Akte wurde in der HVA unter dem Decknamen Wotan geführt.“[21] Und der Fehler unterläuft auch nicht bloß ihm: „Auf einer Tagung der Parteiorganisation der HVA zog Mielke im Beisein Wollwebers über uns her, ohne dass Wollweber etwas dagegen sagte, und ich begriff, was auf uns zukam. Kernpunkt des Gepolters war die Anschuldigung, wir unterschätzten das, was er »ideologische Diversion« nannte. Robert Korb, meinen Stellvertreter, und mich griff er persönlich an, hatten wir uns doch beide für eine differenzierte Beurteilung der verschiedenen Strömungen innerhalb der Sozialdemokratie ausgesprochen, während Mielke die gesamte SPD mit ihrem Ostbüro gleichsetzte und in Herbert Wehner den schlimmsten Anstifter überhaupt zur »ideologischen Diversion« sah.“[22] Gut, und zuzüglich seiner Erkenntnis, dass Adenauers Politik eine Annäherung von DDR und BRD ausschließt, müsste er wissen, welche Antwort er Ulbricht zu geben hätte. Ihm könnte aber auch der Gedanke aufploppen, dass die Außenpolitik zu Bonn nicht von Strömungen in den Parteien abhängt, sondern von einflussreicheren Einzelpersonen an den Spitzen der Parteien, die im Bundestag sitzen.

Moskau sucht eine Lösung in der Berlin-Frage

1945 war die Stadt Berlin von den Sowjets eingenommen worden. Dann kamen im Laufe des Sommers gemäß den alliierten Beschlüssen auch die Truppen der drei westlichen Alliierten in die Stadt. Von dort aus sollten die Beschlüsse zur Demokratisierung unseres Landes überwacht werden. In meinem Band *Kontinentaldrift* waren wir gewissermaßen *live* dabei, als die Zusammenarbeit der vier Alliierten über die energisch geschürten Zwistigkeiten zwischen ihnen, dann über eine separate Währungsreform in West-Deutschland und nach einem langen Hängen und Würgen auch im Westen Berlins und über die Gründung von BRD und DDR *peu à peu* zusammenbrach. Während in den zerstörten Westen des Landes Geld für den Wiederaufbau hineingepumpt wurde, entnahmen die Sowjets, die ja selbst vom Krieg schwer gebeutelt waren, Reparationen für den Wiederaufbau im eigenen Land. Für Berlin hieß dies, dass der Lebensstandard von der Straße abhängig war, in der eine Familie damals zufällig wohnte.

Das ist freilich längst nicht alles. Ost-Berliner, die in West-Berlin Arbeit haben, leben auch im Osten Berlins besser, ein Effekt, der durch den Umtausch des Lohnes in Ost-Mark vervielfacht wird. Das liegt weiter an den abenteuerlichen Umtauschkursen in den West-Berliner Wechselstuben. Leute in West-Berlin und viele alliierte Soldaten kaufen seitdem Waren und nutzen Dienstleistungen im Osten der Stadt, was den ohnehin vorherrschenden Mangel weiter verschärft. Das Mitleid mit den Menschen *aus dem Osten* oder *im Osten* hält sich in West-Deutschland wie auch im Westen von Berlin in Grenzen. Am Ende sitzt den Leuten eben doch das Hemd näher als der Rock. Einen Eindruck von den damit verbundenen Problemen kann zum Beispiel Werner Eberlein vermitteln, der im Osten von Berlin wohnt: „Objektive Zeitzeugen werden mir zustimmen, dass es unter den Werktätigen in unserer Hauptstadt Zorn darüber gab, dass sie nach der Arbeit in den Geschäften nicht einmal mehr Grundnahrungsmittel wie Butter, Milch, Brot, Käse, Eier u. ä. zu kaufen bekamen. Westberliner Schieberbanden nutzten den Schwindelkurs zwischen DM und Mark der DDR dazu aus, nicht nur billiges Fleisch und Wurst, sondern auch hochwertige Kameras und Meißner Porzellan oder subventionierte Kinderkleidung nach Westberlin zu verschieben. Auch die Einrichtung von Verkaufsstellen in unseren Betrieben brachte keine Entlastung. Für Frauen war es so gut wie unmöglich, beim Friseur einen Termin zu bekommen. Westberlinerinnen ließen sich für einen Bruchteil des im Westteil der Stadt üblichen Preises verschönern. Selbst Restaurants, Schuhmacher, Wäschereien und Chemische Reinigungen wurden durch Westberliner blockiert. Auch so wurde die DDR ausgeblutet."[23]

Im Laufe der Zeit war Walter Ulbricht wiederholt von den Sowjets gerügt worden, er nehme die Republikflucht auf die leichte Schulter und stütze sich allzu sehr auf administrative und repressive Maßnahmen, um dem Ausbluten der DDR entgegenzuwirken. Chruschtschow hält auch weiterhin eine Schließung der Grenzen für „politisch unannehmbar und allzu einfach". Sie brächte erhebliche technische Schwierigkeiten und politische Spannungen mit sich. Nikita Sergejewitsch Chruschtschow ist jetzt langsam der Kasperei überdrüssig und konzentriert sich nunmehr darauf, die drei Westmächte aus West-Berlin hinauszudrängen und/oder endlich den Friedensvertrag mit beiden Teilen Deutschlands zu unterzeichnen.[24]

Die Parteizeitung der SED Neues Deutschland titelt am 28. Oktober 1958: Walter Ulbricht vor Westberliner Wählern im Friedrichstadt-Palast. Für Verwandlung ganz Berlins in eine Stadt des Friedens! Darunter heißt es: SED einzige Partei mit konstruktivem Programm zur Lösung der Lebensfragen der Nation / Westberliner SPD-Führung mit Atomrüstungs-CDU verbunden / Frontstadtpolitik widerspricht völkerrechtlichen Dokumenten / Großes Wirtschaftsangebot an Westberlin angekündigt / Änderung der Verhältnisse in Westberlin nur durch gemeinsamen Kampf möglich / SPD-Mitglieder erklären: Nicht kapitulieren, sondern kämpfen! – Weiter unten heißt es: „In der Diskussion gaben Mitglieder der SPD ihrer Empörung über die Kapitulation ihrer Führer Ausdruck. Nicht kapitulieren, sondern kämpfen, forderte ein Redner aus Schöneberg. Die Herstellung der Aktionseinheit sei dringender denn je. Eine SPD-Genossin aus Tiergarten forderte, mit allen Mitteln gegen die Atomrüstung zu kämpfen."

In diesem Artikel steht unter anderem noch: „Die SED vertritt in diesem Wahlkampf als einzige Partei konsequent die Sache des Friedens. Sie setzt sich dafür ein, dass in Berlin zwischen den beiden Stadtverwaltungen normale Beziehungen geschaffen werden, damit das Volk in Sicherheit leben und friedlich seiner Arbeit nachgehen kann. So kann Deutschlands Hauptstadt ihren Beitrag zur Annäherung der beiden deutschen Staaten und zur Vorbereitung eines Friedensvertrages mit Deutschland und zur Wiedervereinigung leisten.“ Da werden sie in Bonn bloß rufen, Satan, weiche von mir![25]

Nach einigem Hin und Her kommt einen Monat später die aktualisierte Moskauer außenpolitische Position in Form einer Berlin-Note, die der Staatslenker Chruschtschow am 27. November an die drei Westmächte richtet. Er fordert den Abzug aller Besatzungstruppen aus Berlin innerhalb von 6 Monaten und die Umwandlung der Stadt Berlin in eine „entmilitarisierte freie Stadt“.[26] In Bonn laufen die Rotoren heiß; ein Teil der Verantwortlichen will jetzt aus der verfahrenen Situation über Gespräche herauskommen und ein anderer Teil will seinen Stiefel durchziehen. Im Präsidium der Bonner SPD wird beschlossen, dass Mitglieder der Partei, die auch im Ausland bekannt sind, in die Hauptstädte relevanter Länder reisen sollen, um sich über die dortigen politischen Ideen zu informieren und die außenpolitischen Konzepte der SPD zu erläutern. Logischerweise will Brandt dies als unmittelbar betroffener Regierender Bürgermeister von West-Berlin übernehmen, doch das wollen natürlich wiederum die anderen Führer nicht.

Marion Gräfin Dönhoff, die sich selbst und den Rest dieser Welt in einem *Wartesaal der Geschichte* sieht, erzählt, wie es dreizehn Jahre nach dem Krieg im Moskauer Kreml weitergeht: „Im November 1958 erfanden die Sowjets, die bis dahin nichts gegen die Einbeziehung Westberlins in die Verträge der Bundesrepublik mit anderen Staaten gehabt hatte, die Dreistaatentheorie.“ Das stellt sie einfach so in den Raum, als ob das keinen realpolitischen Hintergrund hätte. Sie führt auch nicht ins Rennen, dass man in Bonn die Ein-Staaten-Theorie von der Maas bis an die Memel für eine zärtliche Gewöhnung der Schlafschafe an die Zwei-Staaten-Lösung missbraucht. In einer Mischung aus Information und Überredung lässt sie Interessierte wissen: „Beim ersten deutsch-sowjetischen Handelsvertrag im Frühjahr 1958 hatte Mikojan noch keinerlei Einwendung gegen die Einbeziehung Westberlins geltend gemacht. Zwei Jahre später, beim zweiten Mal, lehnte er dies kategorisch ab. Die Zeit hat also nicht für uns gearbeitet.“[27] Mit Texten dieser Couleur werden die Leute im Westen seit Jahren weichgeklopft, damit sie endlich Ruhe geben und die endgültige Zerstückelung Deutschlands hinnehmen. Aber Sie können natürlich gern widersprechen und ihre Worte anders interpretieren.

Der Regierende Bürgermeister von West-Berlin Willy Brandt fackelt hier gar nicht lange. Ohne die Alliierten oder die Regierung im beschaulichen Bonn zu konsultieren, weist er Chruschtschows Ultimatum auf der Stelle als unannehmbar zurück. Schade auch, jammern sie am Rhein. Nun will man natürlich wissen, wie das offizielle Bonn den guten Brandt inoffiziell hinter verschlossenen Türen bearbeitet. Der Leiter der Ostabteilung des Auswärtigen Amtes Georg Ferdinand Duckwitz*, sucht ihn in der Berlin-Vertretung auf und beschwört Brandt: „Gehen Sie auf den Vorschlag der Freien Stadt ein, weiten Sie ihn auf ganz Berlin aus, etwas Besseres werden Sie nicht bekommen.“ Große Klasse. Mit dieser Argumentation wird Brandt gewissermaßen aus dem Salon auf den Balkon geführt und würde er an die Brüstung näher herantreten, so würden sie ihn hinunterstoßen auf den gepflasterten Weg. Dann hat er ganz schnell die Vereinigung mit Ost-Berlin und ist Ost-Europa um einige Kilometer näher. Etwas anderes ist unter den gegenwärtigen juristischen Bedingungen mit Grundgesetz und Co. nicht zu erreichen. Brandts Empörung ist so verständlich wie sie lächerlich ist. Er soll einfach bloß aus West-Berlin abhauen, will das Feld jedoch nicht räumen.[28]

Wobei man Brandt eines lassen muss: Einfälle hat er. So nimmt er zum Beispiel auf eigene Faust und ohne die Regierung und die Alliierten einzuschalten, Kontakt zum Präsidenten der Bundesbank auf; Karl Blessing soll Brandt wenigstens eine Ahnung vermitteln, wie eine der Form nach eigene, tatsächlich jedoch an die DM West gekoppelte Berliner Währung aussehen könnte. Ihm wird selbstredend keinerlei Lösung vorgeschlagen. Da will Brandt doch tatsächlich eine gemeinsame Währung für die ganze Stadt erwirken. Auch diese Krise ist trefflich geeignet, um klarzumachen, dass auch diese Situation vom inneren Zirkel in Bonn, so gut es möglich ist, genutzt wird, um endgültig die Vereinigung West-Berlins mit dem die Stadt umgebenden Roten Meer zu erreichen. Brandt hat es im Leben und in seinem Amt als Bürgermeister von West-Berlin eben nicht besonders leicht: „Vorerst kostete es viel Kraft, das Ultimatum abzuwehren und die Krise zu bestehen, außerhalb der Stadt mehr noch als innerhalb."[29]

Wenn Sie die dazugehörige westdeutsche Begleitmusik zur Verschiffung West-Berlins nach Ost-Europa in den absolut unabhängigen Medien im Spiegel des West-Berliner Kabaretts „Die Insulaner" auch mal *live* hören wollen, nehmen Sie sich einen ihrer Tonträger zur Hand. Die können Sie bestimmt bestellen und dort haben Sie es völlig authentisch. Bei diesem ganzen Auf und Ab der Jahre nach dem Krieg ist bei den West-Berlinern längst so etwas wie ein Front-Stadt-Gefühl gewachsen, in dem sich viele Schichten übereinander gelagert haben. Es gibt den traditionellen Antikommunismus aus der Zeit der bolschewistischen Revolution Lenins im Jahr '17, nach der viele Emigranten vor den Zuständen in Russland geflohen waren, Charlottenburg wurde seinerzeit kess in Charlottengrad umgetauft, darüber liegen die Jahre mit Goebbels am Ohr, danach kam der von mehr als der Hälfte der Leute gefürchtete Einmarsch russischer Truppen in Berlin, bei dem eben auch nicht nur Brot und Wasser verteilt wurde, sondern auch Vergewaltigungen stattfanden, später die Blockade von West-Berlin, danach folgte die Gründung von zwei Staaten allerdings ohne die Insel im Roten Meer und jetzt liefern die Zustände unter Herrn Ulbricht mehr als genug Abschreckungsstoff gratis und frei Haus. Dabei werfen die Medien skrupellos den Sozialismus à la Ulbricht in denselben Topf wie die Absichten im Moskauer Kreml. Wir erinnern uns aber noch an die Zungenschläge über das Jahr 1953, die klären, dass die Sternchen im Westen nur zu gut wissen, dass Ost-Berlin nicht dieselben Absichten hat wie Moskau, sondern es mit List und Tücke ausmanövriert. Damit ist klar, warum die letzten Zeilen des Textes von Günter Neumann so garstig ausgefallen sind. Singen Sie es zur Melodie von Marlene Dietrichs Lied „Durch Berlin fließt immer noch die Spree".

Kürzlich schrieb ein Zeitungsblatt, wir soll'n mit der janzen Stadt rüber in die Lüneburjer Heide uns verzieh'n. Mittendrin im Heidekraut wird Berlin neu uffjebaut, schrieb ein Mann der Tat und dann jab er uns den Rat: Packt die Siejessäule ein, tut den Funkturm ooch mit rein, und dann los in Richtung Uelzen. Schluss mit dem Berlin-Gedöns, zieht ins Land von Hermann Löns, da kann Euch keen Ulbricht filzen. Da ist Schluss mit Eurem Leide und Ihr habt es sehr bequem: Ihr braucht von der Jungfernheide nich die Heide mitzunehm'n. Und Ihr lebt dann schön in Ruhe dicht bei Winsen an der Luhe. Leute flieht und dann singt das schöne Lied: Durch Berlin fließt neuerdings die Luhe. Da jibt's off'ne Türen und nicht mehr zue. Man darf frei durchs Brandenburger Tor, bloß zwei Heidschnucken, die steh'n davor. Man baut Treptow, Stralau und den Alex hin, sojar Pankow, aber ohne Bonzen drin. Bloß det Sowjet-Denkmal lass'n wer steh'n. In Neu-Berlin will det keen Mensch mehr seh'n.[30]

Für die Teile des Publikums, die nicht aus dem Noorden kommen, sind vielleicht ein paar Erklärungen nötig. Die Lüneburger Heide liegt in der Nähe der Nordsee und dort gibt es draußen auf den Weiden auch Schafe, die Heidschnucken genannt werden. Es ist klar, dass diese Viecher nicht so wirklich zum Stadtbild einer Großstadt passen wollen. Hermann Löns war ein Heimatdichter, der aus Culm in Westpreußen stammte wie auch der einstige SPD-Chef Kurt Schumacher. Seine große Liebe galt nicht der Heidi, sondern der Heide als solcher, und er wurde als Heidedichter zum Helden auf dem flachen Lande im Noorden. Die Tat war eine Zeitschrift, die noch bis Oktober 1933 von Hans Zehrer herausgegeben wurde, und nach dem Krieg mit neuem Elan in den Konsensjournalismus einstieg. Rechts, Mitte, Links, Hauptsache, keiner verrät den Interessierten im Kleindeutschen Reich zu viel und schreibt so gedrechselt, dass die Leser sich ein Loch in den Bauch freuen, wenn sie glauben, sie würden gerade noch verstehen, was da steht. Jut, und Siegessäule und Funkturm, das Brandenburger Tor, Treptow, Stralau, der Alexanderplatz und Pankow sind Baulichkeiten beziehungsweise Stadtbezirke und ein Platz im Osten von Berlin, der nach dem Zaren Alexander I. benannt worden war.

Manche Leute wissen besser, wie die Lösung aussieht.

Wir dürfen gespannt warten, ob es gelingt, die Berliner von der Liebe zur Heimatstadt loszueisen. West-Berlin kann so zu einem Übungsplatz von Journalisten werden, die versuchen, den Deutschen im Westen Stück für Stück das Nationalbewusstsein abzutrainieren. Weiß der Experte Günter Gaus hier Näheres? „Meinesgleichen meines Alters hat dazu beigetragen, dass die Deutschen in der Bundesrepublik die europäische Normalität verfehlt haben; vielleicht trifft es die schwächere Formulierung genauer: nicht ganz erreicht haben. Die Abweichung liegt nicht offen zutage, ist im Gegenteil sogar von der beschriebenen Angleichung der Westdeutschen an Gewohnheiten ihrer westlichen Nachbarn weithin verdeckt.“[31]

Am Ende seiner Karriere bekennt sich der Journalist, der für den Spiegel schrieb zu seinem Anteil: „Aber die Anomalie ist wirksam – und meinesgleichen hat sie mitgeformt. Unser Anteil an ihr ist in einem nun schon lange zurückliegenden Irrtum begründet, der so nobel wie gedankenlos war. Gegen Ende des ersten Kapitels habe ich ihn bereits einmal flüchtig erwähnt: unsren Irrtum über die sogenannte Stunde Null im Jahre 1945, als in Europa der Krieg zur Ruhe kam.“ Wo sehen die Klugen den Hasen im Pfeffer? „Der Nationalismus hatte dem Nationalsozialismus Vorschub geleistet – also wollte meinesgleichen mit der Nation als Orientierungspunkt, als Lebensrahmen nichts mehr im Sinne haben. Ich denke, eine vorbehaltlosere Hinwendung zu Europa – was immer das am Ende sein mochte, es schien uns die Überwindung des Nationalen zu sein – hat es nicht gegeben als unsere damalige; als westdeutsche Studenten Anfang der fünfziger Jahre den Schlagbaum an der Rheinbrücke bei Kehl, gegenüber von Straßburg, niederrissen. Ein Irrtum so nobel wie gedankenlos. Wir bedachten nicht, dass für die anderen europäischen Völker – so entschlossen sie waren, eine Wiederholung der deutschen Plage zu verhindern – im Jahr 1945 nicht eine Stunde Null in unserem gutgemeinten Sinne schlug, sondern ein Triumpf, eine Bestätigung ihrer jeweiligen Nation im Kalender der historischen Kontinuität stand."[32] Hmm, am besten wird es sein, dieses Kauderwelsch zweimal zu lesen, denn es ist eine ganz herbe Klatsche, die Gaus auf der eigenen Wange landet.

Die Analyse des Produkts der Beschallung ist irre gut: „Eine Verstörtheit, wie der Nationalsozialismus sie mit sich brachte, bleibt nicht folgenlos, auch wenn der äußere Schein anderes vortäuscht: Westdeutschland ist wie ein Mensch ohne Gleichgewichtssinn, der diesen schweren Schaden aber vergessen hat, weil er sich so lange schon an ein fremdes Gleichgewicht anlehnen kann. Wäre ich ein rational denkender Amerikaner, mir wäre ein solcher Verbündeter unheimlich."[33]

Auch damit trifft er ins Schwarze: „Welchen Grund sollten ein Däne, ein Pole, ein Franzose, ein Tscheche, ein Niederländer haben, ihren guten Vorsätzen bei Kriegsende auch noch den hinzuzufügen, ihr Nationalgefühl, ihr nationales Selbstbewusstsein zu verdrängen? Ihre Nation, was immer ihr auch künftig blühen sollte, hatte gerade im Bunde mit anderen Nationen gesiegt; und wo nötig, schickte man sich an, das nationale Bild von dunklen Flecken der Quislinge, die mit den Deutschen kollaboriert hatten, zu säubern. Das Engagement für einen Zusammenschluss Westeuropas war auch unter Westdeutschlands Nachbarn nicht zu verkennen, aber es fußte in der Regel auf anderen Voraussetzungen als unseres. Das Europa der Vaterländer, Jahre später die Formel des Franzosen Charles de Gaulle, konnte als Ziel nur westdeutsche Enthusiasten enttäuschen; überall anderswo war es eine Selbstverständlichkeit."[34]

Der Weg vom Maurer über den Lehrer zum Polizisten

Gute Menschen wollen ja immer alles richtig machen – vor allem besser als ihre Eltern. Nehmen wir Wolfgang Müller als ein praktisches Beispiel. Sein Vater war in diesem schrecklichen Krieg Soldat und das geht ja nun gar nicht. Wehrmacht, SS und Einsatzgruppen kommen alle in denselben Topf. Es zählt leider auch nicht, dass auf eine Kriegsdienstverweigerung die Todesstrafe stand. Seine Entwicklung ist derart exemplarisch für eine Menge junger Leute in der DDR der 1950er Jahre, dass es sich lohnt, sie bis zum Jahr 1958 nachzuzeichnen.

Der junge Wolfgang hat nach dem Schulabschluss das Maurerhandwerk erlernt – und beim Wiederaufbau der Bahnhofstraße in Frankfurt an der Oder mitgewirkt. Da nach dem Krieg zumindest in der DDR die Nazis in den Schulen aussortiert und durch fachfremde gutwillige Leute von der Straße mehr schlecht als recht ersetzt wurden, werden nun händeringend neue Lehrer gesucht. Wolfgang Müller hat sich also am dortigen Lehrerbildungsinstitut ausbilden lassen und ging danach in das Dorf Trebatsch oder auf Sorbisch Žrjobolce im äußersten Norden der Niederlausitz. Dort unterrichtete er anschließend eine Klasse mit Schülern von der ersten bis zur achten Klasse. Mich erinnert das sehr an die Gebrüder Reinhard und Wolfgang Leube in Thüringen, die in diesen Jahren die *völlig freie Wahl* hatten, an eine Offiziersschule zu gehen oder Medizin zu studieren. Beide haben sich dann entschlossen, Ärzte zu werden. Wie Wolfgang Leube am Bau einer Wasserleitung von der thüringischen Saale bis zum Stahlwerk Maxhütte in Unterwellenborn beteiligt war, so wurde Wolfgang Müller in Frankfurt an der Oder als gelernter Maurer zum Bau des Landkrankenhauses in Röbel an der Müritz beordert oder wie es jetzt heißt – delegiert.

Anfang der 50er Jahre war der Lehrer Müller seinerseits infolge der eben erwähnten landesweiten Werbekampagnen der gerade neu gegründeten Deutschen Volkspolizei beigetreten. Das führte wiederum zu verstärkten Diskrepanzen mit dem Vater. Es kommt zur zunehmenden Entfremdung zwischen den beiden. So ist das. Sein jugendlich frischer Entschluss zum Dienst in der Deutschen Volkspolizei ging auf die Schrecken der eigenen Kriegserlebnisse zurück und auf den tiefen Wunsch, wegen der Kriegsbeteiligung des Vaters etwas wieder gutmachen zu müssen. Mitte der '50er folgt er der Anordnung, nach Halle an der Saale umzuziehen. In der im Krieg mehrfach bombardierten Stadt versieht er dann brav seinen Dienst bei der Volkspolizei.

Das kaputte Berlin ist von da aus erst einmal weit weg. Die Sicherung der Demarkationslinie zwischen der sowjetischen und den westlichen Zonen in Berlin wie auch in Gesamtdeutschland obliegt weiterhin sowjetischen Soldaten, doch mit der Zeit werden dann auch Volkspolizisten als Grenzhelfer immer öfter und näher zum Grenzverlauf mitgenommen und entsprechend geschult. Nach dem Aufstand im Sommer 1953 wurden dann in Berlin und in den Bezirken der DDR VP-Bereitschaften als Einsatzreserven der Chefs der VP-Bezirksbehörden eingerichtet. Es besteht immer Personalbedarf. So macht es sich erforderlich, Personal aus den Bezirken der DDR zeitweilig abzustellen, meist für drei Monate. Wolfgang Müller erreicht der Dienstauftrag 1958 und er wird drei Monate aus dem Bezirk Halle/Saale nach Berlin abgestellt. Die Unterkunft ist in Friedrichshagen. Die An- und Abfahrt zu den Einsatzorten erfolgt immer mit der S-Bahn. Oft sind die Männer fast zwei Stunden je Richtung unterwegs. Wolfgang wird an den Abschnitten Bereich Bernauer Straße und am Engelsbecken zwischen Berlin-Mitte und Kreuzberg, in der Nähe der Heinrich-Heine-Straße eingesetzt. So wird aus dem Jungen, der alles richtig machen will, der böse Ost-Vopo. Slapstick-Qualität hat es, wenn die jungen Kerle an der Bernauer Straße zwischen Prenzlauer Berg und Wedding zur Toilette müssen. Da man auf der eigenen Seite nicht so schnell eine finden wird, gehen sie kurzerhand (illegal) in eine Kneipe im Wedding. Wenn dort ein „Vopo" erscheint, weiß der Kneiper schon Bescheid und weist mit einem Daumen in Richtung Klo. Wenn der junge Mann zurückkommt, steht am Tresen schon ein Schnaps für ihn bereit. Treppenwitze der Geschichte.

---

1 Wolf (2003), S. 171
2 Ebd.
3 Weidenfeld (1998), S. 386
4 Ebd.
5 Keil, Lars-Broder (2000), „Halten Sie den Mund! 13. Februar 1990: Modrow reist nach Bonn. In: Berliner Morgenpost am 13.02.2000
6 Brandt (1989), S. 47
7 Ebd., S.47f.
8 Strauß (1989), S. 42
9 Payk (2005), S. 233
Strauß (1989), S. 130
10 Deutsches Rundfunkarchiv Frankfurt am Main, Jörg Schäfer, Deutsche Geschichte von 1949 bis zur Jahrtausendwende
11 Felfe (1989), S. 287f.
12 Strauß (1989), S. 130f.
13 Ebd.
14 Schmidt (1987), S. 331
15 Schmidt-Eenboom (2004), S. 251f.
16 Ebd., S. 252
17 Harpprecht (1998), S. 424
18 Dornberg (1970), S. 135f.
19 Kreutzer, Hermann / Ministerialdirektor i.R. (1994), Das Ostbüro wusste Bescheid. In: Frankfurter Allgemeine Zeitung am 12.04.1994
Gehlen (1971), S. 204
20 Ash (1995), S. 234
21 Wolf (2003), S. 124f.
22 Ebd., S. 197
23 Dieses Interview fand ich vor einem Jahrzehnt unter http://www.jungewelt.de/frameit.php?/2001/08-11/017.shtml
24 Harrison, Hope M. (2012), Walter Ulbrichts „dringender Wunsch" [online]. Verfügbar unter: https://www.bpb.de/themen/deutsche-einheit/deutsche-teilung-deutsche-einheit/52213/walter-ulbrichts-dringender-wunsch/#node-content-title-1. Aus: Aus Politik und Zeitgeschichte, 31-34/2011, 50 Jahre Mauerbau
Harrison (2011), S. 370
Vgl. Note der Sowjetregierung vom 27.11.1958 an die drei Westmächte. In: Heinrich von Siegler (Hrsg., 1961), Dokumentation zur Deutschlandfrage. Von der Atlantik-Charta 1941 bis zur Berlin-Sperre 1961, Hauptband 2, Bonn-Wien-Zürich
25 Neues Deutschland am 28.10.1958
26 Dönhoff (1993), S. 333
27 Dönhoff (1993), S. 182 f.
28 Brandt (1989), S. 34
29 Ebd., S. 34f.

30 Günter Neumann und seine Insulaner (8-CD-Box), Bear Family Records, 2019
31 Gaus (1986), S. 179f.
32 Ebd., S. 180f.
33 Ebd., S. 218
34 Ebd., S. 180f.

Kindermund

Kommen wir nun auch einmal auf Wolfgang Müllers Sohn Michael zu sprechen. Das Balg ist zwei Jahre alt und soll einfach einmal die Klappe halten und schlafen. Immerhin wollen seine Eltern auch mal ihre Ruhe haben und einen Abend bei Bekannten verbringen, die in unmittelbarer Nähe ihrer Wohnung zu Hause sind. Nun weiß man ja nicht, ab wann so eine Blage schon irgendetwas mitbekommt, worüber sich seine verehrten Eltern im Detail unterhalten, aber klein Michael muss das hässliche Wort Rabeneltern aufgeschnappt haben, als es um Leute ging, die ihre kleinen Kinder im Stich gelassen und sich in Richtung Westen aus dem Staub gemacht haben. Da es sich hier nicht um einen Ratgeber über den richtigen Umgang mit kleinen Kindern handelt, wollen wir dazu auch keinen guten Rat erteilen, zumal er keinen Einfluss auf den Gang der Dinge hätte. Der Balg wacht also plötzlich und unerwartet auf und stellt entsetzt fest, dass seine Eltern nicht gegenwärtig sind. Er steigt aus dem Bett, schreitet zum Fenster und tut der Welt kund, dass er Rabeneltern habe, die ihn einfach so allein gelassen hätten. Nachbarn benachrichtigen daraufhin unverzüglich den Abschnittsbevollmächtigten – der ABV ist eine Art Hilfssheriff, der ältere Leute an den Blockwart von früher erinnern muss – und dieser gute Mann kann seine lieben Eltern glücklicherweise in recht kurzer Zeit ausfindig machen. Für den Moment nimmt alles einen guten Ausgang. In der Nachbarschaft, die höchst unangenehmen Gesprächsstoff über einen Volkspolizisten auf dem Tablett serviert bekommen hat, der stets in Uniform unterwegs ist und ihnen immer und überall als leuchtendes Vorbild angepriesen wird, bleibt jedoch die Blamage für die lieben Eltern hängen. So geraten auch hier wieder die menschlichen Schwächen und das große Ganze, der Mensch in seiner Unzulänglichkeit und die Ansprüche an ihn, in einen Widerspruch. Das lehrt die Eltern der funkelnden Zukunft: Versiegeln Sie ihren Blagen unbedingt jederzeit fachgerecht den Mund.

Brandts Sonderweg wird geerdet

Das Jahr 1959 beginnt ganz schön. Die sowjetische Staatsführung unterbreitet den drei Westmächten, der Bundesrepublik und der DDR am 10. Januar 1959 den Entwurf eines Friedensvertrags für Deutschland. Damit ist das Thema vierzehn Jahre nach dem Ende der Kampfhandlungen des Weltkrieges schon wieder auf der Tagesordnung und wird dank der weit vorausschauenden Bonner Außenpolitik auch ganz rasch wieder von der Tagesordnung gestrichen. Kommen wir zu einer anderen Geschichte.

Kronprinz hin oder her – den SPD-Führern gelingt es, Willy Brandt von dem Gespräch mit Chruschtschow in Moskau auszuschließen. Doch der SPD-Mann Ollenhauer lässt sich nicht abhalten. Am 9. März 1959 spricht also Erich Ollenhauer mit Chruschtschow, der zu einem Besuch in Ost-Berlin weilt, kurz bevor die Betreuer des Kronprinzen in Moskau mit der Spitzenfigur im Kreml sprechen. Einen Tag später äußert sich der Kremlchef bei einem Empfang in Ost-Berlin positiv über sein Treffen mit Erich Ollenhauer und verleiht seiner Enttäuschung darüber Ausdruck, dass das Treffen mit dem Regierenden Bürgermeister von West-Berlin geplatzt ist. Einerseits will er sich nicht an Spekulationen darüber beteiligen, weshalb daraus nichts geworden ist, andererseits tut er es jedoch schließlich sogar energisch – und polemisiert in die falsche Richtung.[1]

Bei einem Empfang am 10. März sagt er: „Natürlich ist es hier nicht ohne Druck von dritter Seite abgegangen, doch von welcher Seite, wir werden da nicht herumraten. Offenbar lässt sich im Voraus sagen, dass dies eine Seite war, die den Abschluss des Friedensvertrags für das deutsche Volk, für den Frieden und die Liquidierung des Kalten Krieges nicht will."[2]

Da Brandt gerade von einer Amerika-Reise zurückgekehrt ist, folgert der Kreml-Chef, die Zusammenkunft sei Brandt „erheblich weiter weg" ausgeredet worden. Im Leben kommt er nicht darauf, dass es einflussreiche Kräfte in Bonn waren. Erst Äonen später wird der englische Historiker Timothy Garton Ash recherchieren, das persönliche Treffen dieser zwei Politiker „traf auf den Widerstand von Brandts eigener Partei"[3]. Warum denn in die Ferne schweifen, sieh, die Lösung liegt so nah. Zumindest so ähnlich hatte sich Johann Wolfgang von Goethe einst ausgedrückt. Bonn gibt die Linie vor und nicht Washington, DC.

Zwei Tage nach Ollenhauer in Berlin treffen auch Carlo Schmid und Fritz Erler mit dem Kreml-Herrscher zusammen und er ist noch nicht einmal allein in einem der Konferenzsäle des Machtzentrums der Sowjetunion. Unter den Anwesenden ist zum Beispiel auch der Vorsitzende der Gesellschaft für die Verbreitung politischer und wissenschaftlicher Kenntnisse Nitim. Carlo Schmid übernimmt die Verbreitung seiner Kenntnisse über die wahre Wahrheit des wahren Gesprächs mit dem roten Bolschewiken lieber selbst. Eine seiner dusseligsten Propagandadarlegungen über das, was sich am 11. März 1959 abgespielt hat, liefert er in den *Erinnerungen.* Da haben die deutschen Gauner den naiven russischen Pragmatismus, nach welchem „ein Friedensvertrag alle Probleme, auch das der Wiedervereinigung, lösen werde“, rhetorisch damit gekontert, „dass der Weg für die Wiedervereinigung nur von den Mächten frei gemacht werden könne, die Deutschland geteilt hätten.“ Doch das passiert nach einem Krieg eben mit einem Friedensvertrag. Nach dem Krieg und nicht vor dem nächsten. Einem gebildeten Menschen braucht das eigentlich keiner zu erklären.[4]

Dass Ollenhauers Gespräch zuvor etwas hätte bewirken können, geht in dieser Darstellung von Schmid unter, weil er den Hinweis auf die Unterhaltung mit dem Boss des Kremls, die zuerst stattgefunden hatte, einfach in das andere Gespräch, das erst später zustande kam, einpackt. Wer das nur oberflächlich liest, kann entnehmen, dass er mit Erler in Moskau war, Ollenhauer hat auch irgendwie mit dem russischen Bären herumgelabert, und dass nichts herauskam. Erich Ollenhauer wird übrigens nicht mehr sehr lange seine von den Briten gewünschte herausgehobene Stellung in der SPD-Führung innehaben. Da brauchen Sie nicht mehr viel Geduld. Es wird nur nicht so dramatisch wie bei der Otto-John-Affäre. Da waren die Interessen am Rhein ja auch schon mit denen an der Themse kräftig zusammengerauscht.[5]

Wieder einmal eine große Konferenz in Genf

In einem beschaulichen Rückblick auf das Geleistete beim Überbrücken der Zeit bis zur Anerkennung der DDR durch eine Mehrheit der Leute in der Bundesrepublik, die dann bloß noch ihre Kreuze bei den Wahlen zu machen brauchen, sodass die Chefs in der Repräsentativen Demokratie den Rest erledigen, unternimmt der Experte Sebastian Haffner den Versuch, die Nachkriegsgeschichte in Phasen einzuteilen. Welche entdeckt er? „Drei Perioden kennzeichnen die deutsche Geschichte seit 1945. Von 1945 bis 1948 bemühten sich die westlichen Alliierten und Russland, die deutsche Frage gemeinsam zu lösen. Sie scheiterten und gingen von 1949 bis 1952 nach einem Jahr der Krise getrennte Wege.“ Er schreibt sachlich trocken, dass der Sand rieselt, und ohne ein Wort des Bedauerns, und so selbstzufrieden setzt er das fort: „Von 1952 bis 1955 unternahm man erneut den Versuch, das geteilte Deutschland wiederzuvereinigen und sich über einen für ganz Deutschland geltenden Friedensvertrag zu verständigen. Dieser Versuch scheiterte, und während der folgenden drei Jahre setzten West- und Ostdeutschland, inzwischen Mitglied der NATO bzw. des Warschauer Paktes, ihre getrennten Wege weiter fort.“ Es wird angeboten, als ob sich Ärzte über den offenen Körper eines Patienten beugten und nicht als ob die Deutschen vielleicht einmal den Mund ohne Schaum davor aufmachen und ihren eigenen Beitrag leisten müssten. Im Mai ‘59 soll eine Außenministerkonferenz der großen Vier über Deutschland im schweizerischen Genf stattfinden und viele Menschen von Vorpommern bis nach Friesland und Schwaben hegen die Hoffnung, dass so Bewegung in die Geschichte kommt. Der Experte Haffner dämpft übertriebene Illusionen rechtzeitig: „Nun scheinen wir am Beginn eines dritten Versuchs der vier Mächte zu stehen, einen Friedensvertrag mit ganz Deutschland zu schließen. Das Scheitern der bisherigen Versuche sollte uns vor einem allzu großen Optimismus bewahren: Teilen ist leichter als vereinigen.“ In meinen Ohren klingt das wirklich nicht ergebnisoffen oder ganz und gar optimistisch und dabei kann die weltpolitische Großwetterlage doch nun wirklich optimistisch stimmen, wenn man es denn so wollte.[6]

Dieser Analyse Haffners kann ich bedauerlicherweise nur die Zeiträume entnehmen; die Ereignisse muss ich wohl oder übel selbst ergänzen. Die Zusammenarbeit wurde im Jahr 1948 nach der Währungsreform in den westlichen Zonen unseres Landes und, erzwungen durch den Druck der Straße, auch im Westen der Stadt Berlin sowie 1949 durch die Gründung der Bundesrepublik ohne die westlichen Sektoren Berlins unterbrochen. Wie Sie leider erst bei mir erfahren konnten, gab es die DDR erst danach. Bis 1955 kam keine Einigung zustande, weil die Bundesrepublik durchaus aufgerüstet werden musste, weil der alte Mann unbedingt in die Nato wollte und er ein Sicherheitssystem in Europa für eine „gewissermaßen mechanische" Art und Weise der Herstellung von gutnachbarlichen Beziehungen zwischen der BRD und der Sowjetunion hielt. Lassen Sie noch einmal Revue passieren, was Sie in *Kontinentaldrift* und in der aktuellen Darstellung über die 1950er Jahre gelesen haben. Dass Moskau zu dem Europa vor dem Krieg zurückwill, wenn auch mit einem friedlichen Staat Deutsches Reich in der Mitte, scheint mir überdeutlich zu sein.

Was ist vom dritten Versuch der vier Mächte einen Friedensvertrag mit Deutschland zu schließen überliefert? „Auf westlicher Seite war ein nach dem Dulles-Nachfolger Christian Herter benannter Plan, vorgelegt 1959 auf der Genfer Außenministerkonferenz der Vier Mächte, der letzte gemeinsame westliche Vorschlag für »Wiedervereinigung«."[7] Freilich kann die gute Seele Brandt erst im Rückblick feststellen, dass der Herter-Plan der letzte gemeinsame westliche Plan werden würde. Hier bleibt vorerst lediglich zu konstatieren, dass auch die drei Westmächte einen Vorschlag auf den Tisch legen. In Genf, da wo früher immer der mehr oder minder gut funktionierende Völkerbund getagt hatte, sprechen die Mächtigen in der Welt vom 11. Mai bis zum 20. Juni 1959 und dann noch einmal vom 13. Juli bis zum 5. August 1959 miteinander.

Fakt ist eins: Die Vorstellungen der vier großen alliierten Staaten liegen im Jahr 1959 sehr nahe beieinander. Willy Brandt bekam schon Anfang dieses Jahres von US-Präsident Eisenhowers Außenminister John Foster Dulles um die Ohren: „Wenn wir uns in hundert Fragen mit den Russen streiten, in der hunderteinsten sind wir mit ihnen einig: Ein neutrales, womöglich noch bewaffnetes Deutschland, das zwischen den Fronten hin und her marschieren kann, wird es nicht geben."[8]

Damit die kreuzgefährliche Aufrüsterei auf beiden Seiten nicht einmal in einer Situation endet, in der übergeschnappte kleine Lichter auf dumme Ideen kommen, einigen sich die Supermächte 1959 stillschweigend, ihre Kernwaffen nicht an dritte Staaten weiterzugeben. Nach den ultimativen Vorstößen der Sowjetunion in der Westberlin-Frage und einem Entwurf eines Friedensvertrages für Deutschland bildet sich in Washington eine Arbeitsgruppe, bestehend aus den vier westlichen Botschaftern, zur vertraulichen Beratung der anstehenden Probleme. Zur März-Tagung 1959 brachte die Londoner Regierung Vorschläge für eine zentraleuropäische Rüstungskontrollzone ein, in der Mannschaftsstärken und Bewaffnungen eingefroren werden sollen. Die Vorstellung des Einfrierens lehnt sich an Rapackis Stufenplan an, der von Polens Außenminister nur vier Monate zuvor vorgestellt worden war. Sie werden es nicht glauben, wer dagegen protestiert, der Botschafter der Bundesrepublik in Washington, Wilhelm Grewe. Er will keine „begrenzte mitteleuropäische Rüstungskontrollzone à la Rapacki."[9]

Man weiß sich auch wieder zu helfen. In dieser heiklen Phase billigt der Bonner „Deutsche Bundestag" eine Stationierung von Atomwaffen aus den USA in West-Deutschland. Gut gemacht. Bravo!!! Vor dem *Billigen* muss das aber erst einmal jemand angeregt haben. Was sagten die USA dazu? Das Ende vom Lied hat Brandt hautnah miterlebt. „Ich fuhr zweimal, Mitte Juni und Ende Juli, in die Konferenzstadt am Genfer See, für nichts. Die Beratungen scheiterten. Die Folge: Besonders auf amerikanischer Seite machte sich die Ungeduld derer Luft, die die deutsche Unbeweglichkeit beklagten. Der Vorwurf wurde laut, die Deutschen spielten mit den – ihren Schutzmächten eigenen – Mitteln nuklearer Zerstörung, um ihre veralteten Positionen zu behaupten."[10] Jetzt wäre es theoretisch und praktisch gut, wenn sie sich erinnern würden, dass bei Kriegsende so viele deutsche Wunderwaffentüftler zusammen mit Wernher von Braun den Drang verspürten, die Technik, die sie für Hitlers Endsieg entwickelt hatten, unbedingt ihren neuentdeckten *friends* zur Verfügung zu stellen.

Das Ende vom Lied ist etwas für Leute, die eine Wiedervereinigung gern noch erleben wollen: Adenauer verweigert erneut einen Friedensvertrag und fordert die Wiedervereinigung. Nur, dass es ohne so einen Friedensvertrag kurz nach diesem Krieg hier keine Vereinigung gibt. Unabhängig davon ist es ganz zauberhaft auf dieser Welt: „Wir können uns also sehen lassen, auch jenseits unserer Grenzen; wir haben viel gelernt; wir sind, sozusagen, nicht sitzengeblieben auf unseren Badetüchern, mit denen wir bald nach der Währungsreform unsere ersten deutschen Claims in fremdsprachiger Umgebung bedeckten: an der Adria damals, die wir in der zweiten Hälfte der fünfziger Jahre zu unserer Südsee machten."[11]

Recht hat Günter Gaus. Man muss einfach mal rauskommen und da gibt es keinen Unterschied zwischen West und Ost. Sehen Sie: „Ein Lehrer in Prag schildert den Schülern die Erfolge der sowjetischen Wissenschaftler: „Heute kreisen künstliche Trabanten um unseren Erdball", sagt er stolz, „morgen werden unsere Forscher auf dem Mond landen, und eines Tages werden sie noch andere Planeten besuchen." Da meldet sich ein kleiner Junge: „Ach bitte, Herr Lehrer, und wann wird man wohl einmal nach Wien fahren können?"[12]

Die „Supermächte" würden sich gern entspannen

Seit Monaten steht das Berlin-Ultimatum aus Moskau regungslos in der Gegend herum und die westlichen Alliierten denken ja im Traume nicht daran, sich aus ihrer Inselstadt mitten im Roten Meer zu verflüchtigen. Um aus der verfahrenen Situation ohne Gesichtsverlust wieder herauszukommen, besucht der Staatschef Nikita Sergejewitsch Chruschtschow vom 15. bis zum 27. September zwölf Tage lang die Vereinigten Staaten von Amerika. In Camp David finden Gespräche mit US-Präsident Dwight David Eisenhower statt. Im Laufe dieses Treffens nimmt der sowjetische Staatschef das Ultimatum in wenig beneidenswerter Hilflosigkeit zurück und nichts ist besser als vorher. Frei sind die Menschen in der verkehrsberuhigten Zone West-Berlin auch weiterhin nur, bis sie zu der Sektorengrenze kommen, die den goldenen Käfig umgibt und im Osten von Berlin wird es unter den gegebenen Bedingungen auch keinen Deut besser.

In Ost-Berlin entsteht der Eindruck, dass sich nunmehr eine neue Phase der Verständigung anbahnt. Eilfertige Kommentatoren kündigen bereits das Ende des Kalten Krieges an, die Medien feiern den „Geist von Camp David". Von gut informierten amerikanischen Quellen – nicht etwa von den sowjetischen Partnern – erfahren die geheimen Experten, dass beide Staatsmänner sich in der heiklen Berlin-Frage nähergekommen sind und für ihr nächstes Treffen in Paris eine Vereinbarung anstreben, die ebenso die sowjetischen Vorschläge berücksichtigen. *Unser* Markus Wolf meint, dieser Gipfel sei ein Höhepunkt der Entspannungsversuche der fünfziger Jahre. Er biete der Moskauer Führung die Chance, aus der militärischen Frontstellung gegen die westlichen Länder herauszukommen.[13] Anders ist auch die Einladung durch Präsident Eisenhower nicht zu verstehen. Was Amerikaner militärisch lösen können, lösen sie ja erfahrungsgemäß dann auch militärisch. Zählen Sie einmal in Ruhe alle gewaltsamen Eingriffe, die seit dem amerikanisch-spanischen Krieg um 1900 viele Länder in der Welt innenpolitisch erschüttert haben.[14]

Wenn man schon eine Supermacht ist, dann möchte man logischerweise auch *super powers* haben – wie die Kinder im Spiel. Doch dieser Traum platzt an den Großmachtambitionen der Hitler-Gegner* von einst. Man möchte es ja nicht glauben, aber 1959 hinterlässt Sebastian Haffner* im Londoner Observer einen Artikel, der in der irre dreisten Formulierung kulminiert: „Heute ist Westdeutschland in jeder Hinsicht wieder eine Großmacht, nur in militärischer nicht, es ist Großbritannien und Frankreich gleichrangig.“ Welche Freude will er damit bei den hohen Lords der ehemaligen Weltmacht England auslösen? Aber das soll ja auch bloß die Stimmung des Kalten Krieges nicht aufhellen lassen.[15]

Folgerichtig kommen derartige Entspannungstendenzen in der bundesdeutschen Publizistik schlecht weg. Der lautstarke Antikommunismus ist ja nun schon so alt wie die Steinkohle; überraschend ist jedoch unter den aktuellen Bedingungen lediglich, dass auch der alte deutsche Antiamerikanismus fröhliche Urständ feiert, wo sich das gesamte Staatskonstrukt am Rhein doch wie mit einem Sekundenkleber an den USA festgepappt hat. Nehmen wir zwei *Menschen, die wissen, worum es geht*, wie Marion Gräfin Dönhoff die Sternchen* in Politik, Journalismus und den anderen Bereichen der Gesellschaft nennt, die wissen, dass dem Deutschen Reich seine Übergröße aus Bismarcks Zeiten zwischen anderen Großmächten im Endeffekt viel mehr geschadet als genützt hat. Dadurch ist es ja leider zweitrangig, wie es den Deutschen geht, denen durch diesen Kunstgriff wieder eine Diktatur von ungelernten Amateuren und Dilettanten an den Hals gehext wurde. Unter denen im Osten waren wie im Westen ebenso viele oder wenige Nazis; es geht in etwa um die Hälfte und für diese war die Zeit unter Hitler nicht mehr und nicht weniger eine Diktatur.

Gräfin Dönhoff spricht zum Beispiel gleichlautend mit Helmut Schmidt von amerikanischen Wechselbädern.[16] Das soll offensichtlich so klingen, als wüssten diese trotteligen Amis nicht so recht, was sie denn eigentlich wollen. Amerikanische Wechselbäder. Lassen wir wieder einen Experten an die Front. Was kann Markus Payk beispielsweise im Laufe seiner einschlägigen Studien zu den publizistischen Reaktionen von konservativen

Autoren in der BRD herausfinden? „Konnten sich die Protagonisten des »Tat«-Kreises in den 1950er Jahren auch weitgehend problemlos in die bundesrepublikanische Gegenwart – und zumal in die besonderen Strukturen ihres »Konsensjournalismus« – eingliedern, so erforderte die veränderte Weltlage und zumal die »amerikanische Herausforderung« hingegen neue oder zumindest aktualisierte publizistische Stellungnahmen aus konservativer Sicht." Ich fürchte, hier ist eine Begriffsklärung nötig. Wie erklärt Christina von Hodenberg diesen Konsensjournalismus? „Mit diesem Begriff lassen sich zentrale Grundlinien des westdeutschen Journalismus der 1950er Jahre umreißen: »Es galt, die grobe Linie der Regierungspolitik zu befürworten, politische Berichterstattung am Publikum der Gebildeten auszurichten, nationalistische und antikommunistische Töne zu tolerieren und das heikle Thema der NS-Verbrechen wenn irgend möglich zu umgehen.«"[17] Beim Durchleuchten der Sterne* in Bonn wäre nämlich ans Licht gekommen, dass es sich da durchweg um Gegner der Diktatur von braunen Amateuren und Verbrechern handelte, die die politische Bühne in der Bundesrepublik auf der linken Seite, in der Mitte und auf der rechten Seite anführen und Uneingeweihte so gut es möglich ist, von den entscheidenden Stühlen fernhalten.

Markus Payk fällt noch etwas anderes auf. Es geht nämlich nicht immer bloß in eine Richtung: „Auch handelt es sich bei der hier vorgeschlagenen Taxonomie nicht in erster Linie um eine chronologische Anordnung; obzwar es von ca. 1950 bis 1965 zu sukzessiven Wandlungen in der Haltung des westdeutschen Konservatismus zu den Vereinigten Staaten kam, war dies eben nicht allein ein zeitlich fortschreitendes, sondern auch und gerade ein sektorales, je nach Intention und Kontext zu differenzierendes Phänomen."[18]

Fein beobachtet. Die Argumentationen variieren in Abhängigkeit von der jeweiligen Absicht und der aktuellen internationalen Situation. Wie sieht es denn beispielsweise im Umfeld rund um die amerikanisch-sowjetische außenpolitische Annäherung in der BRD aus? „Entsprechend sorgenvoll beobachtete Klaus Mehnert 1959 auf einer ausgedehnten Reise durch die

USA drastisch zunehmende »Zersetzungserscheinungen«, bedingt vor allem durch die modernen Massenmedien. Und im selben Jahr stellte ein anderer Beitrag in Christ und Welt mit Blick auf Amerika auch die bange Frage: »Ist die erste Macht des Westens müde?«" Als ob man es wirklich extra herausstellen müsste, heißt es im nächsten Satz: „Damit war in der Tat das entscheidende Problem bezeichnet."[19]

Da den Chefideologen in der BRD diese neue politische Marschrichtung der Amerikaner nicht schmeckt, wird in den USA alles kritisiert, was sich nicht in diesem Augenblick rechtzeitig in Sicherheit bringen kann: „Der Niedergang und die innere Entkräftung der Vereinigten Staaten schienen in unmittelbarer Weise den gesamten Westen zu bedrohen, zumal – und hier kehrte durch die Hintertür wieder eine sehr behutsame Kritik der »Amerikanisierung« zurück – die jeweiligen Erscheinungen moralischer »Degeneration« und sittlichen »Verfalls« unmittelbar auch auf die anderen Nationen des Westens durchzuschlagen drohten: [...]." – Womöglich ganz und gar noch auf die gut sortierte Bundesrepublik! Gott bewahre!

Als ob sein Murx, der schon so angelegt ist, dass es gar kein Mensch verstehen soll, nicht schon hinreichend verwurstelt geschrieben wäre, setzt er als Sahnehäubchen nach „Verfalls" auch noch eine Klammer in seine Schwurbelei, in der er auflistet, was die Konsensjournalisten an Amerika auszusetzen haben: Dort gibt es Jugendkrawalle, Tanzfilme, Rock'n'Roll, Illustrierte, kommerzielles Fernsehen, Comics und so weiter. Sobald man Amerika wieder auf die Linie des Kalten Krieges getrimmt hat, fällt diese Kritik dann auch wieder unter den Tisch – und kommt notfalls erneut.

Aber bleiben wir doch noch einen Moment beim Konsensjournalismus in jener *bunten Republik Deutschland*. Woran könnte es liegen, dass es sich nicht lohnt, hier eine Zeitung zu lesen, ganz besonders dann nicht, wenn man wissen will, was sich in der Welt tatsächlich abspielt – und wenn es sich um eine der niveauvollen Zeitungen handelt? Niveaulose Produkte haben ja zumindest einen praktischen Wert. Wer könnte die Frage besser beantworten als ein „Journalist", sitzt er doch in seiner Redaktionsstube an der Quelle. Lassen Sie mich die Antwort einspielen, die Günter Gaus bereithält, einer der Mitarbeiter des Magazins Spiegel: „Es geht hämisch zu im Land, schadenfroh und sparsam in den geistigen Aufwendungen. Selbst die Infamie, mit der in manchen Kommentaren der Mehrheitspresse den Abweichlern die schiere Böswilligkeit unterstellt wird, ist in ihrer Eintönigkeit langweilig.“[20]

Ich weiß, und was tut man jetzt dagegen? „Unter Freunden spielen wir gelegentlich das Vorhersagen: wie dieser Vortrag oder jenes Interview eines Abgestempelten, etwa eines Politikers wie Egon Bahr, in den folgenden Tagen von Leitartiklern aus dem Frankfurter Societäts-Haus und den Bonner Redaktionsstuben der »Welt« um alle Nuancierungen, jeden Diskussionsstoff vermindert und auf den Punkt der brauchbaren Verketzerung gebracht wird, was sich dann in Provinzblättern fortsetzt und so die – angesichts der Komplexität der westdeutschen Lage geradezu widernatürliche – Einfältigkeit der bundesrepublikanischen Mehrheitsgesinnung bewirkt. Das Spiel gewinnt seinen Reiz natürlich nicht aus der bloßen Vorhersage dieses Ablaufs; der versteht sich von selbst. Amüsant bei aller Trostlosigkeit wird es dadurch, dass sich Mal für Mal die jeweilige Argumentationskette der einschlägigen Autoren mit ihrer Wortwahl und ihren Bildern, ihrem Umschlagen aus scheinbarer Sachlichkeit ins Eifernde, bei einigen auch ins dunkel Drohende und historisch Beschwörende im Einzelnen vorher aufreihen lässt. Wenn Brandt oder Bahr heute etwas sagen, dann notiert sogleich, was der Balte in der »Welt« oder Me. in der »FAZ« dazu wohl schreiben werden, und messt übermorgen an ihren Kommentaren eure Treffgenauigkeit.“ So traurig das hier auch ist, es ist nicht alles schlecht: „Bei liberalen Kommentatoren des Systems gibt es doch gelegentlich Schwankungen, gelind überraschende Nuancen in Details: nichts davon bei den Verkündern der zweifelsfreien, fraglosen Mehrheit.“ Wie kommt Gaus in diesem Zusammenhang ausgerechnet auf Bahr und Brandt? Lassen Sie sich bei Ihrer Antwort bloß nicht in die Irre führen. Bis jetzt steht Bahr noch wie ein Stützbalken hinter Brandt.[21]

Die CDU will endlich Entscheidungen

Der raffinierte Trick des *„nationalistisch angehauchten Flügels der FDP“* mit der Umbenennung ihres Ostbüros in Referat Wiedervereinigung war so toll, dass er sich zur Nachahmung empfiehlt, erinnert es das Ausland doch daran, dass die Deutschen nach wie vor auf ihren Gebieten bis nach Ostpreußen herumhacken. Die CDU tut es der FDP 1959 gleich.

Erinnern Sie sich noch, dass Ulbricht in Ost-Berlin 1958 den Vorschlag aus Bonn laut gemacht hatte, man wolle eine Konföderation der beiden deutschen Staaten einrichten, und wie das als „unverschämte Lüge“ kalt abgestritten wurde? Im Frühjahr 1959 ersinnt Bonn wieder heimlich den sogenannten Globke-Plan. Darin geht es darum, dass die zwei deutschen Staaten einander als souverän anerkennen sollten und nach fünf Jahren würde durch getrennte Volksabstimmungen über den Zusammenschluss zu entscheiden sein. Allerdings soll ein freier Verkehr von Menschen und Informationen sofort in Gang kommen.[22] Will Bonn in der Zwischenzeit die Oder-Grenze vielleicht anerkennen? Wie auf einer Platte mit Sprung geht es schon wieder ums Zeitschinden. Aber wer kommt denn bloß auf den irren Gedanken, das Kollektiv der Westdeutschen wolle nach Hitler die demokratische Freiheit und das Kollektiv der Mitteldeutschen könnte nach Hitler die nächste sozialistische Staatswirtschaft wollen? Müsste es nicht vielmehr eine individuelle Abstimmung geben, wer unter welchen Umständen am liebsten leben möchte? Danach werden separate Weiden eingerichtet für die Schafe einerseits und die Rinder andererseits und ein jeder kann so nach seiner Façon glücklich werden. Wenn Adenauer und Schmidt und Strauß Deutschland teilen wollen, können sie zum Beispiel in dem sozialistischen Freilandgehege mit offenen Türen leben und wenn sie es wollen, auch einmal per Touristenvisum Bonn bei Köln besuchen – beim Tod von Familienangehörigen dürften sie auch zwischendurch mal eine Sondergenehmigung abgreifen.

Ihnen ist sicher nicht entgangen, dass ich Jahr für Jahr aufzeige, dass sich die Bonner Politik, ähnlich wie auch die Außenpolitik in Ost-Berlin, auf eine Zwei-Staaten-Lösung für dieses Land richtet. Da sich eine solche Politik aber weder im Westen noch im Osten mit den Vorstellungen des Wahlvolkes deckt, handelt es sich in beiden Fällen offensichtlich um zwei undemokratische Regime, nur um es an dieser Stelle einmal festzuhalten. Sicher hat das Leben im Westen seine Vorteile. Im Westen können einige uneinsichtige Kandidaten auf eigene Faust herumwursteln, bis ihnen das Handwerk endgültig gelegt wird – und wir haben schon mehrere dieser Absägungen *live* miterlebt. Das erinnert daran, wie die Christen im alten Rom in eine Arena getrieben wurden, wo sie noch ein bisschen mit ihren Armen herumfuchteln konnten, bis sie von den wilden Tieren gefressen worden waren. So pflegt auch der Regierende Bürgermeister von Berlin-West die heimlichen Kontakte mit den entscheidenden Leuten hier und da und dort. In einer ausländischen Wahrnehmung wird Timothy G. Ash dann staunen: „Brandt hatte in dieser Zeit viele außergewöhnliche internationale Kontakte geknüpft. Zu den wichtigsten zählten die mit den vier Siegermächten von 1945, die theoretisch noch immer unbegrenzte Macht in Berlin und residuale Besatzungsrechte in »Deutschland als Ganzem« hatten. Zwei geplante persönliche Treffen mit Chruschtschow fanden nie statt: ...“ Von einem Treffen war bereits die Rede und von jenem anderen weiß er selbst noch nichts. „Doch er ließ keine Möglichkeit aus, diskret und vertraulich die sowjetische Position auszuloten, nicht zuletzt durch die Kontakte Egon Bahrs.“[23]

Die SPD im Wandel der Zeiten

Sie erinnern sich gewiss, dass Anfang des Jahres '59 Chruschtschow erst mit Ollenhauer und dann auch mit Schmid und Erler über West-Berlin gesprochen hatte. Während Ollenhauer Gesprächsbereitschaft bei jenem Sowjet konstatiert hat, kommt Schmid zu anderen Ergebnissen. Er lässt die Leseratten wissen: „Unser Bericht nach der Rückkehr beeindruckte die Führungsgremien der Partei. Es wurde klarer, dass seit 1949 unverrückbare Realitäten entstanden waren, die jede Wahrscheinlichkeit ausschlossen, in absehbarer Zeit auf internationalen oder nationalen Wegen zur Wiedervereinigung Deutschlands zu gelangen." Das ist Polemik pur. Danach platziert er vermeintliche CDU-Kritik: „Die Vorstellung Konrad Adenauers, die militärische Überlegenheit der Vereinigten Staaten sei so erdrückend, dass die Sowjetunion den Rüstungswettbewerb nicht werde durchhalten können und darum in der Frage der Wiederherstellung der Einheit Deutschlands nachgeben werde, hatte sich als eine Illusion erwiesen. Adenauers Politik hatte der Bundesrepublik Sicherheit gebracht und damit die Möglichkeit, zu Wohlstand zu gelangen. Darüber war jedoch versäumt worden, in den Jahren, als die Sowjetunion rüstungsmäßig noch nicht mit den USA gleichgezogen hatte, mit dem Osten ins Gespräch zu kommen."[24]

Abgesehen davon, dass die Sowjetunion bei den Kernwaffen noch längst nicht mit den USA gleichgezogen hat, leitet Schmid die Schlussfolgerung ab, diese Erkenntnis habe in der SPD einen Denkprozess eingeleitet, der dazu führte, jetzt das Schwergewicht außenpolitischer Bestrebungen auf die Stellung der BRD innerhalb des westeuropäisch-atlantischen Systems zu legen. Schmid nennt sie freilich Bundesrepublik, denn ein Kürzel BRD erinnert doch zu stark an DDR, und damit hat der Staat mit dem riesigen Selbstbewusstsein ja nun überhaupt nichts zu tun. Jedenfalls verkündet er, die Pragmatik der Wiedervereinigung sei damit aus dem Zentrum der aktuellen politischen Aufgaben an den Horizont des Aktionsfelds gerückt. Aus eins und eins mach drei, was für eine *coole* Hexerei.[25]

So bekommen *die Wissenden*, wie Carlo Schmid die Eingeweihten nennt, die Kurve zu Adenauers CDU-Linie. Die Bezeichnung *die Eingeweihten* prägt ein Richard von Weizsäcker.[26] Etwas unvermittelt und so, als hätte er nicht *eben* gerade gesagt, dass nunmehr die Pragmatik einer Wiedervereinigung an den Horizont des Aktionsfeldes gerückt sei, begründet er wenige Seiten später, warum es auf einmal doch zu einem „Deutschland-Plan“ der SPD gekommen sei. Was für eine Veralberung: „Auf jeden Fall musste es der deutschen Politik zugutekommen, wenn eine große Partei der Bundesrepublik die Grenzwerte möglicher Bereitschaft der Machthaber in Ostberlin testete, mit den politischen Kreisen der Bundesrepublik über die Präliminarien einer möglichen Vereinigung beider Teilstaaten zu einer Deutschen Republik ins Gespräch zu kommen. Aus diesem Gedanken entstand der »Deutschland-Plan« der Sozialdemokratischen Partei.“[27] Kurz zuvor hieß es, dass da nix mehr zu machen wäre. Wehner aus der SPD hatte übrigens *1955* schon von diesem Plan gesprochen. Das wurde im Kapitel „Die Genfer Konferenz“ brühwarm serviert.

Dass die Öffentlichkeit in der Bundesrepublik zu diesem Zeitpunkt noch nicht vollends vom stringenten Denken abgebracht werden konnte, zeigt sich deutlich darin, dass die Leute nach kurzem Nachdenken verstanden, dass es sich bei diesem Plan um Quark gehandelt hat und die Wirkung ist „verheerend“. Eines Tages wird sich Brigitte Seebacher mit dieser Angelegenheit befassen und feststellen, dass Willy Brandt dieser Plan „wegen seiner antiwestlichen »Stoßrichtung«“ nicht sonderlich behagt habe. In einer außenpolitischen Grundsatzrede habe Brandt vier Tage vor Ablauf des Berlin-Ultimatums die Erkenntnis verkündet, dass ohne oder gegen die Vier Mächte eine Wiedervereinigung nicht möglich sei.[28]

Schon wieder könnte man denken, die klugen Leute in Bonn wären nicht von selbst darauf gekommen, dass mit den antiwestlichen Sprüchen hier kein Blumentopf zu gewinnen ist – und auf der anderen Seite mit diesen allseits beliebten antikommunistischen ganz sicher auch nicht. Experten wie Willy Brandt oder Brigitte Seebacher kommt leider nicht der garstige Gedanke, dass sie nicht exorbitant intelligent sind, sondern die anderen

Akteure mit ihrem Badeschaumgequassel die Leute ganz einfach hinters Licht führen, indem sie ihnen (erfolgreich) ein X für ein U vormachen.

Hören wir mehr von ihrer Klugheit: „Wehner nahm den Deutschland-Plan vom Tisch und sprang drei Wochen vor Ankunft auf den Godesberger Zug auf. Er sagte, dass »diese anderen doch siegen würden« und suchte Anschluss an den starken Mann aus Berlin, mit dem er laut Zeitungsbericht »eine Achse« bildete. Klaus Schütz meinte zu Recht, Wehner sei ursprünglich »nicht ein Freund unseres Kurses« gewesen. Doch wer fragte danach, wenn Wehner sich den Apparat und die Truppen einbrachte. W. B. hatte in Berlin gelernt, dass Popularität ohne Verankerung im Parteiapparat nicht trägt. In der Organisation der Bundespartei aber war er nicht verankert. Wenn Wehner, der den Apparat personifizierte, den Mangel wettmachte, umso besser. Ohne diese kurzzeitige Achse jedenfalls wäre das große Godesberger Versöhnungsfest kaum vonstattengegangen." Im Strafrecht würde man von Beihilfe zum Betrug am Wähler sprechen und die Wähler wüssten, wen sie nicht wählen sollten. Schlecht ist es nicht, wenn jemand versteht, dass er missbraucht werden soll.[29]

Was das Versöhnungsfest angeht – Welcher Mangel soll denn behoben worden sein, wenn Herbert Wehner, der den Apparat personifiziert, sich Willy Brandts Popularität in der Bevölkerung für seine eigenen Zwecke zunutze macht? Damit ist der strahlende Held Willy Brandt noch längst nicht im SPD-Apparat verankert und vom Einfluss weit entfernt. Nur um da noch einen dicken Hund draufzusetzen: „Außenpolitische Richtlinien hielt das Programm nicht bereit." Aber es ist äußerst erfreulich, dass sich Helmut Schmidt freut, durch Herbert Wehners Rede auf diesem Godesberger Parteitag habe er letztlich die „Sozialdemokratie endgültig auf die Mitgliedschaft der Bundesrepublik im nordatlantischen Bündnis festgelegt". Nach dem Kurswechsel um 180 Grad. Man kann nicht sagen, da sei die außenpolitische Linie erneuert worden. Ach so, klar, es wird nicht im Programm ausdrücklich schriftlich festgehalten. Vorher kamen wie auch schon bei Kurt Schumacher gerade von ihm diese garstigen Töne gegen den Verbund mit dem Westen.[30]

Impulse für die Landschaftsarchitektur

Sprechen wir auch hier einmal über Gemeinsamkeiten und Unterschiede. Auch in der DDR muss die Presse die grobe Linie der Regierungspolitik befürworten, wenngleich nationalistische oder antikommunistische Töne naturgemäß ausgeschlossen sind. Nationale Töne sind explizit erwünscht, heißt es doch auch in der Nationalhymne „Deutschland, einig Vaterland".

Eine Nummer merkt sich Erich Honecker: „Viele ehemalige DDR-Bürger der Nachkriegsgeneration werden sich daran erinnern, wie sie von Tür zu Tür gelaufen sind, um Unterschriften für das Volksbegehren für Einheit und gerechten Frieden zu sammeln." Und er hat ja nicht so unrecht: „Die Politiker der gleichen Richtung wie jene, die damals auf dem Petersberg die Spaltung vollzogen haben, halten heute tränentreibende Reden über das Unrecht der Spaltung." Und auch damit hat er zweifellos völlig recht: „Bis 1959 gab es von uns, von der SU und den Staaten des Warschauer Paktes, Vorschläge zur Vereinigung beider deutscher Staaten zu einem demokratischen Deutschland."[31] Bis zu diesem Punkte ist die Erinnerung des Genossen noch recht vollständig, doch anschließend wird sie löchrig.

Schon ein Vierteljahr vor dem Volksaufstand vom Sommer 1953 kam der Herr und Meister Walter Ulbricht auf den Dreh einer Weiterentwicklung der Landschaftsarchitektur. Um den anhaltenden Strom der Flüchtlinge aus dem Reich der Antifaschisten in die *braune Adenauer-Republik* zu stoppen, wollte er den sowjetischen Sektor von Berlin dort, wo die Sonne untergeht, mit einer wirklich außergewöhnlich lang hingestreckten Wand abschließen. Das war allerdings leichter gesagt als getan. Teile der DDR-Staatsführung wünschten ein demokratisches Gesamtdeutschland, von der Bevölkerung einmal ganz zu schweigen. Der Boss in Moskau Nikita S. Chruschtschow hatte den Genossen Ulbricht schon im Jahre 1953 gefragt, ob er nicht ein oder zwei intelligentere Ideen hätte, wie man die Leute im Land halten könnte. Da sich jetzt endlich Entspannung im Verhältnis mit den US-Amerikanern anbahnt, verhindert er auch im Jahre 1959 wieder Absperrmaßnahmen in Berlin. Er will Moskau nicht dauerhaft isolieren.

Von solchen durchschlagenden architektonischen Neuerungsvorschlägen bekommt der West-Berliner Regierende Bürgermeister ebenso Wind. Er erinnert das Publikum einst an den Kollegen Friedrich Ebert: „Vergessen und verdrängt war ein Plan aus dem Jahr 1959; damals ging die Kunde, der Ostberliner Bürgermeister Ebert, ein Sohn des ersten Reichspräsidenten, habe für eine »chinesische Mauer« plädiert, sei aber am sowjetischen Veto gescheitert. Das Projekt, von dem man sagte, es sei unter maßgeblicher Federführung Erich Honeckers zustande gekommen, verschwand in ebenjener Schublade, aus der es 1961 wieder hervorgeholt wurde.“[32]

1 Walter de Gruyter GmbH, Berlin/Munich/Boston (2014), 11. Äußerungen Chruschtschows beim Empfang in der sowjetischen Botschaft in Berlin am 10. März 1959. Dokument Nr. 11, S. 134 [online]. Verfügbar unter https://www.degruyter.com/document/doi/10.1515/9783110415513.133/html [01.05.23]

2 Ebd.

3 Ebd.
Ash (1995), S. 97 f.

4 Schmid (1979), S. 647ff.

5 Ebd.

6 Haffner (1997), S. 119

7 Brandt (1989), S. 166 f.

8 Ebd., S. 154

9 Das habe ich einst hier gefunden: http://www.jungewelt.de/2002/10-04/008.php

10 Brandt (1989), S. 166f.

11 Gaus (1986), S. 91

12 Hirche (1964), S. 301f.

13 Wolf (2003), S. 137

14 Die Eingriffe des US-Militärs in das Leben anderer Völker von 1900 bis 1959:
- In den Jahren um 1900 herum wickelte das US-Militär das Spanische Weltreich ab quer durch die Karibik-Inseln und durch Panama hindurch in den Pazifik und dort über Hawai'i bis hinüber nach Ostasien.
- 1903: Kriegseinsatz in Honduras, in Panama und in der Dominikanischen Republik
- 1906 bis 1909: Kriegseinsatz auf Kuba
- 1907 wieder in der Dominikanischen Republik
- 18. März bis 8. Juni 1907: Zum Schutz amerikanischer Interessen während eines Krieges zwischen Honduras und Nicaragua werden US-Truppen in Trujillo, Ceiba, Puerto Cortez, San Pedro Sula, Laguna und Choloma stationiert.
- 1909 bis 1925: Militärintervention in Nicaragua. Amerikanische Streitkräfte greifen in innenpolitische Auseinandersetzungen des Landes ein. 1912 bis 1925 wird Nicaragua der amerikanischen Finanz- und Militärkontrolle unterstellt.
- 1911 bis 1925: Honduras. Verschiedene Interventionen sichern die Monopolstellung der in amerikanischem Besitz befindlichen Bananenindustrie. Das Land gerät in vollkommene wirtschaftliche und politische Abhängigkeit von den Vereinigten Staaten.
- 1914 bis 1915: Einmischung in innenpolitische Machtkämpfe in Mexiko 1915 bis 1934: Besetzung der Karibik-Republik Haiti. Verwaltung des Landes wie ein Protektorat.
- Nach dem Abzug der amerikanischen Truppen bleibt die amerikanische Finanzhoheit bestehen (bis 1947).
- 18. Februar 1916: Die USA erzwingen das Recht auf Errichtung von Militärstützpunkten in Nicaragua.
- März 1916/Februar 1917: Amerikanische Strafexpedition in Mexiko
- 1916 bis 1924: Besetzung der Dominikanischen Republik
- 1917 bis 1919: Teilnahme der American Expeditionary Forces am Ersten Weltkrieg auf Seiten der Entente gegen die Mittelmächte – entgegen dem gegebenen Wahlversprechen des siegreichen Kandidaten.

- 1917 bis 1919: erneute militärische Intervention auf Kuba
- 1918 bis 1920: gemeinsame Intervention mit Briten und Franzosen im Russischen Bürgerkrieg an der Seite der Weißen Armee im Raum Archangelsk (Polar Bear Expedition) und gemeinsam mit den Japanern im Raum Wladiwostok (American Expeditionary Force Siberia)
- 8. bis 12. September 1919: eine militärische Intervention in Honduras verhindert eine Revolution
- 28. Februar bis 31. März und 10. bis 15. September 1924: US-Truppen intervenieren in Honduras zum Schutz amerikanischer Bürger und Interessen während der Unruhen im Vorfeld der Wahlen.
- September: US-Marines landen in der Republik China zum Schutz von Amerikanern und anderen Ausländern in Shanghai bei Unruhen
- 15. Januar bis 29. August 1925: Republik China – Kämpfe zwischen chinesischen Gruppierungen führen wiederum zur Landung von US-Truppen in Shanghai
- 19. - 21. April 1925: US-Truppen landen bei La Ceiba in Honduras während politischer Unruhen
- 1926 bis 1933: Militärintervention und Besetzung Nicaraguas. In der Dominikanischen Republik verhelfen die Vereinigten Staaten Rafael Leonidas Tuijillo Molina an die Macht. Er errichtet eines der despotischsten Regimes in der Geschichte Lateinamerikas, das bis zu seiner Ermordung 1961 standhält.
- In Kuba verhelfen die Vereinigten Staaten dem Oberbefehlshaber der Armee, General Fulgenico Batista Zaldívar (1901–1973) an die Macht, der das Land vollständig den amerikanischen Interessen preisgibt.
- Die Batista-Diktatur fällt 1959 mit der Kubanischen Revolution Fidel Castros und seiner Bewegung des 26. Juli (* 1926).
- 1941 bis 1945: Die Vereinigten Staaten gelangen durch die Pseudoüberraschung mit Pearl Harbor in den Zweiten Weltkrieg. Hauptgegner sind Deutschland, Italien und das Kaiserreich Japan.
- Die Vereinigten Staaten schicken Militärberater und Kriegsmaterial nach Griechenland, um eine kommunistische Machtübernahme zu verhindern.
- 1950 bis 1953: Koreakrieg
- Juli bis Oktober 1958: Die Vereinigten Staaten greifen im Libanon ein.
- In der Konfrontation zwischen der Volksrepublik China und Taiwan um die zu Taiwan gehörenden, China vorgelagerten Inseln Quemoy und Matsu entsenden die Vereinigten Staaten zur Unterstützung Taiwans Marineeinheiten ins Krisengebiet.

Wikipedia (2023), Liste von Militäroperationen der Vereinigten Staaten [online]. Verfügbar unter: https://de.wikipedia.org/wiki/Liste_von_Milit%C3%A4r operationen_der_Vereinigten_Staaten [27.06.23]

15 Haffner (1997), S. 120

16 1983 erschienen Marion Gräfin Dönhoffs Kommentare zu 40 Jahren amerikanischer Außen- und Innenpolitik unter dem Titel *Amerikanische Wechselbäder* und in *Menschen und Mächte* verwendet Helmut Schmidt den Begriff in *Menschen und Mächte* dreimal. Das Buch ist auch aus anderen Gründen sehr lesenswert. Unter anderem holt Schmidt als Zeitzeuge die Bilderberg-Konferenzen aus dem Schatten ins Licht, als die Zusammenkünfte der Reichen und Mächtigen noch jahrzehntelang als Verschwörungstheorie gehandelt wurden. Lassen Sie sich nichts vorlesen, lesen Sie selbst mehr durch und mehr vor.

17 Payk (2005), S. 233
18 Ebd., S. 234
19 Ebd., S. 246
20 Gaus (1986), S. 40
21 Ebd., S. 40f.
22 Wolf (2003), S. 171
Brandt (1989), S.49
23 Ash (1995), S. 97 f.
24 Schmid (1979), S. 655
25 Ebd., S. 656
26 „Die Kompetenzen, die der Parlamentarische Rat diesem Ausschuss erteilt hatte, beschränkten dessen Tätigkeit auf die Redaktion der vor der letzten Lesung gefassten Beschlüsse. Doch mit dem Einverständnis aller »Wissenden« haben jene drei Abgeordnete »im Wege besserer Textgestaltung« gelegentlich inhaltliche Bestimmungen vorgenommen, die in den Ausschüssen und im Plenum nicht zustande kommen konnten. Sie haben damit ihre Kompetenzen überschritten, aber durch die Schlussabstimmung im Plenum wurde dieser Mangel in allen Fällen geheilt." Sagen wir, er wurde mit einem Pflaster bedeckt. Die Texte wurden abgenickt, ohne dass jeder im Raum wusste, welche Bewandtnis es damit in Wirklichkeit hatte. Sie finden das in den Erinnerungen von Carlo Schmid auf S. 366 .

„Das Vertrauen, das [der Unterhändler zwischen West und Ost, DDR-Anwalt Dr. Wolfgang] Vogel bei den Eingeweihten des Westens genieße, schrieb Bundespräsident Richard von Weizsäcker 1986 voller Bewunderung, stehe hinter dem nicht zurück, was seine Auftraggeber ihm zu Hause entgegenbringen." Der Spiegel 29/1993, S. 37

Der „Politologe" Arnulf Baring widmete sein Buch über die mühselige Absägung des Volkstribuns Willy Brandt 1982 „Den Freunden". Ach wie süß.

27 Schmid (1979), S. 366
Wolf (2003), S. 205f.
28 Seebacher (2004), S. 185 f.
29 Ebd.
30 FAZ (1994), Helmut Schmidt erinnert an Wehners Verdienste.
In: Frankfurter Allgemeine Zeitung am 27.01.1994
31 Honecker (1994), S. 93
32 Brandt (1989), S. 57

Franzosen, Amerikaner und Europa

Wenn man einem Helmut Schmidt in den fünfziger und sechziger Jahren zuhört, leidet er besonders ausdrucksstark unter der Teilung des Landes, in dem er geboren wurde. Das geht dann im Strudel der Zeiten ein wenig unter, flackert aber ab und zu noch auf: „Die Bundesrepublik ist – anders als Italien, Frankreich, England, Holland oder Dänemark – kein Nationalstaat, sondern der Staat nur eines Teiles der Nation. Daraus resultiert der in der deutschen Nation besonders stark ausgeprägte Wille zu einem [Nie im Leben kommen Sie darauf: Daraus resultiert der Wille zu einem] Modus vivendi mit der Sowjetunion, um wenigstens die Lebensumstände der östlich der Trennlinie lebenden Menschen so erträglich wie möglich zu gestalten." Damit ist die Leitlinie aus Adenauers Glanzzeit umrissen – Teilung plus gutes Leben hier und dort. „Zwar gibt es auch anderswo in Westeuropa den dringenden Wunsch nach besseren Lebensumständen für die Osteuropäer, nach größerer persönlicher, kultureller und politischer Freiheit für die Polen, die Ungarn, die Tschechen – das Bewusstsein der geschichtlichen und kulturellen Einheit des gesamten Europas ist in den Gefühlen und Gedanken der Menschen tief verankert; politisch am stärksten prononciert wurde es durch Charles de Gaulle." Anders als der Letztere weiß Schmidt, warum es in Osteuropa so trist ist, und dann drückt der kühle Hanseat Helmut Schmidt kräftig auf die Tränendrüsen, denn „zwischen den deutschen Landsleuten auf beiden Seiten der Trennlinie" seien ja nun von den verwandtschaftlichen bis hin zu den freundschaftlichen alle Bindungen „unvergleichlich stärker ausgeprägt" als bei den anderen Europäern.[1]

Das Kernproblem der Ausländer besteht darin, dass sie genau das ebenso annehmen. Aber vom Mond aus ist die Erde eben nur unscharf zu sehen. Dieser Wunsch nach mehr persönlicher Freiheit für die Europäer östlich von Österreich und Bundesrepublik lässt Charles de Gaulle auch immer so verständnislos auf die Bonner Regierungen schauen, die nun durchaus nicht bereit sind, die Forderungen der Alliierten zu erfüllen, die zu einer Vereinheitlichung der Lebensumstände in West- und Ost-Europa führen sollen. Das Kernproblem der Inländer ist, dass sie sich veralbern lassen, sich selbst aber im Zweifelsfall immer für intelligenter als ihre Nachbarn halten. Hier beginnt die schleichende Herausbildung der Besserwessis.

Es kann Ihnen einfach nicht entgangen sein, dass ich ein großer Freund plastischer Beispiele bin. So hatte sich schon am 27. März 1960 ein ganz besonders Vertriebener, nämlich Dr. Hans Christoph Seebohm, vor eine Versammlung der Sudetendeutschen Landsmannschaft hingestellt und seinen Psalm deklamiert: „Die Sudetendeutschen können sich nicht auflösen in dem großen deutschen Volk. Die Sudetendeutschen haben eine Aufgabe zu erfüllen mehr als alle anderen Landsmannschaften. Wir sind an vorderster Front, Vorkämpfer für ein Abschütteln des Jochs des bolschewistischen Kolonialismus über Osteuropa." Wer weiß, dass der gute Mann selbst kein Sudetendeutscher ist, kann sich über sein Engagement nur freuen oder wundern. Der englische Geheimdienstler Sefton Delmer jedenfalls wundert sich – auch darüber, dass politisch relevante Größen im Westen nicht wie er zu der Ansicht gelangen, dass eigentlich die Chefs der westlichen Welt die Aufgabe hätten, die Deutschen wie auch sie selbst „von der Erpressung durch die Sprecher der deutschen Heimatvertriebenen zu befreien". Er befindet, man sollte dem Beispiel General de Gaulles folgen und „noch unmissverständlicher, als dieser es getan hat, erklären, dass wir nicht die Absicht haben, die heutigen Westgrenzen Osteuropas anzutasten oder zu revidieren." Der Gedanke, den er da anschließt, wäre die Lösung: „Selbst ohne eine gleichlautende Erklärung vonseiten Bonns würde damit nicht allein den Polen und Tschechen die Angst vor einem neuen deutschen *Drang nach Osten* genommen – denn ohne die Unterstützung seiner Nato-Verbündeten bedeutet Deutschland keine Bedrohung –, sondern die Deutschen selbst wären dadurch von der Totenhand Hitlers befreit, die noch immer ihre Ostpolitik lenkt."[2]

Um das ganze Kuddelmuddel zu durchschauen, lesen wir am besten ein wenig von Willy Brandt. Er will einfach nicht kapieren, was hier gespielt wird, und kann leider im Inland wie auch im Ausland Freund und Feind nicht unterscheiden. Nehmen wir eine Stelle, an der er den Präsidenten

Frankreichs nicht versteht: „Zu Adenauer hatte er im Sommer 1960 unverblümt und undiplomatisch gesagt: Frankreichs Stellung in der NATO könne »in ihrer gegenwärtigen Form« nicht für längere Zeit fortdauern. Zu mir, wenig später: Man möge ihn nicht für töricht halten; selbstverständlich meine auch er, dass die Atlantische Allianz bestehen bleiben müsse; über Einzelheiten werde zu sprechen sein. Auf meinen Hinweis, viele von uns gefielen sich auch nicht in der Rolle von Satelliten oder als Speerspitze der USA: Er wisse die Lage Deutschlands zu würdigen. Dann, mit einem gewissen Sarkasmus: Es habe die Periode von Dulles gegeben; damals sei es westliche Politik gewesen, die Sowjetunion zu besiegen und danach die deutsche Frage zu lösen. Inzwischen scheine man bei uns die deutsche Frage dadurch lösen zu wollen, dass die Westmächte von Zeit zu Zeit in Moskau mit einer Petition vorstellig würden."[3]

Dann kommt die richtige Härte: „Obwohl Frankreich mit einem vereinigten Deutschland keine besonders guten Erfahrungen gemacht habe, sei er für unsere nationale Einheit. Wir sollten jedoch wissen, dass es dafür keine Chancen gebe, wenn nicht die Grenzen gegenüber der Tschechoslowakei und Polen – gelegentlich fügte er noch Österreich hinzu! – anerkannt würden. Außerdem dürften wir keine atomare Bewaffnung anstreben." Wenn er ihm das *gelegentlich* ins Ohr geflüstert hat, ist es bloß umso schlimmer. Dann hat noch nicht einmal das Nachdenken genützt.[4]

Mit Jura ist es nicht so weit her beim Kronprinzen – ach ja, die Grenzen. Gelegentlich fügte er noch Österreich hinzu! Glauben Sie bloß nicht, dass er in absehbarer Zeit einmal auf die Idee verfiele, sich zu erkundigen, ob der Anschluss Österreichs durch Hitlers Armee inzwischen für null und nichtig erklärt wurde. Mit seiner Beobachtungsgabe ist es ja auch nicht besser. Die Drängelei rund um eigene Soldaten und einen Eintritt in die Nato stammt doch nicht aus Amerika. Und was die Speerspitze der USA angeht: Die Staatsführung in Washington sucht wegen der zunehmenden Gefährdung der Vereinigten Staaten seit einiger Zeit den Ausgleich mit der Sowjetunion und wünscht ein Ende des Kalten Krieges, weshalb man in Bonn eine Lockerung der Bande innerhalb der bösen Nato ausmacht.

Brandts Sprache ist ein Abbild seines Denkens und zeugt davon, dass der Kronprinz der SPD nicht kapiert, woher der Schuss kommt. Bonn hält er bloß für unbeweglich, schreibt den Jura-Experten in Bonn aber nicht die Schuld für die verfahrene Diskussion rund um Deutschland zu. Wenn die Deutschen hoffen, dass gerade er diese verfahrene Kiste in und rund um Deutschland entwirrt, werden sie ganz gewiss abwarten müssen, bis der introvertierte Geselle einen Jura-Crashkurs für Politiker besucht hat.

Ein Gipfel jagt den nächsten

Für den 16. Mai 1960 ist ein weiteres Treffen zwischen dem Präsidenten Dwight D. Eisenhower und dem Staatschef Nikita S. Chruschtschow in Paris vorgesehen. Wer weiß, was bisher hinter den Kulissen in den einzelnen Hauptstädten passiert ist, kann voller Zuversicht abwarten, wie sich die Annäherung dieser „Supermächte“ weiterentwickelt.

Im Vorfeld des Gipfels hat das Kabarett *Die Insulaner* wieder einen ihrer Auftritte im RIAS Berlin – eine freie Stimme der freien Welt, wie es stets im Untertitel heißt. Hören wir einmal hinein in das Couplet mit den bedrohlichen Klängen: „Im Mai kommt nun die Konferenz, die sich um uns entspann. Herr Chruschtschow fängt schon langsam mit de Vorreklame an. Er droht, dass er hier zumacht und stellt düstere Prognosen. Wenn er gloobt, wenn er bloß *buh* macht, fällt det Herz uns in de Hosen. Ich denke, Ihr Globusbezwinger, Ihr wollt fein mit dem Westen verkehr'n? – Na, dann lasst doch die dreckigen Finger von Sachen, die Euch nich jehör'n!“

Edith Schollwer singt sowohl den Text als auch den Refrain der Melodie der Insulaner: „Der Insulaner verliert die Ruhe nich, der Insulaner liebt keen Jetue nich. Wer uns verkoofen will, Herr Chruschtschow, muss uns fragen, und unsre Antwort könn wir Ihnen jetzt schon sagen. Wir – Freie Stadt – Mensch, wir sind doch uff'n Kien! Denn, was Ihr frei nennt, seh'n wir an Ost-Berlin. Der Insulaner hofft unbeirrt, dass seine Insel wieder'n schönes Festland wird. Ach wär das schön!“[5]

Der Gipfel wird geerdet

Das groß angekündigte Treffen kommt nicht zustande, weil es plötzlich abgesagt wird. Welcher Künstler hat denn hier dazwischengefunkt? Ein amerikanisches Aufklärungsflugzeug vom Typ U-2 überfliegt wie schon seit Jahren auch andere Maschinen dieses Typs die Sowjetunion. Doch diesmal ist alles anders. Der Pilot Francis Gary Powers staunt gar nicht schlecht, als ihn am 1. Mai 1960 eine neu entwickelte Boden-Luft-Rakete trifft und vom Himmel auf fremden Boden herunterschießt. Allerdings ist es auch geschmacklos, die Sowjets ausgerechnet an einem der großen Feiertage des Landes auf deren Einsatzbereitschaft zu testen. Der relativ mutige Pilot kommt mit dem Leben davon, wird jedoch vor ein Gericht gestellt – und das Treffen der Entspannungsfreunde platzt, weil sich die Führung in Moskau nicht verschaukeln lassen möchte. Da hatte wohl die Abstimmung zwischen politischer und militärischer Führung in Amerika Schwachstellen. Wie wollte man eine Verständigung mit der Sowjetunion herbeiführen und zeitgleich in der Manier des Kalten Krieges mit einem Spionageflugzeug über die Sowjetunion hinwegzischen und dabei seinen Wissensdurst über deren Militäranlagen stillen? Es steht auf einem ganz anderen Blatt, dass es sogar recht hilfreich wäre, wenn die Amerikaner selbst sehen könnten, was die Sowjets alles nicht haben.

Was ist passiert? Tim Weiner versucht es in *CIA – Die ganze Geschichte* zu erklären. Richard Bissell war am Neujahrstag des Jahres 1959 zum Leiter der Abteilung Geheimoperationen ernannt worden. Da stellt sich doch automatisch eine kurze Zwischenfrage: Warum musste dieser arme Mann an diesem Tage arbeiten? In Moskau hätte er sich am Neujahrstag von den hochprozentigen Strapazen der Silvesterfeierlichkeiten erholen müssen. Nach Weiner gab es in Washington in den folgenden Monaten heftiger werdende „Auseinandersetzungen über die Wahrung eines der bestgehüteten Geheimnisse“ der US-Amerikaner, die U-2-Spionageflüge. „Seit seinen Gesprächen mit Chruschtschow in Camp David sechs Monate zuvor hatte Eisenhower keinerlei Aufklärungsflüge über sowjetischem Territorium mehr gestattet. Chruschtschow war aus Washington zurückgekehrt und hatte sich lobend über Eisenhowers mutiges Streben nach einer friedlichen Koexistenz geäußert. Der US-Präsident wollte mit dem »Geist von Camp David« in die Geschichte eingehen."[6] Eisenhower ist sich sicher, dass bei einem weiteren Flug jede Aussicht auf Frieden mit in den Abgrund gerissen werden könnte. Einmal mehr macht er dem CIA-Chef Allen Dulles deutlich, dass es ihm jetzt wichtiger sei, auf dem Wege der Spionage etwas über die Absichten der Sowjets in Erfahrung zu bringen, als Details über ihr militärisches Potenzial herauszubekommen. Spione, die der russischen Sprache mächtig sind, nicht aber Hightech-Spielzeug könnten ihm etwas über mögliche Angriffsabsichten der Sowjets verraten. Ohne das Wissen um die Absichten in Moskau, so der Präsident, sind die Flüge mit diesen U-2 seiner Meinung nach nicht mehr als ein „provokatives Nadelstechen, das sie auf die Idee bringen könnte, wir seien ernsthaft darauf aus, mit einem Überraschungsangriff ihre Militäranlagen kaputtzubomben."[7] Da solche Überflüge schon lange an der Tagesordnung sind, steht dieser Verdacht bereits relativ lange im Raum und die sowjetischen Spezialisten haben an geeigneten Boden-Luft-Raketen weitergebastelt.

Der US-Präsident hatte die (berechtigte) Sorge, dass sein größter Trumpf, sein Ruf als ein ehrlicher Politiker, Schaden nehmen könne, wenn so eine U-2 runterkäme, während die Vereinigten Staaten zugleich – laut seinen Worten – scheinbar ehrliche Verhandlungen mit den Sowjets führen. Im Prinzip lag die Befehlsgewalt für den Einsatz der U-2-Flüge ja auch beim Präsidenten. Aber Bissell war der Leiter des Programms, und es fuchste ihn, seine Flugpläne anmelden zu müssen. Er versuchte, die Richtlinienkompetenz des Präsidenten zu umgehen, indem er die Flüge insgeheim über die Briten und Nationalchinesen abwickelte. In den Erinnerungen schreibt er, Allen Dulles sei entsetzt gewesen, als er erfuhr, der erste U-2-Flug habe direkt über Moskau und Leningrad hinweggeführt. Der CIA-Chef hatte keine Ahnung gehabt, da Bissell es ganz einfach nicht für angebracht gehalten hatte, ihm davon Mitteilung zu machen. Wochenlang debattierte er mit dem Weißen Haus, bevor Präsident Eisenhower dann nachgab und für den 9. April 1960 einen Flug von Pakistan aus über die Sowjetunion hinweg genehmigte. Was schließlich den Ausschlag gab, war

Eisenhowers Hoffnung, die zuvor gemeldete Raketenlücke werde sich doch noch als großer Schwindel erweisen. Die Sowjets hatten aber mitbekommen, dass ihr Luftraum ein weiteres Mal verletzt worden war, und ihre Warnlampen schalteten auf Rot. Richard Bissell setzte sich für einen weiteren Flug ein und am 1. Mai geschieht, was der Präsident von Anfang an befürchtet hatte – diese U-2 wird über Zentralrussland mit einer neuartigen Rakete abgeschossen. Der Pilot Francis Gary Powers überlebt das und wandert ins Gefängnis. So wird dieser Knüller mit dem High-Tech-Flugzeug zu einem klassischen Schuss ins eigene Knie. Chruschtschow ist pappesatt und von amerikanischen Bemühungen um eine Entspannung der Lage für diesen Moment restlos bedient. Es wird erklärt, ein Wetterflugzeug werde über der Türkei vermisst, doch nach wenigen Tagen wird immer klarer, dass es sich hier nur um eine Lügengeschichte handelt.[8]

Als der US-Präsident Eisenhower am 9. Mai das Oval Office betritt, sagt er unumwunden: „Am liebsten würde ich zurücktreten." Zum ersten Mal in der Geschichte der Vereinigten Staaten begreifen denkende Bürger in den größten USA auf der Welt, dass sie der Präsident unter Berufung auf die nationale Sicherheit durchaus belügen kann. So stirbt der Glaube an ein offiziell vorgetragenes Dementi. Das Gipfeltreffen mit Chruschtschow platzt und die erste kurze Tauwetterperiode im Kalten Krieg macht einer neuen Eiszeit Platz, was lediglich nördlich der Alpen und auch dort nicht von einer demokratischen Mehrheit begrüßt wird.[9]

West-Berlin soll sich endlich zum Teufel scheren

Während man sich im westlichen Ausland darüber Gedanken macht, wie man die Lebensverhältnisse der Ost-Europäer endlich einmal dem Leben in West-Europa angleichen kann, macht man sich in Bonn so Gedanken, wie man die Lebensverhältnisse in West-Berlin an jene in Unserer DDR angleichen kann. Im Frühjahr 1960 unternimmt Franz Josef Strauß den nächsten Versuch, den Regierenden Bürgermeister von der verbohrten Berlin-Liebhaberei abzubringen. Brandt versteht auch jetzt noch nicht, wohin der Zug der Zeit fährt: „Eines Tages im Mai 1960 erschien Verteidigungsminister Strauß in der Vertretung Berlins in Bonn und gab mir, unter vier Augen, einen militärischen Lagebericht. Seine Konklusion: »Berlin ist nicht zu verteidigen.« Ich möge erkennen, dass Berlin zu einer unzumutbaren Belastung für die westliche Politik im Allgemeinen, für die Bundesrepublik im Besonderen werde. Wir müssten gemeinsam auf eine »halbwegs akzeptable Frontbegradigung« aus sein.“[10]

Offensichtlich macht Brandt solche unsittlichen Angebote nicht publik. Auch über Herrn Adenauer ärgert er sich weiter im Stillen: „Er zögerte nicht, seine Kritiker zu verhöhnen, wenn er ihnen, so im April 1960, entgegenhielt, die Wiedervereinigung mache große Fortschritte – »nur noch die Sowjetunion« sei dagegen.“ Und in der Zwischenzeit wird in Bonn die Formulierung jenes Globke-Planes variiert: „In der zweiten Fassung war eine Anerkennung nicht mehr vorgesehen, wohl aber die Aufnahme diplomatischer beziehungsweise amtlicher Beziehungen – mit einer Volksabstimmung nach fünf Jahren und Entmilitarisierung der DDR; Berlin sollte inzwischen den Status einer freien Stadt erhalten. 1960 hat außerdem Felix von Eckardt, vermutlich im Auftrag Adenauers, einen – geheimen – Plan entwickelt, der auf eine neutralisierte und demokratisierte DDR hinauslief, mit dem ganzen Berlin als Hauptstadt.“[11]

Brandt ist arg verwundert: „Ich hatte Eckardt, damals Chefredakteur des Weser-Kurier, 1945 in Bremen kennengelernt und stand mit ihm, als er Bundespressechef war, in gutem Kontakt. Doch von seinen Plänen oder denen Globkes hat er auch mir nie ein Sterbenswörtchen gesagt." Selbstverständlich nicht. Dieser Herr Regierende ist ja nicht ansatzweise bereit, zum Staatsbürger der DDR zu werden. Haha, Berlin als Hauptstadt.[12]

Bonn intern

Ein Jahr nach der kompletten Kehrtwende in der außenpolitischen Linie der SPD hält Herbert Wehner am 30. Juni 1960 schon wieder eine wichtige Rede im Bundestag. Er bestätigt den Kurswechsel und das hat einen mächtigen Vorteil: Die Abgeordneten seiner Sozialdemokratischen Partei müssen jetzt nicht mehr so tun, als wären sie gegen die Westintegration von Adenauer, zumal das angestrebte Ergebnis inzwischen in trockenen Tüchern ist, ohne dass die deutschen Schlafschafe allzu lange rumgeblökt hätten. Am Ende „legalisiert" er auch die bisherigen Absprachen mit der CDU/CSU, indem er sagt, das geteilte Deutschland könne nicht unheilbar miteinander verfeindete christliche Demokraten und Sozialdemokraten ertragen. Aber Sterne* als Intimfeinde vor dem Volk erträgt es.

Für den Fall, dass es Sie interessiert, welches eingeweihte Grüppchen die geistige Vorbereitung geleistet hat für die nächste Stufe auf dem Weg der Entwicklung des Neuen Menschen in West-Deutschland, ist es Ihnen zu empfehlen, Helmut Schmidt und sein tolles Werk *Menschen und Mächte* zur Hand zu nehmen. Es handelt sich bei den Chefs im Hintergrund um Fritz Erler, Carlo Schmid, Herbert Wehner und andere, wobei er andere, wenig erstaunlich, nicht spezifiziert. Diese altbekannten Personen hätten die außenpolitischen Vorstellungen der SPD endgültig auf den Boden der inzwischen vollzogenen Tatsachen gestellt – als da wären: Nordatlantikpakt, Europäische Gemeinschaft und Bundeswehr. Klingt das wie Kritik oder eher wie Erleichterung? Gibt es eine Auswertung eventueller früher gemachter Fehler der SPD? Selbstredend gehört der betreute Kronprinz Willy Brandt nicht zu der Runde. Fünfzehn Jahre lang hat die SPD durch ihre Kritik an der Linie Adenauers den Leuten das Gefühl vermittelt, es gebe in Bonn eine Opposition, und jetzt freut sich Helmut Schmidt, dass Herbert Wehner die Partei endlich auf den Boden der inzwischen herbeigeführten Tatsachen gestellt und die Opposition auf Linie gebracht hatte. Das heftige Auf-das-Publikum-Einreden ändert sich freilich nicht.[13]

Der phantastische Aufklärer Markus Wolf hatte im Laufe seiner unerhört erfolgreichen beruflichen Karriere gar manches Geheimnis gelüftet. So zum Beispiel auch, dass sich die Nachkriegselite bei den strategischen Planungen nicht ausgerechnet mit diesem trotteligen Brandt abspricht. Genießen Sie ihn hier selbst: „Ich fragte mich, wer denn nun der echte Wehner war. War es der Mann, der die Linke in der SPD kaltstellte, der mit dem Godesberger Programm das sozialistische Erbe der Sozialdemokraten verleugnete, der mit seiner Rede vom 30. Juni 1960 die Partei zur Akzeptanz von Aufrüstung und bedingungsloser Westintegration trieb? Und das ohne Abstimmung mit führenden Sozialdemokraten, zum Beispiel Willy Brandt, wie wir von unserer Quelle »Freddy« wussten. Oder war der Herbert Wehner, der sich uns als verlässlicher Partner anbot, ein zwischen den Systemen Schwankender?“ Das wird aber bestimmt keiner herausfinden, der seine Quellen Freddy oder so nennt.[14]

Der Geheimdienstchef gab sich aber alle Mühe: „Wir hatten früh erkannt, dass Wehner zum mächtigsten Mann in der SPD aufstieg und die westdeutsche Politik gegenüber dem Osten entscheidend beeinflusste. Dementsprechend aufwendig waren unsere Anstrengungen, ihn unabhängig vom direkten Kontakt unter Beobachtung zu halten.“ Wehner hat jedoch nicht nur die „Linke“, sondern auch Willy Brandt vom rechten Flügel der SPD kaltgestellt. Er hat alles plattgemacht wie die Flundern, was in Bonn dumm im Weg rumstand. Zu irgendeinem Zeitpunkt x hätte Wolf einmal seine zwei Gedanken sortieren sollen und verstehen, dass Bonn nicht auf der einen Seite Deutschland spalten kann und auf der anderen Seite die DDR im vollsten Ernst bekämpfen. Er weiß, was Normalsterbliche nicht wissen können: Unter der Hand wird die DDR sowohl wirtschaftlich als auch finanziell aus der Bundesrepublik unterstützt. Jetzt braucht er bloß noch eine Tabelle anzulegen und zu überprüfen, wer in Richtung Teilung des Deutschen Reichs arbeitet und wer das deutsche Volk vereinigen will, unabhängig von den jeweiligen Parteizugehörigkeiten und Konfessionen. Regen Sie sich ruhig über das Reich auf. Das Bundesverfassungsgericht wird seine Fortexistenz noch 1975 und erneut 1988 explizit bestätigen. Es geht auch hier wieder nicht darum, was Sie persönlich von feststehenden Sachverhalten halten, und Urteile dieses Gerichts sind juristische Fakten, die nicht von jedem Hinz und Kunz ignoriert werden können.[15]

Günter Guillaume – Ein Mann geht seinen Weg

Halten Sie sich jetzt richtig fest. Der Funküberwachung der BRD ist es „etwa ab 1960 gelungen", die Funksprüche der Auslandsspionage Ost-Berlins zu decodieren. Da hierzu ein gewisser Erklärungsbedarf entsteht, hören wir Wolf selbst an: „Hierzu muss ich erläutern, dass mein Dienst in den 50er Jahren ein sowjetisches Chiffriersystem verwendet hatte, bis wir erfuhren, dass westliche Dienste es mittels EDV geknackt hatten und die Telegramme nicht nur dechiffrieren, sondern sogar nach Empfängern zuordnen konnten."[16]

Das ist nicht gut. Hatte der Volksschulabsolvent und Spitzenagent *in spe* Günter Guillaume eine Botschaft aus der Ost-Berliner Zentrale erhalten? Aber ja doch, zu einem überaus schönen Ereignis. Ein ganz fassungsloser Willy Brandt schreibt später in seinen Memoiren: „Tatsächlich wurde im Funkspruch zum »zweiten Mann« gratuliert; damit war die Geburt des Sohnes – in den fünfziger Jahren! – gemeint." Das bedeutet im Klartext, dass der BND durch die Decodierung im Jahre 1960 die Karteikarte von Guillaume, Günter ergänzen kann, auf der bereits steht, dass er schon bis 1955 im Westen für östliche Einrichtungen nachrichtendienstlich auf der Piste war. Das ist sehr praktisch. Doch damit nicht genug. Wolf hatte da noch etwas vergessen: „Was wir außerdem zu berücksichtigen vergaßen, waren die Geburtstags- und Neujahrsglückwünsche, die unser Dienst an seine Mitarbeiter zu schicken pflegte." Nein, Hilfe. Was haben denn Geburtstagsglückwünsche bei einem Geheimdienst zu suchen? Die kommen zum Geburtstag, und der Geburtstag steht bei unserem Günter im Reisepass. Der Spezialist Hubertus Knabe wird sich im Jahr 2007 ausschütten vor Lachen, dass der Günter bei seiner Übersiedelung aus der DDR noch nicht einmal seinen auffälligen Klarnamen abgelegt hatte, sodass er ausgesprochen leicht wiedererkannt werden kann. In den darauffolgenden Jahren haben die lieben Kollegen der Geheimdienste der BRD viel Zeit, um die Personen ausfindig zu machen, an die die Funksprüche gerichtet waren. Abgeglichen mit seinem Geburtstag und der Geburt des geliebten Sohnes Pierre ist Guillaume, Günter Karl Heinz (1. 2. 1927) ohne Zweifel identifiziert. Dazu hat er persönlich vorbildlich beigetragen.[17]

Offenkundig bekommt er direkt nach der Enttarnung die ersten Aufträge von einem Unterbezirk der SPD, wenn man Arnulf Barings Beschreibung der Biografie des Spions und die Darstellungen Wolfs und Guillaumes in Ruhe anschaut: „Seit Anfang der sechziger Jahre erhielt Guillaume als freiberuflicher Werbefotograf und Journalist zunehmend Aufträge vom SPD-Bezirk Hessen-Süd; denn er war 1957 in die Sozialdemokratische Partei eingetreten und hatte sich verschiedenen örtlichen Aufgaben mit großem Eifer gewidmet. Am 1. März 1964 wurde er Geschäftsführer des Unterbezirks Frankfurt. Ab Mai 1968 arbeitete er in gleicher Funktion für die dortige SPD-Fraktion; außerdem wurde er im Oktober 1968 in die Stadtverordnetenversammlung gewählt."[18] Und der BND behält Unseren Günter auf Schritt und Tritt im Blick oder denken Sie, dass der BND zum Spaß aus Steuergeldern unterhalten wird? Wäre er natürlich in die CDU oder so eingetreten, dann würde er jetzt von deren Unterbezirk Hessen-Süd die schnuckeligsten Aufträge bekommen. Irgendwann wird man ihn schon für irgendeine krumme Tour auffliegen lassen können.

Überraschung

Weniger bekannt als die Abwanderung vieler Menschen aus der DDR ist, dass es allen Ernstes auch die Wanderungsbewegung aus der BRD in die DDR gibt. Was berichtet der Spezialist Sebastian Haffner? „Die Zahl der Flüchtlinge ist zur Zeit wieder im Steigen begriffen, nachdem sie Ende 1959 und im Januar und Februar 1960 ziemlich konstant rund 10.000 monatlich betrug. Im März waren es 13.400 und im April rund 20.000 Flüchtlinge. Es ist eine strittige Frage, ob es in letzter Zeit einen Anstieg der Migration von West nach Ost oder eine Rückwanderungsbewegung gegeben hat. Ostdeutsche behaupten, dass es 1959 61.000 Zuwanderungen (gegenüber 144.000 Abwanderungen) gegeben hat. Westdeutschen Quellen zufolge gingen 50.000 Personen nach Ostdeutschland; von diesen kehrten 35.000 wieder zurück.“[19]

War dort auch nicht das gelobte Land? „Es gibt keine ostdeutschen Zahlen über Ostdeutsche, die aus dem Westen zurückgekehrt sind. Während ein Umzug von West nach Ost völlig frei ist, ist es seit Dezember 1957 ein strafbares Delikt, Ostdeutschland zu verlassen. Die Zahl der Flüchtlinge aus Ostdeutschland ist seither um ein Drittel bis zur Hälfte zurückgegangen; trotzdem verhält sich die Zahl der Menschen, die von West nach Ost ziehen, zur Zahl derer, die nach dem Westen gehen, laut westlichen Angaben noch immer wie 8 oder 9:1 oder laut östlichen Angaben wie 2 oder 3:1. Hierbei ist zu berücksichtigen, dass ein bestimmter Prozentsatz der Bewegung in beiden Richtungen natürlich auf private Gründe zurückzuführen ist. Es ist der ständige massenhafte Überschuss an »Zugvögeln«, der den Exodus aus Ostdeutschland (2.500.000 in zehn Jahren) politisch und ökonomisch signifikant macht. Die Flüchtlinge repräsentieren beruflich einen Querschnitt durch die Bevölkerung. Manchmal ist eine Bevölkerungsgruppe, die zeitweilig einer besonderen Verfolgung ausgesetzt ist, sehr stark vertreten – z. B. 1959, während der »sozialistischen Umgestaltung der Universitäten und Hochschulen«, Professoren, Dozenten und Studenten der höheren Semester; heute sind es Bauern und Handwerker mit ihren Familien.“[20] Wird man sie vielleicht einmal bitter vermissen?

Dichtung und Wahrheit in den Medien

Schauen wir uns noch zwei Beispiele an, um zu illustrieren, wie Ihnen die großen Medien die Welt anbieten. Wenn Sie hier durch sind, werden Sie endgültig sicher sein, dass Sie Ihre Vorstellung von der Welt unbedingt im geistigen Austausch mit Eltern und Großeltern sowie vielen anderen Menschen formen müssen und sich um Gottes willen nicht die Bilder in die Platte prägen lassen dürfen, die Ihnen große Medien aufdrücken. Das erste Beispiel wird Ihnen ganz freimütig Günter Gaus aus der Redaktion des Hamburger Der Spiegel liefern, eines Magazins, das nicht zufällig als ein Leitmedium bezeichnet wird. Hier geht es um die Darstellungen des Widerstandes im Dritten Reich. Eingangs wird erläutert, dass die Medien seit Hitlers Abgang von der Bühne so tun, als habe es Widerstand nur in höheren Kreisen der Gesellschaft gegeben. Erst im letzten Drittel räumt der Journalist ein, dass es im deutschen Volk sogar ganz breiten Widerstand gab: „Der in der Bundesrepublik mehrheitlich anerkannte Widerstand gegen die damalige Mehrheit des deutschen Volkes, die nationalsozialistischen Bürokraten, Handlanger und Mitläufer in allen Schichten der Gesellschaft, war bald nach der Staatsgründung im Jahre 1949 auf die Opposition in Stabsquartieren, auf Rittergütern und in großbürgerlichen Herrenzimmern eingegrenzt worden. So wurde der befremdliche Vorgang von Verweigerung, von Unangepasstheit für die – tonangebende, breit gewordene, in manchen Formen neuartige, in den Machtstrukturen und Abhängigkeiten jedoch weithin restaurierte – Mittelstandsgesellschaft in Kreise versetzt, zu denen man aufblicken konnte, ohne sich im Verhalten und Benehmen mit ihnen vergleichen zu müssen. Ein Widerstand – nicht tatsächlich, aber in der öffentlichen Vorstellung – wie auf dem satinierten Papier der »Eleganten Welt«. Des Widerstands aus der Wohnküche, in Arbeitervierteln der Großstädte, der sich in aller Ohnmacht früher regte als der auf den Landsitzen und in Generalkommandos, wurde nach dem Kriege fast immer nur in betroffenen Zirkeln gedacht, wenig oder gar nicht von Staats wegen.“[21] Das zweite Beispiel ist ebenfalls gut, um zu zeigen, wie Zerrbilder in den Köpfen kreiert werden.

Im vierten Quartal des Jahres 1960 tagt wieder einmal die Vollversammlung der Vereinten Nationen (UNO) in New York. Sie erinnern sich doch vielleicht, dass sie ursprünglich ihren Sitz in San Franzisko haben sollte und dem Handel der USA über den Pazifik hinweg mit der Sowjetunion, China und dem restlichen Asien Aufschwung verleihen sollte. Daraus ist seinerzeit nichts geworden, nachdem falsche Meldungen aus Österreich und Deutschland die Amerikaner davon überzeugt hatten, dass von dem Sowjetreich eine militärische Bedrohung für West-Europa ausgehe. Seitdem hat sich der Nabel der Welt vom Pazifik auf den Atlantik verlagert.

Am 12. Oktober 1960 soll der Moskauer Chef Nikita Chruschtschow kurz vor Mitternacht seine mit Spannung erwartete Rede halten. Doch bevor es losgeht, tritt ihm – hoffentlich versehentlich – jemand in den Hacken, wobei ihm sein Schuh vom Fuß rutscht. Einer der Saaldiener greift sofort nach einer Serviette, hüllt den Schuh ein und händigt ihn dem jaulenden Chruschtschow aus. Während der Rede steht sein rechter Schuh auf dem Tisch an seinem Platz. In dieser Abendsitzung geht es inhaltlich um das Unding des jahrhundertealten Kolonialismus in der Welt. Die Moskauer Delegation hat den Antrag eingebracht, umgehend eine Debatte über das „sofort notwendige Ende“ der Kolonialherrschaft in allen Teilen der Welt abzuhalten. Doch die Diskussion entwickelt sich anders als erwartet.[22]

Reihenweise verweisen Redner aus westlichen Ländern, die die Basis des eigenen Wohlstandes wegschwimmen sehen, auf die Unterdrückung der osteuropäischen Völker durch Moskau. Auch wenn das bei aller Liebe ein ziemlich hinkender Vergleich ist, muss man zugeben, dass sie sich nicht ihre Butter vom Brot nehmen lassen. Die anwesenden Delegationen aus den Ostblockstaaten werden langsam immer nervöser. Als der Delegierte der Philippinen Lorenzo Sumulong, dessen Land erst 1946 von den U.S.A. unabhängig geworden war, die Sowjetunion angreift, weil sie ihrerseits ja auch „die Völker Osteuropas ihrer freien Bürger- und politischen Rechte beraubt“ habe, nennt Nikita S. Chruschtschow ihn „Trottel, Narren und Lakaien des Imperialismus“. Mit schwungvollen Bewegungen wendet er sich an die afrikanischen Völker und versichert die, wie er wörtlich sagt,

„Schwarzen“ seiner persönlichen Sympathie und erklärt danach: „Falls die Kolonialmächte den gerechten Forderungen der Kolonialvölker nicht nachkommen, dann wird diesen keine andere Wahl bleiben, als zu den Waffen zu greifen. Die Sowjetunion steht dann an der Seite derer, die für ihre Befreiung vom Kolonialjoch kämpfen.“ Als er sich nach diesem Ausbruch wieder setzt, liegt sein hellbrauner Lederschuh vor ihm. Damit ist die Sitzung aber noch nicht vorbei. Kurz vor der geplanten Abstimmung erhält der US-Delegierte Francis Wilcox dazu das Wort. Eisig wiederholt er: „Wenn hier über das Ende der Kolonialherrschaft gesprochen werden soll, dann muss auch von der notwendigen Freiheit der osteuropäischen Völker die Rede sein.“ An dieser Stelle rastet der rumänische Delegierte Eduard Mezincescu aus, der schon zuvor die Reden der westlichen UN-Delegierten unterbrochen hatte. Wutschäumend fordert der linientreue Kommunist den Präsidenten der Vollversammlung auf, Wilcox das Wort zu entziehen. Chruschtschow schlägt mit den Fäusten auf sein Pult, um seine Unterstützung für die Forderung zu signalisieren. Angespornt beschuldigt Mezincescu den Präsidenten, die „Gleichheit der Delegationen zu verletzen“ – ein zentrales Prinzip der Vereinten Nationen.[23]

Nun platzt dem Präsidenten der Vollversammlung, Frederick H. Boland, der Kragen. Er schlägt mit dem traditionellen Hammer so heftig auf das Pult, dass der Stiel zerbricht, und verkündet: „Im Hinblick auf die Szene, die sich soeben abgespielt hat, gibt es kein anderes Mittel, als die Sitzung zu unterbrechen. Sie ist unterbrochen.“ Von den linientreuen Vertretern der westlichen Staaten gibt es stürmischen Beifall für den Präsidenten – von den Delegierten östlicher Staaten heftigen Protest. Die Versammlung geht in großer Erregung auseinander; Chruschtschow verlässt mit seinen Leuten auch den Sitzungssaal. In der Lobby lässt er Journalisten wissen: „Der Hammer ist zerbrochen. Das ist der Beginn der Zerstörung der Vereinten Nationen.“ Den Rest erledigen die Ministerien für Propaganda im freien und von der Realität unabhängigen Westen.[24]

Teilnehmer der Sitzung berichten nach Chruschtschows Auftritt, er habe *mit seinem Schuh* herumgefuchtelt; schon in den Nachmittagszeitungen vom 13. Oktober 1960 und in den Morgenzeitungen des nächsten Tages liest die freie Welt, was sich angeblich zugetragen haben soll, in den USA wie an vorderster Front in der Bundesrepublik. Allerdings in erstaunlich vielen abweichenden Versionen. Nach einem *Bericht* soll der Bauer den rechten Schuh abgestreift und mit diesem guten Stück auf den Tisch vor sich eingeschlagen haben, rhythmisch „wie ein Metronom“. Eine andere Variante kolportiert, er habe drohend den Schuh geschwenkt. In anderen Berichten heißt es allerdings auch, sie hätten nichts dergleichen gesehen. Sie beschwören, der Sowjet hatte lediglich seinen Schuh vor sich auf den Tisch gelegt gehabt. Aber Aussagen hin oder her: Es gibt Fotos von dieser Nacht, die Chruschtschows Schuh auf seinem Tisch zeigen, es gibt jedoch keine Aufnahme und keine Filmsequenz, auf der er vielleicht den Schuh womöglich tatsächlich in der Hand hätte. Und jetzt kommt der absolute Knaller: Weil es kein echtes Foto gibt, fertigt „irgendjemand (wer genau, ist unbekannt)“ eine Montage an, die von Stund an als der vermeintliche Beweis für einen Zwischenfall kursiert, der nicht stattgefunden hat. Und ich dachte, derartige Manipulationen seien eine Spezialität des Ostens.[25]

Wenn jahrzehntelang Menschen mit der Illusion leben und sterben, dass Chruschtschow wie ein Affe mit dem Schuh auf das Pult gehauen haben soll, und der wirkliche Vorgang nach ungefähr siebzig Jahren in die freie Presse kommt, dann ist es die nächste Veralberung, wenn das als Beweis für vermeintlich unabhängige Medien genommen wird – zumal Jahr für Jahr neue Säue durchs Dorf getrieben werden, die genauso frei erfunden sind, und alle, die die medialen Zerrbilder kritisch hinterfragen, als Verschwörungstheoretiker lächerlich gemacht werden. Es ist aber auch sehr schwer, andere Leute anhand von Indizien davon zu überzeugen, dass es sehr wohl möglich ist, dass in den Medien Lügen aufgetischt werden.

Es ist mir natürlich klar, dass Sie nicht großartig warten wollen, bis es im Jahr 1961 weitergeht. Aber genießen Sie erst einmal den Herbst 1960. Sie können ja unterdessen einmal die hübschen Erinnerungsbücher der ganz großen Akteure auf der bunten Schaubühne Deutschland selbst lesen.

---

1 Schmidt (1987), S. 42 f.
2 Delmer (1963), S. 744f.
3 Brandt (1989), S. 245 f.
4 Ebd., S. 246
5 Günter Neumann und seine Insulaner (8-CD-Box), Bear Family Records, 2019
6 Weiner (2008), S. 220f.
7 Ebd.
8 Ebd., S. 222
9 Ebd. 222f.
10 Brandt (1989), S. 36
11 Ebd., S. 45 und 49
12 Ebd., S.50
13 Schmidt (1987), S. 29
14 Wolf (2003), S. 201
15 Ebd.
16 Guillaume (1988), S. 37
Wolf (2003), S. 274
17 Brandt (1990), S. 338
Wolf (2003), S. 275
18 Baring (1982), S. 724
19 Haffner (1997), S. 134
20 Ebd., S. 134f.
21 Gaus (1986), S. 110
22 Kleikamp, Antonia (2020), Was wirklich hinter dem legendären Wutanfall von Chruschtschow steckte [online]. Verfügbar unter https://www.welt.de/geschichte/article217519138/Chruschtschow-Der-Wutanfall-des-Kreml-Chefs-und-sein-Schuh.html [23.05.23]
23 Ebd.
24 Ebd.
25 Ebd.

Namensregister

Ausgewählte Literatur

Adenauer, Konrad (1965), Erinnerungen 1945 – 1953. Stuttgart: Deutsche Verlags-Anstalt

Andert, Reinhold & Wolfgang Herzberg, Wolfgang (1990). Der Sturz. Erich Honecker im Kreuzverhör. Berlin und Weimar: Aufbau-Verlag

Ardenne, Manfred von (1987). Sechzig Jahre für Forschung und Fortschritt. Neuausgabe der Autobiografie, Berlin: Verlag der Nation

Ash, Timothy Garton Ash (1995). Im Namen Europas. Deutschland und der geteilte Kontinent. Frankfurt am Main: Fischer Taschenbuch Verlag

Baring, Arnulf (1982). Machtwechsel - Die Ära Brandt-Scheel. In Zusammenarbeit mit Manfred Görtemaker. Mit der Widmung: Den Freunden. Stuttgart: Deutsche Verlags-Anstalt

Boberach, Heinz (Hg., 1984). Meldungen aus dem Reich. Die geheimen Lageberichte des Sicherheitsdienstes der SS. 1938-1945. Herrsching: Pawlak Verlag.

Brandt, Willy (1989). Erinnerungen. Berlin: Verlag Ullstein GmbH

Brandt, Willy (2014). „Kommen Sie aus Deutschland oder aus Überzeugung?“ Zusammengestellt von Brigitte Seebacher. Überarbeitete Neuausgabe 2013, 2. Auflage 2014. München: Deutscher Taschenbuch Verlag GmbH & Co. KG

Conze, Vanessa (2005). Abendland gegen Amerika! „Europa“ als antiamerikanisches Konzept im westeuropäischen Konservatismus (1950–1970) – Das CEDI und die Idee des „Abendlandes“ In: Jan C. Behrends u.a. (Hrsg.), Antiamerikanismus im 20. Jahrhundert. Bonn: Studien zu Ost- und Westeuropa

Critchfield, James Hardesty (2005). Auftrag Pullach, Die Organisation Gehlen 1948-1956. Hamburg, Berlin und Bonn: Verlag E. S. Mittler & Sohn GmbH

Delmer, Sefton (1962). Black Boomerang. An Autobiography. Volume Two, London: Secker & Warburg

Delmer, Sefton (1963). Die Deutschen und ich. Überarbeitete Sonderauflage, Hamburg: Nannen-Verlag GmbH

Diekmann, Kai & Reuth, Ralf Georg (1996). Helmut Kohl: Ich wollte Deutschlands Einheit. Berlin: Propyläen Verlag, Ullstein Buchverlage GmbH
(Meine Frage war vom ersten Moment an: Was soll der Kanzler denn laut Grundgesetz sonst legal gewollt haben dürfen?)

Dönhoff, Marion Gräfin (1976). Menschen, die wissen,worum es geht. Hamburg: Hoffmann & Campe

Dönhoff, Marion Gräfin(1981). Deutschland deine Kanzler. München: Goldmann Verlag, Albrecht Knaus Verlag

Dönhoff, Marion Gräfin (1993). Im Wartesaal der Geschichte. 2. Auflage, Stuttgart: Deutsche Verlags-Anstalt

Dornberg, John (1968). Deutschlands andere Hälfte. Profilund Charakter der DDR. München: Heyne Sachbuch

Engelmann, Bernt (1980). Franz Josef Strauß – Das neue Schwarzbuch. 5. veränderte Neuauflage. Köln: Kiepenheuer & Witsch

Falin, Valentin (1993). Politische Erinnerungen. München: Droemer Knaur

Felfe, Heinz (1989). Im Dienst des Gegners. Autobiographie. Ost-Berlin: Verlag der Nation

Frielingsdorf, Volker (2001), Auf den Spuren Konrad Adenauers durch Köln. Gedenkschrift der Stadt Köln zum 125. Geburtstag des Ehrenbürgers am 2. Januar 2001. Köln: Stadt Köln

Gaus, Günter (1986). Die Welt der Westdeutschen. Köln: Kieperheuer &Witsch

Gehlen, Reinhard (1971). Der Dienst, Erinnerungen 1942 – 1971. Mainz und Wiesbaden: v. Hase & Koehler Verlag

Genscher, Hans-Dietrich (1999). Erinnerungen. Jubiläumsausgabe. Berlin: Wolf Jobst Siedler Verlag GmbH

Greiwe, Ulrich (2003). Augstein, Ein gewisses Doppelleben. München: Deutscher Taschenbuch Verlag GmbH

Guillaume, Günter (1988). Die Aussage. Berlin: Militärverlag der Deutschen Demokratischen Republik

Habel, Fritz & Kistler, Helmut (1977). Kontrovers – Entscheidungen in Deutschland 1949 bis 1955. Bonn: Bundeszentrale für politische Bildung

Haffner, Sebastian (1982). Zur Zeitgeschichte. München: Kindler Verlag GmbH

Haffner, Sebastian (1997), Zwischen den Kriegen. Essays zur Zeitgeschichte. Berlin: Verlag 1900

Harpprecht, Klaus (1998). Aufsatz in: Wilhelm von Sternburg (Hrsg.). Die deutschen Kanzler – Von Bismarck bis Kohl. Berlin: Aufbau Taschenbuch Verlag GmbH

Harrison, Hope M. (2011). Ulbrichts Mauer. Wie die SED Moskaus Widerstand gegen den Mauerbau brach. Bonn: Bundeszentrale für politische Bildung

Hirche, Kurt (1964). Der braune und der rote Witz. Düsseldorf und Wien: Econ Verlag

Honecker, Erich (1994). Moabiter Notizen. Berlin: edition ost

Ihlefeld, Heli (1968). Anekdoten um Willy Brandt. München: Bechtle Verlag

Jürgs, Michael (1996). Der Fall Axel Springer. Eine deutsche Biographie. München: Droemersche Verlagsanstalt Th. Knaur Nachfolger

Kern, Erich (Hrsg., 1988), Verheimlichte Dokumente – Was den Deutschen verschwiegen wird. München: FZ-Verlag GmbH

Knabe, Hubertus (2007). Der Kanzleramtsspion. In: Wolfgang Krieger (Hrsg.), Geheimdienste in der Weltgeschichte – Von der Antikebis heute. Köln: Anaconda Verlag GmbH

Krieger, Wolfgang (2007). „Dr. Schneider“ und der BND. In: Wolfgang Krieger (Hrsg., 2007). Geheimdienste in der Weltgeschichte – Von der Antike bis heute. Köln: Anaconda Verlag GmbH

Liebmann, Irina (2008), Wäre es schön? Es wäre schön! Mein Vater Rudolf Herrnstadt. Berlin: Berlin Verlag

Loth, Wilfried (1994). Stalins ungeliebtes Kind. Warum Moskau die DDR nicht wollte. Berlin: Rowohlt Berlin Verlag GmbH

Müller, Uwe (2023). Supergau Deutsche Einheit. Berlin: Rowohlt

Payk, Marcus M. (2005). Ideologische Distanz, sachliche Nähe. Die USA und die Positionswechsel konservativer Publizisten aus dem »Tat«-Kreis in der Bundesrepublik bis zur Mitte der 1960er Jahre; in: Jan C. Behrends u.a. (Hrsg.), Antiamerikanismus im 20. Jahrhundert. Bonn: Studien zu Ost- und Westeuropa

Preparata, Guido Giacomo (2011). Wer Hitler mächtig machte. Wie britisch-amerikanische Finanzeliten dem Dritten Reich den Weg ebneten. 2. Auflage, Basel: Perseus Verlag

Ramge, Thomas (2003). Die großen Polit-Skandale. Eine andere Geschichte der Bundesrepublik. Frankfurt/Main: Campus Verlag

Reile, Oscar (1990). Der deutsche Geheimdienst im II. Weltkrieg. Westfront. Augsburg: Weltbild-Verlag

Rothfels, Hans (1960). Die deutsche Opposition gegen Hitler. Ungekürzte, stark revidierte Ausgabe, Frankfurt am Main und Hamburg: Fischer Bücherei

Schalck-Golodkowski, Alexander (2001). Deutsch-deutsche Erinnerungen. Reinbek bei Hamburg: Rowohlt Taschenbuch Verlag

Schmid, Carlo (1979). Erinnerungen. Bern: Scherz Verlag

Schmidt, Helmut (1987). Menschen und Mächte. Berlin: Wolf Jobst Siedler Verlag GmbH

Schmidt, Helmut (1995). Wehren wir der Angst, erkennen wir unsere Pflicht. In: Reinhard Appel, Es wird nicht mehr zurückgeschossen. Köln: Lingen Verlag

Schmidt, Helmut (2008). Außer Dienst – Eine Bilanz. München: SiedlerVerlag

Schmidt-Eenboom, Erich (2004). Geheimdienst, Politik und Medien. Meinungsmache Undercover. Edition Zeitgeschichte, Band 16, Werder an der Havel: Kai Homilius Verlag

Seebacher, Brigitte (2004). Willy Brandt. München: Piper Verlag GmbH

Semjonow, Wladimir S. (1995). Von Stalin bis Gorbatschow. Ein halbes Jahrhundert in diplomatischer Mission 1939 – 1991. Berlin: Nicolaische Verlagsbuchhandlung, Beuermann GmbH

Sethe, Paul (1956). Zwischen Bonn und Moskau. Frankfurt am Main: Scheffler

Strauß, Franz Josef (1989). Die Erinnerungen. Berlin: Siedler Verlag

Stulz-Herrnstadt, Nadja (Hrsg., 1990). Das Herrnstadt-Dokument. Das Politbüro der SED und die Geschichte des 17. Juni 1953, Reinbek: Rowohlt Taschenbuch

Sudoplatow, Pawel Anatoljewitsch (2013). Der Handlanger der Macht. Enthüllungen eines KGB-Generals. 1. Auflage dieser Sonderausgabe, Berlin: BEBUG mbh / Gemini Verlag

Weidenfeld, Werner (1998), Konrad Adenauer. In: Wilhelm von Sternburg (Hrsg.), Die deutschen Kanzler – Von Bismarck bis Kohl. Berlin: Aufbau Taschenbuch Verlag GmbH

Weiner, Tim (2008). CIA, Die ganze Geschichte. Frankfurt am Main: S. Fischer Verlags GmbH Titel des amerikanischen Originals aus dem Jahr 2007: Legacy of Ashes. The History of the CIA.

Weizsäcker (1992), Richard von Weizsäcker im Gespräch mit Gunter Hofmann und Werner A. Perger. Frankfurt am Main: Eichborn
Winkler, Heinrich August (1997). Abschied von den Sonderwegen. In: Streitfragen der deutschen Geschichte. München: H. Beck'scheVerlagsbuchhandlung
Winkler I (2002); Der lange Weg nach Westen. München: H. Beck'scheVerlagsbuchhandlung
Wolf, Markus (2003). Spionagechef im geheimen Krieg. 5. Auflage, München: UllsteinVerlag
Zentner, Kurt (1954). Aufstieg aus dem Nichts. Deutschland von 1945 bis 1953. Eine Soziographie in zwei Bänden. Köln und Berlin: Kiepenheuer & Witsch

Ebenfalls im Anderwelt Verlag erschienen:

Londoner Außenpolitik & Adolf Hitler
Autor: Reinhard Leube

England war mit dem Aufstieg kontinentaleuropäischer Länder zu Wirtschaftsmächten und Konkurrenten am Ende des 19. Jahrhunderts nicht untergegangen. Dabei standen die Sterne für das Empire nicht günstig. Der Anteil der Insel am Welthandel war über Jahrzehnte immer weiter gesunken, sie verfügte perspektivisch nicht selbst über genug Rohstoffe für ihre eigene Wirtschaft, auch nicht über hinreichend viele Einwohner, um den ökonomischen Aufstieg anderer Länder mit Hilfe von Feldzügen zu beenden.

Wie lässt es sich erklären, dass binnen 50 Jahren die erfolgreiche Entwicklung großer Reiche in Kriegen und Diktaturen versandete und England auch ohne materielle Grundlage noch der Global Player ist wie vor hundert Jahren?

ISBN 978-3-940321-19-0 **€25,00 (D)**

Atemberaubend
Autor: Reinhard Leube

Was haben die Menschen in Deutschland wohl gefühlt und erlebt in den Jahren 1933 bis 1937? Waren alle glühende Nationalsozialisten oder begann mit den Nazis eine Diktatur? Hätte es tatsächlich eine braune Mehrheit gegeben, dann wäre das eine Demokratie gewesen und man hätte die Gestapo und Ähnliches nicht gebraucht. Wie hat aber das Ausland auf den neuen Kanzler Adolf Hitler reagiert? Wieso war die Chefetage in London von ihm eigentlich so begeistert?

Das vorliegende chronologisch aufgebaute Werk vermittelt dem Publikum einen Eindruck von dieser Zeit, der eine Gänsehaut erzeugt. Ganz anders als die unzähligen Dokus, die nur blitzlichtartig Ausschnitte zeigen, fühlt man sich plötzlich in die Hitlerzeit in allen Zusammenhängen versetzt und erhält einen ganz neuen Eindruck. Wer wirklich nachempfinden will, mit welchem atemberaubendem Tempo die Entwicklungen damals vorangeschritten sind, welche unterschiedlichen Reaktionen sie hervorgerufen haben und welche giftigen Witze die Runde machten, der kommt an diesem Werk nicht vorbei.

ISBN 978-3-940321-20-6 **€25,00 (D)**

Septemberrevolution
Autor: Reinhard Leube

Kann sein, dass die Berufshistoriker ihr Wissen bloß in verschämten Nebensätzen und in ihren Fußnoten unterbringen. In der Geschichte dritter Teil Septemberrevolution kommt alles auf den Tisch, was inzwischen über das Jahr 1938 bekannt geworden ist, zeitlich geordnet und packend erzählt.

Nach weniger als sechs Jahren konnte der kleine Hitler, der mit dem Geld aus England und Amerika in Berlin an die Macht kam, von der Bühne wieder verschwunden sein und sein Drittes Reich nicht mehr als eine üble Panne in der Geschichte Deutschlands. Monate vor den Pogromen gegen die Juden vom November 1938 und ein Jahr, bevor ein zweiter Weltkrieg begann, konnte Hitler durch einen Aufstand in seinem Dritten Reich weggeputscht sein. In diesem Buch erleben Sie noch einmal live mit, wie genau das verhindert wurde.

ISBN 978-3-940321-23-7 **€25,00 (D)**

God Save the Fuehrer
Autor: Reinhard Leube

England war mit dem Aufstieg kontinentaleuropäischer Länder zu Wirtschaftsmächten und Konkurrenten am Ende des 19. Jahrhunderts nicht untergegangen. Dabei standen die Sterne für das Empire nicht günstig. Der Anteil der Insel am Welthandel war über Jahrzehnte immer weiter gesunken, sie verfügte perspektivisch nicht selbst über genug Rohstoffe für ihre eigene Wirtschaft, auch nicht über hinreichend viele Einwohner, um den ökonomischen Aufstieg anderer Länder mit Hilfe von Feldzügen zu beenden.
Wie lässt es sich erklären, dass binnen 50 Jahren die erfolgreiche Entwicklung großer Reiche in Kriegen und Diktaturen versandete und England auch ohne materielle Grundlage noch der Global Player ist wie vor hundert Jahren?

ISBN: 978-3-940321-25-1 **€25,00 (D)**

Katz-und-Maus-Spiele
Autor: Reinhard Leube

Im Prinzip kennen Sie die Geschichte. Irgendwann gab es einen ersten Weltkrieg und später einen zweiten. Warum ein neues Buch darüber? Und weshalb ist es denn letzten Endes gleich eine Serie geworden?
Es gibt sie, die vielen Wahrheiten, die vielen Quellen, die vielen Details. Gewöhnlich entscheiden sich Historiker dafür, die Fragmente zu liefern, die ihre These „belegen". Doch wo bleibt der Rest? Andere Wahrheiten landen in anderen Büchern und dort war auf einmal alles ganz anders.
Das Appeasement war kein Fehler. Es war die Pflege und Wartung des Selbstzerstörungsmechanismus im Inneren Deutschlands, der den Namen Adolf Hitler trug und glaubte, er verdanke die Erfolge, die er wundersam erzielen durfte, im vollen Ernst der Vorsehung.

ISBN: 978-3-940321-26-8 **€25,00 (D)**

Nicht noch einen Friedensvertrag
Autor: Reinhard Leube

Wer im Jahr 2021 lebt, vermisst vielleicht seinen Friedensvertrag.
Dieses Buch bringt Sie in die hoffnungslose Wirklichkeit der Jahre des Zweiten Weltkrieges, etwa zwei Jahrzehnte nach den Verträgen von Saint-Germain, Trianon, Sèvres und Versailles, die dem Ersten Weltkrieg folgten.
Wer heute lebt, weiß nichts mehr von der britischen Hungerblockade, vom millionenfachen Sterben nach dem Ersten Weltkrieg und von der Inflation in den 1920er Jahren. Kommen Sie einfach mit in die Welt der Jahre 1942 und 1943. Sie werden nie wieder schwarzsehen. Der Autor liefert hier die Atmosphäre, in der unter vielen anderen Deutschen auch jene Politiker, Diplomaten, Militärs und nicht zuletzt auch Journalisten und Publizisten lebten, bei denen Reinhard Leube davon ausgeht, dass sie Deutschland nach dem Zweiten Weltkrieg in seine Einzelteile zerlegt haben.
Der Indizienbeweis folgt im Buch über 1989/1990 Entzaubert. Kohl und Genscher, diese beiden.

ISBN: 978-3-940321-28-2 **€23,50 (D)**

Entzaubert – Kohl und Genscher, diese beiden.
Autor: Reinhard Leube

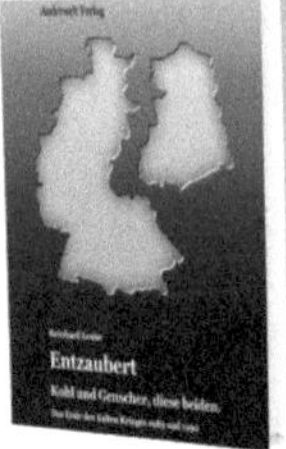

War Deutschland nicht das erste Opfer des Kalten Krieges geworden? Wurde es nicht im Jahr 1945 von den vier Alliierten besetzt und geteilt? Hatte ein Deutscher nach dem Kriege in der Welt überhaupt noch etwas zu melden?

Sahen Hitler-Gegner die Lösung aller Probleme in der Aufteilung Deutschlands? Ist die Idee aus den 1930er Jahren der Ursprung des postnationalen Denkens? Fangen wir vorn an. Wie kam es denn zum Kalten Krieg? Die einen sagen, Churchill hätte den Ärger in die Welt gebracht. Aber diese Briten wollten die Operation Unthinkable: Nachdem Deutschland eingeäschert war, sollten britische gemeinsam mit den überlebenden deutschen Soldaten gleich noch einmal nach Osten marschieren und die Sowjetunion, oder besser gesagt Russland für das Empire erobern. Eine Teilung Europas war die zweitbeste Wahl, allein schon aus dem Grund, weil bei einer Fortsetzung dieser Entwicklung der freie Markt in Osteuropa wegfiel. Die anderen sagen, Stalin hätte den ganzen Ärger in die Welt gesetzt. Aber Stalin hat unendlich viele Revolutionäre aus dem Weg räumen lassen, die durchaus in ihren Ländern für die Weltrevolution kämpfen wollten...

ISBN: 978-3-940321-31-2 **€26,00 (D)**

Ende und Anfang
Autor: Reinhard Leube

Der neue Band dieser Serie steigt mit seinem Publikum in das zehnte Jahr ein und verfolgt die wichtigen Ereignisse nach der Niederlage von Stalingrad sowie Stimmungen

in der Bevölkerung Monat für Monat weiter. Auf diesem Wege begegnen Sie unter anderem weiteren Versuchen, Hitlers Herrschaft mit der Kombination aus Attentat und Staatsstreich zu verkürzen. Es bleibt spannend: Sie kennen nur den Ausgang der Geschichte, aber hier erfahren Sie viel Wissenswertes über den Weg dorthin. Wussten Sie beispielsweise, dass die Hälfte der britischen Bomben im Krieg nicht auf Hitler-Deutschland niedergingen? In welchen Ländern haben sie Städte in Schutt und Asche verwandelt? Wie haben Generäle der Wehrmacht die Invasion auf dem Kontinent begünstigt, um Deutschland oder die übriggebliebenen Reste vor der endgültigen Zerstörung zu bewahren? Noch überraschender ist der Ursprung des Kalten Kriegs nach dem Zweiten Weltkrieg, der sich noch vor dem ruhmlosen Abgang Adolf Hitlers von der großen Bühne abzeichnete und in erster Linie von deutschen Akteuren ausging...

ISBN: 978-3-940321-03-9 **€24,90 (D)**

Kontinentaldrift
Autor: Reinhard Leube

Was im Jahr 1945 einsetzt, ist eine Kontinentaldrift. Im Harz tut sich unsere Erde auf und reißt ein uraltes Gebirge in zwei Teile. An den westlichen Hängen entsteht eine schöne neue Welt und an den östlichen Hängen auch - aber ein Teil gehört fortan zu Europa und der andere zu Asien, wenn es nach Dr. Konrad Adenauer geht.

Ist es vorstellbar, dass die Teilung Deutschlands über viereinhalb Jahrzehnte und mit langen Schatten bis heute von Deutschen eingefädelt wurde? War der Kalte Krieg eine Medienshow?

ISBN: 978-3-940321-35-0 **€ 26.00 (D)**

England, die Deutschen, die Juden und das 20. Jahrhundert
Autor: Peter Haisenko

Kriege werden aus zwei Gründen begonnen: Wirtschaft und Religion. In der Neuzeit ist es oftmals nicht zu übersehen, dass der Kampf ums Öl der wahre Grund für Kriege ist. Die Betrachtungen von Peter Haisenko zeigen, dass es bereits vor mehr als 100 Jahren nicht anders war. Die unerträglichen Zustände in Palästina und im Irak haben ihren Ursprung in der skrupellosen Durchsetzung wirtschaftlicher Interessen zu Beginn und im Verlauf des 20. Jahrhunderts.

Politisch orchestrierte Lügen und Intrigen sind keine Erfindung der Neuzeit. Mit diesem Buch gehen Sie auf eine Reise durch das 20. Jahrhundert und die Analyse wirtschaftlich-politischer Verknüpfungen lässt manche „geschichtliche Wahrheit“ zweifelhaft erscheinen.

ISBN: 978-3-940321-03-9 **€24,90 (D)**